ユーキャンの

福祉住環境
コーディネーター

速習テキスト **2**級

ユーキャンが よくわかる！ その理由

でるポイントを重点マスター！

■重要度（A，B，Cの3段階）を表示
過去の試験の出題内容を分析し，その
データに基づいて重要度を表示してい
ます。

■『カギ』となる部分をピックアップ
学習の『カギ』となる部分を，各項目
の冒頭にピックアップしています。

やさしい解説ですぐわかる

■平易な表現と簡潔な文章
読んですぐに理解できるよう，平易な表現と簡潔な文章で，学
習内容を解説しています。

■豊富なイラスト&チャート図
学習内容をイメージで理解で
きるよう，イラスト&チャート
図を豊富に盛り込んでいます。

体を滑らせる
ようにして
移乗する

一問一答チェックで理解度アップ

■学習のまとめに確認テスト
学習した内容の復習，また理解度を確認するために，○×式の
チェック問題を掲載しています。

チャレンジ！　確認テスト

Point	できたらチェック ☑
個人情報の厳守	□ 1 「個人情報保護法」における「個人情報」には，生存する個人に関する情報のほか，死者の個人情報も含まれる。
倫理	□ 2 福祉住環境コーディネーターは，他の専門職と同様に倫理綱領を遵守すべき職種といえる。

目　次　Ⓐ Ⓑ Ⓒ ＝重要度

本書の使い方

●重要度を確認

重要度（A, B, Cの3段階）を確認しましょう。

※過去に出題された問題の分析がもとになっています。

●重要部分をチェック

各項目の冒頭にピックアップされた，学習の『カギ』となる部分をチェックしましょう。

●本文を学習

欄外の記述や，福田先生・ミサオさんのアドバイス，イラスト&チャート図を活用しながら，学習を進めていきましょう。

一緒に学習しよう

福田先生

学習内容についてのアドバイスをしていきます。よろしくお願いします。

ミサオさん

皆さんと一緒に学習して，考えていきます。よろしくね。

欄外で理解を深めよう

用語

本文中に出てくる用語をくわしく解説しています。

プラスワン

本文と関連して覚えておきたい情報です。

⇒

関連する内容への参照ページを示しています。

レッスン **5**

A 重要度

第2章 高齢者を取り巻く社会状況

進行する日本の高齢化

学習のねらい 少子高齢化が日本にとって深刻な問題であるという認識は，一般的なものとなりました。ここでは，さまざまな統計のデータを通じて，日本の高齢社会における具体的な状況と，今後の見通しについて学習します。

❶ 高齢者人口の増加

 少子高齢化とは，年少人口の減少と高齢者の増加が同時に進む状態をいう。

わが国の総人口は，2008（平成20）年の1億2,808万人をピークに，2017（平成29）年には1億2,671万人と減少しました。さらに，2035（令和17）年には1億1,522万人になると推計されています。

また，14歳以下の「年少人口」，15〜64歳の「生産年齢人口」がいずれも減少していく一方で，65歳以上の高齢者の増加は著しく，2021（令和3）年で3,618万人，総人口に占める高齢者の割合（高齢化率）は28.8%となりました。

今後，高齢化率は，2035年には33%近くになるといわれています。さらに，高齢者の中でも後期高齢者（75歳以上）の割合が増加しており，2018（平成30）年には前期高齢者（65〜74歳）の数を上回り，今後も増加すると推計されています。

❷ 高齢者世帯の割合と推移

 高齢者世帯の家族構成では，単独世帯と夫婦のみの世帯が多くを占めている。

総人口の減少局面に入った後もわが国の世帯数は増加傾向にあり，2023（令和5）年に総世帯数5,419万世帯でピー

 総人口，高齢化率の推移はよく出題されるので注意！

 プラスワン
2007（平成19）年以降，団塊の世代といわれる「戦後のベビーブーム世代」が60歳を迎え始め，2015（平成27）年にはすべて65歳以上に，2025（令和7）年にはすべて75歳以上に達するなど，急激な高齢者人口の増加が予測されている。

34

●問題にチャレンジ

学習した内容の復習，また理解度を確認するために，○×式のチェック問題に挑戦しましょう。

クを迎えると予想されています。増加しているのは，主(して世帯主が65歳以上の高齢者世帯で，総世帯数のピー(時（2023年）にはその39％程度に達し，それ以降も増加(ていくことが見込まれています。

高齢者世帯の家族構成をみると，単独世帯と夫婦のみ(世帯が多くを占め，今後はとくに単独世帯が増加してい(とみられています。

❸ 在宅介護

全国の20歳以上の国民を対象に，2010（平成22）年に(閣府が行った「介護保険制度に関する世論調査」では，(来介護を受けたい場所として「自宅」をあげた人が全体(37.3％を占めています。

少子高齢化や核家族化なども一因となって，高齢者世帯(は，家族の介護力低下，家庭内事故などの問題に直面して(います。しかし，在宅での生活を続けたいと望む人も少な(くありません。それらのことから高齢者の身体や行動に配(慮した住宅の必要性を読みとることができます。

自宅で介護を受けたいという人は男性44.7％，女性31.1％。男女で差があるんですね。

■20歳以上を対象とした「介護を受けたい場所」に関する世論調査

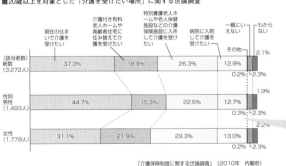

「介護保険制度に関する世論調査」（2010年　内閣府）

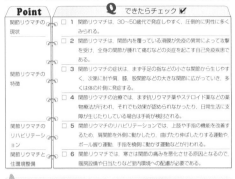

Q&A 住環境では，そのほかどこを改善していけばよいのでしょう？

関節可動域の制限や筋力低下に対して，換気扇のスイッチや水栓金具などの設備，キャビネットの収納棚などを手の届く範囲に配置するなどの配慮が大切です。

医療 2章

チャレンジ！ 確認テスト

Point		**Q** できたらチェック ☑
関節リウマチの現状	☐	1 関節リウマチは，30〜50歳代で発症しやすく，圧倒的に男性に多くみられる。
	☐	2 関節リウマチは，関節内を覆っている滑膜が免疫の異常によって攻撃を受け，全身の関節が腫れて痛むなどの炎症を起こす自己免疫疾患である。
関節リウマチの特徴	☐	3 関節リウマチの症状は，まず手足の指などの小さな関節から生じやすく，次第に肘や肩，膝，股関節などの大きな関節に広がっていき，多くは体の片側に発症する。
	☐	4 関節リウマチの治療では，まず抗リウマチ薬やステロイド薬などの薬物療法が行われ，それでも効果が認められなかったり，日常生活に支障が生じたりしている場合は手術が検討される。
関節リウマチのリハビリテーション	☐	5 関節リウマチのリハビリテーションでは，上肢や手指の機能を改善するため，肩関節を外側に動かしたり，曲げたり伸ばしたりする運動や，ボール投げ運動，手指を積極的に動かす運動などが行われる。
関節リウマチと住環境整備	☐	6 関節リウマチは，寒さは関節の痛みを悪化させる原因となるので，暖房設備や日当たりなど室内環境への配慮が必要である。

A 解答 1.× 男女比は1：2.5〜4の割合で，圧倒的に女性に多い。／2.○／3.× 多くは同じ部位の関節に左右対称に発症する。／4.○／5.○／6.○

学習にメリハリを [Q&A][要点pick up!!]

学習が単調にならないよう，本文中にコラムを配置。メリハリをきかせて，リズムよく進めましょう。

イラスト&チャート図でイメージを膨らまそう

学習内容をイメージで理解できるよう，イラスト&チャート図を豊富に盛り込んでいます。

資格について

① 福祉住環境コーディネーターとは

（1）必要となる福祉住環境整備

わが国では平均寿命が延び，高齢化が急速に進んでいます。これに伴い，高齢者が自宅で過ごす時間が長くなっていますが，日本家屋は，段差が多い，廊下や開口部が狭いなど，高齢者にとって安全で快適な住まいとはいえません。これは障害者にとっても同じです。実際に，多くの家庭内事故が起こっています。

安心して，快適に，自立して住むことのできる「福祉住環境」の整備が必要とされている中，その中核を担う人材が「福祉住環境コーディネーター」です。

（2）福祉住環境コーディネーターの業務

福祉住環境コーディネーターの主な業務は，高齢者や障害者の身体機能や生活状況を十分に考慮し，これらに配慮した住宅改修の検討や，福祉用具等の利用についてのアドバイスなどを行う，というものです。

また，福祉住環境コーディネーター2級の資格を取得すると，担当の介護支援専門員がいない場合は，「住宅改修についての専門性を有する者」として，介護保険で住宅改修の給付を受けるために必要な「理由書」を作成することができます（市町村によって扱いは異なります）。

② 出題範囲について

福祉住環境コーディネーター検定試験®は東京商工会議所が主催し，福祉住環境コーディネーター検定試験®公式テキストに準拠して出題されます。2級および3級に関しては，2022年2月に公式テキスト改訂6版が発行され，2022年7月実施の第48回試験からその内容が反映されます。

また，東京商工会議所によると，2級の出題範囲では，2級公式テキストの本編の知識と，それを理解したうえでの応用力を問うとしています。さらに2級の基準としては，3級レベルの知識に加え，福祉と住環境等の知識を実務に

活かすために，幅広く確実な知識を身に付け，各専門職と連携して具体的な解決策を提案できる能力を求める，としています。

❸ 試験について

(1) 試験概要

　試験はIBT・CBTの2方式で実施されています。

※IBT（Internet Based Testing）は，インターネットを通じて自宅や会社のパソコンで試験を受ける試験方式。

※CBT（Computer Based Testing）は，全国各地のテストセンターのパソコンで試験を受ける試験方式。

　試験時間は90分で，択一問題または多肢選択式の問題が出題されます。公式テキスト（改訂6版）に該当する知識と，それを理解したうえでの応用力が出題範囲とされています。

　合格基準は，100点満のうち70点以上をもって合格とされていて，試験結果は即時採点されます。

(2) 試験実施

　2級，3級ともに，試験は年に2シーズンの受験期間が設けられていて，受験は各級につき，1シーズンに1回限り受験することができます。

　各シーズンの試験期間は約2週間です。この期間中，IBTまたはCBTのどちらかで受験することができます。

(3) 受験資格

　学歴・年齢・性別・国籍による受験資格の制限はありません。所定の手続きを済ませれば，どなたでも受験することができます。また，3級に合格していなくても，2級を受験することができます。

(4) 合格率

　過去の試験の合格率は，次ページのようになっています。

2級				
試験回	試験日・シーズン	受験者数（人）	合格者数（人）	合格率
第42回	R 1. 7. 7	9,130	2,729	29.9%
第43回	R 1. 11.24	10,405	4,637	44.6%
第44回	R 2. 7. 5	——	——	——
第45回	R 2. 11.22	10,778	5,043	46.8%
第46回	R 3第1シーズン	5,042	4,314	85.6%
第47回	R 3第2シーズン	5,575	2,887	51.8%

※第44回試験は，新型コロナウイルス感染症の拡大防止と会場確保が困難等の理由により，中止となった。
※第46回試験以降は，IBT試験またはCBT試験となった。

（5）問い合わせ先

東京商工会議所　検定センター　03-3989-0777
（受付時間：土・日・祝休日・年末年始を除く10:00～18:00）

ホームページ　https://kentei.tokyo-cci.or.jp

❹ IBT，CBT試験について

（1）受験の申込み

東京商工会議所検定サイトからの申込みになります。

IBTは自宅などのパソコンで受験する方式で，CBTはテストセンター会場のパソコンで受験する方式です。試験日時が選べること，試験終了後の合否や得点がすぐにわかるという点がポイントです。

なお，IBTとCBTの受験申込みを重複して行うことはできませんので，受験しやすい方式を選んでください。IBT試験の場合，必要な機器や環境は受験者が準備することになります。使用予定の機器で受験が可能かどうか，事前に必ず確認してください。

申込み方法の詳細，試験当日の流れについては，主催団体のホームページをご確認ください。

(2) 試験画面

福祉住環境コーディネーター検定試験®2級　　70問中　　残り時間
　　　　　　　　　　　　　　　　　　　　50問目　　39:59

試験終了

問50

　階段や廊下の手すりは、手を滑らせながら使うため、直径は細めの28 ～ 32mm
程度とする。

◉ ○
○ ×

後で確認する　前の問題　次の問題

解答状況

小　　　　大
○─○─●─○─○

後で確認する　前の問題　次の問題

※図はCBT試験画面のイメージです。

　出題形式は択一問題または多肢選択式で出題されています。

　試験案内に出題数の明示はありませんが、第47回（2021年度第2シーズン）
の2級試験では、2択問題が50問、4択問題が20問で計70問が出題されました。

　合格基準は100点満点中、70点以上が合格とされています。

　本書のレッスン末「チャレンジ！　確認テスト」は、2択問題の対策として
も有効です。

(3) 試験方式について

①IBT試験

　IBT試験は、使い慣れている自宅のパソコンで受験することができるという
点や、わざわざ会場まで出かけなくていいという点がメリットです。ただし、
試験開始前に本人確認、受験環境の確認等を行う必要があります。

②CBT試験

　CBT試験は、受験会場と日時、支払い方法など決めて申し込んだ後、テス
トセンターに出向いて指示に従って試験を受けることになります。

　IBT試験のような確認作業が必要なく気軽な面もありますが、受験料に加え
てCBT利用料が必要になります。また、テストセンター会場内の環境や、試

験中の他の受験者の動きなどが気になる方にとっては，デメリットになる面も あるかもしれません。

　2つの形式のメリット・デメリットを考えたうえで，ご自身に合った受験方 法を選択してください。どちらの形式でも，パソコンの操作に慣れていない受 験者にとっては戸惑うケースがあるかもしれません。ただ，何よりも焦らない ことが大切です。その点ではペーパーテストと何も変わりません。

福祉

福祉住環境の調整役
（コーディネーター）

C
重要度

学習のねらい 高齢者や障害者がその人らしく生活できるように住環境の面から支援を行うのが福祉住環境コーディネーターです。ここでは，福祉住環境コーディネーターの必要性，役割，遵守すべき項目などを学習します。

❶ 福祉住環境コーディネーターの必要性

🔑 多様化する高齢者や障害者の住環境の面で起こる問題解決のために，福祉住環境コーディネーターが求められる。

福祉住環境整備に関連する専門職についてはレッスン13で詳しく学びます。

高齢者や障害者に対する福祉住環境整備には，ソーシャルワーカー（SW），介護支援専門員，建築関係者，理学療法士（PT），作業療法士（OT）など，さまざまな専門家がそれぞれの立場でかかわってきました。しかし，専門家の多くはその専門領域にかたよりがちで，総合的なアプローチが行われにくい状況にありました。

また，高齢者や障害者の生活が多様化している今日では，発生する問題もまた多様化しています。そこで問題解決のためには，各分野の専門家一人ひとりが取り組むのではなく，複数の専門家が連携して取り組むチームアプローチが必要になってきています。このように，**各専門家間あるいは専門家と高齢者・障害者およびその家族の間をコーディネートするための人材が求められている**のです。

👆**プラスワン**

福祉住環境コーディネーターは，住環境整備チームの調整役である。調整役の大切な役目は「チームメンバーの能力を十分に引き出し，共通の目標達成を目指して，優れた仕事を遂行させること」である。

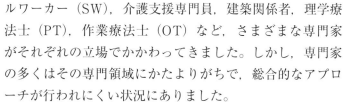

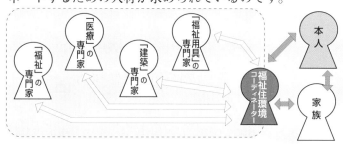

❷ 福祉住環境コーディネーターの役割

 福祉住環境コーディネーターは，本人や家族の
ほかにも福祉住環境整備に関係する人々の間の
意見を収集，整理，調整する役割を担う。

　福祉住環境コーディネーターは，福祉住環境整備の中核
となって高齢者や障害者の視点から総合的に情報を把握
し，ニーズや問題の解決策を提案することが必要で，次の
ような役割が求められます。

（1）問題を抽出する

　生活者の視点に立ち，高齢者や障害者の住宅内での生活
全般について問題点の抽出を行います。とくに高齢者は，
長年の生活習慣から不便・不自由を感じていない（気付い
ていない）ことも多く，福祉住環境整備では解決できない
ものと思っていることも少なくありません。

生活者の視点に立つということ
には，どのような意義があるの
でしょうか？

生活全般にわたる問題点を，高齢であることや同居家
族への気兼ねからあきらめている場合もあります。そ
んなときこそ「生活者の視点」が活きてきますね。

（2）改善策をともに考える

　生活上の不便・不自由に対して，どうすればよいかをと
もに考え，改善策を提案します。在宅生活時間が長くなっ
てきた高齢者の場合は，生活様式の変更も検討します。

（3）可能な限り情報を収集し，問題点と課題の整理を行う

　高齢者・障害者本人や家族はもとより，医療関係者，福
祉関係者，建築関係者などすべての関係者から可能な限り
情報を収集し，問題点と課題を整理します。その際，本人
や家族の了承を得たうえで，個人情報保護の原則のもと，

プラスワン
生活様式の変更として
は，座式生活からいす
式生活への変更，和式
から洋式への便器の取
り替えなどがある。

個人情報保護
➡ P16

各専門家間で情報を共有します。

（4）改善策を実践する

　福祉住環境コーディネーターに求められるのは，何よりも実践です。的確で速やかな対応が求められます。

③ 専門職とは

　福祉住環境コーディネーターは，福祉住環境整備における重要な役割を担う専門職である。

　福祉住環境コーディネーターに専門職として求められる条件を見ていきましょう。

（1）論理的な知識に基づく，実践的な技術を持っている

　福祉住環境整備は新たな領域なので，学問としての体系化，専門技術としての探究・構築がいまだ不十分な分野です。よって，資格を得た後も，実践を重ねながら福祉住環境整備学となるべきものを高めていく必要があります。

（2）業務上知り得た個人の秘密を厳守する

　福祉住環境コーディネーターは，さまざまな個人情報を把握しなければならないため，個人情報の保護には十分な配慮が必要です。「個人情報の保護に関する法律」（個人情報保護法）により，住所や氏名，病院名，施設名など，個人が特定できるような情報は，本人の同意のもと，慎重に取り扱わなければなりません。

　同法は，個人の権利や利益の保護と個人情報の有用性とのバランスを図ることを目的に，2003（平成15）年に制定，2005（平成17）年に全面施行されました。2015（平成27）年に公布，2017（平成29）年に全面施行された改正法では，情報通信技術の発展といった急速な環境の変化などを踏まえ，個人情報の定義が見直されたほか，個人識別符号や要配慮個人情報，匿名加工情報などの定義が示されています。2020（令和2）年に公布，2022（令和4）年4月に全面施行された改正法では，技術革新を踏まえた保護と利活用の

■個人情報保護法における定義

○個人情報

生存する個人に関する情報で，氏名や生年月日などにより特定の個人を識別できるもの。他の情報との照合が容易で，それにより特定の個人が識別できるものや，個人識別符号が含まれる情報も含む。

○個人識別符号

その情報だけでも特定の個人を識別できる文字や番号，記号，符号など。①顔や指紋・掌紋，DNA，虹彩，声紋，手指の静脈など**生体情報を変換した符号**，②マイナンバーや基礎年金番号，住民票コード，各種の保険証といった**公的な番号**が該当する。

○要配慮個人情報

人種，信条，社会的身分，病歴，犯罪の経歴，犯罪により害を被った事実など，本人に対する不当な差別や偏見などの不利益が生じないよう，取り扱いに配慮を要する情報。

○匿名加工情報

特定の個人を識別できないように個人情報を加工して得られる個人に関する情報で，当該個人情報を復元できないようにしたもの。

○仮名加工情報

他の情報と照合しない限り，特定の個人を識別することができないように個人情報を加工したもの。

バランスなどの観点から，保有個人データの開示方法の追加（電磁的記録の提供開始），仮名加工情報の創設など，さまざまな見直しが行われました。

　個人情報取扱事業者には，原則として利用目的の特定や利用目的による制限，適正な取得，安全管理措置，第三者提供の制限などが義務づけられています。

（3）高度な教育・訓練を受けている

　福祉住環境コーディネーターの実務に就くには，2級の資格を取得することが望ましいのですが，それだけでは高度な教育・訓練を重ねたとはいえません。今のところ更新研修などは設けられていませんが，研究会や研修会などがあれば参加して，最新の情報や技術を得る姿勢が大切です。

用語

個人情報取扱事業者
個人情報データベース等を事業に用いる者。

(4) 公共の福祉に奉仕する

個人の利益や権利にとらわれず，社会一般に共通する幸福や利益のために業務を行わなければなりません。これは人間にかかわる専門職に求められる共通の条件です。

(5) 能力考査がある

さまざまな専門職には能力考査があります。福祉住環境コーディネーターの場合，3級，2級，1級の試験がこれにあたります。

(6) 業務が契約関係で成り立っている

人と人との間には，契約により権利と義務が生じます。福祉住環境コーディネーターの業務も，相談者との間で結ばれる，「相談の開始によって始まり，終了をもって終わる」契約関係に基づくものです。

(7) 社会的地位が認められるべきものである

専門職とは，プロフェッショナルとして社会的地位が認められるべき存在です。歴史の浅い福祉住環境コーディネーターも，社会的地位を確立していかなければなりません。

(8) 倫理綱領を遵守する

専門職には，社会の代表にふさわしいモラルが求められます。福祉住環境コーディネーターのように，人間にかかわる専門職にはより高いモラルが必要とされます。

倫理綱領は，実務において守るべきモラルをまとめ，行動指針として示した文書です。医療・保健・福祉職のうち医師や看護師，理学療法士，作業療法士，義肢装具士，社会福祉士，介護福祉士などの国家試験による免許職種は，さまざまな倫理綱領のもとに規定された専門職です。

4 福祉住環境コーディネーターの倫理

 常に知識や見識，技術を高め，的確な対応をするために自己を律して仕事に臨む。

■福祉住環境コーディネーターが遵守すべき10項目

①	人々の福祉の向上のために良心，知識，技術，経験を捧げる。すなわち，人々が地域社会において安全で安心，快適な生活が送れるよう総合的に支援する。
②	知識と技術に関して，常に最高の水準を保つ。
③	個人の人権と自己決定を尊重する。
④	思想，信条，社会的地位などによって個人を差別することをしない。
⑤	職業上知り得た個人の秘密を守る。
⑥	他の職種の人々を尊敬し，協力しあう。
⑦	相談・援助の内容について十分に説明し，同意のもとに仕事を進めていく。
⑧	明確・簡潔に必要な報告を行い，記録を保持する。
⑨	不当な報酬を求めない。
⑩	専門職として常に研鑽を積み，また，人格の陶冶（とうや）を目指して相互に律しあう。

　誰もが持つ「安心して安全に自分らしく暮らしたいという願い」を担う職種が福祉住環境コーディネーターですから，**安心して仕事を任せられる存在**でなければなりません。そのためには次にあげた10項目を遵守し，「**法と人道に反する行為をしない**」ことが絶対条件となります。

チャレンジ！　確認テスト

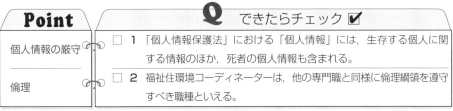

Point	できたらチェック ☑
個人情報の厳守	□ 1 「個人情報保護法」における「個人情報」には，生存する個人に関する情報のほか，死者の個人情報も含まれる。
倫理	□ 2 福祉住環境コーディネーターは，他の専門職と同様に倫理綱領を遵守すべき職種といえる。

A　解答 1.×「個人情報」は，生存する個人に関する情報である。／2.○

高齢者や障害者の生活

学習のねらい 高齢者や障害者に必要なのは「自立支援」といわれています。では，自立や自立支援とはどういう意味なのでしょうか。ここでは，自立支援を中心に，福祉住環境コーディネーターが知っておくべき福祉の理念を学習します。

① 自立とは

IL運動は，本当の意味での自立獲得のため障害者自身が実践してきた運動である。

（1）身体的自立

自立の程度を示す一つの指標として日常生活動作（ADL）があります。これを自分の力で行うことができることを身体的に自立しているといいます。

（2）IL運動と自立

1960年代後半から主としてアメリカで起こり，1970年代に活発化した重度障害者を主体とする運動が，**自立生活運動**（IL運動：Independent Living movement）です。この運動は，就労に結び付かない重度障害者であっても，家族や施設職員に依存せずに独立して，地域社会の中で充実して生きられる条件を獲得することを目的として起こったものです。

また，1976（昭和51）年の国連総会で，1981（昭和56）年を「国際障害者年」とすることが決議され，重度障害者の社会参加の意識を高め，ノーマライゼーションの実現を推進するきっかけになりました。さらに，1983（昭和58）年の「国連・障害者の十年」により，ノーマライゼーションの理念が普及するようになりました。

こうした動きを背景として，わが国の障害者福祉施策は，施設への入所を前提としたものから，自宅や地域での暮ら

用語

ADL
Activities of Daily Livingの略。食事，更衣，移動，排泄，入浴など，日常生活で不可欠な動作を指す。

プラスワン

IL運動は，1981年の国際障害者年を契機にわが国にも大きな影響を与えた。

用語

ノーマライゼーション
障害があっても，住み慣れた自宅や地域で自立した生活を安心しておくれるように支援するという考え方で，第二次世界大戦後に知的障害者の親の会の運動の中から，N.E.バンク-ミケルセンが提唱した理念。

福祉／1章

しを中心とした社会参加への取り組みに転換することになりました。

❷ バリアフリー

 バリアフリーとは，社会環境におけるさまざまな障壁をなくすことである。

　バリアフリーは，1970年代から世界的に広まった考え方で，「バリア（barrier）＝障壁」から「フリー（free）＝（心配・苦痛などが）ない」であること，つまり障壁をなくすことです。わが国でも1981年の「国際障害者年」をきっかけに，バリアフリーの考え方が普及し始めました。

「ハートビル法」「交通バリアフリー法」「バリアフリー法」…何がどう違うんですか？

ハートビル法（1994年）は特定建築物の円滑利用，交通バリアフリー法（2000年）は公共交通機関による移動の円滑化についての法律です。2つを統合し，まち全体を考えたのがバリアフリー法（2006年）です。

❸ ケアとは

 介助，介護，ケアはみな「人を助けること」という意味である。

　「介助」とは一般に，その人に付き添って動作の手助けをすることをいい，「介護」とは日常生活の援助など，「身のまわりの世話」全般を指しています。これらに対し「ケア（care）」は，「気にかける，心配する，世話をする」などの意味を持ち，看護，介護，介助などを含む広い範囲を指します。

プラスワン

1995（平成7）年版の「障害者白書」であげられた，生活環境の中で存在する4つのバリアとは

①**物理的バリア**
　まち中の段差，狭い通路，障害があるため使えない製品など。

②**制度のバリア**
　能力以前の段階で条件や基準を設けられ，就学・就業・社会参加などに制約を受ける。

③**文化・情報のバリア**
　点字や手話通訳がないなど，情報の提供方法が受け手に合っていない。

④**意識のバリア**
　偏見や差別など。

プラスワン

「ケア」は広義にも狭義にも使われるが，狭義では元来「介護」を意味していた。

平均寿命が延びた現代では、「キュア（cure）からケアへ」といわれています。「キュア」とは、病気や障害を医学的に治療することです。しかし、それだけでなく、加齢による身体能力の低下、慢性疾患や障害などがあっても**自分らしく生きるためのケアが重要視**されています。

④ 健康人生とリハビリテーション

 高齢者については、生活機能の維持・改善と向上、介護予防を目指す、地域や在宅での「生活期リハビリテーション」が重要となる。

（1）健康人生を送るために

超高齢社会となったわが国において、一人ひとりの目標は、「生きている限りは健康に暮らす」ことにあるといえます。この目標を達成するために生活管理をして健康の増進や生活不活発状態・生活習慣病の予防に努めていく必要があります。健康人生は、このような目標を達成することであり、それをまとめると次のようになります。

① **一次予防**…健康増進と疾患の予防。よりよい生活習慣を身に付け、生活不活発状態・生活習慣病の発生・発症を予防。

② **二次予防**…早期発見・早期治療。疾患や障害への移行、重度化を防止。

③ **三次予防**…障害残存後の活動制限や参加制約の防止。障害の軽減と廃用症候群の予防。

④ **尊厳ある終末期**…尊厳ある死を迎えるための医療・看護・介護サービスを受ける。

（2）リハビリテーションの要因

高齢者によくみられる「**生活機能の低下・障害**」とは、疾患・心身の機能障害・加齢などの**生活機能障害の遠因**に、生活上の**問題**（疾患の悪化や身体機能の低下、心理的問題など）が重なった結果の状態をいいます。

（3）高齢者リハビリテーションの目標と理念

　国際連合の保健に関する専門機関である**世界保健機関**（WHO）があげた高齢者リハビリテーションの目標は，活動性の回復，人との交流の回復，社会への再統合であり，究極の目標は「**QOL（Quality of Life）の向上**」です。基本的理念は，①**特性に応じた対応**，②**廃用症候群（生活不活発状態）の予防重視**，③**在宅・地域で生活を支える**，④**個別性・個性を重視**し，自己決定を尊重，⑤**チームアプローチによる評価と治療**，⑥**地域での支援体制の構築**，です。

（4）高齢者リハビリテーションの進め方

　従来，リハビリテーション治療は長期間を要して当然とみられていましたが，それは改められつつあります。

急性期	回復期	生活期（維持期）	終末期
機能訓練・廃用症候群の予防 ➡	訓練室での機能訓練 ➡	地域との交流に参加（社会的孤立を予防） ➡	苦痛を軽減・解除

　ただ漫然とリハビリテーションを続けるのではなく，在宅復帰など，明確な目標設定のもと計画的に行います。

❺ 地域ケアと地域リハビリテーション

　地域包括ケアシステムは，高齢者だけでなく，すべての地域住民のための仕組みである。

（1）地域包括ケアシステム

　ここで述べる**地域ケア**とは，地域に暮らす人々のうち，生活上何らかの不自由があるか，そのおそれのある人々に対して，その居住地域での生活の自立や自律，QOLの向上を目標に行う支援を指します。地域福祉，地域保健，地域医療，地域リハビリテーション，在宅ケアなど，地域や在宅で行われる支援すべてを包含するものです。

　地域ケアの対象は乳児期から終末期までのすべての時期であり，その内容も多岐にわたります。また支援を行う側も，家族，行政，専門職，地域住民など多様です。

QOL
➡ P77

プラスワン

厚生労働省の高齢者リハビリテーション研究会等による高齢者リハビリテーションの3つのモデル

1. 脳卒中モデル
　脳卒中や骨折などで，生活機能が急性に低下
　↓
　リハビリテーション治療
　↓
　自宅復帰を目標とした短期集中の生活機能回復訓練
　↓
　地域リハビリテーション

2. 廃用症候群モデル
　慢性疾患などで，生活機能が徐々に低下
　↓
　早期（軽度）からの治療開始が望ましい
　↓
　必要に応じ，期間を定めた計画的なリハビリテーション治療

3. 認知症高齢者モデル
　1，2いずれにも属さない。環境変化への対応が困難。生活の継続性やなじみの人間関係が維持される環境が必要。

福祉／1章

プラスワン

高齢者のための地域包括ケアシステムは,地域の実情に応じて「可能な限り,住み慣れた地域でその有する能力に応じ自立した日常生活を営むことができるよう,医療,介護,介護予防,住まい及び自立した日常生活の支援が包括的に確保される体制」(医療介護総合確保法)とされる。

プラスワン

地域リハビリテーション活動支援事業は,新しい介護予防・日常生活支援総合事業の一般介護予防事業の一つ。

地域包括ケアシステムは「地域住民が,たとえ支援が必要となってもできる限り地域の中でその人らしく生きていけるよう,地域全体で支える体制」です。団塊の世代が75歳を超える2025(令和7)年をめどに,地域包括ケアシステムを構築することが国の大きな課題とされています。

(2) 地域リハビリテーション

地域ケアを支える重要な柱が,地域でのリハビリテーションです。これを実現するためには,地域を基盤とする支援体制を整備する必要があります。そのため,国は1998(平成10)年度から「地域リハビリテーション支援体制整備推進事業」を実施してきました。

2015(平成27)年4月には,地域における介護予防の取り組みの機能強化を目的に,通所,訪問,地域ケア会議,サービス担当者会議,住民運営の通いの場等へのリハビリテーション専門職等の関与を促進する**地域リハビリテーション活動支援事業**が新設されました。

チャレンジ!　確認テスト

Point	**Q　できたらチェック☑**
IL運動と自立	□ 1　自立生活運動(IL運動)は,就労することが可能な軽度の障害者を主体としている。
バリアフリー	□ 2　バリアフリーの考え方が,わが国では1981年の「国際障害者年」をきっかけに普及し始めた。
健康人生とリハビリテーション	□ 3　健康な人生を送るための予防には,一次予防から三次予防まである。
	□ 4　世界保健機関(WHO)があげた高齢者リハビリテーションの究極の目標は,活動性の回復である。
地域ケア	□ 5　地域包括ケアシステムは,高齢者に限定されたものではなく,すべての地域住民のための仕組みである。

A 解答　1.× 主体は,就労に結び付かない重度障害者である。／2.○／3.○／4.× 究極の目標はQOLの向上である。／5.○

学習のねらい 住み慣れた地域や自宅で，主体的な暮らしをしたいという思いは，高齢者や障害者でなくとも，共通するものです。在宅介護において，本人とその家族を支援するうえで理解しておくべき視点を学びましょう。

① 介護の基本姿勢

在宅介護には，住み慣れた地域，自宅で「介護」を実現するための支援が必要である。

「介護」とは，「介護を受ける本人の人間らしい生活」を維持していくために不可欠な「生活行為を成立させる援助を通じ，生命や生活を維持し，生きる意欲を引き出すこと」です。福祉住環境コーディネーターとしては，どのような視点で介護に臨むべきなのでしょうか。

（1）安全でその人らしい暮らし

最優先すべきことは，介護を受ける本人とその家族が安全で快適に暮らすことです。とくに加齢や障害によって活動が制限される場合には，生活の中心となる空間の利便性・快適性が重要なポイントとなります。

また，その人らしい暮らしの実現に大切なのは，ADLの各動作を単に1人で行えるかではなく，「人の手を借りたり，道具を用いたりして一連の生活行為を成立させながら，それを自立して維持する能力」を持てるかどうかです。

福祉住環境の整備を検討する際，慣れ親しんだ環境を変えることに抵抗感を抱く人も多いでしょう。それまでの生活環境の把握，その回復と維持がキーワードとなります。機能性やコスト面のみで判断せず，本人の考え方・感じ方をよく理解したうえで，計画・実施していきます。

介護では，災害時などの緊急対応や避難誘導の手段の確保にも配慮します。

プラスワン
安全性とプライバシーの確保

安全性の面では，いつも介護者の視界に入る範囲内で過ごすのが望ましいということになるが，本人の精神的な快適さを考えると，プライバシーの確保も大きな課題である。日常生活には，入浴や排泄など，家族に対してでも遠慮や恥じらいを感じる場面がある。精神面・感情面への配慮も忘れてはならない。

（2）暮らしの拠点である"家"

　"暮らしの拠点"は，介護を受けやすい，介護しやすい環境であるだけではなく，多様なニーズに対応し，本人の個性を引き出す場でもあります。

　本人の生活ニーズや身体的ニーズに合っていることはもちろん，プライバシーや余暇活動にも配慮した空間を実現するよう，設備や道具などをくふうし，自立生活ができる環境整備をすることが大切です。

（3）関連職種との協働

　福祉住環境整備の基本方針を立てる際には，心身機能の現状や将来の見通し，具体的な介護内容や安全な動作方法の確認が必要です。また，進行性の疾患では，**障害レベルの変化に合わせて変更や調整ができる住環境**を準備します。状態の変化に迅速な対応をするため，各分野の専門職の情報に基づいて検討する必要があります。

　また，住環境整備後の使用状況の評価を行う際にも，各専門職との協働が必要となります。整備後の使用状況に問題がある場合，その原因を探し，検討・解決しなければなりません。身体機能とのミスマッチだけでなく，本人の感情面での不都合なども含め，情報を多角的に入手します。

（4）社会参加と自己実現

　在宅介護における自立支援では，**社会参加と自己実現が最終目的**となります。

　情報化社会の到来で，自宅に居ながらにして社会参加や地域貢献をすることも可能になりました。障害があるため，移動能力に制限があったり，寝たきりであっても，在宅勤務をしたり，インターネットを活用するなどして自宅を情報発信の拠点としている人も少なくありません。

　また，外出時には，車いすでの出入りや家屋内外での動線の確保，車の乗降方法だけでなく，自宅周辺の環境や最寄り駅，公園，店舗などの状況にも配慮し，目的に合わせた外出方法の選択など，総合的な視点が必要です。

プラスワン

プライバシーが確保された空間，余暇活動や対人交流を促す開放された空間をバランスよく配した環境は，趣味や生きがい活動など，さまざまな活動を促進する。

ここでいう自己実現とは，社会貢献を可能とし，自己効力感を高めることです。

福祉住環境整備においては，その行為が可能になることでどのような社会的貢献や自己実現が可能となるのかという視点から，自立支援を考えていくことが重要です。

② 移動能力別の住環境整備のポイント

 屋内歩行が可能な人では，季節や一日の時間帯により自立度が変化する場合があるため，不調時を基本に自立に向けた住環境整備を検討する。

福祉住環境整備では，本人の心身やADLの状態（移動能力など）を的確に把握することで移動手段を具体化し，それを可能にする方法を提示することが基本です。

下の表は，あくまで一例です。運動機能の面からだけみても，対象者によってはあてはまるとは限りませんので，個別対応を中心とすべき事例が多いことを心得ておきましょう。

■移動能力と福祉住環境整備の例

	移動能力	福祉住環境整備
屋外歩行が可能	持久力やバランス機能はやや低下しているが，つえや歩行器などを使用すれば屋外でも単独歩行が可能。	留意点…活動水準が上がるほど転倒リスクが高まるため，安全性の向上と負担軽減への配慮が必要。 移動…転倒予防のため，屋内外の段差解消，滑りにくい床材への変更。階段や廊下には手すり，廊下等には足もと灯を設置。
屋内歩行が可能	持久力やバランス機能が低下し，屋内ではつえや下肢装具，歩行器や手すりを必要とし，屋外では車いすを使うことが多い。	留意点…転倒リスクが高いため，トイレや浴室，寝室などは玄関と同一階に配置し，段差解消や滑りにくい床材への変更を行うなど，移動の安全や円滑化に配慮が必要。 就寝…ベッドは立ち座りしやすい高さに調整し，上肢機能に合わせたベッド用手すりを設置。 排泄…トイレはなるべく寝室に隣接させ，介助スペースも考慮した配置に。やや高めの便座，姿勢保持のための手すりを設置。
車いすを使用	座位姿勢の保持力はあるが，運動麻痺などの機能障害により歩行での移動が困難または不可能。	留意点…疾患や障害の程度により車いすの操作方法や移乗方法，入浴方法などが異なり，住環境整備への要求も異なる。トイレや浴室，寝室などは玄関と同一階に配置。 排泄…便器への移乗動作に基づいて検討。上肢・体幹能力，習慣，使い勝手など本人と検討し，位置関係を決定。 入浴…浴槽への出入りの有無や方法，介護方法などを総合的に判断してスペースや配置を決定。入浴用リフトなどの導入も検討。

座位移動が可能	運動機能障害により立ち上がり動作は困難だが，手・膝這いにより移動が可能。車いすを併用することが多い。	留意点…床材の選択（適度な摩擦とクッション性）と設備機器への配慮（スイッチやドアノブの高さなど）が必要。 排泄…トイレはなるべく寝室に隣接させ，洋式便器を採用。和式の場合は，座面が床面となるように洋式便器を埋め込む方法もある。 入浴…床面に浴槽が埋め込まれているとよいが，難しい場合には，入浴用リフトなどの導入を検討。
常時臥位	神経難病の進行などによりほぼ終日寝たきりで，ADLのほとんどをベッド上で行う。	留意点…長時間同一姿勢にならないよう，体位変換しやすい福祉用具の整備が必要。 就寝…高さ調節（ハイアンドロー）機能付きの特殊寝台を検討。体圧分散機能が高いマットレスや，転落予防と寝返り補助のためのサイドレールを設置。 排泄…ポータブルトイレを使用する場合，汚物流しを設置する。移動用リフトやシャワー用車いすの使用も検討。

チャレンジ！　確認テスト

Point

Q できたらチェック ☑

介護の基本姿勢

- □ 1　その人らしい暮らしの実現に大切なのは，ADLの各動作を1人で行えるかどうかである。
- □ 2　福祉住環境整備の基本方針を立てる際には，心身機能の現状や将来の見通し，具体的な介護内容や安全な動作方法の確認が必要である。
- □ 3　在宅介護における自立支援では，社会参加と自己実現が最終目的となる。
- □ 4　福祉住環境整備では，社会的貢献や自己実現の可能性という視点に立つ必要はない。

移動能力と住環境整備のポイント

- □ 5　つえを使用すれば屋外で単独歩行が可能な場合，活動水準が上がっても転倒の危険性は低い。
- □ 6　車いすを使用する場合，トイレや浴室，寝室などは玄関と同一階に配置する。

A 解答　1.× 単に1人で行えるかではなく，「人の手を借りたり，道具を用いたりして一連の生活行為を成立させながら，それを自立して維持する能力」を持てるかどうかである。／2.○／3.○／4.× 福祉住環境を整備することで，どのような社会的貢献や自己実現が可能かという視点に立つ必要がある。／5.× 活動水準が上がるほど転倒の危険性は高まる。／6.○

レッスン **4**

障害のある状態とは

A 重要度

学習のねらい 障害者の住環境についての相談援助を行うために
は，まず障害とはどのようなものなのかをしっかり理解する必
要があります。ここでは，障害がどのようにとらえられていた
のか，その定義と分類の変遷を学習します。

① 障害の定義

障害の状態をどのように受け止めるかは，定義
以上に複雑かつ多様である。

(1)「障害者権利条約」での定義

2006（平成18）年に国際連合（国連）が採択した「障害
者権利条約」では，「障害者」を次のように規定しています。

「障害者には，長期的な身体的，精神的，知的又は感覚
的な機能障害であって，様々な障壁との相互作用により他
の者との平等を基礎として社会に完全かつ効果的に参加す
ることを妨げ得るものを有する者を含む」（第1条・目的）。

つまり，長期の機能障害と環境の障壁との相互作用で社
会参加が困難となっている人を障害者であるととらえてい
ます。

(2)「障害者基本法」での定義

わが国では，「障害者基本法」（2004〔平成16〕年改正）
において，「障害者」とは「身体障害，知的障害，精神障
害（発達障害を含む）その他の心身の機能の障害がある者
であつて，障害及び社会的障壁により継続的に日常生活又
は社会生活に相当な制限を受ける状態にあるものをいう」
（第2条）と定義されています。

障害者基本法に規定される障害者の定義は，2011（平成
23）年に改正されました。この改正により，旧法の「身体
障害，知的障害，精神障害」の3障害に「その他の心身の

用語

国際障害分類
ICIDHとは,
「International
Classification of
Impairments,
Disabilities and
Handicaps」の略。

用語

国際生活機能分類
ICFとは,
「International
Classification of
Functioning,
Disability and
Health」の略。

ICIDHとICFは考え方
の違いがはっきりして
いますね。

機能の障害」が追加され，どのような種類であっても心身
の機能の障害があり，それに伴う生活上の制限がある人は
すべて障害者となります。

❷ 国際障害分類（ICIDH）

　障害者に対する社会的な取り組みは，第二次世
界大戦後から各国で盛んになった。

1980（昭和55）年，WHOが「国際障害分類（ICIDH）」
を出版し，障害に対する世界共通の指標としました。これ
によると，障害は3つの次元に区分されます。

疾病や変調によって生物学的レベルの障害（手足の麻痺
のような**機能障害**，手足の切断のような**形態障害**）が生じ
ると，個人レベルの障害（日常生活動作ができないなどの
能力障害）が起こります。それが社会レベルの障害（就職
ができないなどの**社会的不利**）につながるというものです。

❸ 国際生活機能分類（ICF）

　ICFでは，「生活機能」に問題が生じた場合を
総称して「障害」という。

医学的観点でのみ障害をとらえているという，ICIDHに
対する批判から，WHOは新たに「国際生活機能分類（ICF）」
（2001〔平成13〕年）を出版しました。

(1) ICFの考え方の特徴

ICFの考え方の特徴としては，次の点があげられます。

① ICIDHが「障害」というマイナス面による分類なの
に対し，ICFは障害を環境との関係でとらえるととも
に，生活機能の中に位置付け，マイナス面だけでなく
プラス面を重視している。心身機能・身体構造，活動，
参加を総称して「生活機能」とし，それらに問題が起
こった状態（機能障害，活動制限，参加制約）を総称

して「障害」とする。

② 医学モデルであるICIDHに対し，ICFは医学モデルと，**環境因子**という見方を取り入れた社会モデルとを統合したため，状態をより正確に把握できる。

③ ICIDHが一方向の概念であるのとは異なり，**生活機能**と**健康状態**，**背景因子**とがそれぞれ双方向で関係し合うものととらえている。

④ コミュニケーション向上のための共通言語として活用できる。

⑤ 心身機能・身体構造だけでなく，活動，参加にも留意している。

⑥ 能力（やればできること）と実行状況（日常行っていること）を区別できる。

⑦ 包括的・網羅的な分類となっている。

また，ICFの概念は次のように表されます。

ICIDHは，医学的な観点においてのみ障害をとらえている（＝医学モデルである）として批判されました。

ICIDHと比べてICFの特徴がより複雑なのは，障害者や高齢者の生活，一般的な現実生活の複雑さを反映しているからなんですね。

■ICFの概念

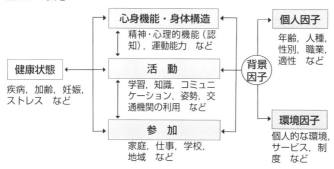

（a）**心身機能・身体構造**…生物レベルの生活機能。人間が生きていくうえでの基礎となる精神機能，感覚機能，生理的機能，運動能力，神経筋骨格，皮膚など。この機能に問題が生じた場合を「機能障害」という。

（b）**活動**…個人の生活レベルの生活機能。生活を営んでいくうえでのさまざまな行為である，学習，知識，コミュニケーション，移動，歩行など。この機能に問題が生じた場合を「活動制限」という。

(c) 参加…社会や人生のレベルの生活機能。社会の中で自分の役割を果たしていく家庭生活，社会生活，対人関係，市民生活など。この機能に問題が生じた場合を「参加制約」という。

(d) 背景因子…個人因子（年齢，性別，職業，性格，経験，習慣など）と，環境因子（個人的な環境，サービス，制度など）とがある。

（2）ICFの分類

　さまざまな要素が1,500項目にわたって整理・分類されています。ただし，すべてのICFの次元・要素について明確に分類されているわけではありません。活動と参加については，個人的なものと社会的なものとの区分がはっきりしないため，1つの分類として提示されています。

■ICFの大分類

心身機能	活動と参加	環境因子
1 精神機能 2 感覚機能と痛み 3 音声と発話の機能 4 心血管系・血液系・免疫系・呼吸器系の機能 5 消化器系・代謝系・内分泌系の機能 6 尿路・性・生殖の機能 7 神経筋骨格と運動に関連する機能 8 皮膚および関連する構造の機能	1 学習と知識の応用 2 一般的な課題と要求 3 コミュニケーション 4 運動・移動 5 セルフケア 6 家庭生活 7 対人関係 8 主要な生活領域 9 コミュニティライフ・社会生活・市民生活	1 生産品と用具 2 自然環境と人間がもたらした環境変化 3 支援と関係 4 態度 5 サービス・制度・政策 ＊身体構造分類は省略しています

　未分類の要素のうちの「健康状態」については「国際疾病分類（ICD）」を用います。また「背景因子」の「個人因子」については概念が明確でなく，分類リストの形が整っていないのが現状です。

（3）ICFの活用

　2000（平成12）年度から，医療保険制度の診療報酬の算定に「リハビリテーション総合実施計画書」「リハビリテーション実施計画書」の作成が求められるようになり，

2003（平成15）年度からは介護保険のリハビリテーション給付においても算定要件として導入されましたが、これらの計画書はICFの考えに基づいています。健康状態、活動（能力と実行状況）、参加、環境などが評価されたうえで、主に「参加」を目指し、それぞれの要素の目標が設定されるようになりました。

福祉／1章

2001（平成13）年の正式決定前にICFの基本的枠組みは世界に知らされており、日本の医療保険制度はこれを先取りしたものです。

（4）福祉住環境整備とICF

福祉住環境整備とは、ICFの概念では「環境因子」の変化にあたります。高齢者や障害者といった住環境整備の対象となる人の心身機能や活動状況を把握し、介護支援専門員などの関連専門職との間で状況の理解を共有するためにも、ICFの考え方や分類が有効です。

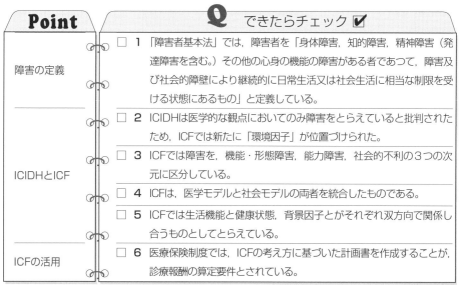

チャレンジ！　確認テスト

Point	❓ できたらチェック ☑
障害の定義	□ 1 「障害者基本法」では、障害者を「身体障害、知的障害、精神障害（発達障害を含む。）その他の心身の機能の障害がある者であつて、障害及び社会的障壁により継続的に日常生活又は社会生活に相当な制限を受ける状態にあるもの」と定義している。
ICIDHとICF	□ 2 ICIDHは医学的な観点においてのみ障害をとらえていると批判されたため、ICFでは新たに「環境因子」が位置づけられた。
	□ 3 ICFでは障害を、機能・形態障害、能力障害、社会的不利の3つの次元に区分している。
	□ 4 ICFは、医学モデルと社会モデルの両者を統合したものである。
	□ 5 ICFでは生活機能と健康状態、背景因子とがそれぞれ双方向で関係し合うものとしてとらえている。
ICFの活用	□ 6 医療保険制度では、ICFの考え方に基づいた計画書を作成することが、診療報酬の算定要件とされている。

 解答 1.○／2.○／3.× ICIDHにおける区分である。／4.○／5.○／6.○

レッスン 5 進行する日本の高齢化

重要度 A

学習のねらい 少子高齢化が日本にとって深刻な問題であるという認識は，一般的なものとなりました。ここでは，さまざまな統計のデータを通じて，日本の高齢社会における具体的な状況と，今後の見通しについて学習します。

総人口，高齢化率の推移はよく出題されるので注意！

プラスワン

2007（平成19）年以降，団塊の世代といわれる「戦後のベビーブーム世代」が60歳を迎え始め，2015（平成27）年にはすべて65歳以上に，2025（令和7）年にはすべて75歳以上に達するなど，急激な高齢者人口の増加が予測されている。

❶ 高齢者人口の増加

少子高齢化とは，年少人口の減少と高齢者の増加が同時に進む状態をいう。

わが国の総人口は，2008（平成20）年の1億2,808万人をピークに，2017（平成29）年には1億2,671万人と減少しました。さらに，2035（令和17）年には1億1,522万人になると推計されています。

また，14歳以下の「年少人口」，15〜64歳の「生産年齢人口」がいずれも減少していく一方で，65歳以上の高齢者の増加は著しく，2021（令和3）年で3,618万人，**総人口に占める高齢者の割合（高齢化率）は28.8％**となりました。

今後，高齢化率は，2035年には33％近くになるといわれています。さらに，高齢者の中でも**後期高齢者（75歳以上）**の割合が増加しており，2018（平成30）年には前期高齢者（65〜74歳）の数を上回り，今後も増加すると推計されています。

❷ 高齢者世帯の割合と推移

高齢者世帯の家族構成では，単独世帯と夫婦のみの世帯が多くを占めている。

総人口の減少局面に入った後もわが国の世帯数は増加傾向にあり，2023（令和5）年に総世帯数5,419万世帯でピー

クを迎えると予想されています。増加しているのは，主として世帯主が65歳以上の高齢者世帯で，総世帯数のピーク時（2023年）にはその39％程度に達し，それ以降も増加していくことが見込まれています。

高齢者世帯の家族構成をみると，**単独世帯と夫婦のみの世帯が多くを占め**，今後はとくに単独世帯が増加していくとみられています。

プラスワン
国立社会保障・人口問題研究所「日本の世帯数の将来推計」（2018〔平成30〕年1月推計）によると，65歳以上の世帯で単独世帯割合は，2040年には40.0％まで上昇すると推計されている。

③ 在宅介護

全国の20歳以上の国民を対象に，2010（平成22）年に内閣府が行った「介護保険制度に関する世論調査」では，将来介護を受けたい場所として「自宅」をあげた人が全体の37.3％を占めています。

少子高齢化や核家族化なども一因となって，高齢者世帯は，家族の介護力低下，家庭内事故などの問題に直面しています。しかし，在宅での生活を続けたいと望む人も少なくありません。それらのことから**高齢者の身体や行動に配慮した住宅の必要性**を読みとることができます。

自宅で介護を受けたいという人は男性44.7％，女性31.1％。男女で差があるんですね。

■20歳以上を対象とした「介護を受けたい場所」に関する世論調査

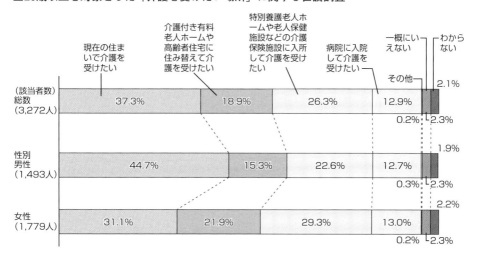

「介護保険制度に関する世論調査」（2010年　内閣府）

❹ 家庭内事故

　厚生労働省の人口動態統計によれば，死亡原因の順位では，現在，悪性新生物，心疾患，脳血管疾患，老衰，肺炎などに次いで不慮の事故があげられ，そのうち交通事故とともに家庭内事故が大きな割合を占めています。

　2020（令和2）年の統計では，年間1万3,708人は家庭内事故が原因で死亡しており，そのうちの1万1,966人が65歳以上の高齢者でした。これは交通事故で死亡した65歳以上の高齢者の5倍以上の数にあたります。なかでも溺死・溺水は家庭内事故による死因の42.5%を占めており，浴室周辺の住環境整備の必要性を物語っています。

■高齢者（65歳以上）の家庭内事故死

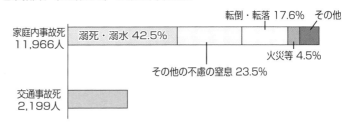

転倒・転落 17.6%　その他

家庭内事故死
11,966人　溺死・溺水 42.5%

火災等 4.5%

その他の不慮の窒息 23.5%

交通事故死
2,199人

＊厚生労働省「人口動態統計」（2020年）をもとに作成

■家庭内事故の種類

型	種類	事故の定義	主な発生場所
落下型	墜落	高所より空中を落下	バルコニー，手すり，窓
	転落	階段，スロープ等の高所より階段，スロープ等に体を接しながら落下	階段，階段周辺
	転倒	同一平面上で（体の均衡を失って）倒れる	床，床段差
	落下物による打撲	落下（あるいは飛来）してきた物体に当たる	天井，壁，照明器具
接触型	つぶされ	倒壊（あるいは転倒）してきた重い物体につぶされる	ドア，窓
	ぶつかり	物体にぶつかる，あるいは動いてくる物体にぶつけられる	ドア，廊下

家庭内事故の型，種類，内容は，きちんと分類しなければ覚えにくいですね。

接触型	挟まれ	物体間あるいは物体内の狭いすきまに体の全部あるいは一部を挟まれる	ドア，窓
	こすり	体の一部を粗い表面にこする	壁
	鋭利物による傷害	鋭利な物によって，体の一部を切る，あるいは刺す	ガラス，ガラス製品周辺
危険物型	やけど熱傷	高温の物に触れて生じる	熱源，熱源周辺
	感電	電位差のある物に触れて生じる	電気設備，器具
	ガス中毒酸欠	ガスによる中毒，酸素欠乏による窒息	ガス設備，器具
	溺水	水の中で溺れる，あるいは窒息する	浴槽，池

チャレンジ！　確認テスト

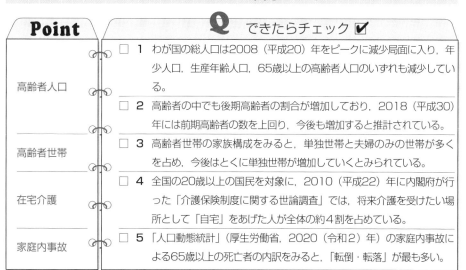

Point	Q できたらチェック ☑
高齢者人口	☐ 1 わが国の総人口は2008（平成20）年をピークに減少局面に入り，年少人口，生産年齢人口，65歳以上の高齢者人口のいずれも減少している。
	☐ 2 高齢者の中でも後期高齢者の割合が増加しており，2018（平成30）年には前期高齢者の数を上回り，今後も増加すると推計されている。
高齢者世帯	☐ 3 高齢者世帯の家族構成をみると，単独世帯と夫婦のみの世帯が多くを占め，今後はとくに単独世帯が増加していくとみられている。
在宅介護	☐ 4 全国の20歳以上の国民を対象に，2010（平成22）年に内閣府が行った「介護保険制度に関する世論調査」では，将来介護を受けたい場所として「自宅」をあげた人が全体の約4割を占めている。
家庭内事故	☐ 5 「人口動態統計」（厚生労働省，2020（令和2）年）の家庭内事故による65歳以上の死亡者の内訳をみると，「転倒・転落」が最も多い。

A 解答 1.× 65歳以上の高齢者人口は増加している。／2.○／3.○／4.○／5.× 「溺死・溺水」が最も多い。

学習のねらい 急速に進む高齢化への対応策として，2000（平成12）年4月に介護保険法が施行され，介護保険制度がスタートしました。ここでは，高齢者福祉政策の大きな柱である，介護保険制度の目的と基本的な仕組みについて学習します。

❶ 高齢者保健福祉施策の変遷

　介護保険制度は，高齢者の自立支援を基本理念として制定された。

　わが国の高齢者保健福祉制度は，公的扶助から始まり，1874（明治7）年に制定された「恤救規則」では，救済される高齢者を「身寄りのない貧困の老衰者」としていました。その後，生活困窮高齢者を対象とした救済は，第二次世界大戦後も続き，1950（昭和25）年には，新「生活保護法」の制定により，要保護高齢者を収容して保護する養老施設が設立されました。

（1）老人福祉法の成立

　1963（昭和38）年には「老人福祉法」が制定され，①健康診査，②老人ホームへの収容等，③老人福祉の増進のための事業などが定められました。これにより，新たな老人福祉施設として，養護老人ホーム，特別養護老人ホーム，軽費老人ホーム，老人福祉センター等が創設されました。

　高齢者保健福祉制度は，老人福祉法の成立により生活困窮高齢者に対する救済から，すべての高齢者を対象にした制度へと移り変わっていくことになります。

（2）老人保健法の成立

　1973（昭和48）年，老人福祉法の一部改正により，老人医療費無料化が実施されました。しかし，老人医療費の増大によって，1983（昭和58）年に廃止され，同年，新たに

プラスワン

老人福祉法の制定により，生活保護法で規定されていた養老施設が老人福祉法に基づく施設として組み込まれた。同時に民間事業者の運営による有料老人ホームも規定され，老人家庭奉仕員も制度上に位置付けられた。

用語

老人医療費無料化
70歳以上の高齢者に対して医療保険の自己負担分（3割）を国が公費保障する制度。

「老人保健法」が施行されました。これにより，高齢者の医療費は，一部を自己負担するとともに，それ以外を国，地方公共団体，医療保険者で負担する新たな仕組みが導入されました。その後，1986（昭和61）年には老人保健施設が，1991（平成3）年には老人訪問看護制度が創設，1993（平成5）年には長期入院患者のための療養型病床群を設けるなど，高齢者の保健・医療・福祉の連携が重視されていきます。

(3) ゴールドプランによる基盤整備

急速な高齢化に伴う要介護高齢者の増加や寝たきり高齢者の社会問題化などに対応するため，国は，1989（平成元）年に「高齢者保健福祉推進十か年戦略（ゴールドプラン）」を策定し，20世紀中に実現を図るべき10か年の数値目標を掲げた，計画的なサービスの基盤整備が行われました。

1990（平成2）年には，「老人福祉法」や「老人保健法」を含む社会福祉関係八法が改正され，市町村による**老人保健福祉計画**の策定が義務付けられました。

また，1992（平成4）年には，「社会福祉事業法及び社会福祉施設職員退職手当共済法の一部を改正する法律」（福祉人材確保法），そして1993（平成5）年には「福祉用具の研究開発及び普及の促進に関する法律」（福祉用具法）が制定されます。

これらの施策展開は，21世紀の超高齢社会に向けて，高齢者介護を社会全体で支え合うための基盤づくりとなり，介護保険制度の構築が進められることになります。

(4) 介護保険制度の成立

1994（平成6）年，高齢社会福祉ビジョン懇談会は，「21世紀福祉ビジョン」において，新介護システムの構築を提言しました。これを受けて，同年には，高齢者介護・自立支援システム研究会が「高齢者の自立支援」を基本理念として，介護サービスの一元化，ケアマネジメントの確立，社会保険方式を基礎とする介護システムの創設を提言しま

プラスワン

1986年に，国は「長寿社会対策大綱」を閣議決定し，社会保障制度審議会は1989年の「今後の社会保障制度のあり方について」において，市町村の役割重視，在宅福祉の充実，民間福祉サービスの健全育成，福祉と保健・医療の連携強化・統合化等を提言した。

総人口に占める高齢者（65歳以上）の比率（高齢化率）が7％を超えると「高齢化社会」，14％を超えると「高齢社会」といわれ，21％を超えると「超高齢社会」と呼ぶことがあります。なお，わが国では1994年に14％を，2007（平成19）年に21％を超えました。

用語

措置制度

行政機関である市町村が必要性を判断し，サービス内容や提供機関を決定するという行政処分。なお，「老人福祉法」の措置制度は，現在でも，やむを得ない理由で介護保険サービスの利用が著しく困難な場合などに限り存続している。

プラスワン

民間事業者の参入には，これまで多くの社会問題が顕在化したことから，1985（昭和60）年に厚生省（現・厚生労働省）がシルバーサービス振興指導室を設置し，民間事業者による福祉サービス事業の健全な育成と質の確保を推進した。

した。これにより，1995（平成7）年には，社会保障制度審議会が「公的介護保険制度」の創設を勧告し，1997（平成9）年に**介護保険法**が制定，2000（平成12）年から施行されることとなりました。

なお，高齢者対策全般の施策としては，1995年に「高齢社会対策基本法」が制定されています。

② 介護保険制度の目的と理念

> 介護保険制度では，利用者の意思で必要なサービスを選んで利用できる。

2000年4月よりスタートした介護保険制度では，行政による措置制度から，利用者がみずから事業者を選択してサービスを利用する形態へ転換されるとともに，在宅サービスを中心に民間事業者が公的なサービス供給主体と同じ立場で参入できるようになりました。

また，老人福祉と老人医療とに分かれていた高齢者介護に関する制度を再編し，介護を必要とする人が住み慣れた地域や自宅で自立した生活を営むために，さまざまな介護サービスを提供できる仕組みが構築されました。

■介護保険制度導入の際に掲げられた主な基本的な考え方

①利用者本位	必要なサービスの選択・利用について，利用者の意思と権利を尊重する
②多様な民間事業者の参入を促進	競争原理を導入し，効率的かつ良質なサービスの提供を促す
③ケアの総合化・パッケージ化	介護サービス計画（ケアプラン）作成者を介在させ，福祉と医療のサービスを総合的，一体的かつ継続的なものとする
④在宅ケアの重視・社会的入院の解消	在宅生活の維持継続を支援し，社会的入院を根絶することで医療費の適正化に寄与する
⑤社会連帯による客観性と公平性（給付と負担の連動）	40歳以上の全国民が保険料を負担する社会保険として運営し，介護サービスの給付と負担の関係を明確にする
⑥地方分権	市町村・特別区（利用者の生活の場に近い基礎自治体）が保険者となる

❸ 介護保険制度の基本的な仕組み

介護保険サービスを受けるには，「要支援」「要介護」の認定を受ける必要がある。

(1) 介護保険制度の保険者

保険者（運営主体）は市町村と特別区（以下，「市町村」）であり，被保険者（加入する人）は40歳以上のすべての国民です。当該市町村の住民で，65歳以上が「第1号被保険者」，40歳以上65歳未満の医療保険加入者が「第2号被保険者」となります。

(2) 介護保険制度の財源

介護保険制度は，50％を保険料，50％を国・都道府県・市町村等の公費（税金）によってまかないます。公費の内訳は，市町村12.5％，都道府県12.5％，国25％（都道府県

現在運営主体となっている特別区というと，東京都の23区のことですね。

■介護保険制度の基本的な仕組み

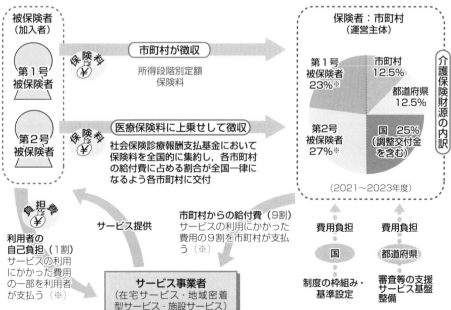

（※）一定以上所得者（65歳以上。以下同じ）については，自己負担2割（保険給付8割）。また，2018（平成30）年8月以降，現役並み所得者については，自己負担3割（保険給付7割）。

公費による低所得者の保険料軽減の拡充により，保険料基準額に乗じる割合は，2015（平成27）年4月から0.45倍に引き下げられた。消費税率10%への引き上げに伴い，増税分を財源としてさらに引き下げられることになった。

16の特定疾病

・がん（がん末期）
・関節リウマチ
・筋萎縮性側索硬化症（ALS）
・後縦靱帯骨化症
・骨折を伴う骨粗鬆症
・初老期における認知症
・進行性核上性麻痺，大脳皮質基底核変性症およびパーキンソン病
・脊髄小脳変性症
・脊柱管狭窄症
・多系統萎縮症
・早老症（ウェルナー症候群等）
・糖尿病性神経障害・糖尿病性腎症および糖尿病性網膜症
・脳血管疾患
・閉塞性動脈硬化症
・慢性閉塞性肺疾患
・両側の膝関節または股関節に著しい変形を伴う変形性関節症

指定の介護保険4施設および特定施設は，市町村12.5％，都道府県17.5％，国20％）となっています。なお，国庫負担25％のうち，5％は各市町村間の介護保険財政のばらつきを調整するための調整交付金の財源にあてられ，各市町村の給付水準や保険料負担額に大きな差が生じないように調整弁の役割を担っています。

第1号被保険者の保険料は，保険料基準額の0.5倍から1.7倍までの範囲で，課税状況に応じた**9段階**（標準）で設定されますが，市町村は段階の細分化や保険料基準額に乗じる割合の変更など，**設定の弾力化**が可能です。

年金受給額が月額1万5,000円以上の人は，老齢退職年金・障害年金・遺族年金から天引き（特別徴収），1万5,000円未満の人は個別に徴収（普通徴収）され，生活保護の代理納付（生活扶助費からの直接納付）も普通徴収として扱われます。なお，第2号被保険者の保険料は，医療保険料と一括徴収されます。

（3）受給要件

被保険者が介護保険のサービスを利用するためには，市町村の介護保険窓口に申請し，「要介護」または「要支援」の認定を受ける必要があります。介護保険による介護給付・予防給付を受けられるのは，第1号被保険者は，要介護者・要支援者に認定された人全員ですが，第2号被保険者は，老化に伴う16の**特定疾病**を原因として，介護や支援が必要と認定された場合のみです。

④ 認定から給付までの流れ

> 要介護・要支援の認定を受けた場合，各段階の利用限度額に応じたケアプランを作成する。

市町村の介護保険の担当窓口に要介護・要支援認定の申請を行うと，市町村の職員などの調査員が被保険者を訪問し，心身の状態や生活の状況などについて「聞き取り調査」

が行われ，内容をコンピュータで判定します。その一次判定結果と主治医が作成する「意見書」などをもとに，保健・医療・福祉の専門家による**介護認定審査会**によって，二次判定が行われます。申請者（被保険者）は受給対象にはあたらない「非該当（自立）」か，受給対象となる「要支援1，2」「要介護1～5」の7段階の認定を受けます。

要介護・要支援の認定を受けた場合，段階ごとに設定される利用限度額に応じた介護サービス計画（ケアプラン）を作成し，そのプランに基づいて保険給付のサービスを利用できます。ケアプランは，**要支援の場合には地域包括支援センター**，**要介護の場合には介護支援専門員（ケアマネジャー）**に作成を依頼するのが一般的です。

原則として**利用したサービス費用の1割**（一定以上所得者は2割，現役並み所得者は3割）は**自己負担**ですが，利用限度額を超えたり，介護保険制度で認められていないサービスを利用したりする場合，その分の費用については利用者負担となります。

なお，保険者である市町村は，3年を1期とする**介護保険事業計画**を策定し，3年ごとに見直しを行うことになっています。これにより，保険料も3年ごとの事業計画に定めるサービス費用見込額等に基づき，3年間を通じて財政の均衡を保つよう設定されることになっています。

⑤ 給付サービスの種類と内容

要支援1・2の人を対象とする予防給付と，要介護1～5の人を対象とする介護給付がある。

介護保険の給付サービスには，要介護者を対象とする**介護給付**と要支援者を対象とする**予防給付**があります。これらの給付は，都道府県・政令市・中核市が指定・監督を行う居宅・施設等サービスと，市町村が指定・監督を行う地域密着型サービスに分かれています。

プラスワン

認定結果に異議がある場合，3か月以内に都道府県に設置された介護保険審査会に不服申し立てができる。

プラスワン

基本的に，在宅の要介護者の場合は居宅介護支援事業所の介護支援専門員が介護サービス計画を，施設入所の要介護者の場合は施設の介護支援専門員が施設サービス計画を作成する。また，要支援者の場合は地域包括支援センターなどが介護予防サービス計画を作成する。なお，在宅サービスに係るケアプランは，利用者が自己作成してもよい。

プラスワン

要介護・要支援認定では非該当でも，市町村が実施する地域支援事業の対象となる。

■保険給付とサービスの種類（2018〔平成30〕年度時点）

都道府県・政令市・中核市が指定・監督を行うサービス	市町村が指定・監督を行うサービス

介護給付を行うサービス

■居宅サービス

訪問サービス
- ●訪問介護（ホームヘルプサービス）
- ●訪問入浴介護
- ●訪問看護
- ●訪問リハビリテーション
- ●居宅療養管理指導

- ●特定施設入居者生活介護
- ●特定福祉用具販売
- ●福祉用具貸与

通所サービス
- ●通所介護（デイサービス）
- ●通所リハビリテーション

短期入所サービス
- ●短期入所生活介護（ショートステイ）
- ●短期入所療養介護

■施設サービス
- ●介護老人福祉施設
- ●介護老人保健施設
- ●介護療養型医療施設
- ●介護医療院

■地域密着型サービス
- ●定期巡回・随時対応型訪問介護看護
- ●夜間対応型訪問介護
- ●地域密着型通所介護
- ●認知症対応型通所介護
- ●小規模多機能型居宅介護
- ●認知症対応型共同生活介護（グループホーム）
- ●地域密着型特定施設入居者生活介護
- ●地域密着型介護老人福祉施設入所者生活介護
- ●複合型サービス（看護小規模多機能型居宅介護）

■居宅介護支援

予防給付を行うサービス

■介護予防サービス

訪問サービス
- ●介護予防訪問入浴介護
- ●介護予防訪問看護
- ●介護予防訪問リハビリテーション
- ●介護予防居宅療養管理指導

- ●介護予防特定施設入居者生活介護
- ●特定介護予防福祉用具販売
- ●介護予防福祉用具貸与

通所サービス
- ●介護予防通所リハビリテーション

短期入所サービス
- ●介護予防短期入所生活介護（ショートステイ）
- ●介護予防短期入所療養介護

■地域密着型介護予防サービス
- ●介護予防認知症対応型通所介護
- ●介護予防小規模多機能型居宅介護
- ●介護予防認知症対応型共同生活介護（グループホーム）

■介護予防支援

※上記のほか住宅改修（住宅改修費・介護予防住宅改修費）がある。

「公的介護保険制度の現状と今後の役割」（2018年，厚生労働省）をもとに作成

⑥ 介護保険制度の住宅改修

 介護保険の住宅改修では，原則として費用の9割が償還払いで支給される。

　介護保険制度では，①手すりの取り付け，②段差の解消，③滑りの防止および移動の円滑化などのための床または通路面の材料の変更，④引き戸等への扉の取り替え，⑤洋式便器等への便器の取り替え，⑥その他各住宅改修に付帯して必要となる住宅改修の6種類について，原則として費用の9割（一定以上所得者は8割，現役並み所得者は7割）が償還払い（条件によっては受領委任払い）で支給されます。

　住宅改修費の給付を受けるためには，介護支援専門員や福祉住環境コーディネーター（2級）などが改修の目的や効果を明確に記載した理由書と工事見積書等の書類を市町村に提出し，申請を行います。理由書の作成では，利用者のケアプランに則した改修内容にするために福祉住環境コーディネーター，介護支援専門員，施工業者等のチームアプローチが不可欠です。

⑦ 介護保険制度見直しの背景

 要介護認定者は制度施行5年間で約2倍に増加し，そのうち軽度者は，約2.5倍になった。

　介護保険法は，施行後5年をめどとした制度の見直しを法の附則で規定しています。

　2005（平成17）年の最初の見直しでは，基本理念に要介護状態となった高齢者等の尊厳の保持が明文化され，次のような基本的視点が整理されました。

（1）明るく活力のある超高齢社会の構築

　見直し当時の推計では，2015年に「団塊の世代」がすべて65歳以上になり，2025（令和7）年には高齢者人口がピークに達することが予測されていました。また，2025年に

 用語

償還払い
一旦利用者が工事費用の全額を払い，後から返還を受ける方式。福祉用具の購入や緊急時のサービス利用などにも適用される。

受領委任払い
➡ P83

プラスワン

原則として，住宅改修に係る支給限度基準額は，同一住宅で20万円（そのうち1割〔一定以上所得者は2割，現役並み所得者は3割〕が自己負担）で，要支援・要介護状態の区分にかかわらず定額となっている。なお，介護を要する程度が重くなった場合（3段階上昇時）や，転居したときには例外として，再度20万円までの支給限度基準額が設定される。

福祉／2章

は単身高齢者が570万世帯（高齢者全体の3分の1）に増加し，高齢者夫婦のみの世帯も610万世帯になると見込まれ，早期の具体的な対策が求められました。

（2）制度の持続可能性の確保

要介護認定者は，制度施行5年間で約2倍にまで増加し，そのうち軽度者は約2.5倍に達していました。急激な増加で，軽度者に対する予防対策の急務，将来的な財政難などが懸念されたことにより，市町村の権限を強化し，給付の効率化や重点化など，サービスの適正化が求められました。

（3）社会保障の総合化

介護サービス利用者の増加に加え，在宅ケアの基盤不十分な状況が問題として浮上したため，介護保険と年金給付の重複の是正や在宅と施設の利用者負担の公平性の見地から施設入所者の居住費用や食費を見直すことになりました。また，高齢者のニーズや実情に応じて，切れ目なく必要なサービスが提供される体制の整備が求められました。

❽ 2005年介護保険制度改革の主な内容

 2005年改革では，新予防給付と地域支援事業が創設され，予防重視型システムへの転換が図られた。

（1）新予防給付と地域支援事業の創設

要介護度別に介護が必要となった原因割合をみると，軽度の要介護・要支援高齢者において，廃用症候群（生活不活発病）に関連する原因疾患が約半数を占めることから，予防対策が急務とされました。

そこで，要介護状態になること自体を防止する目的として，市町村が実施する地域支援事業を創設し，また，要介護状態の悪化の防止には，新予防給付で対応するという両面から整備されることとなりました。

地域支援事業は，被保険者が要介護状態・要支援状態と

なることを予防するとともに，要介護状態等になった場合でも，可能な限り地域で自立した日常生活を営むことができるよう支援することを目的に，市町村および地域包括支援センターが実施します。

（2）施設給付の見直し

2005年10月より，介護保険と年金給付の重複の是正，在宅と施設の利用者負担の公平性の観点から，介護保険3施設（介護老人福祉施設，介護老人保健施設，介護療養型医療施設）の居住費や食費が保険給付の対象外（利用者負担）となりました。

なお，低所得者対策として，市町村民税非課税の世帯には軽減措置として，介護保険から施設に**補足給付**（＝特定入所者介護サービス費・特定入所者介護予防サービス費）が支給されることとなりました。これは，市町村の認定で決められる利用者負担段階による負担限度額を設け，施設利用による費用と負担限度額の差額を，補足給付で補うものです。

（3）新たなサービス体系の確立

単身高齢者や認知症高齢者の増加，在宅支援の強化，医療と介護の連携強化というこれまでの課題を受けて，①地域包括支援センターの設置，②地域密着型サービスの創設，③居住系サービスの充実等が図られました。

① 地域包括支援センターの設置

地域包括支援センターは，地域住民の心身の健康保持や生活の安定のために必要な援助など，保健・医療・福祉・介護を結ぶ地域包括ケアシステムを構築する中核機関として設置されました。運営主体は，市町村ないし老人介護支援センターの運営法人など市町村からの包括的支援事業実施の委託先などで，**社会福祉士・主任介護支援専門員・保健師**等が配置されます。

主な業務は，**介護予防ケアマネジメント業務**（主に保健師），**包括的・継続的ケアマネジメント支援業務**

地域支援事業は，必須事業（介護予防事業，包括的支援事業）と任意事業で構成されていましたが，2015年4月から2017年4月までに，介護予防事業は介護予防・日常生活支援総合事業（新しい総合事業。52ページ参照）に順次，移行されました。

プラスワン

2015年8月より，補足給付の要件として，所得以外に資産等を勘案する仕組みが順次実施されている。

プラスワン

主任介護支援専門員は地域包括支援センターにおいて，かかりつけ医（主治医）などと連携しながら，支援困難事例への対応をするとともに，地域全体のケアマネジメント能力を向上させるための役割を担っている。

（主に主任介護支援専門員），多様なネットワークを活用した地域の高齢者の実情把握や虐待への対応などを含む総合的な相談支援業務および権利擁護業務です。

■地域包括支援センターの業務

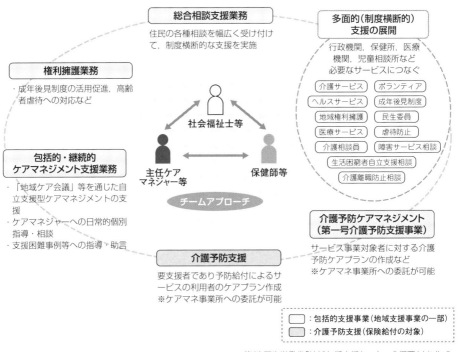

資料:厚生労働省「地域包括支援センターの概要」より作成

② 地域密着型サービスの創設

　　介護保険制度では，新たに地域密着型サービスと地域密着型介護予防サービスが創設されました。地域密着型サービスでは，小規模な居住空間，家庭的な雰囲気，慣れ親しんだ人間関係，住み慣れた地域での生活の継続等を満たすため，グループホームや小規模・多機能ケアの整備等が重視されました。

　　なかでも小規模多機能型居宅介護は，「通い（通所）」を中心として，「訪問」や「泊まり」を組み合わせることができ，切れ目ないケアが提供できる新しいサー

ビスの形態となりました。また，**夜間対応型訪問介護**では，単身高齢者や夫婦世帯を対象に，夜間の介護不安や介護が必要になった場合に対応するサービスで，夜間に定期巡回する訪問介護と通報に応じて随時出向く訪問介護が組み合わされています。

③　居住系サービスの充実

居住系サービスについては，多様な住まい方が選択できるよう，「特定施設入居者生活介護」の対象を，従来の介護付有料老人ホームやケアハウスのほか，高齢者専用賃貸住宅（適合高専賃）などに拡大しました。

また，特定施設での介護サービス提供形態も，施設従業者がサービスを提供する包括型（一般型）に加えて，施設計画に基づいて委託事業者がサービスを提供する外部サービス利用型が新たに創設されています。

（4）サービスの質の確保・向上

利用者の介護サービス選択を通じた質の向上を図るため，すべてのサービス事業者には，**介護サービス情報の公表**が義務付けられ，サービス内容，運営状況，職員体制，施設設備，サービス提供時間などを都道府県知事に年1回報告する必要があります。これらの情報は，都道府県知事または指定情報公表センターを通じて公表されます。

従来は，介護報酬の不正請求などで悪質事業者が指定取消処分を受けても，その効力に期限がなかったため，欠格事由に5年以内の指定取消履歴を加え，6年ごとに事業者を指定する**指定更新制**を導入しました。また，実態に即した指導監督が行えるよう，都道府県や市町村には事業者に対する業務改善勧告や指定停止命令などの規制権限が与えられました。

最重要課題の一つである介護支援専門員の資質の向上では，登録や介護支援専門員証の交付のほか，秘密保持義務，名義貸しの禁止，5年ごとの**資格更新制**および更新時の研修受講義務などが規定されました。

プラスワン

2005年改革では医療と介護の連携の強化も図られ，認知症や難病，がん末期の患者が，在宅で人工呼吸器や痰吸引機などの医療ケアを受けたり，看護師が常駐するデイサービス施設や老人保健施設などに通ったりすることで家族の介護負担を軽減することも，保険給付の対象とされた。

介護サービス情報の公表については，2015年7月に従業者に関する情報等の追加などが実施されています。

⑨ 2008年介護保険制度改正の主な内容

　この改正では，介護事業運営の適正化を図るため，事業者の規模に応じた法令遵守の業務管理体制整備の義務付け，事業を全国展開する企業組織の不正関与防止のための立入調査権・是正勧告・命令権の創設が盛り込まれ，さらに，事業廃止により利用者へのサービスがとぎれることがないよう，事業者が果たすべき義務も規定されました。

⑩ 2011年介護保険制度改正の主な内容

2011年改正では，地域包括ケアシステムの構築に向けた取り組みの推進が打ち出された。

　2012（平成24）年4月から施行された法改正では，高齢者が住み慣れた地域の中で，自立した生活を送ることができるように，医療，介護，予防，住まい，生活支援サービスが切れ目なく提供される**地域包括ケアシステムの構築**に向けた取り組みの推進が打ち出されました。

　それに伴い，地域包括ケアの推進が国と地方公共団体の責務として介護保険法に明文化され，①保険給付に係る保健医療サービス・福祉サービスに関する施策，②要介護状態等になることの予防，要介護状態等の軽減・悪化防止のための施策，③地域における自立した日常生活の支援のための施策を，医療と住まいに関する施策と連携しながら，包括的に推進していくこととなりました。

> 2011年改正では，地域支援事業の一類型として，介護予防・日常生活支援総合事業（総合事業）が創設されました。この事業は，現在，新しい総合事業として52〜53ページにあるような所要の改正が行われています。

■介護保険制度の改正（2011年改正）

高齢者が地域で自立した生活を営めるよう，医療，介護，予防，住まい，生活支援サービスが切れ目なく提供される地域包括ケアシステムの実現に向けた取り組みを進める	
医療と介護の連携の強化等	①　医療，介護，予防，住まい，生活支援サービスが連携した要介護者等への包括的な支援（地域包括ケア）を推進 ②　日常生活圏域ごとに地域ニーズや課題の把握を踏まえた介護保険事業計画を策定 ③　単身・重度の要介護者等に対応できるよう，24時間対応の**定期巡回・随時対応サービス**や**複合型サービス**の創設 ④　保険者の判断による予防給付と生活支援サービスの総合的な実施を可能に ⑤　介護療養病床の廃止期限（2013年3月末）を猶予，新たな指定は行わない※

介護人材の確保とサービスの質の向上	① 介護福祉士や一定の教育を受けた介護職員等による**痰の吸引**（喀痰吸引）と**経管栄養**の実施を可能に ② 介護福祉士の資格取得方法の見直し（2012年4月実施予定）を延期※ ③ 介護事業所における労働法規の遵守を徹底，事業所指定の欠格要件・取消要件に労働基準法等違反者を追加 ④ 公表前の調査実施の義務付け廃止など介護サービス情報の公表制度の見直し
高齢者の住まいの整備等	① 有料老人ホーム等における前払金の返還に関する利用者保護規定を追加 ② 厚生労働省と国土交通省の連携による**サービス付き高齢者向け住宅**の供給を促進
認知症対策の推進	① 市民後見人の育成・活用など，市町村における高齢者の権利擁護を推進 ② 市町村の介護保険事業計画で地域の実情に応じた認知症支援対策を盛り込む
保険者による主体的な取り組みの推進	① 介護保険事業計画と医療サービス，住まいに関する計画との調和を確保 ② 地域密着型サービスについて，公募・選考による指定を可能に
保険料の上昇の緩和	○ 各都道府県の財政安定化基金を取り崩し，介護保険料の軽減等に関する活用

※は2011年6月22日施行。その他は2012年4月施行。

⑪ 2014年介護保険制度改正の主な内容

2014年改正の主眼は，「地域包括ケアシステムの構築（のいっそうの促進）」と「費用負担の公平化」である。

（1）地域包括ケアシステムの構築

　地域包括ケアシステムの構築では，高齢者が住み慣れた地域で生活を継続できるようにするため，介護，医療，生活支援，介護予防の充実が打ち出されています。

　また，地域支援事業の内容が見直され，すべての市町村が，2018（平成30）年3月31日までに新たな仕組みへ移行しました。

　① 新しい総合事業（介護予防・日常生活支援総合事業）
　　介護予防事業（一部の市町村では従来の総合事業）が，新しい総合事業（介護予防・日常生活支援総合事業）へと再編されました。これは，介護予防・生活支援サービス事業と一般介護予防事業に大別されます。

■新しい総合事業（介護予防・日常生活支援総合事業）

介護予防・生活支援サービス事業	要支援者および基本チェックリスト該当者を対象として，介護予防ケアマネジメントをもとに訪問型サービスや通所型サービス，その他の生活支援サービスを提供する。予防給付のうち，介護予防訪問介護と介護予防通所介護がこの事業に移行する。また，生活支援サービス（配食・見守り等）の充実化・多様化が図られる
一般介護予防事業	すべての第１号被保険者や支援のための活動にかかわる人を対象とし，介護予防把握事業などを実施する。また，通所・訪問・地域ケア会議等へのリハビリテーション専門職等の関与を促進する地域リハビリテーション活動支援事業が導入される

🖐️プラスワン

2020（令和2）年の介護保険制度の改正により，介護予防・生活支援サービス事業の対象者に要介護者も追加された。ただし，認定前から補助により実施される介護予防・生活支援サービス事業を利用していた者に限られる。

🖐️プラスワン

地域ケア会議の充実以外の包括的支援事業の充実について，市町村は2018年3月末まで実施を猶予することができた。

② 包括的支援事業の充実

　地域ケア会議の充実が図られているほか，在宅医療・介護連携の推進，認知症施策の推進，生活支援サービス体制の整備（NPOやボランティア，地縁組織等の活動を支援し，総合事業と一体的かつ総合的に企画・実施）が新たに位置付けられました。

③ 特別養護老人ホームの入所基準の厳格化

　特別養護老人ホームを，在宅での生活が困難な中重度の要介護者を支える機能に重点化するために，新規の入所者は，原則，**要介護3以上の中重度者に限定**されることになりました。

(2) 費用負担の公平化

　費用負担の公平化では，低所得者の保険料軽減を拡充する一方，2015年8月からは，65歳以上で一定以上の所得がある利用者（一定以上所得者）のサービス利用時の自己負担割合が2割へと引き上げられたほか，低所得の施設利用者に対し食費・居住費を補填する補足給付の要件に，資産の状況が追加されました。

■介護保険制度の改正（2014年改正）

地域包括ケアシステムの構築	サービスの充実	○地域包括ケアシステムの構築に向けた地域支援事業の充実 ①在宅医療・介護連携の推進 ②認知症施策の推進 ③地域ケア会議の推進 ④生活支援サービスの充実・強化
	重点化・効率化	○全国一律の予防給付（訪問介護・通所介護）を市町村が取り組む地域支援事業に移行し，多様化 ○特別養護老人ホームの新規入所者を，原則，要介護3以上に限定（既入所者を除く）

費用負担の公平化	低所得者の保険料軽減を拡充	○低所得者の保険料の軽減割合を拡大 給付費の5割の公費に加えて別枠で公費を投入し，低所得者の保険料の軽減割合を拡大
	重点化・効率化	○一定以上の所得のある利用者の自己負担を引き上げ ○低所得の施設利用者の食費・居住費を補填する「補足給付」の要件に資産などを追加

⑫ 2017年介護保険制度改正の主な内容

 2017年改正のポイントは，「地域包括ケアシステムの深化・推進」と「介護保険制度の持続可能性の確保」である。

(1) 地域包括ケアシステムの深化・推進

地域包括ケアシステムの深化・推進では，全市町村が，保険者としての機能を発揮し，自立支援・重度化防止に向けて取り組む仕組みの制度化について示されたほか，医療・介護の連携の推進等および地域共生社会の実現に向けた取り組みの推進等が打ち出されています。

医療・介護の連携の推進等においては，従来より廃止が決まり，転換が進む介護療養型医療施設が持っている「日常的な医学管理」や「看取り・ターミナル」等の機能と，「生活施設」としての機能とを兼ね備えた新たな介護保険施設として，2018年4月に**介護医療院**が創設されました。介護医療院のサービスは施設サービスに位置付けられ，療養上の管理・看護・医学管理のもとでの介護や機能訓練などの医療のほか，日常生活上の世話が提供されます。また，同時に医療法上の医療提供施設にも位置付けられています。

地域共生社会の実現に向けた取り組みの推進等においては，市町村による地域住民と行政等との協働による包括的支援体制作り，福祉分野の共通事項を記載した地域福祉計画の策定の努力義務化が図られたほか，高齢者と障害児者が同一事業所でサービスを受けやすくするため，介護保険と障害福祉制度に新たに共生型サービスを位置付けること

プラスワン

自立支援・重度化防止に向けた保険者機能の強化等の取り組みとして，地域包括支援センターの機能強化や居宅サービス事業者の指定等に対する保険者の関与強化などが示された。

プラスワン

介護療養型医療施設の廃止期限は，2024（令和6）年3月31日まで6年間延長されることとなった。

プラスワン

介護医療院が，病院や診療所から転換した場合には，転換前の病院や診療所の名称を引き続き使用できることとされた。

となりました。さらに，有料老人ホームの入居者保護のための施策が強化され，ホーム設置者が老人福祉法等に違反し，入居者保護の必要がある場合には，設置者に事業の制限・停止を命じることができることとなりました。

■共生型サービスの概要

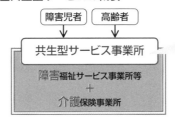

資料：厚生労働省「地域包括ケアシステムの強化のための介護保険法等の一部を改正する法律のポイント」より作成

（2）介護保険制度の持続可能性の確保

介護保険制度の持続可能性の確保では，世代間・世代内の公平性を確保しながら，介護保険制度の持続可能性を高めるための施策が実施されました。

① 現役並み所得者の利用者負担割合の引き上げ

2018年8月に，現役並みの所得のある者（**現役並み所得者**）の利用者負担割合が2割から**3割**へと引き上げられました。具体的基準は，「合計所得金額（給与収入や事業収入等から給与所得控除や必要経費を控除した額）220万円以上」かつ「年金収入＋その他合計所得金額340万円以上（単身世帯の場合。夫婦世帯の場合463万円以上）」とされ，単身で年金収入のみの場合は344万円以上に相当します。

② 介護納付金における総報酬割の導入

各医療保険者は，介護納付金を，第2号被保険者である加入者数に応じて負担していましたが，これを被用者保険間では**報酬額に比例した負担**とすることになりました（激変緩和の観点から段階的に導入）。この制度は，2017年8月分より実施されています。

2018年8月以降，介護保険制度によりサービスを利用した第1号被保険者の利用者負担割合は，1割・2割・3割の3段階となっています。

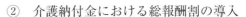

⓭ 2020年介護保険制度改正等の主な内容

(1) 介護保険制度改正の主な内容

2020年改正では，「認知症に関する施策の総合的な推進等」が見直され，国および地方公共団体の責務が規定された。

「介護保険法」における「認知症に関する施策の総合的な推進等」（第5条の2）について見直しが図られ（下線部が変更箇所），国および地方公共団体には次のようなことが規定されました。

---

①認知症に対する国民の関心・理解を深め，認知症に関する知識の普及および啓発に努めなければならない

②研究機関，医療機関，介護サービス事業者等と連携し，認知症の予防・診断・治療やリハビリテーション，介護方法についての調査研究の推進やその成果の普及・活用・発展に努めなければならない

③地域の認知症の人の支援体制を整備すること，認知症の人の介護者の支援，支援のための人材の確保と資質の向上を図るための必要な措置を講じることその他の認知症に関する施策を総合的に推進するよう努めなければならない

④認知症の人およびその家族の意向の尊重に配慮するとともに，認知症の人が地域社会において尊厳を保持しつつほかの人々と共生することができるように努めなければならない

今回の改正では，「介護保険法」における認知症の定義について，「アルツハイマー病その他の神経変性疾患，脳血管疾患その他の疾患により日常生活に支障が生じる程度にまで認知機能が低下した状態として政令で定める状態」と改められました。

(2) 「認知症施策推進大綱」の策定

「認知症施策推進大綱」では，「共生」と「予防」を車の両輪として据え，施策を推進していくことを基本的な考え方としている。

2019（令和元）年6月に，認知症施策推進関係閣僚会議において，新オレンジプランの後継となる「認知症施策推進大綱」がとりまとめられました。

大綱では，認知症の発症を遅らせ，発症後も希望をもって日常生活を過ごせる社会を目指し，認知症の人やその家族の視点を重視しながら「**共生**」と「**予防**」を車の両輪として据え，施策を推進していくことを基本的な考え方としています。

　このような基本的な考え方の下，新オレンジプランに位置づけられていた7つの柱を再編し，次の5つの柱に沿った取り組みが実施されています。

> ①普及啓発・本人発信支援
> ②予防
> ③医療・ケア・介護サービス・介護者への支援
> ④認知症バリアフリーの推進・若年性認知症の人への支援・社会参加支援
> ⑤研究開発・産業促進・国際展開

　対象期間は，団塊の世代が75歳以上となる2025（令和7）年までとされています。

チャレンジ！　確認テスト

Point	
介護保険制度の基本的な仕組み	**Q** できたらチェック ☑

Point

介護保険制度の基本的な仕組み

認定から給付までの流れ

給付サービスの種類と内容

介護保険制度の改正

Q できたらチェック ☑

☐ **1**　介護保険制度の保険者は市町村と特別区で，被保険者は20歳以上のすべての国民である。

☐ **2**　要介護認定では，コンピュータによる一次判定が行われ，介護保険審査会が，その結果と主治医の意見書などをもとに二次判定をする。

☐ **3**　介護保険の給付サービスには，要介護者を対象とする介護給付と要支援者を対象とする予防給付がある。

☐ **4**　2017（平成29）年の改正では，高齢者と障害児者が同一事業所でサービスを受けやすくするため，介護保険と障害福祉制度に新たに共生型サービスを位置付けた。

 解答　1.× 20歳以上ではなく40歳以上。／2.× 介護保険審査会ではなく介護認定審査会。／3.○／4.○

レッスン 7

日本の障害者の現況

B 重要度

学習のねらい レッスン4では，障害のある状態とはどんな状態なのかについて，そのとらえ方を学習しました。ここでは，日本には現在どのくらいの数の障害者がいて，どのような生活をしているのか，データを通して学習します。

① 障害者人口

 高齢化は障害者でも進み，身体障害者の高齢化率は総人口におけるそれの約2.7倍である。

　厚生労働省の実態調査などによる推計では，日本の障害者の総数は，964.7万人で，そのうち身体障害児・者が436.0万人，知的障害児・者が109.4万人，精神障害者が419.3万人となっています（「令和3年版　障害者白書」）。

（1）障害者の状況

　厚生労働省の「平成28年生活のしづらさなどに関する調査（全国在宅障害児・者等実態調査）」（2016年）において，在宅障害者の年齢別割合をみると，手帳を所持する身体障害者では，65歳以上が72.6％を占めています。2016年の総人口に占める65歳以上の割合（高齢化率27.3％）の約2.7倍となっており，身体障害者の高齢化が進んでいます。また，知的障害者では，65歳以上の占める割合は15.5％と身体障害者よりも低く，18歳から64歳の割合が60.3％と高くなっています。

　また，障害者の居住場所は在宅と施設（病院を含む）に大別されますが，障害者全体では，在宅で生活している人が914.0万人（94.7％），施設で生活している人が50.7万人（5.3％）であり，障害者の多くが在宅で生活していることになります（「令和3年版　障害者白書」）。

障害者の数は概数でイメージしておくとよいでしょう。

🖐 **プラスワン**

精神障害者では，65歳以上の割合はおよそ4割となっている（厚生労働省「患者調査」〔2017年〕）。

改修していない人たちも，実際にその必要がないのか，それとも改修のメリットが情報として届いていないのか，正確な判断を促す必要がありますね。

■障害者の総数と在宅で生活している障害者の割合

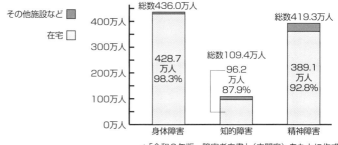

＊「令和3年版　障害者白書」（内閣府）をもとに作成

（2）障害の程度と在宅状況

　厚生労働省の「平成28年生活のしづらさなどに関する調査（全国在宅障害児・者等実態調査）」（2016年）によると，在宅の身体障害者手帳所持者のうち，1級・2級の人は47.7％を占め，在宅の知的障害者で重度の療育手帳を所持する人は38.8％，在宅の精神障害者保健福祉手帳1級の人は16.3％となっています。このように**在宅障害者の多くが重度障害者である**ことが分かります。

② 身体障害者の居住環境

> 住宅改修を必要とする在宅身体障害者は，全体の5割以上である。

　2006（平成18）年の「身体障害児・者実態調査」によれば，18歳以上70歳未満の在宅身体障害者174万人のうち，何らかの住宅改修を行った人は全体の17.3％を占めています。そのうち，肢体不自由者では21.2％に達しています。改修の箇所はトイレ，風呂（浴室）の順に多く過半数を占めています。次いで玄関，廊下などです。また，住宅改修が必要であるにもかかわらず，資金面や借家であるといった理由で改修できない人37.4％も合わせると改修を必要とする（実際に改修したかどうかは別として）在宅身体障害者は，全体の5割以上であることが分かります。

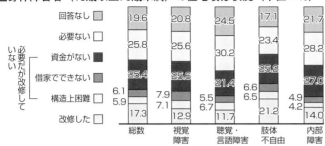

■身体障害者（18歳以上70歳未満）の住宅改修状況（単位：%）

＊厚生労働省「身体障害児・者実態調査（2006年）」より作成

❸ 地域生活支援の必要性

 障害者が地域で生活していくには，「情報支援」「権利擁護」「相談支援」「サービス提供」について，システムの構築が必要である。

　障害者が地域で生活していくには，常に情報を手に入れられるよう整備する「情報支援」や障害者の権利を守ったり金銭管理等を支援する「権利擁護」，身近な場所で相談が受けられる「相談支援」，地域での自分らしい生活を継続するための「サービス提供」といった，さまざまな支援についてのシステムの構築が必要です。それには，住まいと日中に活動する場の確保，支援ネットワークの確保が確実に行われることが不可欠です。

　障害者が地域生活を維持するには，障害の種別，程度，世帯構成などに応じた規模や設備のある住宅が必要となりますが，障害基礎年金とわずかな賃金で生活しなければならない場合，賃貸住宅のために改修ができない場合もあります。障害者が住み慣れた地域での生活を送るためには，さまざまな面からの支援が必要です。

障害者世帯向けの住宅供給の現状

2018（平成30）年版の「障害者白書」によると，2016（平成28）年度における公営住宅で障害者世帯向けの建設戸数は49戸，都市再生機構（UR都市機構）賃貸住宅の優遇措置住宅の戸数は36戸。ともに，2004（平成16）年度より減少している。障害者世帯向け住宅の供給戸数は，不十分であることが推測される。今後，障害者のニーズに対応した住まいの確保を整備することが求められる。

チャレンジ！　確認テスト

Point	**Q** できたらチェック ✔
障害者の状況と地域生活支援	□ 1　「令和3年版　障害者白書」によれば，在宅よりも施設（病院を含む）で生活している障害者のほうが多い。
	□ 2　厚生労働省の「平成28年生活のしづらさなどに関する調査」（2016年）によると，在宅の身体障害者手帳所持者のうち，1級・2級の重度障害者は約5割を占めている。
	□ 3　障害者が地域で生活していくには，「情報支援」「権利擁護」「相談支援」「サービス提供」といった，さまざまな支援についてのシステムの構築が必要である。

解答　1.× 施設よりも在宅のほうが多い。／2.○／3.○

障害者福祉施策の概要

学習のねらい ここでは障害者が地域社会で生活していくための施策の基本理念を定めた障害者基本法と，その具体的な方向性を定めた障害者基本計画，福祉サービスを定めた障害者総合支援法の3つの福祉施策について学習します。

① 障害者基本法

障害者基本法の一部を改正する法律が成立したことにより，障害者基本法の目的や障害者の定義が改正された。

障害者福祉の憲法ともいわれる障害者基本法は1993（平成5）年，それまでわが国の障害者施策の基本であった心身障害者対策基本法を全面的に改正して制定されました。障害者基本法の制定以降，バリアフリー化の促進などが追加され，同法を中心に障害者に関する施策が国や地方公共団体によって推進されるようになりました。

（1）障害者基本法の目的

2011（平成23）年には，「障害者基本法の一部を改正する法律」が成立し，障害者基本法の目的や障害者の定義などが改正されました。障害者基本法第1条（目的）では，「この法律は，全ての国民が，障害の有無にかかわらず，等しく基本的人権を享有するかけがえのない個人として尊重されるものであるとの理念にのつとり，全ての国民が，障害の有無によつて分け隔てられることなく，相互に人格と個性を尊重し合いながら共生する社会を実現するため，障害者の自立及び社会参加の支援等のための施策に関し，基本原則を定め，及び国，地方公共団体等の責務を明らかにするとともに，障害者の自立及び社会参加の支援等のための施策の基本となる事項を定めること等により，障害者の自

障害者基本法において，障害者の住環境整備の推進が盛り込まれたことを押さえましょう。

立及び社会参加の支援等のための施策を総合的かつ計画的に推進することを目的とする」ことが規定されています。

（2）障害者基本法の定義の範囲

障害者の定義の範囲も見直され，以下のように記されています。

① 障害者：身体障害，知的障害，精神障害（発達障害を含む）その他の心身の機能の障害（以下「障害」と総称する）がある者であって，障害及び社会的障壁により継続的に日常生活又は社会生活に相当な制限を受ける状態にあるものをいう。

② 社会的障壁：障害がある者にとって日常生活又は社会生活を営む上で障壁となるような社会における事物，制度，慣行，観念その他一切のものをいう。

このように，障害者は，身体障害，知的障害，精神障害だけでなく，その他の心身の機能の障害がある者まで拡大しています。

また，障害者基本法の第11条には，国は障害者基本計画，都道府県は都道府県障害者計画，市町村は市町村障害者計画を策定することが定められています。

旧法は「身体障害，知的障害又は精神障害があるため」としていましたが，2011年の改正により，障害の種類にかかわらず，何らかの機能障害があって，それに伴う生活上の制限がある人はすべて障害者とされました。

❷ 障害者基本計画

障害者基本計画（第4次）では，3つの基本原則と6つの横断的視点，11の分野別施策などが示され，障害者施策を推進するための基本的な方向性を定めている。

「障害者基本計画」の基本理念では，障害者施策は「全ての国民が，障害の有無によって分け隔てられることなく，相互に人格と個性を尊重し合いながら共生する社会の実現を目指して」講じられる必要があるとしています。

（1）3つの基本原則と6つの横断的視点

現行の障害者基本計画（第4次）は，2018（平成30）年

度から5年間を対象期間としています。この計画は，障害者基本法の第3条から第5条に規定される基本原則にのっとり，障害者の自立および社会参加の支援等のための施策を総合的かつ計画的に実施するものです。その基本原則は，次のとおりです。

① 地域社会における共生等

② 差別の禁止

③ 国際的協調

また，各分野に共通する6つの横断的視点は，次のとおりです。

① 条約の理念の尊重及び整合性の確保

② 社会のあらゆる場面におけるアクセシビリティの向上

③ 当事者本位の総合的かつ分野横断的な支援

④ 障害特性等に配慮したきめ細かい支援

⑤ 障害のある女性，子供及び高齢者の複合的困難に配慮したきめ細かい支援

⑥ PDCAサイクル等を通じた実効性のある取組の推進

（2）分野別施策の基本的方向

障害者基本計画では，さらに11の分野別施策を次のとおり示しています。

安全・安心な生活環境の整備	○住宅の確保　○移動しやすい環境の整備等　○アクセシビリティに配慮した施設，製品等の普及促進○障害者に配慮したまちづくりの総合的な推進
情報アクセシビリティの向上及び意思疎通支援の充実	○情報通信における情報アクセシビリティの向上○情報提供の充実等　○意思疎通支援の充実　○行政情報のアクセシビリティの向上
防災，防犯等の推進	○防災対策の推進　○東日本大震災を始めとする災害からの復興の推進　○防犯対策の推進　○消費者トラブルの防止及び被害からの救済
差別の解消，権利擁護の推進及び虐待の防止	○権利擁護の推進，虐待の防止　○障害を理由とする差別の解消の推進

自立した生活の支援・意思決定支援の推進	○意思決定支援の推進　○相談支援体制の構築　○地域移行支援，在宅サービス等の充実　○障害のある子供に対する支援の充実　○障害福祉サービスの質の向上等　○福祉用具その他アクセシビリティの向上に資する機器の普及促進・研究開発及び身体障害者補助犬の育成等　○障害福祉を支える人材の育成・確保
保健・医療の推進	○精神保健・医療の適切な提供等　○保健・医療の充実等　○保健・医療の向上に資する研究開発等の推進　○保健・医療を支える人材の育成・確保　○難病に関する保健・医療施策の推進　○障害の原因となる疾病等の予防・治療
行政等における配慮の充実	○司法手続等における配慮等　○選挙等における配慮等　○行政機関等における配慮及び障害者理解の促進等　○国家資格に関する配慮等
雇用・就業，経済的自立の支援	○総合的な就労支援　○経済的自立の支援　○障害者雇用の促進　○障害特性に応じた就労支援及び多様な就業の機会の確保　○福祉的就労の底上げ
教育の振興	○インクルーシブ教育システムの推進　○教育環境の整備　○高等教育における障害学生支援の推進　○生涯を通じた多様な学習活動の充実
文化芸術活動・スポーツ等の振興	○文化芸術活動，余暇・レクリエーション活動の充実に向けた社会環境の整備　○スポーツに親しめる環境の整備，パラリンピック等競技スポーツに係る取組の推進
国際社会での協力・連携の推進	○国際社会に向けた情報発信の推進等　○国際的枠組みとの連携の推進　○政府開発援助を通じた国際協力の推進等　○障害者の国際交流等の推進

　安全・安心な生活環境の整備では，「障害者がそれぞれの地域で安全に安心して暮らしていくことができる生活環境の実現を図るため，障害者が安全に安心して生活できる住環境の整備，障害者が移動しやすい環境の整備，アクセシビリティに配慮した施設等の普及促進，障害者に配慮したまちづくりの総合的な推進等を通じ，障害者の生活環境における社会的障壁の除去を進め，アクセシビリティの向上を推進する」という基本的な考え方を示しています。

用語

アクセシビリティ
アクセスのしやすさ，使いやすさのこと。

また，住宅の確保については，次のような取り組みが述べられています（抜粋）。

① 公営住宅を新たに整備する際にはバリアフリー対応を原則とするとともに，既存の公営住宅のバリアフリー化改修を促進し，障害者向けの公共賃貸住宅の供給を推進する。

② 民間賃貸住宅の空き室や空き家を活用した，障害者や高齢者などの**住宅確保要配慮者**の入居を拒まない賃貸住宅の登録制度等を内容とする**新たな住宅セーフティネット制度**を創設し，住宅の改修，入居者負担の軽減等や居住支援協議会等の居住支援活動等への支援を実施することにより，民間賃貸住宅等への円滑な入居を促進する。

新たな住宅セーフティ
ネット制度
⇒ P93

③ 障害者や民間賃貸住宅の賃貸人が行うバリアフリー改修等を促進するとともに，障害者の日常生活上の便宜を図るため，日常生活用具の給付または貸与および用具の設置に必要な住宅改修に対する支援を行う。

④ 障害者の地域における居住の場の一つとして，日常生活上の介護や相談援助等を受けながら共同生活する**グループホームの整備**を促進するとともに，重度障害者にも対応した体制の充実を図る。また，地域で生活する障害者の支援の拠点となる**地域生活支援拠点等の整備**を図る。

グループホーム
⇒ P92

　こうした取り組みと合わせて，精神障害者とその家族が地域の一員として安心して自分らしい暮らしをすることができるよう，保健・医療・福祉関係者による協議の場および住まいの確保支援も含めた地域の基盤整備を推進し，「精神障害にも対応した地域包括ケアシステム」の構築を推進する。

⑤ 障害者が安心して障害福祉サービス等を利用することができるよう，非常災害時における消防団や近隣住民との連携体制の構築を促進するとともに，建築基準

法，消防法の基準に適合させるための改修費用や消火設備の設置費用の一部を助成すること等により，**防火安全体制の強化**を図る。

❸ 障害者総合支援法

 障害者総合支援法は，自立支援給付と地域生活支援事業から構成される総合自立支援システムによって成り立っている。

（1）目的と基本理念

2012（平成24）年に障害者自立支援法が改正・改称され，その翌年に「障害者の日常生活及び社会生活を総合的に支援するための法律」（**障害者総合支援法**）として施行されました。

同法の目的は次のように規定されています。

■障害者総合支援法の目的（第1条）

> この法律は，障害者基本法の基本的な理念にのっとり，身体障害者福祉法，知的障害者福祉法，精神保健及び精神障害者福祉に関する法律，児童福祉法その他障害者及び障害児の福祉に関する法律と相まって，障害者及び障害児が基本的人権を享有する個人としての尊厳にふさわしい日常生活又は社会生活を営むことができるよう，必要な障害福祉サービスに係る給付，地域生活支援事業その他の支援を総合的に行い，もって障害者及び障害児の福祉の増進を図るとともに，障害の有無にかかわらず国民が相互に人格と個性を尊重し安心して暮らすことのできる地域社会の実現に寄与することを目的とする。

特徴として，従来の自立した生活を営むという規定から**基本的人権を享有する個人としての尊厳**が明記されたことがあげられます。

そして，法の基本理念は，障害者基本法の目的規定を踏まえて，次のように規定されています。

■障害者総合支援法の基本理念（第1条の2）

障害者及び障害児が日常生活又は社会生活を営むための支援は，全ての国民が，障害の有無にかかわらず，等しく基本的人権を享有するかけがえのない個人として尊重されるものであるとの理念にのっとり，全ての国民が，障害の有無によって分け隔てられることなく，相互に人格と個性を尊重し合いながら共生する社会を実現するため，全ての障害者及び障害児が可能な限りその身近な場所において必要な日常生活又は社会生活を営むための支援を受けられることにより社会参加の機会が確保されること及びどこで誰と生活するかについての選択の機会が確保され，地域社会において他の人々と共生することを妨げられないこと並びに障害者及び障害児にとって日常生活又は社会生活を営む上で障壁となるような社会における事物，制度，慣行，観念その他一切のものの除去に資することを旨として，総合的かつ計画的に行わなければならない。

（2）障害者総合支援法の対象

同法の対象者は，次のように規定されています。

■障害者総合支援法の対象

① 身体障害者福祉法に規定する別表に掲げる身体上の障害がある18歳以上の人であって，都道府県知事から身体障害者手帳の交付を受けたもの。

② 知的障害者福祉法にいう知的障害者のうち，18歳以上の人。

③ 「精神保健及び精神障害者福祉に関する法律」に規定する統合失調症，精神作用物質による急性中毒またはその依存症，知的障害，精神病質その他の精神疾患を有する人（知的障害を除く）のうち18歳以上の人。

④ 発達障害者支援法に規定する「自閉症，アスペルガー症候群その他の広汎性発達障害，学習障害，注意欠陥多動性障害その他これに類する脳機能の障害であってその症状が通常低年齢において発現するものとして政令で定めるもの」とされる発達障害がある人で，発達障害および社会的障壁により日常生活または社会生活に制限を受ける人のうち18歳以上の人。

⑤ 治療方法が確立していない疾病その他の特殊の疾病（いわゆる難病患者等）であって政令で定めるものによる障害の程度が厚生労働大臣が定める程度である18歳以上の人。

⑥ 児童福祉法に規定する障害児。

障害者総合支援法において，新たに難病患者等が障害者の範囲に追加された。

（3）自立支援給付と地域生活支援事業

　障害者総合支援法に基づくサービスの仕組みは，自立支援給付と地域生活支援事業から構成され，これらを総称して総合的自立支援システムといいます。

■主な自立支援給付と地域生活支援事業

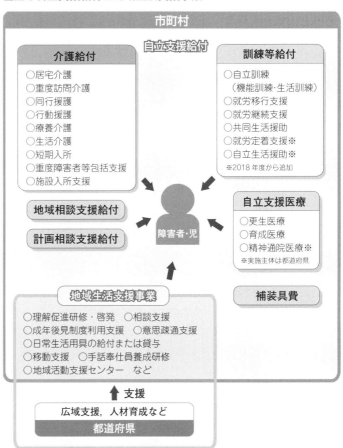

プラスワン

住宅入居等支援事業（居住サポート事業）は，相談支援の中で，賃貸契約による一般住宅（公営住宅および民間賃貸住宅）への入居希望者で保証人がいないなどの理由により入居が困難な場合に入居に必要な調整等の支援および家主等への相談・助言を通じて障害者等の地域生活を支援するものである。

　地域生活支援事業には，市町村地域生活支援事業と都道府県地域生活支援事業があり，それらを実施する市町村および都道府県には必須事業と任意事業があります。市町村地域生活支援事業の相談支援事業は必須事業に位置付けられ，その中の住宅入居等支援事業（居住サポート事業）は，2012（平成24）年に創設された地域相談支援（地域移行支

援および地域定着支援）の実施体制が整備されるまでの間，経過的に実施できる事業として創設されました。

④ 障害者総合支援法における相談支援

 障害者が地域で生活するためには福祉，医療，保健，住居など，さまざまな相談支援が必要となる。

　障害者総合支援法における相談支援では，一人ひとりの利用者が必要に応じて支援を受けられるよう，市町村地域生活支援事業の必須事業として**相談支援事業**が実施されています。相談支援事業は，**協議会**が中核となり，障害者の地域生活を支えるための相談支援体制の構築や，地域のシステムづくりの協議の場として機能しています。また，都道府県地域生活支援事業では，協議会を具体化するために，都道府県相談支援体制整備事業が行われています。

■地域の相談支援体制

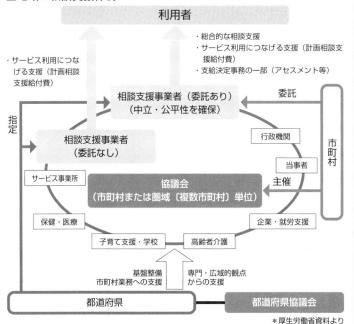

＊厚生労働省資料より

用語

協議会
相談支援事業の中立かつ公平性の確保や困難事例への対応のあり方に関する協議・調整，地域の関係機関によるネットワーク構築等に向けた協議，市町村障害福祉計画の作成・具体化に向けた協議などを行う。

プラスワン

協議会の構成メンバーは，相談支援事業者，福祉サービス事業者，保健・医療・学校・企業・高齢者介護等の関係機関，障害当事者団体，権利擁護関係者，地域ケアに関する学識経験者などである。

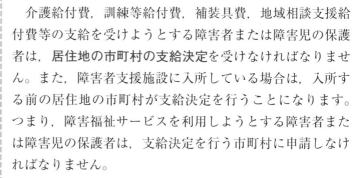

❺ 障害福祉サービスの手続き

障害福祉サービスを受けるには，居住地の市町村に申請し，支給決定を受ける必要がある。

(1) 自立支援給付の申請

　介護給付費，訓練等給付費，補装具費，地域相談支援給付費等の支給を受けようとする障害者または障害児の保護者は，居住地の市町村の支給決定を受けなければなりません。また，障害者支援施設に入所している場合は，入所する前の居住地の市町村が支給決定を行うことになります。つまり，障害福祉サービスを利用しようとする障害者または障害児の保護者は，支給決定を行う市町村に申請しなければなりません。

　支給申請を受けた市町村は，障害者等に障害福祉サービス等の利用に関するプラン（サービス等利用計画案）の提出を求め，障害福祉サービス（自立支援給付）支給の要否決定の参考資料とします。

(2) 支給決定の仕組み

　障害者等より支給決定の申請があれば，市町村は**障害支援区分**の認定と支給の要否決定を行います。そのために，市町村職員は，面接で心身の状況や環境等を調査します。なお，市町村は，認定と支給の要否決定のための調査を指定一般相談支援事業者等に委託することができます。

　支給決定にあたって，市町村が必要と認めたときは，市町村審査会，更生相談所，精神保健福祉センター，児童相談所等に意見を聴くことができます。また，市町村は，障害福祉サービスの種類ごとに月を単位として支給量を決めて「障害福祉サービス受給者証」を交付します。

　支給が決定した障害者には，障害福祉サービス受給者証などが交付され，指定事業者や指定施設の提供するサービスを受けることができます。

障害福祉サービス等の利用に関するプランは障害者等が自ら作成できますが，指定特定相談支援事業者の計画作成担当者にサービス等利用計画案の作成を依頼するのが一般的です。

用語

障害支援区分

介護給付を受けるにあたり，本人または保護者からの申請に基づいて認定される。一次判定・二次判定があり，区分1〜6，非該当のいずれかとされる。

⑥ 2016年改正法の主な内容

 2016年改正法は，「障害者の望む地域生活の支援」，「サービスの質の確保・向上に向けた環境整備」などを主な柱としている。

　障害者総合支援法の附則は，同法施行後3年（2016〔平成28〕年4月）をめどとする制度の見直しを規定していました。それに対応するため，障害福祉サービスおよび障害児通所支援の拡充等を内容とする「障害者の日常生活及び社会生活を総合的に支援するための法律及び児童福祉法の一部を改正する法律」が2016年5月に成立し，6月に公布されました。以下，改正法のポイントをまとめます。

（1）障害者の望む地域生活の支援

　地域生活を支援する新たなサービス（自立生活援助）と，就労定着に向けた支援を行う新たなサービス（就労定着支援）が創設されたほか，重度訪問介護の訪問先の拡大などが行われました。

　① 自立生活援助の創設

　　住み慣れた地域や自由度の高い一人暮らしを希望する障害者が増えていますが，知的障害や精神障害により理解力や生活力などが十分でないため，一人暮らしを選択できない場合があります。そのような障害者に対し，本人の意思を尊重した地域生活を支援するため，一定の期間にわたり，定期的な巡回訪問や随時の訪問要請等への対応により，適時のタイミングで適切な支援を行うサービスとして**自立生活援助**が創設されました。

　　具体的な支援内容は，障害者支援施設やグループホーム等から一人暮らしへの移行を希望する知的障害者や精神障害者等に対し，定期的に居宅を訪問し，食事や洗濯，掃除などに関する課題，公共料金や家賃の滞納，体調の変化や通院の有無，地域住民との関係など

自立生活援助では，定期的な訪問だけでなく，利用者からの相談・要請があれば，訪問や電話，メールなどにより随時の対応も行う。

について確認を行い，必要な助言や医療機関等との連絡調整を行うものです。

② 就労定着支援の創設

就労移行支援等を利用し，一般就労に移行する障害者が増加していますが，移行後の定着が重要な課題となっています。これに対応するため，就労移行支援等の利用を経て一般就労へ移行した障害者を対象に，事業所や家族との連絡調整等の支援を一定の期間にわたり行うサービスとして**就労定着支援**が創設されました。これは，障害者との相談を通じて生活面の課題を把握するとともに，就業する事業所や医療機関等の関係機関との連絡調整やそれに伴う課題解決に向けて必要となる支援を実施することで，本人の生活を支えるものです。

具体的な支援内容は，事業所や自宅等への訪問や障害者の来所により，生活リズム，家計や体調の管理などに関する課題解決に向けて，必要な連絡調整や指導・助言等を行うものです。

③ 重度訪問介護の訪問先の拡大

従来の**重度訪問介護**は，最重度の肢体不自由者等に対し，居宅における入浴，排泄，食事の介護等の便宜や外出時における移動中の介護を総合的に提供するものとされ，医療機関に入院している間は利用することができませんでした。そのため，重度訪問介護の訪問先を拡大し，医療機関において利用者の状態などを熟知しているヘルパーにより，利用者ごとに異なる特殊な介護方法（体位交換等）について，医療従事者に的確に伝達し，適切な対応につなげたり，強い不安や恐怖等による混乱を防ぐための本人に合った環境や生活習慣を医療従事者に的確に伝達し，病室等の環境調整や対応の改善につなげたりするなどの支援を受けられることとしました。

今後，在職障害者の就労に伴う生活上の支援ニーズはさらに増え，かつ多様化すると考えられています。就労定着支援の創設の背景として押さえておきましょう。

(2) サービスの質の確保・向上に向けた環境整備

　補装具費の支給範囲の拡大（貸与の追加）や，障害福祉サービス等の情報公表制度の創設などが行われました。情報公表制度では，施設や事業者に対して障害福祉サービスの内容等を都道府県知事へ報告するとともに，都道府県知事が報告された内容を公表する仕組みがとられました。

プラスワン

障害福祉サービス等の提供事業所数は，2010（平成22）年4月の4万8,300から2015（平成27）年4月の9万990へと増加し，利用者による個々のニーズに応じた良質なサービスの選択と事業者によるサービスの質の向上が重要課題となった。これが情報公表制度の創設につながった。

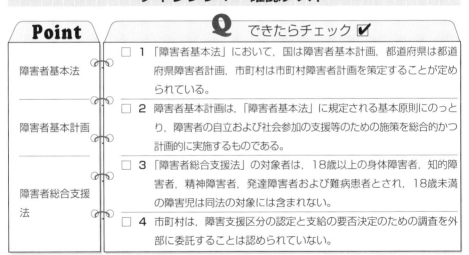

チャレンジ！　確認テスト

Point	Q できたらチェック ☑
障害者基本法	□ 1 「障害者基本法」において，国は障害者基本計画，都道府県は都道府県障害者計画，市町村は市町村障害者計画を策定することが定められている。
障害者基本計画	□ 2 障害者基本計画は，「障害者基本法」に規定される基本原則にのっとり，障害者の自立および社会参加の支援等のための施策を総合的かつ計画的に実施するものである。
障害者総合支援法	□ 3 「障害者総合支援法」の対象者は，18歳以上の身体障害者，知的障害者，精神障害者，発達障害者および難病患者とされ，18歳未満の障害児は同法の対象には含まれない。
	□ 4 市町村は，障害支援区分の認定と支給の要否決定のための調査を外部に委託することは認められていない。

A 解答 1.○／2.○／3.× 「児童福祉法」に規定する障害児も「障害者総合支援法」の対象に含まれる。／4.× 指定一般相談支援事業者等に委託することができる。

レッスン 9 住宅施策の変遷

B 重要度

学習のねらい バリアフリーやユニバーサルデザインという考え方も今では珍しいものではなくなりました。考え方や住宅に関する法律・制度なども合わせて，ここでは，高齢者向けと障害者向けとに分けて学習していきましょう。

❶ 高齢者向けの住宅施策

高齢者向けの住宅施策は，住宅行政，福祉行政の2つに分かれる。

第二次世界大戦後の日本の住宅政策は，一貫して若い勤労者世帯への住宅供給を中心に展開されてきました。高齢者向けの住宅施策は，一部の住宅困窮者層への対応に始まり，高齢社会を迎えて徐々にその重要性が増してきた比較的新しい取り組みです。国土交通省関連の住宅行政によるもの（表中「住」）と厚生労働省関連の福祉行政によるもの（表中「福」）があります。

プラスワン
1960〜1970年代に住宅行政により行われた高齢者向けの住宅施策の取り組みも，高齢者を扶養する勤労者世帯への支援策という色合いが強いものだった。

用語
特定目的公営住宅
住宅に困窮する高齢者世帯，障害者世帯などを優先して入居させることを目的とした公営住宅のこと。

①高齢者との同居を優遇する時代		
1963（昭和38）年 ・老人福祉法制定・施行	福	高齢者を社会的に支援するという総合的な福祉施策の必要性が認められた
・特別養護老人ホーム等の創設	福	特別養護老人ホーム，養護老人ホーム，軽費老人ホーム，有料老人ホームの4つを新しく制度化
1964（昭和39）年 ・老人世帯向け特定目的公営住宅の供給	住	住宅行政による高齢者を対象とした住宅施策の初の試み
1971（昭和46）年 ・軽費老人ホームA型・B型の創設	福	従来の給食付き（A型）に加え，自炊設備付き（B型）軽費老人ホームを制度化

1972（昭和47）年		
・高齢者同居世帯への割増貸付	住	住宅金融公庫（現・住宅金融支援機構）が高齢者同居世帯に対して割増融資を始めた
・ペア住宅の供給	住	公営・日本住宅公団（現・UR都市機構）・地方住宅供給公社が，高齢者との同居を前提とした三世代向け住宅（ペア住宅）の供給を開始
②高齢者向け住宅施策への積極的取り組みを開始		
1980（昭和55）年 ・公営住宅法改正	住	公営住宅への高齢者の単身入居を認める
1986（昭和61）年 ・地域高齢者住宅計画策定事業の創設	住	各市町村が高齢者のための住宅供給や居住環境整備のあり方について，具体的な整備計画を定める**地域高齢者住宅計画**を策定
1987（昭和62）年 ・シルバーハウジング・プロジェクトの開始	住 福	住宅行政と福祉行政が連携し，バリアフリー仕様の住宅とともに**生活援助員（LSA）**による日常生活支援サービスを提供する高齢者世帯向け公的賃貸住宅の供給事業として開始
1989（平成元）年 ・ゴールドプラン策定	福	厚生省（現・厚生労働省）が制定した，ホームヘルパー養成や特別養護老人ホームなどについての具体的な整備目標計画
・ケアハウス，高齢者生活福祉センターの創設	福	軽費老人ホームの発展的形態としてのケアハウスと，小規模多機能型施設の高齢者生活福祉センター（現・生活支援ハウス）の整備を推進
1990（平成2）年 ・シニア住宅供給推進事業の制度化	住	**高齢者向け生活支援サービス付き住宅の整備**。当初は住宅・都市整備公団（現・UR都市機構）や地方住宅供給公社が供給し，1995（平成7）年以降は公益法人や民間法人も供給可能になった
1991（平成3）年 ・公的賃貸住宅における高齢化対応仕様の標準化	住	新設の公営住宅・日本住宅公団賃貸住宅において，高齢化対応仕様が標準化された。1995年度からは**新設の公社賃貸住宅すべてに拡大される**とともに，既存の公的住宅においても改修・修繕を推進

用語

住宅金融支援機構

住宅の建設，購入にあたって，長期，固定，低利で資金の貸付を行うことを目的とした独立行政法人（旧・住宅金融公庫）。

用語

割増融資

構造，坪数，地域などの条件によって決まる基本融資額に加えて受けられる融資のこと。

用語

公営住宅

「公営住宅法」に基づき，地方自治体が整備，監理，運営を行う，主として低所得者向けの賃貸住宅。

用語

生活援助員（LSA）

高齢者，障害者の自立した生活のための手助けを行う。Life Support Adviserの略。

プラスワン

日本住宅公団

日本住宅公団は，現在は都市再生機構（UR都市機構）と改称・改編されている。

用語

公社賃貸住宅

地方自治体が設立する住宅供給公社が供給する賃貸住宅。

プラスワン

「長寿社会対応住宅設計指針」は、2001（平成13）年の「高齢者が居住する住宅の設計に係る指針」の策定に伴い廃止された。

プラスワン

住宅性能表示制度

住宅の基本性能9項目（2006〔平成18〕年度より10項目）について、共通のルールを定めて比較検討するとともに、第三者機関（指定住宅性能評価機関）の客観的評価による品質確保や消費者の信頼性を高めることを目的としている。

上記10項目の一つに「高齢者等への配慮に関すること」という項目が設定され、必要な対策が住戸内でどの程度講じられているかを5段階の等級で表示することが定められています。

③高齢化へ多様に対応。住空間の質が重視される時代に

1994（平成6）年 ・生活福祉空間づくり大綱策定	住	住まいを福祉の基礎的インフラとし、生涯を通じた安定とゆとりのある住生活の実現を目標に策定
1995（平成7）年 ・長寿社会対応住宅設計指針策定	住	生活福祉空間づくり大綱を受け策定された。すべての新築住宅について、身体機能の低下や障害が生じても住み続けられるよう、設計上の配慮項目を指針としてまとめたもの
1997（平成9）年 ・痴呆対応型老人共同生活援助事業の制度化	福	北欧のグループホームをモデルに制度化した。現・認知症対応型老人共同生活援助事業
1998（平成10）年 ・高齢者向け優良賃貸住宅制度の創設	住	1990年に始まったシニア住宅供給推進事業を統合した
1999（平成11）年 ・住宅品確法制定	住	**住宅の品質確保の促進等に関する法律**（住宅品確法）。翌2000（平成12）年に開始された住宅性能表示制度の根拠法

④高齢化対応が住宅施策の明確な柱に

1999（平成11）年 ・ゴールドプラン21策定	福	介護サービスの基盤整備、認知症高齢者支援対策の推進、元気高齢者づくり対策の推進を目標に掲げた（期間は2000〜2004年度）
2000（平成12）年 ・介護保険法施行による住環境整備にかかわる給付の開始	福	**居宅介護住宅改修費**（2006年の改正で介護予防住宅改修費が加わる）の支給、福祉用具貸与・居宅介護福祉用具購入費（同改正で介護予防福祉用具貸与・介護予防福祉用具購入費が加わる）の支給
2001（平成13）年 ・高齢者住まい法制定・施行	住	**高齢者の居住の安定確保に関する法律**（高齢者住まい法）。持ち家・借家の区別なく、高齢者が安心して暮らすための住環境整備を目指したもの

2006（平成18）年 ・住生活基本法制 　定・施行	住	豊かな住生活の実現に向けた基本理念や長期計画を定めたもの
・バリアフリー法 　制定・施行	住	「高齢者，障害者等の移動等の円滑化の促進に関する法律」。従来のハートビル法と交通バリアフリー法を統合・拡充したもの
2011（平成23）年 ・サービス付き高 　齢者向け住宅の 　登録制度の創設	住 福	従来の高齢者向け賃貸住宅に代わるものとして，国土交通省と厚生労働省が連携し，高齢者の生活を支える住宅とサービスが一体となった安心・安全の住まいの整備を目指す
2017（平成29）年 ・住宅セーフティ 　ネット法改正	住	国・地方公共団体が改修費や家賃等を補助する住宅確保要配慮者向け賃貸住宅の登録制度が開始

❷ 障害者向けの住宅施策

（1）障害者向けの住宅施策の変遷

　障害者向けの住宅施策は高齢者に比べて取り組みが遅れたために，制度そのものについても啓発活動についても十分とはいえません。しかし，自立性や継続性，QOLの向上を目指すことは重要であり，どのように暮らしたいかなど，個々人の希望の尊重も重要です。

①公営住宅による受け皿の時代		
1967（昭和42）年 ・身体障害者向け 　特定目的公営住 　宅の供給	住	住宅行政による初の取り組み。1971（昭和46）年からは心身障害者世帯向け公営住宅として供給
1980（昭和55）年 ・公営住宅法改正	住	公営住宅への身体障害者の単身入居を認める
②高齢者向けと合わせた障害者向け住宅施策の展開		
1986（昭和61）年 ・身体障害者用設 　備設置工事への 　割増融資の開始	住	住宅金融公庫（現・住宅金融支援機構）が身体障害者用設備設置工事に対する割増融資を始めた

ハートビル法と交通バリアフリー法の対象は「高齢者，身体障害者等」でしたが，バリアフリー法では身体障害者だけでなく，すべての障害者が対象となりました。

プラスワン

バリアフリー法は，多様な生活環境施設が，生活の利便性と安全性に配慮しつつ一体的・連続的に整備されるよう，住宅だけでなく，公共交通機関や建築物，道路，都市公園など，日常生活で利用する施設の大半を整備対象とした。

用語

QOL
「生活の質」などと訳される。一般的に，生活者の満足感・安定感・幸福感などの諸要因の質をいう。

障害者向けの住宅施策は，住宅行政と福祉行政の連携のもと，進められてきました。

1987（昭和62）年 ・シルバーハウジング・プロジェクト	住	事業主体の長が認める場合は障害者世帯も入居できるようになった
1991（平成3）年 ・公的賃貸住宅における高齢化対応仕様の標準化	住	新設の公営住宅・日本住宅公団賃貸住宅において，また，1995（平成7）年度からは新設の公社賃貸住宅すべてにおいて（**障害による身体機能の低下にも配慮した**）高齢化対応仕様が標準化された
1994（平成6）年 ・生活福祉空間づくり大綱制定	住	障害者の住宅が適切に確保され，社会福祉施策との適切な役割分担のもと，在宅介護を円滑に行えるようなくふうなど介護負担の軽減と高齢者，障害者等の自立生活の支援に必要な施策を展開することが必要
1995（平成7）年 ・障害者プラン策定	福	ノーマライゼーション7か年戦略において，初めて住宅整備の推進が掲げられた
2000（平成12）年 ・住宅性能表示制度	住	住宅の品質確保の促進等に関する法律に基づく制度で，高齢者等への配慮と同様に，障害者への配慮も含めた施策
2006（平成18）年 ・住生活基本法制定・施行	住	ライフステージやライフスタイルに応じた住宅を安心して選択できる環境整備や，低所得者や被災者，高齢者などのセーフティネットを確保する

　ハートビル法制定や生活福祉空間づくり大綱，住宅品確法，住生活基本法，バリアフリー法などについては，高齢者向け住宅施策と同様です。

　さらに，厚生労働省が2013（平成25）年度から2017（平成29）年度に取り組む障害者施策の基本計画として策定したのが「障害者基本計画（第3次計画）」です。第3次計画では，障害者の自立と社会参加の支援に向け，安心して生活できる住宅の確保，建築物や公共交通機関などのバリアフリー化の推進とともに，障害者に配慮したまちづくり

78

の推進を掲げました。

第3次計画の期間終了後には，第4次計画（2018年度～2022年度）が策定されました。障害者施策の分野においては，2020（令和2）年東京オリンピック・パラリンピック競技大会の開催決定，障害者権利条約の批准，障害者差別解消法の施行等の大きな動きがみられ，これらの動向も踏まえつつ，第4次計画が旧計画から質的な深化を遂げたものとなるよう，障害者施策の大きな方向性や取り組むべき政策課題等について，大局的・俯瞰的見地より議論が行われました。

第4次計画では，安全・安心な生活環境の整備として，次のような施策が示されています。

第4次計画
⇨ P62

福祉／4章

■安全・安心な生活環境の整備に関する主な施策

住宅の確保	障害者等の住宅確保要配慮者の入居を拒まない賃貸住宅の登録制度等を内容とする新たな住宅セーフティネット制度を創設し，住宅の改修，入居者負担の軽減等や居住支援協議会等の居住支援活動等への支援を実施することにより，民間賃貸住宅等への円滑な入居を促進する。
移動しやすい環境の整備等	駅等の旅客施設における段差解消，ホームドア等の転落防止設備の導入，障害者の利用に配慮した車両の整備のより一層の促進等と併せて，人的な対応の充実を図ることで，公共交通機関のバリアフリー化を推進する。
障害者に配慮したまちづくりの総合的な推進	福祉・医療施設の市街地における適正かつ計画的な立地の推進，公園等との一体的整備の促進，生活拠点の集約化等により，バリアフリーに配慮し，障害者が安心・快適に暮らせるまちづくりを推進する。 高齢者や障害者等も含め，誰もが屋内外でストレスなく自由に活動できるユニバーサル社会の構築に向け，ICTを活用した歩行者移動支援の普及促進を図るため，屋内外シームレスな電子地図や屋内測位環境等の空間情報インフラの整備・活用，移動に資するデータのオープンデータ化等により民間事業者等が多様なサービスを提供できる環境づくりを推進する。

👆 プラスワン

安全・安心な生活環境の整備では，施設や製品等について，誰にとっても利用しやすいデザインにするという考え方に基づく「アクセシビリティに配慮した施設，製品等の普及促進」も施策として示されている。

チャレンジ！　確認テスト

Point	**Q** できたらチェック ☑
	☐ 1　第二次世界大戦後の日本の住宅政策は，若い勤労者世帯よりも高齢者世帯への住宅供給を中心に展開されてきた。
	☐ 2　高齢者との同居を優遇する時代の施策として，1972（昭和47）年に住宅金融公庫（現・住宅金融支援機構）が高齢者同居世帯に対して割増融資を始めた。
高齢者向け住宅施策	☐ 3　シルバーハウジング・プロジェクトでは，バリアフリー仕様の住宅とホームヘルパーによる日常生活支援サービスを提供する高齢者世帯向け公的賃貸住宅の供給を行う。
	☐ 4　1999（平成11）年に制定された「住宅品確法」に基づく住宅性能表示制度は，住宅の基本性能について共通のルールを定めて比較検討するとともに，第三者機関の客観的評価による品質確保や消費者の信頼性を高めることを目的としている。
	☐ 5　「住宅セーフティネット法」は，持ち家・借家の区別なく，高齢者が安心して暮らすための住環境整備を目指している。
	☐ 6　2006（平成18）年に，従来の「ハートビル法」と「交通バリアフリー法」が統合・拡充した「高齢者，障害者等の移動等の円滑化の促進に関する法律（バリアフリー法）」が制定，施行された。
障害者向け住宅施策	☐ 7　シルバーハウジング・プロジェクトは高齢者を対象として始まった事業であるが，事業主体の長が認める場合には，障害者世帯も入居できる。

A 解答　1.× 高齢者世帯よりも若い勤労者世帯が中心。／2.○／3.×ホームヘルパーではなく生活援助員（LSA）。／4.○／5.×「住宅セーフティネット法」ではなく「高齢者住まい法」。／6.○／7.○

住宅施策の体系

A
重要度

学習のねらい ここでは，高齢者・障害者向けの住宅施策が現在はどんな体系になっているかをつかみ，具体的な施策の内容について学びましょう。

① 高齢者および障害者の住宅の建設および改修

🔑 バリアフリー化は新築だけでなく既存の公的賃貸住宅でも進んでいる。

★高齢者および障害者向けの施策
（1）高齢者が居住する住宅の設計に係る指針

2001（平成13）年に制定された「高齢者住まい法」の基本方針に基づいて定められた指針で，加齢などで身体機能が低下しても快適に暮らせる住宅の設計に配慮すべきことを示しており，障害者も視野に入れた内容となっています。

（2）住宅性能表示制度

1999（平成11）年に制定された「住宅品確法」に基づき，住宅性能表示制度が始まりました。この中の「高齢者等への配慮に関すること」という区分では，高齢者等への配慮のために必要な対策が住戸内でどの程度講じられているかを，5段階の等級で評価します。評価対象となる対策は，移動時の安全性と介助の容易性の2つの目標を達成するものとしています。

（3）公的賃貸住宅のバリアフリー化

1991（平成3）年度から，新設されたすべての公営住宅で，①住棟アプローチの確保，②床段差の解消，③共有階段への手すりの設置などの高齢化対応仕様を標準化しています。加えて1993（平成5）年度には，①手すりの設置箇所の追加，②滑りにくい床材仕上げ，③トイレ暖房のため

施策によって，高齢者向け，障害者向け，双方にかかわるものもあるんですね。

住宅性能表示制度では，等級の数字が大きいほど，"より多くの対策が講じられている"ということですよ。

プラスワン

既設の公営住宅では，
1982（昭和57）年
度から床段差の解消，
浴室などへの手すりの
設置，エレベーターの
設置などバリアフリー
化のための改善工事が
行われている。また，
既設のUR賃貸住宅・
公社賃貸住宅でも改修
時に可能な限り高齢者
対応仕様を図ってい
る。なお，バリアフリ
ー化への対応は，
1991（平成3）年度
から公団（現・都市再
生機構〔UR都市機
構〕）賃貸住宅で，
1995（平成7）年度
からは公社賃貸住宅で
も標準化されている。

のコンセントの追加などが新たに標準化されました。さらに翌1994（平成6）年度には，①手すりの設置箇所のさらなる追加，②レバーハンドル式ドア把手の採用，③暖房器具への対応などを行っています。

(4) 融資におけるバリアフリー住宅優遇

　住宅金融支援機構は，民間金融機関と連携して，長期固定金利住宅ローンの「フラット35」を実施しています。「フラット35」では，取得した住宅が「住宅品確法」に基づく高齢者等配慮対策等級3以上を満たしている場合，借入金利を当初5年間（等級4以上〔共同住宅の専用部分は等級3でもよい〕では10年間）引き下げる優遇措置（「フラット35S」）が設けられています。

(5) 生活福祉資金貸付制度

　65歳以上の高齢者（日常生活上療養または介護を要する高齢者など）のいる世帯や，身体障害者手帳，療育手帳，精神障害者保健福祉手帳の交付を受けた障害者のいる世帯に対して，**総合支援資金**（生活支援費，住宅入居費など），**福祉資金**（住居の移転，公営住宅の譲り受けに必要な経費，住宅の増改築や補修，福祉用具の購入，介護または障害者サービス等の利用に必要な経費など），**不動産担保型生活資金**（一定の居住用不動産を担保とした生活資金）を低利で貸し付ける制度です。1955（昭和30）年，厚生省（現・厚生労働省）により創設され，都道府県社会福祉協議会を実施主体，市町村社会福祉協議会を窓口として実施しています。

(6) 住宅改修の相談・助言

　高齢者向けの住宅改修の相談は，地域包括支援センター，居宅介護支援事業所，介護実習・普及センター，都道府県・市町村の窓口などで行っています。また，障害者向けの住宅改修の相談は，地方公共団体の建築関係の専門家が訪問して相談や助言を行う住宅改良ヘルパー（リフォームヘルパー）制度などを実施しています。

プラスワン

介護支援専門員，市町
村の住宅改良ヘルパー
（リフォームヘルパ
ー），公益財団法人住
宅リフォーム・紛争処
理支援センターによる
増改築相談員やマンシ
ョンリフォームマネジ
ャーなどが住宅改修な
どの相談や助言を行
う。

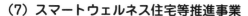

（7）スマートウェルネス住宅等推進事業

高齢者や障害者，子育て世代などの多様な世代が交流し，安心で健康な暮らしができるようにするため，国ではスマートウェルネス住宅・シティの展開を推進しています。具体的には，①サービス付き高齢者向け住宅の整備，②住宅団地などにおける高齢者生活支援施設などの拠点施設の整備，③高齢者等の居住の安定確保や健康維持増進に寄与する先導的な住まいづくりの取り組み，④住宅確保要配慮者に対する賃貸住宅の供給促進を進めるため，そうした住宅や施設などの新設や改修を行う建築主や民間事業者などに対し，国では費用の補助を行っています。

★高齢者向けの施策

（8）介護保険制度での住宅改修費の支給

介護保険制度では，在宅の要介護者および要支援者が定められた住宅改修工事を行う場合に，居宅介護住宅改修費（または介護予防住宅改修費）が，原則償還払いで支給されます。改修の支給限度基準額は20万円で，本人負担は原則1割となり，残りの9割（最高で18万円）が支給されます。この支給額に要支援・要介護度は関係ありません。

（9）長期優良住宅の普及促進

2008（平成20）年に，長期にわたって良好な状態で使用する措置が講じられた長期優良住宅について，その建築と維持保全の計画を認定する制度の創設を柱とする「長期優良住宅の普及の促進に関する法律」が制定されました。長期優良住宅と認定された場合は，税制・融資の優遇措置が適用されるほか，長期優良住宅化リフォーム推進事業で，所定の住宅改修工事の費用に対して補助が行われます。

（10）高齢者住宅改造費助成事業

高齢者住宅改造費助成事業は，おおむね65歳以上の要支援・要介護などの高齢者に対して，介護保険の住宅改修の対象とならない工事について市町村が費用の一部を助成するものです。助成割合は，利用者の所得に応じて変わりま

プラスワン

65歳以上の一定以上所得者の本人負担は2割，介護保険からの支給は8割（最高で16万円）で，現役並み所得者の本人負担は3割，介護保険からの支給は7割（最高で14万円）である。

プラスワン

介護保険制度では，条件によっては，利用者が一時立て替えをせずに，事業者に自己負担分を支払うだけですむ受領委任払いもある。申請の際，事業者に給付費の受け取りを委任する手続きを行うことで，介護保険からの給付分は，事業者に直接支払われる。

す。

（11）バリアフリー改修工事などにおける高齢者向け返済特例制度

バリアフリー化の改修工事の費用を，利息のみ毎月返済し，借入金の元金は高齢者本人の死亡後に，相続人が融資住宅および敷地の売却または自己資金などにより一括返済する制度で，住宅金融支援機構が行います。リバースモーゲージの仕組みを利用し，年金生活者など定期収入が少ない高齢者でも，住宅改修のための資金を調達できます。

この制度は60歳以上の高齢者が対象で，融資限度額を1,500万円（改修工事費が1,500万円よりも低い場合は改修工事費が借入可能額）とし，住宅金融支援機構が承認する一般財団法人高齢者住宅財団が連帯保証人となります。なお，2007（平成19）年からは耐震改修工事，2021（令和3）年からはヒートショック対策工事も対象となっています。

（12）高齢者住宅整備資金貸付制度

60歳以上の高齢者世帯および高齢者と同居する世帯に対し，高齢者の専用居室，浴室，階段などの増改築や日常生活上の安全確保のための改修工事について，市町村（または都道府県か市町村の社会福祉協議会）が低利で資金を貸し付ける制度です。

償還期間はおおむね10年以内とされており，貸付限度額や貸付利率は実施主体によって異なります。

★障害者向けの施策

（13）在宅重度障害者住宅改造費助成事業

市町村の判断により行われる事業で，在宅で暮らす重度障害者が住宅を改修する際，一定の要件を満たした場合に，改修に要する一定の費用を助成します。おおむね身体障害者手帳1～2級や療育手帳A（最重度～重度）の交付を受けた重度の障害者が対象ですが，市町村によって条件は異なります。また，助成を受ける際には一定の所得制限があります。

用語

リバースモーゲージ
逆抵当融資。不動産を所有したまま，その不動産を担保に資金を借り入れ，死亡などによる契約終了時に売却することで，借入金を一括返済する仕組み。

用語

身体障害者手帳
申請を行った身体障害者に交付される氏名，住所，障害の種類，等級などの書かれた手帳。さまざまなサービスを受けるための身体障害者福祉法に基づく証明書にあたる。等級は1～6級があり，1級が最重度となる。

（14）障害者住宅整備資金貸付制度

　都道府県または市町村が実施主体となり，住環境整備のための増築または改修の資金を低利で貸し付ける制度。おおむね身体障害者手帳1～4級や療育手帳A（最重度～重度）の交付を受けた重度の障害者または障害者と同居する世帯を対象としており，所得制限はありません。

　貸付限度額，償還期間，貸付利率は実施主体により異なります。

（15）日常生活用具給付等事業

　日常生活用具給付等事業は，障害者総合支援法に基づき，市町村が実施する地域生活支援事業の必須事業として定められています。この事業の居宅生活動作補助用具として住宅改修があります。障害者が自宅で住宅改修を行った場合，日常生活用具の住宅改修費の支給対象となります。

　利用者負担は市町村の判断によりますが，おおむねそれぞれの住宅改修の基準額の1割となります。

 公的賃貸住宅の供給

　公的賃貸住宅でも高齢者や障害者の単身入居が可能である。

★高齢者向けの施策

（1）公営住宅における高齢者の入居の優遇

　公営住宅は，原則として同居親族がいることが入居の資格要件ですが，高齢者の場合は単身でも入居が可能です。また，「高齢者世帯向け住宅」「高齢者同居向け住宅」などの特定目的公営住宅があり，優先的に入居することができます。

　また，高齢者世帯については地方公共団体の裁量により，入居収入基準の緩和（一定額まで引き上げ）とともに，当選倍率の優遇や別枠選考などが行われています。

2012（平成24）年に改正された公営住宅法により，同居親族要件が廃止された。しかし，廃止するかどうかの判断は，各地方公共団体に任されることとなった。

（2）UR都市機構による諸制度

　高齢者・子育て世帯と，それを支援する親族世帯の両者がUR都市機構が指定する同一団地，隣接の団地に居住する場合に，後から入居する世帯の家賃が一定期間割引となります（「近居割」制度）。

　高齢者等向け住宅の整備については，「高齢者住まい法」に基づき，改良可能な構造のUR団地の１階などにある住宅のバリアフリー化などを，国の財政支援により実施しています。それとともに，転倒防止のための改修と合わせ，外出を促す屋外空間や社会参画の機会を重視した健康寿命サポート住宅の供給を行っています。

　また，UR都市機構では，相談員が定期的に団地を巡回し，高齢者向けの制度の案内や住まいに関する相談対応などに当たる高齢者等巡回相談業務を実施しています。

★障害者向けの施策
（3）公営住宅における障害者の入居の優遇

　障害者のいる世帯に対し，公営住宅では収入基準の緩和や当選確率の優遇などを行っています。また，身体障害者のみならず，2006（平成18）年からは知的障害者，精神障害者も単身入居が可能となっています。

★高齢者および障害者向けの施策
（4）地域優良賃貸住宅の供給

　公営住宅を補完する制度として位置付けられ，建設する民間事業者などには整備費の補助，入居者には家賃減額のための助成を行います。高齢者世帯および障害者を含む世帯を対象として，良質な賃貸住宅の供給を促進しています。

（5）UR賃貸住宅における高齢者等の入居の優遇

　UR賃貸住宅では，高齢者（満60歳以上）を含む世帯および障害者や障害者を含む世帯に対して，新規賃貸住宅を募集する際の当選倍率の優遇を行うとともに，一定の要件を満たすことで入居収入基準の緩和を行っています。

　また，現に居住している人が，高齢や障害，疾病，要介

2006年から，知的障害者，精神障害者まで入居対象が広がったことは注目ですね。

護などの理由で階段昇降に支障をきたし，階下への住み替えを希望する場合は，同一団地内の１階やエレベーター停止階の住宅のあっせんを行います。

　さらに，１階などの空家を対象に，高齢者または障害者向けに浴室の段差緩和や設備の改善，緊急通報装置の設置を行った高齢者等向け特別設備改善住宅を整備しています。

❸ 民間賃貸住宅入居の円滑化

 民間賃貸住宅でも高齢者や障害者を支援する取り組みがさまざまある。

★高齢者および障害者向けの施策

（1）家賃債務保証制度

　高齢者，障害者等が賃貸住宅への入居を断られることがないように家賃債務などを保証する制度で，一般財団法人高齢者住宅財団などが実施しています。高齢者住宅財団の制度を利用できるのは，高齢者住宅財団と家賃債務保証制度の利用に関する基本約定を締結した賃貸住宅に入居する60歳以上または要介護・要支援認定を受けた60歳未満の単身・夫婦などの世帯です。

　なお，高齢者住宅財団は，2017（平成29）年改正の「住宅セーフティネット法」に基づき創設された**家賃債務保証業者登録制度**において，事業者として登録されています。

（2）住宅確保要配慮者居住支援協議会による情報提供

　「住宅セーフティネット法」に基づく取り組みとして，高齢者，障害者，低所得者，被災者，子育て世帯など住宅確保が必要な人（住宅確保要配慮者）に対し，都道府県や市町村，不動産関係団体，居住支援団体などが連携して住宅確保要配慮者居住支援協議会を組織し，入居可能な民間賃貸住宅の情報提供や相談対応などを行っています。

家賃の滞納や原状回復費用の未払いが生じた場合，高齢者住宅財団が滞納家賃（限度額は月額家賃の12か月分）を保証し，賃借人の高齢者は月額家賃の35％（保証料２年の場合）に相当する金額を保証料として支払うことになっている。

（3）住宅入居等支援事業（居住サポート事業）

　障害者総合支援法の地域生活支援事業の相談支援事業に位置付けられる事業で，公的賃貸住宅や民間賃貸住宅への入居を希望するものの，保証人がいないといった理由で入居困難な障害者に対して，不動産業者への物件のあっせん依頼や家主などとの入居契約手続きに関する支援，保証人が必要となった場合の調整などを行います。さらに，居住後の利用者の生活上の課題に応じて，関係機関から必要な支援を受けられるよう調整を行います。

❹ 持ち家居住者への支援

　高齢者の住み替えを支援するマイホーム借上げ制度は，一定の基準を満たす住宅を最長で終身にわたり借上げる。

★高齢者向けの施策
（1）親子リレー返済

　親子が債務を継承して返済する制度（承継償還制度）で住宅金融支援機構が実施しています。高齢者が，自身の子または孫，もしくはその配偶者で定期収入がある人，申し込み時の年齢が満70歳未満の人，連帯債務者になることができるなどの条件を満たした人を後継者として設定できる場合に「フラット35」を満70歳以上でも利用することができます。

（2）高齢者の住み替え支援

　高齢者の住み替え支援については，一般社団法人移住・住みかえ支援機構（JTI）が「マイホーム借上げ制度」を行っています。これは，50歳以上の人が所有する一定の基準（耐震性など）を満たす住宅を最長で終身にわたって借上げ，所有者である高齢者に賃料収入を保証するものです。

👆プラスワン
高齢者の住み替え支援
高齢者がライフスタイルに合わなくなった持ち家を賃貸する制度。所有者には安定した収入源となるとともに，広い住宅を求める子育て世帯に提供することにより住宅の有効活用ともなる。3年ごとの定期借家契約の終了時に中途解約し，自宅に戻ることもできる。

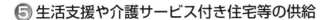

❺ 生活支援や介護サービス付き住宅等の供給

サービス付き高齢者向け住宅やグループホームなど，生活支援サービスや介護サービスの付いた住宅の供給が進んでいる。

★高齢者向けの施策

（1）サービス付き高齢者向け住宅

「サービス付き高齢者向け住宅」とは，高齢者のためにバリアフリーの構造や設備などを備え，介護や医療と連携して高齢者を支援するサービスを提供する住宅のことです。2011（平成23）年の「高齢者住まい法」の改正により，従来の高齢者向け優良賃貸住宅，高齢者円滑入居賃貸住宅，高齢者専用賃貸住宅を廃止し，「サービス付き高齢者向け住宅」に統合しました。

サービス付き高齢者向け住宅は，単身や夫婦などの高齢者世帯が安心して生活できる賃貸借方式や利用権方式の住宅のことで，国土交通省・厚生労働省の共管により，2011年10月に登録制度が始まりました。事業者は，住宅・サービスの基準や契約内容など一定の要件を満たしたうえで，都道府県・政令市・中核市および都道府県から事務を移譲された市町村に登録します。

住宅面ではバリアフリー構造で一定の住戸面積と設備を有するなど安全に配慮されているほか，サービス面ではケアの専門家による状況把握（安否確認）や生活相談などの見守りサービスが付いています。

プラスワン

登録された住宅は，インターネット上で住宅やサービスの詳細な情報が公開され，自由に閲覧することができる。

■サービス付き高齢者向け住宅の入居者の条件と登録基準（一部）

入居者の条件	①単身高齢者 ②高齢者＋同居者（配偶者／60歳以上の親族／要介護・要支援認定を受けている60歳未満の親族／病気など特別の理由により同居が必要であると都道府県知事等が認める者） ※高齢者とは60歳以上の者，または要介護・要支援認定を受けている者

規模・設備等	・規模：各居住部分の床面積は原則25㎡以上（ただし，居間，食堂，台所その他の部分は高齢者が共同で利用するために十分な面積を有する場合は18㎡以上で可）※ ・構造・設備：各居住部分に台所，水洗トイレ，洗面設備，浴室，収納設備を設置（ただし，共用部分に共同で利用するために適切な台所，浴室，収納設備を備えている場合は，各居住部分はトイレ・洗面のみでも可）※ ・加齢対応構造等：バリアフリー構造であること（段差のない床，手すりの設置，廊下幅の確保等）※

※部分は所定の基準に従い，登録基準の強化または緩和が可能

用語

軽費老人ホーム
60歳以上（夫婦の場合はどちらかが60歳以上）で，自宅での生活が困難な高齢者が低額の料金で利用できる老人福祉施設。A型・B型には，所得制限や自炊が原則となるなど一定の制約がある。現在は，ケアハウスへの一元化が進められている。

プラスワン

介護保険の特定施設入居者生活介護の指定を受けていない有料老人ホームは，広告やパンフレット等で「介護付き」「ケア付き」などと表示することはできない。

(2) ケアハウス

　軽費老人ホームの一つの形態として，1989（平成元）年度のゴールドプラン策定に合わせて創設された老人福祉施設です。60歳以上（夫婦の場合はどちらかが60歳以上）で自炊ができない程度に身体機能が低下しているか，高齢のため独立しての生活が不安で，家族による援助を受けることが困難な高齢者を対象とし，所得制限などの制約はありません。1992（平成4）年度からは，特別養護老人ホームに入所するほど要介護状態が重度ではなく，訪問介護などを利用して日常生活を維持できる高齢者も利用できるようになりました。

　なお，2010（平成22）年4月には，都市部の要介護度の低い低所得高齢者を主な対象とした**都市型軽費老人ホーム**が創設され，居住面積や職員配置基準などの特例によって利用料の低廉化が図られています。

(3) 有料老人ホーム

　1人以上の高齢者を入居させ，①入浴・排泄または食事の介護，②食事の提供，③洗濯・掃除等の家事，④健康管理のうち，少なくとも1つのサービスを供与する高齢者施設です。「有料老人ホーム設置運営標準指導指針」（厚生労働省）によって，介護付（一般型特定施設入居者生活介護／外部サービス利用型特定施設入居者生活介護），住宅型，健康型に分類されています。

■有料老人ホームの分類

介護付	〈一般型特定施設入居者生活介護〉 介護などのサービスを提供。介護が必要になった場合，ホームが提供する介護サービスを受けながら生活を継続できる。 〈外部サービス利用型特定施設入居者生活介護〉 介護などのサービスを提供。介護が必要になった場合，ホームが作成する計画に基づき，委託先の事業所が提供する介護サービスを受けながら生活を継続できる。
住宅型	生活支援などのサービスを提供。介護が必要になった場合，入居者の選択により地域の訪問介護などの介護サービスを受けながら生活を継続できる。
健康型	食事などのサービスを提供。介護が必要になった場合，契約解除し退去する。

（4）認知症高齢者グループホーム

　認知症高齢者が，5〜9人で1つのユニット（生活単位）を構成し，家庭的で小規模な生活の場で入浴や排泄，食事の介護など日常生活上の世話と機能訓練を受けながら，それぞれが能力に応じた自立生活を送れるようにする高齢者施設です。

（5）シルバーハウジング

　1987（昭和62）年に制度化されたシルバーハウジング・プロジェクトにより供給される高齢者向け公的賃貸住宅で，地方公共団体，UR都市機構，地方住宅供給公社が供給主体です。高齢者等の生活特性に配慮した住宅と附帯施設の供給に加え，**生活援助員（LSA）**が常駐し日常生活支援サービス（安否確認，緊急時の対応，一時的家事援助など）を提供します。

　入居対象となるのは，高齢者単身世帯（60歳以上），高齢者夫婦世帯（いずれかが60歳以上なら可），60歳以上の高齢者のみで構成される世帯ですが，事業主体の長が必要と認めた場合は，障害者単身世帯や，障害者とその配偶者からなる世帯なども含まれます。

福祉／4章

認知症高齢者グループホームの運営は，日常的な生活の場の創出や日常生活の継続に重点が置かれ，入居者が家事を介護職員と共同で行うこともある。

★障害者向けの施策

（6）グループホーム（共同生活援助）

　共同生活住居に入居している障害者に対して，主に夜間，相談，入浴・排泄・食事の介護，その他の必要な日常生活上の援助を行います。

　グループホームには，次の3つの類型があります（日中サービス支援型は，2018〔平成30〕年度の創設）。

■グループホームの類型

介護サービス包括型（指定共同生活援助）	グループホーム事業者自身が介護サービスを提供する。世話人が洗濯・掃除等の家事や相談・助言，その他日常生活上の支援を，生活支援員が入浴・排泄や食事の介護を行う。
外部サービス利用型（外部サービス利用型指定共同生活援助）	委託を受けた外部の指定居宅介護事業所が介護サービスを提供する。グループホームの世話人が洗濯・掃除等の家事や相談・助言，その他日常生活上の支援を，外部事業所のヘルパーが入浴・排泄や食事の介護を行う。
日中サービス支援型（日中サービス支援型指定共同生活援助）	グループホーム事業者自身が常時の介護サービスを提供する。24時間の支援体制を確保して，世話人が洗濯・掃除等の家事や相談・助言，その他日常生活上の支援を，生活支援員が入浴・排泄や食事の介護を行う。

　共同生活住居は，入居者の家族や地域住民との交流の機会が確保される住宅地などの地域にあることが求められますが，集合住宅や戸建住宅などの利用が可能です。

（7）サテライト型住居

　地域生活への移行を目指したり，一人暮らしを希望する障害者のために，障害者総合支援法に基づき，一人暮らしに近い形態の**サテライト型住居**が2014年に創設されました。入居者間の交流が可能であるなど，本体住居（グループホーム）との密接な連携を条件に，ユニットなどの設備基準が緩和され，民間賃貸集合住宅の一室なども利用可能となっています。

　サテライト型住居の入居者に対しては，本体住居の事業者等が定期的に巡回するなどし，相談，入浴や排泄または

プラスワン

1つの共同生活住居の定員は，新築の場合は2〜10人，既存建物を活用する場合は2〜20人（都道府県知事が認めた場合は30人以下）。また，1ユニットの定員は2〜10人。

プラスワン

サテライト型住居は，共同生活を送るグループホームの趣旨を踏まえつつ，地域での多様な居住の場を増やすという観点から創設された。通常の交通手段により，おおむね20分以内に本体住居に移動できる距離に設置される。

92

食事の介護，その他日常生活上の支援を行います。また，入居後原則３年以内に一般住宅等へ移行できるよう，他の障害福祉サービス事業者等と連携しつつ，計画的に支援することが求められています。

（8）福祉ホーム

障害者総合支援法に基づく市町村等の地域生活支援事業では，任意事業として福祉ホーム事業を位置付けています。福祉ホームは，ある程度の自活能力があるものの，家庭環境や住宅事情などにより住居の確保が難しい障害者が地域の中で生活が送れるように，現に住居を求めている障害者に対し，低額な料金で日常生活に適した居室や設備を提供するとともに，日常生活に必要な支援を行う施設です。

⑥ 新たな住宅セーフティネット制度の創設

新「住宅セーフティネット制度」は，住宅確保要配慮者向け賃貸住宅の登録制度や入居者への経済的な支援などを柱としている。

2016（平成28）年に策定された「住生活基本計画（全国計画）」では，住宅を市場において自力で確保することが難しい低額所得者や高齢者，障害者，外国人などが，安心して暮らせる住宅を確保できる環境を実現するという目標が掲げられました。これを受け，2017年４月に「住宅確保要配慮者に対する賃貸住宅の供給の促進に関する法律」（住宅セーフティネット法）が改正され，新たな住宅セーフティネット制度が始まりました。

新たな制度は，①住宅確保要配慮者向け賃貸住宅の登録制度，②登録住宅の改修や入居者への経済的な支援，③住宅確保要配慮者の居住支援の３本柱で成り立っています。

（1）住宅確保要配慮者向け賃貸住宅の登録制度

賃貸住宅の賃貸人が，住宅確保要配慮者の入居を拒まない住宅として，都道府県・政令市・中核市にその賃貸住宅

福祉／4章

（住宅確保要配慮者円滑入居賃貸住宅）を登録します。都道府県等では，登録された住宅の情報を住宅確保要配慮者に広く提供し，情報を見た住宅確保要配慮者が，賃貸人に入居を申し込むことができる仕組みになっています。

■住宅確保要配慮者の範囲（住宅セーフティネット法）

低額所得者	公営住宅法に定める算定方法による月収が15.8万円以下の者
被災者	災害発生の日から起算して3年を経過していない者
高齢者	
障害者	障害者基本法第2条第1号に規定する者
子どもの養育者	18歳未満の子どもを養育している者
国土交通省令で定める者	外国人等

（2）登録住宅の改修や入居者への経済的な支援

新たな住宅セーフティネット制度では，登録住宅の改修への支援と，入居者の負担を軽減するための支援が実施されています。

① 登録住宅の改修への支援

登録住宅について，バリアフリー化など一定の改修工事を行った賃貸人等は，国と地方公共団体による改修費の補助を受けることができます。加えて，住宅金融支援機構による登録住宅の改修への融資等の利用も可能です。

② 入居者負担の軽減

登録住宅に低額所得者が入居する場合に，国と地方公共団体による家賃低廉化や家賃債務保証料低減への補助を受けることができます。

（3）住宅確保要配慮者の居住支援

新たな住宅セーフティネット制度では，住宅確保要配慮者の円滑な入居と生活支援に係る団体や法人の制度化により，居住支援活動の充実を図っています。

① 住宅確保要配慮者居住支援協議会と居住支援活動

　　住宅確保要配慮者居住支援協議会は，住宅確保要配慮者の民間賃貸住宅への円滑な入居の促進を図るために，地方公共団体，不動産関係団体，居住支援団体，地域住宅協議会，生活福祉・就労支援協議会等が連携して設立するものです。

　　主な活動は，メンバー間の意見・情報交換，住宅確保要配慮者向けの民間賃貸住宅の情報発信，紹介・あっせん，住宅相談サービスの実施（住宅相談会の開催，住宅相談員の配置等），家賃債務保証制度や安否確認サービス等の紹介，賃貸人や住宅確保要配慮者を対象とした講演会等の開催です。

② 住宅確保要配慮者居住支援法人の指定

　　都道府県は，登録住宅入居者への家賃債務保証，賃貸住宅への入居に係る情報提供・相談，見守りなどの生活支援等を行う法人を，**住宅確保要配慮者居住支援法人**として指定することができます。指定を受けることができるのは，NPO法人，一般社団法人，一般財団法人，社会福祉法人，居住支援を目的とする株式会社などで，活動に要する費用については，国から一定の補助を受けることができます。

③ 住宅確保要配慮者への家賃債務保証の円滑化

　　適正に家賃債務保証の業務を行うことができる者として一定の要件を満たす**家賃債務保証業者**を国に登録する制度（家賃債務保証業者登録制度）が創設されました。登録された家賃債務保証業者は，一定のルールを遵守して業務を行います。なお，これは任意の登録制度であり，登録をしなくても家賃債務保証業を営むことは可能です。

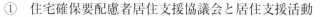

プラスワン
活動に要する費用については，国から一定の補助を受けることができる。

Point	Q できたらチェック ☑
住宅の建設および改修	□ 1 住宅性能表示制度の中の「高齢者等への配慮に関すること」という区分では，高齢者等への配慮のために必要な対策が住戸内でどの程度講じられているかを，10段階の等級で評価する。
	□ 2 生活福祉資金貸付制度は，65歳以上の高齢者のいる世帯や，身体障害者手帳などの交付を受けた障害者のいる世帯に対して，総合支援資金，福祉資金，不動産担保型生活資金を低利で貸し付ける制度である。
	□ 3 介護保険制度では，在宅の要介護者が定められた住宅改修工事を行う場合に，居宅介護住宅改修費が原則償還払いで支給される。
	□ 4 リバースモーゲージは，年金生活者など定期収入が少ない高齢者でも住宅改修のための資金を調達できる仕組のことで，耐震改修やヒートショック対策の工事も対象となっている。
	□ 5 障害者住宅整備資金貸付制度は，都道府県または市町村が実施主体となり，住環境整備のための増築または改修の資金を低利で貸し付ける制度のことで，貸付限度額や償還期間，貸付利率は全国一律である。
公的賃貸住宅	□ 6 UR都市機構では，相談員が定期的に団地を巡回し，高齢者向けの制度の案内や住まいに関する相談対応などに当たる高齢者等巡回相談業務を実施している。
	□ 7 公営住宅には，身体障害者のみ単身で入居できる。
民間賃貸住宅	□ 8 家賃債務保証制度とは，高齢者，障害者等が賃貸住宅への入居を断られることがないように家賃債務などを保証する制度で，一般財団法人高齢者住宅財団などが実施している。
	□ 9 住宅確保要配慮者居住支援協議会とは，住宅確保要配慮者が民間賃貸住宅に円滑に入居できるよう，地方公共団体や不動産関係団体，居住支援団体などが連携して設立する組織のことである。
生活支援や介護サービス付き住宅等	□ 10 サービス付き高齢者向け住宅は，単身や夫婦などの高齢者世帯が安心して生活できる賃貸借方式や利用権方式の住宅のことである。
	□ 11 サテライト型住居は，入居者間の交流が可能であるなど，本体住居（グループホーム）との密接な連携を条件に，ユニットなどの設備基準が緩和され，民間賃貸集合住宅の一室なども利用可能となっている。

解答 1.× 10段階ではなく5段階。／2.○／3.○／4.○／5.× 貸付限度額や償還期間，貸付利率は実施主体により異なる。／6.○／7.× 2006年から知的障害者，精神障害者も単身入居が可能。／8.○／9.○／10.○／11.○

日本の住環境の問題

学習のねらい 日本の住環境はどのような状況にあり，どのような問題を抱えているのでしょうか。ここでは，日本の住環境が抱えている問題点と，より暮らしやすい住環境へ整備していくための要点を学習します。

❶ バリアフリー化の現状

 手すり設置などのバリアフリー設備を備えた住宅は増加している。

（1）建築時のバリアフリー化

住宅建築時のバリアフリー化は，1990（平成2）年頃まで横ばい，減少傾向でしたが，1991（平成3）～1995（平成7）年の時期を境に増加に転じ，急速に伸び始めました。これは公的賃貸住宅に対するバリアフリー化の義務付けや長寿社会対応住宅設計指針，公庫住宅バリアフリー融資などの影響だと思われます。

（2）バリアフリー設備がある住宅

バリアフリー設備の重要性は，公的住宅の施策をきっかけとして，一般住宅にも浸透しつつあります。ただし，高度のバリアフリー化（2か所以上の手すり設置，屋内の段差解消，車いすで通行可能な廊下幅のいずれにも該当）住宅は，全体の6.5％にとどまっています（国土交通省「令和3年度　住宅経済関連データ」。

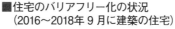
■住宅のバリアフリー化の状況
（2016～2018年9月に建築の住宅）

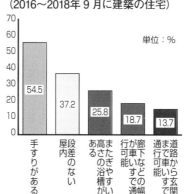

単位：％

手すりがある	54.5
屋内の段差のない	37.2
あるまたぎやすい高さの浴槽	25.8
行が可能な廊下などの幅での通	18.7
通行可能車いすで道路から玄関まで	13.7

前述（1），（2）から，バリアフリー設備を備えた住宅は増加してはいるものの，その数・内容ともに，まだまだ十分とはいえません。既存住宅のバリアフリー化が十分に進んでいないことが大きな原因となっています。

❷ 日本の住宅の問題点

木造・非木造にかかわらず，日本の住宅にはさまざまな問題点がある。

総務省統計局の「平成30年　住宅・土地統計調査結果」（2018〔平成30〕年）によると，2018年には日本の住宅の56.9％が木造住宅で，鉄筋コンクリートなどの非木造住宅が43.1％でした。従来，「高齢者に不便・不自由な木造住宅」といわれていたためか，木造住宅は年々減少傾向にあります。しかし，住宅の質の向上がさけばれる中，高齢者の住環境に配慮した木造住宅も増加しています。

日本の従来の住宅の問題には，木構造が原因となるものと，ライフスタイルの変化によるものがあり，主として次の6点があげられます。

（1）屋内の段差

木造の日本家屋は，玄関の敷居，上がりがまち，廊下と和室，洋室と和室，洗面・脱衣室と浴室など**床面に段差が生じやすく**，高齢者や障害者がそれらにつまずき転倒する事故が多発しています。

（2）尺貫法

日本の木造住宅の多くは，メートル法導入後も強い影響力を持つ**尺貫法**を基準としてつくられています。そのため，廊下や階段，開口部などは，柱の芯－芯の間隔が3尺（910mm）となっていることが多く，これは介助や車いすでの通行などを考えると狭く，十分な幅とはいえません。

（3）生活の洋式化

日本の住宅面積は比較的小さく，木造住宅の構造上，広

木造住宅だから住環境整備が必要だ，ということではないんですね。

〔用語〕

尺貫法
日本古来の長さの単位。地域によって若干異なる場合があるが，基準は1尺約30.3cm。1間は6尺（1,820mm），半間は3尺（910mm）。

〔用語〕

芯－芯
建築用語で柱や壁などの中心線から他の部材の中心線までの距離。

い空間がとりにくいという欠点があります。**生活の洋式化**や**生活用品の多様化**によって室内空間が狭くなることは移動の困難，危険にもつながります。

（4）介助スペース

小規模な住宅では，介助時や福祉用具使用時に必要な通路幅，**十分なスペースが確保できない**場合が多くみられます。例えば車いす使用時に，廊下はなんとか通れたが浴室内に介助者が入れないというようなケースです。

（5）和式生活様式の習慣

畳などの床面に座って生活動作を行う「**床座**」が習慣化しており，洋式化が進んだとはいえ，まだ和式の生活を好む人も多くいます。和式のトイレや浴槽などの使用も考えると，高齢者には不向きな立ち座り動作，バランスを崩しやすい動作が多く，利便性だけでなく，安全面の問題もあるといえます。

（6）気候の問題

日本の住宅は**高温多湿の夏に合わせてつくられている**ため，冬の寒さには向いていません。室内の温度差が大きいのは，高齢者（とくに循環器系に疾患がある人）や障害者にとって不適切な環境といえ，入浴中の死亡事故など家庭内事故の原因ともなります。

例えば，6畳の和室で夫婦で寝起きしている場合，布団を上げ敷きするのなら十分ですが，ベッドを使用すると，十分な生活空間とはいえませんね。

家庭内事故
⏩ P36

 ③ 福祉住環境整備のメリット

> 🔑 福祉住環境整備は，安全だけでなく高齢者や障害者本人，介護者のQOL向上にもつながる。

（1）精神的な自立と意欲の向上

住環境の整備によって生活が自立し，QOL（生活の質）が向上することは，高齢者や障害者の尊厳を保ち，結果として精神的な自立にもつながります。また，それまでできなかったことができるようになれば，生活全体の意欲を向上させることにもつながります。

（2）介護する人のQOLの向上

　介護する側の，介護による身体的負担や時間的拘束など
によるストレスも大きな問題です。福祉住環境整備による，
介護の量の軽減や解放，安全・安心の確保などは，介護す
る人のQOLを向上させ，家族関係の円滑化の実現にもつな
がります。

チャレンジ！　確認テスト

Point	Q　できたらチェック ☑
バリアフリー化	☐ 1　近年，新築される住宅については，バリアフリー対応のものが以前より増加したため，全住宅に占めるバリアフリー住宅の割合は高い水準にある。
	☐ 2　日本の木造住宅の多くは尺貫法を基準としてつくられているため，開口部などの幅員は柱芯－芯の間隔が910mmとなっていることが多く，介助や車いすでの通行などを考えると十分な幅とはいえない。
日本の住宅の問題点	☐ 3　日本の住宅面積は比較的小さいが，生活の洋式化や生活用品の多様化によって室内空間が広くなり，移動に関する問題は解消されつつある。
	☐ 4　畳などの床面に座って生活動作を行う「床座」は，高齢者には不向きな立ち座り動作，バランスを崩しやすい動作が多く，利便性だけでなく，安全面の問題もある。
	☐ 5　日本の住宅は，高温多湿の夏に合わせてつくられてきたため，冬季は室内の温度差が大きくなり，高齢者（とくに循環器系に疾患がある人）や障害者にとっては不適切な環境となる。
住環境整備の必要性	☐ 6　住環境を整備することによって，一部の生活動作が自立することはあっても，そのことが高齢者や障害者本人の精神的な自立に影響することはありえない。

A　解答　1.× 増加してはいるが，バリアフリー化されていない既存の木造住宅が多いため，全住宅に占める割合はまだ少ない。／2.○／3.× 室内空間が狭くなり，移動の困難，危険につながっている。／4.○／5.○／6.× 生活動作が自立することは，本人の精神的な自立と生活全体の意欲の拡大につながる。

レッスン 12 相談援助の流れ

A 重要度

学習のねらい 福祉住環境整備を進めるうえで，その対象となる人たちとの接し方は非常に重要な意味を持ちます。ここでは，相談援助において必要となる姿勢や配慮の要点や，ケアマネジメントの観点について学びます。

① 相談援助の基本的視点

対象となる人の気持ちを十分に理解し，福祉住環境整備に反映させる。

　相談援助とは一般的に，ソーシャルワーカーなどが面接などで相手が抱えている課題やニーズを理解し，**社会資源**を活用しながら課題解決を図ることを指します。福祉住環境整備の場面でも，対象となる人のニーズ（生活上必要な要求）を引き出して正確に把握し，解決に導くために，この相談援助の視点が必要です。

（1）個別化の視点で「できること」を重視

　相手を個人としてとらえることを個別化といいます。個別化の原則は，援助関係の形成においても不可欠な相談援助の基本原則の一つです。

　性別や年齢，家族構成や居住地域などの基本的な属性はもちろん，障害の程度や原因，現在の住環境などは，対象となる人によって異なります。また同じ障害であっても，受け止め方はさまざまなので，その人個人を理解する必要があります。画一的に対応するのではなく，その人の考え方や希望を十分にくみとるということです。

　また，障害や機能低下のマイナス面に目を向けるだけでなく，対象者の「できること」や長所に目を向けるストレングスの視点が必要です。

「個別化の原則」の視点に立つと，同じ障害のある人の事例でも，その人自身をめぐる課題に対する考え方や感じ方が違えば，援助の方法も異なります。

用語

ストレングス
援助を必要とする人が持っているプラス面のこと。能力や願望，意欲，資質など。

（2）自らの力で解決できるように導く

　支援・援助の立場から人にかかわる局面では，専門的な知識や技術を持つ「援助する側」は強者，課題や弱点を持つ「援助される側」は弱者という位置関係になりがちです。「してもらう／してあげる」という関係では，してあげる側が支配的な視点に立ってしまいます。教育現場での教師と生徒，医療現場での医師と患者の関係にもみられるこの構図は，**パターナリズム**といい，支援や援助の内容にまで深刻な影響を及ぼす場合もあります。

　福祉住環境整備において，ニーズや課題を抱えた本人の自己決定が重要であることはいうまでもありません。

（3）信頼に基づく援助関係の構築

　相談援助の場面では，対象者と適切な援助関係をつくることが重要です。信頼に基づいた援助関係を築くための基本的な視点として，以下のことがあげられます。

　　①　対象者と援助者が同じ空間にいること
　　②　ありのままを受け止めること（**受容**）
　　③　対象者の感情に歩み寄ること
　　④　適切な会話を積み重ねること
　　⑤　協働作業を重視すること

（4）プライバシーの保護

　2005（平成17）年4月に全面施行された「**個人情報の保護に関する法律**」により，個人情報の取り扱いに関心が高まっています。**秘密保持の原則**は，相談・支援の場において大変重要で，**守秘義務**は保健・医療・福祉等の専門職に求められる業務上の義務でもあります。秘密の漏洩，プライバシーの侵害は援助関係の崩壊にもつながります。

　必要なのは，**協働や連携にかかわる者と情報を共有しつつ，それ以外の者には決して漏洩しない高い倫理性**です。

（5）対象者を社会環境の中でとらえる

　相談援助の場面では，対象者を「点」としてとらえるのではなく，社会環境という「面」の中にある人，つまり

用語

パターナリズム

本人の意思にかかわらず，本人の利益のために代わって意思決定すること。父と子のような保護と支配の関係。父権的温情主義。援助される側が，援助する側に依存しがちになる。

プラスワン

受容とは，対象者本人の存在そのものを価値あるものとして認めることを意味している。

プラスワン

秘密保持の原則は，専門的援助活動における重要な実践原則の一つである。

用語

守秘義務

業務上知り得た情報を他に漏らさないという専門職の義務。

「状況の中の人（person in the situation）」としてとらえることが重要です。住環境整備は，本人の行動範囲や家族の介護のあり方を変え，近隣の地域住民との関係にも影響を与えます。また，本人だけをとらえるのではなく，家族や友人，地域の住民や組織，サービスなどの資源を有効活用するなど，社会環境に目を向けることで援助や支援の手法は格段に広がります。

「社会環境という『面』の中にある人」としてとらえるとは，人とその環境を「システム」としてとらえる，ということです。福祉住環境整備が本人の人間関係に与える影響を見極めながら，本人と社会環境の双方に働きかけることが重要です。

❷ 相談援助のポイント

 対象者とのスムーズなコミュニケーションに留意する。

（1）説明と同意（インフォームド・コンセント）

医療現場で重要視されてきた「説明と同意」。単に同意を得るだけでなく，そこに至るまでに本人が納得するプロセスが大切です。

ただし，認知症や知的障害などのため判断能力が十分でない場合には，家族や成年後見人などを交えたやり取りが必要です。本人の意向が明確でなく，伝達能力が十分でない場合などに，援助する側が本人の権利を代弁する機能をアドボカシー（advocacy）といいます。

（2）ニーズを引き出す支援

対象者自らが主体となって取り組むには，ニーズへの「気付き」を促し，ニーズを「聞き出す」のではなく「引き出す」ことが重要です。ニーズは本人が意識的に必要とする要求（デマンド）だけではなく，客観的に見て本人が必要とする事柄を指します。援助者との協働作業の中で，本人自らがニーズを明確にできるよう働きかけます。

（3）相談面接技術の活用

相談面接はあらゆる相談援助の専門職に必要な専門的技術です。相談面接の目的は，**援助関係の形成**，**情報収集**，**課題解決**の3つです。これらを達成するためには，次のよ

用語

成年後見人
日常生活の中での判断能力が不十分な人に代わって，財産管理やサービス契約を行う人のこと。

プラスワン
アドボカシーは，最近では広く「権利擁護」と訳されている。

うな面接技術が求められます。

① 相談面接の環境づくり

相談面接の場には、**来所相談**の場合の面接室や相談室などの専用の場と、**訪問相談**の場合の対象者の生活の場とがあります。

来所相談のメリットは内容が漏れることなく、集中して話ができることです。また、来所する時点で対象者や家族の問題意識が高いため、スムーズな進行ができます。

訪問相談のメリットは、対象者がリラックスして話せることから、来所相談では得られない情報も得られることがあります。ただし、信頼関係を築いていないと、生活の場に立ち入られたことで不快感を覚えたり、集中することができなかったりします。

いずれの場合も**個人的空間**（personal space）を尊重して圧迫感のない距離を保ち、視線はできるだけ相手と水平になるようにします。車いすやベッドに横になっている場合などにはとくに注意が必要です。また来所の場合は照明や室温など**環境づくり**に、訪問の場合はプライバシーの確保に配慮する必要があります。

② コミュニケーションの特性

コミュニケーションには、言葉を用いる「バーバル（言語）コミュニケーション」と言葉を用いない「ノンバーバル（非言語）コミュニケーション」があります。

バーバルコミュニケーションでは、まず言葉の選び方が大切です。また、声量、スピード、声の質、発音、沈黙などもコミュニケーションの内容を大きく左右します。

ノンバーバルコミュニケーションの中でも、表情は無意識的なメッセージをも伝える重要な情報です。目の動き、まばたき、涙などは多くの感情を伝えます。それ以外にも、しぐさやジェスチャーなどの身体動作、

用語

個人的空間

他人との間に保とうとする一定の距離のこと。

プラスワン

相談面接では、「はい／いいえ」で答えられない「開かれた質問」をして、対象者が自分の言葉で話せるように促すことや、「はい／いいえ」で答えられる「閉じられた質問」をして、必要な情報の収集と対象者が自分の言葉で話すきっかけづくりを行うことも必要な技術である。

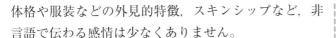

体格や服装などの外見的特徴，スキンシップなど，非言語で伝わる感情は少なくありません。

　主体はあくまで対象者であり，積極的に話を聞く傾聴の姿勢が必要です。真摯に耳を傾け，ポイントを引き出し，対象者自らが課題を整理し，解決方法を発見できるよう，自然な形で導いていくことが大切です。

（4）関連職との連携と協働

　高齢者や障害者が抱える生活課題が複雑化し，多岐にわたることから，福祉住環境コーディネーターの相談援助の過程では，関連職との連携と協働が必要となります。

❸ 福祉住環境整備とケアマネジメントの関係

 ケアマネジメントとは，さまざまなサービスの組み合わせをコーディネートするものである。

　介護支援専門員（ケアマネジャー）は，ケアマネジメントを通じて利用者の生活全般を改善するために，住宅改修も含めたさまざまなサービスを複合的に組み合わせて，介護サービス計画（ケアプラン）を作成します。

　福祉住環境コーディネーターには，ケアマネジメントの目的や流れを理解して，介護支援専門員がケアプラン作成の際にサービス提供者と開催するサービス担当者会議に積極的に参加し，住宅改修だけでなく，福祉用具も含めた全体的なプランを提案することが望まれます。

❹ ケアマネジメントの流れ

 ケアマネジメントは5つのプロセスに分けられる。

　ケアマネジメントの流れを住宅改修のプロセスに従ってみていきましょう。

　①　相談…利用者の希望や要望を聞き出す過程。住宅改

プラスワン
ノンバーバルコミュニケーションには，視線を合わせて意思を通わせるアイコンタクトなどがある。

傾聴＝単に受け身の形で話を聞き入れるのではないことに注意しましょう。

プラスワン
ケアマネジメントの概念と手法は，わが国では高齢者に対する介護保険制度で導入され，障害者ケアにも取り入れられている。

介護サービス計画
⇨ P43

プラスワン
介護保険制度の利用開始前に，利用者から福祉住環境コーディネーターに住宅改修の相談があった場合は，制度の利用について介護支援専門員に話をつなげるようにする。

福祉／5章

修では**住宅改修の依頼**にあたり，利用者の身体状況や要望を介護支援専門員に相談する。

② **アセスメント**…利用者の状態を把握し，要望を阻害している問題点を探す過程。住宅改修では**改修内容の整理・検討**にあたり，利用者のADLやIADLをチェックし，改修の必要性を検討する。

③ **ケアプランの作成**…利用者の状況を総合的に判断して，困難を解消する方法を考える過程。住宅改修では**事業者の選定と工事内容の検討**にあたり，利用者・家族が事業者作成の見積書と工事図面を検討する。

④ **ケアプランの実施**…利用者にサービスを提供する過程。住宅改修の場合は，**工事の実施**となる。

⑤ **モニタリング**…サービスの提供状況を定期的・継続的にチェックする過程。住宅改修の場合は，**改修後の生活状況を確認**し，この時点で問題が解決されていない場合には原因を特定し，評価や対応を行う。さらに必要があれば「相談」のプロセスに戻って，ケアプランを再度立案する。

ADLは寝返り，起き上がり，移乗，歩行，着衣，入浴，排泄等の能力をいい，IADLは調理，掃除，買い物，金銭管理，服薬状況などの能力をいいます。

❺ アセスメントの視点

 アセスメントには利用者本人の心身状態の把握が大切である。

　ケアマネジメントの流れのうち，「**アセスメント**」のプロセスについて，住宅改修を例に詳しくみていきます。

　アセスメントとは，ケアプランを作成するにあたり，面談によって利用者本人の心身の状態を把握し，課題を導き出すことを指します。このときのポイントを次にあげます。

（1）生活全般の機能を把握する視点

ICFの概念
➡ P32

　生活全般の機能を把握するために，ICFの概念を参考にします。例えば，平らなところで手すりがない状態（環境因子）でつえを用いて歩く（活動）ことができる場合でも，

福祉／5章

屋内外の段差がある場所（環境因子）では，上り下りを安全に行う（活動）ために手すりが必要です。また，つえ歩行の人が歩いて買い物に行きたい（参加）場合，坂道の向こう側にある店（環境因子）では買い物が困難です。ただし，道幅が十分なら（環境因子），電動車いすを活用して（活動），買い物ができます（参加）。

実際には，利用者の全般的な生活機能を把握するための情報は膨大なため，健康状態・日常生活動作などの項目内容が「**課題分析標準項目**」としてまとめられています。

■ICFの概念モデル略図

（2）動作を把握する視点

住宅改修の場面では，とくにどのような場所・時間帯でどのような動作を行える状態なのかを把握する必要があります。

① **移動の動作**

　場所ごとに把握します。

（a）動作の種類…独歩，伝い歩き，つえ歩行，歩行器・車，車いす，手膝這い

（b）動作の程度…自立（とくに問題なくできる），自立（ときどき不安定な場合がある），見守り（見ていないと危険がある），介助（助けを必要とする）

（c）場所…屋外，屋内（廊下，浴室，居室など）

② **立ち座りの動作**

　床から，また，いすから，立ち上がって座る場合の動作を把握します。立ち座りにおける動作が場所によって違うようなら，その程度もチェックします。

③ **段差昇降の動作**

　階段などの段差を昇降する動作，敷居などをまたぐ動作を確認します。この場合も動作の程度をチェックします。

プラスワン

移動する際の利用者の主観的な事実（不安を感じているか，など）も把握しておく。

④ 姿勢の保持

いすに座った状態や着替えのときなどに姿勢を保持していられるかを確認します。とくにトイレでの衣類の着脱，玄関での靴の着脱などを把握することが大切です。この場合も動作の程度を把握します。

⑤ 排泄の動作

トイレまでの移動，敷居のまたぎ，更衣の姿勢保持，便器への立ち座り，便器での姿勢保持など，排泄にはさまざまな動作が必要なため，実際にシミュレーションをしてもらって確認します。

(3) アセスメントにおける介護予防の視点の重要性

2006（平成18）年の介護保険制度の一部改正では，**介護予防**の考え方が重視されました。なかでも重視されたのが，転倒による骨折や心身機能の低下を予防するための対策です。そうした介護予防に向けての支援が必要な人を把握するために利用されるのが，**基本チェックリスト**です。

従来，基本チェックリストは市町村が実施する二次予防事業の対象者（要介護・要支援状態にはないが，そのおそれがあり，支援を要する人）を選定するために用いられましたが，地域支援事業における介護予防・日常生活支援総合事業（新しい総合事業）の介護予防・生活支援サービス事業の対象者選定にも利用されています。

6 住宅改修に関連する支援体制

🔑 介護保険制度以外にも住宅改修関連の支援事業・支援体制がある。

(1) 福祉用具・住宅改修支援事業

福祉用具・住宅改修に関する相談や情報提供，連絡調整，助言とともに，住宅改修費の支給申請のための理由書作成や作成時の経費助成を行う事業です。市町村の任意事業であるため，事業の有無は市町村に問い合わせる必要があり

ます。

（2）地域リハビリテーション支援体制整備推進事業

二次医療圏域ごとに，医療機関などに地域リハビリテーション広域支援センターを設置し，理学療法士や作業療法士などの専門職の相談や指導を受けられる事業です。事業の有無は，各都道府県に問い合わせる必要があります。

（3）訪問リハビリテーション・訪問看護

介護保険サービスでリハビリテーション指導を実施している医療機関や介護老人保健施設等に併設された訪問リハビリテーション事業所の作業療法士や理学療法士，訪問看護を実施している病院・訪問看護ステーションの看護師等と連携して住宅改修プランを検討することが重要です。

（4）退院時の在宅訪問指導

作業療法士や理学療法士が，利用者の退院前に家屋の調査やリハビリテーション指導を行うものです。福祉住環境コーディネーターも同席し，改修プランを作成することもあります。

（5）医療機関・施設からの退院・退所に伴う加算

医療機関や介護老人保健施設などからの退院・退所後に福祉用具貸与の利用が見込まれる場合には，必要に応じて福祉用具専門相談員や作業療法士などが退院・退所時のカンファレンスに参加します。

用語

二次医療圏域
市町村単位の一次圏域に比べ，より広範な圏域のこと。

チャレンジ！ 確認テスト

Point		**Q** できたらチェック ☑
相談援助の基本的視点		□ 1 相手を個人としてとらえる「個別化の原則」は，援助関係の形成においても不可欠な相談援助の基本原則の一つである。
ケアマネジメントの流れ		□ 2 アセスメントとは，利用者の状態を把握し，要望を阻害している問題点を探す過程をいい，住宅改修では事業者の選定と工事内容の検討にあたる。

 解答 1.○／2.× 住宅改修では，改修内容の整理・検討にあたる。

A
重要度

学習のねらい 福祉住環境の整備には，さまざまな専門職が関連します。ここでは，どんな専門職があるのか，そしてそれぞれの専門職はどんな業務内容なのかを知り，どのように協働や連携を図るべきなのかを考えます。

❶ 医療分野の関連職

医師は，医療面での最も重要な中核となる役割を担っている。

（1）医師（国家資格）

「医師法」や「医療法」に基づいて，病院や診療所での診療を行います。介護保険制度では，要介護認定に必要な「主治医意見書」の記載をしたり，居宅療養管理指導での訪問診療を行ったり，訪問看護や訪問リハビリテーションなどの指示を行います。福祉住環境整備においては，かかりつけ医（主治医）との連携が必要です。

かかりつけ医は，診療行為から高齢者の機能低下などの日常的な診療や健康管理までを行い，患者やその家族を日頃からよく知り，患者の健康状態を把握している医師です。

（2）看護師（国家資格）

「保健師助産師看護師法」に定められた資格です。医療・保健福祉の現場で，医師の指示のもとに**診療や治療の補助，看護**（療養上の世話）を行います。それだけに，訪問看護，訪問入浴介護を受ける人の福祉住環境整備には，担当の看護師からの情報を得ることが重要です。

プラスワン
看護師の業務には，利用者の健康管理，衛生管理，医療に関する各種相談や心のケアなどもある。

（3）保健師（国家資格）

集団健診や健康相談，疾病予防や健康についてのアドバイス，健康指導など，**健康な生活を保持，増進する業務**に従事する，「保健師助産師看護師法」に定められた資格です。介護保険制度では，地域包括支援センターで社会福祉士，主任介護支援専門員などとともに，介護予防ケアマネジメントをはじめ，地域の高齢者の心身の健康と生活の安

プラスワン
要支援者や基本チェックリストの該当者は，地域包括支援センターの保健師等がケアマネジメントを行う。

定などのために必要な援助・支援を行います。

（4）理学療法士（PT ／ Physical Therapist. 国家資格）

　リハビリテーションの中核を担う職業で，「理学療法士及び作業療法士法」に定められています。歩行，車いすやベッドの移乗，立ち上がり，起き上がりなど，基本的な生活動作の改善に必要な訓練や指導，援助を行います。

（5）作業療法士（OT ／ Occupational Therapist. 国家資格）

　理学療法士などと同じく，リハビリテーションの中核を担う職業で，「理学療法士及び作業療法士法」に定められています。医療機関，高齢者・障害者施設などに勤務し，身体または精神に障害のある人に対し，手芸や工作などの作業を通じ，応用的動作能力や社会適応力の向上・回復を図るため，治療や支援，援助を行います。

（6）言語聴覚士（ST ／ Speech - Language - Hearing Therapist. 国家資格）

　理学療法士，作業療法士などとともに，リハビリテーションの中核を担う職業で，「言語聴覚士法」に定められています。言語聴覚障害児・者に対し，その機能の維持向上を図るための言語訓練や必要な検査，助言・指導などの援助を行うほか，失語症や老人性難聴などのコミュニケーション障害や摂食・嚥下障害の機能訓練なども行います。

理学療法士は，身体に障害がある人に対し，基本的動作能力の回復を図るため，筋力増強などの運動療法や，マッサージ，温熱，電気といった物理療法を行います。

❷ 福祉分野の関連職

高齢者や障害者の日常生活を支援する職業である。

（1）介護支援専門員（ケアマネジャー）

　「介護保険法」に基づいて，要介護認定の申請を行ったり，介護サービス計画（ケアプラン）を作成したりするなど，ケアマネジメント業務を行う専門職です。国家資格ではありませんが，実務研修受講試験に合格し，介護支援専

プラスワン

言語聴覚障害者とは，音声機能や言語機能，聴覚機能などに障害がある人を指す。

プラスワン

介護支援専門員の資格では，2006（平成18）年度より資質向上のため，5年ごとの更新制が導入されている。

プラスワン

主任介護支援専門員にも5年ごとの資格の更新制が導入されている。また，居宅介護支援事業所の管理者は，原則として主任介護支援専門員でなければならない。

プラスワン

社会福祉士は1987（昭和62）年に，精神保健福祉士は1997（平成9）年にそれぞれソーシャルワーカーの業務の中から国家資格化された。

プラスワン

医療機関の従事者は，医療ソーシャルワーカー（MSW／Medical Social Worker）と呼ばれ，疾病や心身障害等に伴う諸問題について相談援助を行う。

プラスワン

介護福祉士の資格を持たない者が介護保険の訪問介護事業や介護の業務に従事しようとする場合は，都道府県指定の研修を修了する必要がある（介護職員初任者研修等）。

門員実務研修を受講して資格登録する必要があります。また，介護支援専門員としての一定以上の実務経験と，所定の研修の受講が必要となる「**主任介護支援専門員**」制度もあり，地域包括支援センターに配置されています。

(2) 社会福祉士（国家資格）

　日常生活に支障がある人に対し，福祉についての相談・指導などの援助を行う職業で，「社会福祉士及び介護福祉士法」に定められています。利用者の生活上のさまざまな課題に対応する職業で，福祉住環境整備においてもさまざまな助言を得ることができます。

(3) 精神保健福祉士（PSW ／ Psychiatric Social Worker. 国家資格）

　精神障害者の社会参加や社会復帰に関する相談・助言・指導や，日常生活に関する訓練などの援助を行う職業で，「精神保健福祉士法」に定められています。精神障害者が新たに在宅生活を始める場合など，保健や福祉関連の給付制度や支援制度の助言を求めることができます。

(4) ソーシャルワーカー（SW ／ Social Worker）

　資格の有無にかかわらず，社会福祉の分野に従事し，社会福祉，行政，医療などの場で利用者や家族などへの相談援助，情報提供，関連機関・関連職間の連携や調整を行う人をいいます。

(5) 介護福祉士（国家資格）

　入浴・排泄・食事など心身の状況に応じた介護を行うほか，介護の対象者や家族に対して介護に関する指導を行う職業で，「社会福祉士及び介護福祉士法」に定められています。介護支援の必要な高齢者や障害者にとっては，最も日常生活に密着した身近な専門職です。

(6) 行政職員（地方公務員）

　都道府県や市町村などの職員です。福祉住環境整備では，こうした人から制度や手続きに関する適切な情報を得て，公的制度を活用することが重要です。

❸ 福祉用具分野の関連職

製作，利用援助，評価など，さまざまな形で福祉用具に携わる職種である。

（1）義肢装具士（国家資格）

　医師の指示のもとに，身体機能を補い，生活に不可欠な用具の義肢・装具について，装着する部分の採型・採寸，製作，フィッティング（身体への適合）を行う職業で，「義肢装具士法」に定められています。

（2）福祉用具専門相談員／福祉用具プランナー

　福祉用具専門相談員は，介護保険制度で福祉用具のサービスを利用する場合に，福祉用具の選定・調整・使用方法の指導などを通じ，適切な使用のための支援を行う職業です。資格要件は，介護福祉士，義肢装具士，保健師，（准）看護師，理学療法士，作業療法士，社会福祉士または厚生労働省令で定めた基準に適合し都道府県知事が指定した講習（福祉用具専門相談員指定講習）を修了した者です。
　福祉用具プランナーは，福祉用具等の選定と適切な利用援助，適応状況の評価などを行う能力を有する者です。

（3）リハビリテーション工学技師

　特定の資格ではなく，リハビリテーションの分野で，車いす，義肢・装具，コミュニケーション機器，自助具などさまざまな福祉用具の開発・製作を行う職業に従事する人を指しています。リハビリテーションセンターで実際に臨床サービスを提供する人を指す場合もあります。

❹ 建築分野の関連職

住環境整備の立場から高齢者や障害者を支える職種である。

（1）建築士（国家試格）

　建築物の設計，工事監理などを行う職業で，「建築士法」

プラスワン
義肢装具士の多くは，民間の製作所に属し，契約する病院や更生相談所などに出向いて業務を行う。公的機関で，リハビリテーション医療や研究開発に携わる場合もある。

福祉用具を貸与または販売する事業所には，福祉用具専門相談員を2名以上配置する義務があるんですよね。

プラスワン
福祉用具プランナーについては，公益財団法人テクノエイド協会が，養成のための研修会を開催している。

プラスワン
リハビリテーション工学技師には，機械工学，電気工学，建築学などの工学関連学部の卒業者が多い。

用語
工事監理
図面通りに工事が行われているかを確認すること。同時に施工に関する責任を持つ。

建築士は、建築工事契約に関する事務や建築工事の指導監督、建築物の調査や鑑定、建築に関する法令や条例に基づく手続きの代理などの業務も行うことができます。

プラスワン

インテリアプランナーの試験には学科と設計製図がある。原則、学科試験合格後に設計製図試験を受け、これに合格後、登録要件（実務経験等）を満たすことで登録される。

用語

区分所有法

1棟の建物を共有する場合の所有関係や管理について定めた法。正式名称を「建物の区分所有等に関する法律」という。

プラスワン

工務店は、地域に密着して営業している中・小規模の建設会社である。また、ハウスメーカーは、工場生産による規格化された部材で住宅を建てる大手住宅メーカーである。

で定められています。一級建築士、二級建築士、木造建築士の3種類があります。一級建築士はすべての建物の設計・工事監理を行うことができますが、それ以外は建造物の大きさ、用途、構造などの業務範囲が異なっています。

（2）インテリアコーディネーター，インテリアプランナー

インテリアコーディネーターは、公益社団法人インテリア産業協会が行う資格試験に合格した者で、**インテリア計画や適切な商品を選べるように助言などを行うことを目的とした資格**です。受験資格の制限はとくにありません。

インテリアプランナーは、公益財団法人建築技術教育普及センターが行う資格制度で、**インテリアの企画設計、工事監理を行うことを目的とした資格**です。受験資格については、とくに制限はありません。

（3）マンションリフォームマネジャー

公益財団法人住宅リフォーム・紛争処理支援センターが年1回実施する資格試験で、受験資格は問われません。

マンションの専有部分について、施主のニーズを的確に把握し、区分所有法などのマンション特有の制約条件にも配慮し、**リフォームの企画・提案等**、工事実施に際しての関係者の**連絡調整**、**助言**、**指導**を行います。

（4）増改築相談員

公益財団法人住宅リフォーム・紛争処理支援センターが企画したカリキュラムによる研修会を修了し、考査に合格した者で、同センターに登録している者のことです。住宅建築の現場に10年以上従事している必要があります。

住宅リフォームに関連して、**工事依頼先の選定や、工事費の見積もりなど、一般の消費者のためのコンサルティング業務**などを行っています。

（5）工務店・ハウスメーカー，建築設計事務所など

住宅を建築する際、また増改築などのときに依頼する先としては、工務店、ハウスメーカー、建築設計事務所などがあります。

（6）そのほかの建築関連職

　大工，とび職，鉄筋工，溶接工，ガス工事・電気工事の従事者などがあります。ガス工事・電気工事を行うには資格が必要です。そのほかの職種は資格が不要なものが多いですが，厚生労働大臣認定の技能検定制度があり，学科試験のほか実技試験を伴っており，1級，2級といった技能レベルが設定されています。

福祉／5章

チャレンジ！　確認テスト

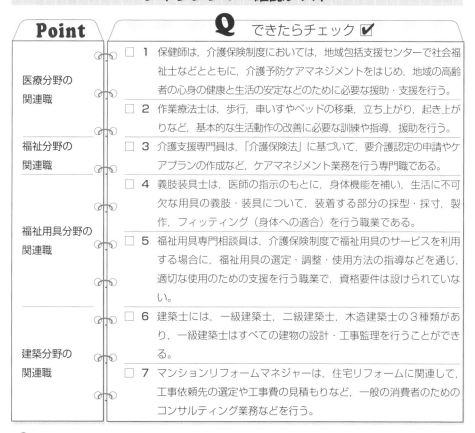

Point	**Q** できたらチェック ☑
医療分野の関連職	□ 1　保健師は，介護保険制度においては，地域包括支援センターで社会福祉士などとともに，介護予防ケアマネジメントをはじめ，地域の高齢者の心身の健康と生活の安定などのために必要な援助・支援を行う。
	□ 2　作業療法士は，歩行，車いすやベッドの移乗，立ち上がり，起き上がりなど，基本的な生活動作の改善に必要な訓練や指導，援助を行う。
福祉分野の関連職	□ 3　介護支援専門員は，「介護保険法」に基づいて，要介護認定の申請やケアプランの作成など，ケアマネジメント業務を行う専門職である。
	□ 4　義肢装具士は，医師の指示のもとに，身体機能を補い，生活に不可欠な用具の義肢・装具について，装着する部分の採型・採寸，製作，フィッティング（身体への適合）を行う職業である。
福祉用具分野の関連職	□ 5　福祉用具専門相談員は，介護保険制度で福祉用具のサービスを利用する場合に，福祉用具の選定・調整・使用方法の指導などを通じ，適切な使用のための支援を行う職業で，資格要件は設けられていない。
建築分野の関連職	□ 6　建築士には，一級建築士，二級建築士，木造建築士の3種類があり，一級建築士はすべての建物の設計・工事監理を行うことができる。
	□ 7　マンションリフォームマネジャーは，住宅リフォームに関連して，工事依頼先の選定や工事費の見積もりなど，一般の消費者のためのコンサルティング業務などを行う。

A 解答　1.○／2.×　作業療法士ではなく理学療法士。／3.○／4.○／5.×　資格要件は，義肢装具士，保健師，理学療法士，作業療法士などの国家資格保持者のほか，都道府県知事が指定した講習（福祉用具専門相談員指定講習）を修了した者。／6.○／7.×　マンションリフォームマネジャーではなく増改築相談員。

福祉住環境整備の進め方

学習のねらい 福祉住環境コーディネーターが業務を遂行する際のポイントと福祉住環境整備の流れについて理解しておきましょう。ここでは，相談からフォローアップまでの各プロセスについて学習します。

① 相談時の留意点

費用を抑えたプランでも，住環境が改善されれば，生活の向上につながる場合も多い。

福祉住環境整備に関する相談は，高齢者や障害者の身体機能の把握はもちろん，生活の仕方や住まいへの思い入れ，長年の生活の慣れなどへの配慮が必要です。また，同居する家族の要望も把握する必要があります。

こうした点を踏まえ，相談時の留意点をみていきます。

（1）生活の場の状況を確認する

本人がどのような環境でどのように暮らし，その動作をどう行っているかを把握し，**不便さ・不自由さやその原因**，課題を見つけます。

（2）本人立ち会いのもとで相談する

家族からの情報収集だけでは十分でない場合もあります。入院中なら病院に出向いて，本人の意向を確認します。困難な場合は，心身状態を把握している医療関係者から情報を得たり，改めて本人の立ち会いを求めます。

（3）本人と家族の意向を把握する

高齢者や障害者は住環境整備に積極的でない場合もあるので，本人の生活上の改善点や介護者にとってのメリットを本人や家族によく説明することが必要です。

（4）身体状況の変化を把握する

現在の状態だけでなく，将来の身体機能低下を考慮し，

プラスワン
本人が満足しても，生活の場を共有する家族が不便を感じることがないよう，家族の要望の把握は重要である。

相談時に聞き取った留意点はしっかり書きとめておきましょう。

どの程度・範囲の住環境整備を行うか，慎重に判断します。

（5）キーパーソンを把握する

相談の中心は原則的に高齢者・障害者本人ですが，専門的な内容の把握や書類作成などが本人の負担になる場合は，相談者側の中心となる**キーパーソン**を決めておく必要があります。

（6）対費用効果を確認する

さまざまなプランを提示し，長所と短所を説明して，判断材料を多くする必要があります。効果と費用を十分に説明したうえで，あくまでも**本人**が**決定**するのが原則です。

❷ 現地調査の流れ

本人や家族に改修後のイメージを描いてもらうことが大切である。

現地調査で確認することは多岐にわたります。限られた時間の中での適切な情報収集が大切です。

（1）チームの組み方

在宅支援には多くの専門職がかかわるため，現地調査にも事例に応じたチームを組む必要があります。福祉住環境コーディネーターは各専門職に調査の同行を依頼し，日時の調整などを行います。

以下に，専門職のチームの組み方の例を示します。

① 介護保険制度利用の場合

福祉住環境コーディネーターは，介護支援専門員とともに調整の役割を担います。住宅改修であれば設計者や施工者の，福祉用具であれば福祉用具関連職の同行が必要です。

浴室や玄関など動作の確認が複雑で危険を伴う場合は作業療法士や理学療法士，介護が必要な人の場合は訪問看護師や訪問介護員（ホームヘルパー）の同行も必要です。

キーパーソンは，常に連絡がとれる身近な家族などがよいですね。

🖐️**プラスワン**

福祉住環境整備を検討する際は，家具の配置替えや既存品の代用，福祉用具の活用といった，費用がかからず，住宅にあまり手を加えないプランの提示も大切である。

② 医療機関や施設からの退院・退所の場合

　　退院・退所から在宅への移行の場合は，病院の医療ソーシャルワーカー（MSW）とともに調整の役割を担う場合が多くなります。高齢者で介護支援専門員が決まっている場合はその担当者に，自治体などの助成や補助制度の利用予定があれば，在宅介護支援センターの相談員などに同行を依頼します。

　　また，リハビリテーションが必要な場合などは作業療法士や理学療法士，在宅で医学的管理が必要な場合は看護師などに同行を求めます。住宅改修のみで対応するか，福祉用具を活用するかの判断が必要な場合は，設計者，施工者，福祉用具関連職の同行を依頼します。これらのチームと本人が立ち会う必要がある現地調査のときは，MSWに一時仮退院などの手続きや調整を依頼します。

（2）作業内容と必要なツール

① 　チェックシート…現地ではまず，利用者の住まい方を見る。利用者が不便・不自由さを感じる箇所が分かっている場合は，屋内全体と改修箇所を確認後，改修のイメージをつかみ，**チェックシート**に記入しながら**本人や家族からのヒアリング**を行う。

② 　方眼紙などの用紙，スケール…チェックシートで現場を確認しながら，寸法や動作確認が必要な箇所を埋め，整備予定の箇所は採寸し，**見取り図**をつくる。断面図が必要になる場合もある。

③ 　カメラ…整備予定箇所と周辺の室内は写真撮影する。採寸の必要性や現地での見落とし，追加の依頼などがあった場合，写真が役に立つ。

④ 　サンプル，事例写真，福祉用具カタログ…手すりなどの部品サンプル，改修事例写真など，参考になるものを持参し，本人や家族に**改修後のイメージ**を持ってもらうことも有効なアセスメントにつながる。

プラスワン

見取り図の作成には方眼紙が適している。また，スケールは2〜5m程度のものが適当である。

周辺の状況も改修の判断材料となるので，整備予定に入っていない周辺の見取り図もつくっておくとよいでしょう。

プラスワン

介護保険による住宅改修申請時には写真が必要となる。

❸ チェックシートの活用

項目にないことでも，重要なポイントであったりするため，話の内容はすべて記録する。

現地ではチェックシートの項目に従ってヒアリングを行い，漏れのないよう記入します。

チェックシートに記入する内容は以下の通りです。

（1）基本事項

本人の氏名・住所・連絡先，キーパーソンの連絡先，医療機関に入院中であれば，退院予定日なども記入します。

（2）身体状況とADLのレベル

本人の身体機能のチェックです。

① **身体障害，要介護度**…主治医に相談する際や公的補助が受けられるかどうかの判断材料になる。

② **健康状態**…疾病などの状況。

③ **ADL**（日常生活動作）…移動・排泄・入浴など日常生活で行う動作の確認。

（a）自立…多少時間がかかっても自分でできるレベル

（b）見守り…動作自体は自分でできるが，介護者が付いていたほうがよいというレベル

（c）一部介助…すべてではないが，その動作には必ず手を貸す必要があるレベル

（d）全介助…その動作すべてに手を貸す必要があるレベル

（3）在宅サービスの利用状況

在宅でのサービスは住環境整備の内容とかかわりが深いため，利用中のサービスだけでなく，利用予定のサービスについても把握します。

（4）家族状況

家族と本人の続柄，年齢，家族の在学・在職，同居・別居の別などです。

チェックシートの項目にないことでも，後に重要なポイントとなる場合があるので，話の内容はすべて記録に残しましょう。

プラスワン

「しているADL」だけでなく，「できるADL」についてもチェックする。

現在は別居している人についても，将来的に介助を担う可能性があるので，記入しておくといいですね。

家族やホームヘルパーなどによる要望もあれば記入しましょう。

（5）住宅状況の確認

　持ち家か賃貸かなどの所有形態，一戸建てか集合住宅かなどの建築形態，木造か鉄骨造かなどの建築概要です。

（6）整備の希望場所と内容

　どの場所についてどんな整備を希望しているかです。

（7）予算，資金（補助，融資など）

　予算総額，手持ちの資金，補助や融資などの内訳です。

❹ 施工の実施

　施工にあたっては，施工者と本人・家族との間に誤解やトラブルが生じないように配慮する。

（1）設計・施工者の選定

　福祉住環境整備の方法は一つではありません。複数の設計者や施工者にプランと概算費用を提示してもらい，**比較検討**することが必要です。また，同じプランでも施工者によっては費用が異なるため，この場合も比較検討します。

（2）工事内容の決定

　工事方法や内容を確認する際は図面をもとに打ち合わせをしますが，相談者本人や家族には図面ではイメージしにくいものです。誤解が生じないよう説明し，本人や家族の意思で工事内容を決定する必要があります。

（3）施工者への依頼

　工事内容と施工者が決定すると，施工者から正式な見積書の提示と内容説明があります。本人や家族がその内容を納得したうえで，契約書が交わされます。契約書には工事内容，工期と引き渡しの時期，金額，支払い方法，計画変更や追加工事の対処方法，施工者の過失による賠償責任，プライバシーの保護，解約に際する規定，保証内容などが記載されていることが理想です。ただし，内容や費用によっては一部が省略されることもあります。

　また，こうした書類のやりとり自体が省略されることも

🖐プラスワン

費用だけでなく，プランの内容（利点，欠点）も検討材料とする。

🖐プラスワン

透視図やサンプル，写真などを使い，できるだけ具体的かつ丁寧に内容を説明する。

📖用語

見積書
前もって算出した費用を記した書類。

📖用語

契約書
契約の条項を記して契約を証明する書類。

あるので，トラブルを避けるためにも，依頼者，施工者，介護支援専門員，福祉住環境コーディネーターらで，何らかの文書を共有しておくとよいでしょう。

(4) 工事着手前の配慮事項の確認

工期中の生活にも配慮が必要です。複数の職人の出入り，騒音，ほこりの飛散など，本人や家族と工期中の生活について相談します。また，工事内容について**工事着手前に現場で再確認を行う**ことも大切です。

(5) 工事中の確認・配慮

工事中は，工事が図面通り行われているかどうか確認し，施工者からの質問や本人・家族からの要望に適切に答えます。工事中に内容の**変更を余儀なくされる**場合は，**一旦工事を中止し，再度検討する**姿勢も大事です。その際，後でトラブルにならないよう，必ず記録をとり，それを本人や家族，施工者，かかわった専門職に配布し，共有します。

また，本人や家族が予定にない作業を施工者に依頼し，後でトラブルになることもあるため，あらかじめ施工者に，そうした依頼があれば連絡するよう頼んでおきます。

工事を中断して内容を変更する場合は，工期になるべく影響しないよう，迅速に対応しなくちゃ。

(6) 工事完了後のチェック

工事終了時には，図面や仕様書をもとに，**本人・家族**，設計者や施工者などの立ち会いのもと，**工事箇所のチェック**を行います。チェックにより不具合が見つかったり，本人が生活してみて使い勝手の悪さを感じたりした場合は手直しが発生するので，速やかに対応を依頼します。

手すりの安全性をチェックするときは，本人や家族にしっかり体重をかけてみてもらいましょう。

⑤ フォローアップ

フォローアップ後に，初めて福祉住環境整備の目標が達成できたかどうかが分かる。

十分に検討して実施した福祉住環境整備でも，実際に生活してみると問題が起こることもあるため，フォローアップも重要です。とくに，進行性の疾患による障害を持って

🔖用語

フォローアップ
援助の実施後に，その効果などを確認するために行う追跡評価。

いる場合などはフォローアップによる対応が必要です。

このように，福祉住環境コーディネーターは対象となる高齢者や障害者の生活に**継続的**にかかわり，そのつど適切な判断を行っていきます。

⑥ 事例検討会

 事例検討会は，福祉住環境コーディネーターにとって重要な研鑽の場である。

可能であれば，整備が完了するたびに，専門職が集まって結果を評価する場を持つことが望ましいでしょう。

事例検討会（ケースカンファレンス）では，保健・医療・福祉・建築などの専門職がグループを組み，検討を行います。一つの事例に対してさまざまな考え方やアプローチを知ることができ，また方針を導き出す過程を学ぶこともできます。

実際に整備を行う機会が少なくても，異なった意見に触れ，広い視野を持つことの重要性と福祉住環境の手法の多様性に触れる貴重な機会としても大切です。

チャレンジ！　確認テスト

Point	**Q** できたらチェック ☑
相談時の留意点	☐ 1 福祉住環境整備に関する相談では，本人から直接意向を確認することが望ましいが，本人が入院している場合は家族から情報を収集すれば十分である。
施工の実施	☐ 2 相談者本人や家族が，図面では工事方法や内容をイメージしにくかったため，福祉住環境コーディネーターが代わりに決定した。
フォローアップ	☐ 3 フォローアップを行った後に初めて，福祉住環境整備の目標が達成されたかどうかの判断が可能となる。

A 解答 1.× 家族からの情報収集だけでは十分でない場合もあるため，入院中なら病院に出向いて本人の意向を確認する。／2.× 図面のほか，サンプルや写真なども使用して誤解が生じないよう説明し，本人や家族の意思で工事内容を決定する。／3.○

医療

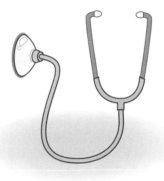

レッスン 15 心身の特性

重要度 A

学習のねらい 加齢による変化や障害に伴って生じる不自由・負担は，住環境を整備することで軽減できますが，そのためには高齢者や障害者の生理機能について十分な理解が必要です。ここでは，その特性について理解しましょう。

① 高齢者の身体的特性

> 30歳を頂点として，加齢により，さまざまな生理機能が低下し始める。

　加齢によって心身の生理機能が低下することを**老化（現象）**といいます。一般には，30歳を頂点として，以降はさまざまな生理機能が低下し始めます。また，女性の場合，とくに**閉経期以降**は，生理機能が大きく低下します。

■**加齢による身体機能の変化**

心・血管機能	老化に伴い動脈の弾力性は失われ，硬くなる。大量の血液が動脈内を流れるときの速度は，加齢とともに直線的に速くなり，70歳では10歳の場合の約2倍になる。また，運動時の心臓の働きは，高齢者では約20%低下する。
視覚・聴覚機能	**白内障**などによる視力低下が起こる。**加齢（老人）性難聴**により，高い音域から聞き取りにくくなり，音の聞こえの低下より言葉の聞き取りにくさが顕著となる。
平衡感覚機能	筋力低下も重なって，立っている姿勢を保つときに体の揺れが大きくなり**転倒**しやすくなる。
精神機能	視力，聴力の低下や感覚の障害などから孤独感に陥り，**うつ状態**になりやすい。
消化・排泄機能	下腹部から肛門にかけての筋力低下や腸のぜん動運動の低下により，尿失禁や排尿困難，**便秘**などが生じる。

　また，**運動機能**も加齢によって低下します。福祉住環境整備を考える際には，これら高齢者の身体的特性を十分に考慮・配慮することが必要です。

プラスワン
ショックN.W.の研究報告によると，30歳代の生理機能を100%とした場合，80歳代では，神経伝導速度は約85%，腎臓の血液濾過能力（糸球体濾過率）は約60%，肺の酸素交換能力（最大換気量）は，50%以下に低下する。それでも通常の生活ができるのは，生理機能が日常の働きの数倍もの予備能力を持つためである。

プラスワン
東京都老人総合研究所の「長期縦断研究」によると，都市部の80歳以上の高齢者は，65～69歳の高齢者に比べて速く歩く能力が約20%低下していた。また，都市部の高齢男性に比べて，農村部の男性では，最大歩行速度が約10%低下しており，農村部の女性では約30%も低下していた。

■高齢者の心身の特性

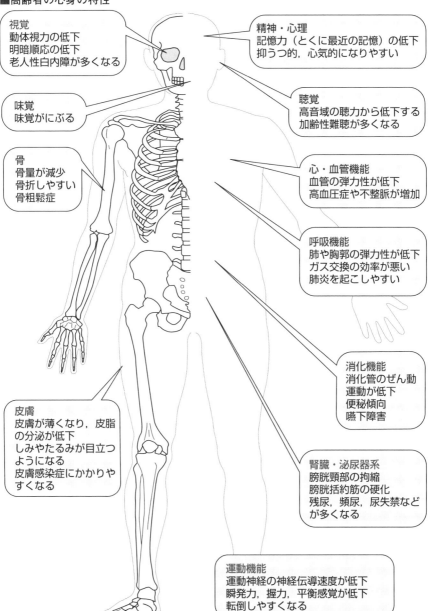

視覚
動体視力の低下
明暗順応の低下
老人性白内障が多くなる

味覚
味覚がにぶる

骨
骨量が減少
骨折しやすい
骨粗鬆症

皮膚
皮膚が薄くなり，皮脂の分泌が低下
しみやたるみが目立つようになる
皮膚感染症にかかりやすくなる

精神・心理
記憶力（とくに最近の記憶）の低下
抑うつ的，心気的になりやすい

聴覚
高音域の聴力から低下する
加齢性難聴が多くなる

心・血管機能
血管の弾力性が低下
高血圧症や不整脈が増加

呼吸機能
肺や胸郭の弾力性が低下
ガス交換の効率が悪い
肺炎を起こしやすい

消化機能
消化管のぜん動運動が低下
便秘傾向
嚥下障害

腎臓・泌尿器系
膀胱頸部の拘縮
膀胱括約筋の硬化
残尿，頻尿，尿失禁などが多くなる

運動機能
運動神経の神経伝導速度が低下
瞬発力，握力，平衡感覚が低下
転倒しやすくなる

医療／1章

❷ 加齢に伴う現象

> 生理機能の低下から起こる高齢者に特有のさまざまな身体的・精神的な症状や疾患を老年症候群という。

プラスワン

老化促進因子には，紫外線や大気汚染など有害物質の大量曝露，偏食，ストレス，喫煙，過度の飲酒，睡眠不足などがある。

用語

サクセスフルエイジング

天寿を全うするまで満足のいく人生を送ること。

プラスワン

病的老化の状態では，例えば，次のような症状が老年症候群に関連する。①認知機能や嚥下機能が低下して摂食障害が起こる。低栄養から免疫機能が低下し，気管に入り込んだ細菌によって誤嚥性肺炎を生じる。②尿失禁のために漏らした尿で足もとが滑り，転倒して骨粗鬆症でもろくなった足を骨折する。③歩行障害や円背（背中が丸くなる状態）など異常姿勢も転倒や骨折の原因になる。なお，円背の高齢者ほど，膝関節の伸びの悪さ，狭い歩幅，すり足などがみられ，小さな段差にもつまずきやすい。

（1）老化の種類と特性

老化には**個人差**がありますが，できるだけ通常老化の過程を歩み，質の高い生活を通じて**サクセスフルエイジング**を実現することが望ましいとされています。しかし，体にとって好ましくない生活や非活動的な生活を送っていると，**生活習慣病**や**廃用症候群**（生活不活発病）が引き起こされることがあります。

① **通常老化（健常老化）**…老化現象の進み方が遅く，高齢期になっても心身機能を比較的高く保っていられる状態をいう。

② **病的老化**…有害物質の曝露や生活習慣のひずみ，重い病気の後などの老化促進因子により老化現象が急速に進み，病気になりやすい状態をいう。**動脈硬化**を基盤とした心疾患や脳血管障害，**骨粗鬆症**などが生じやすく，次第に複数の病気にかかるようになる。

また，老化には，以下の4つの特性があります。

■老化の4つの特性

普遍性	老化は動物に例外なく生じ，避けることができない
内在性	生物の老化は内的因子として体内にプログラムされている
進行性	老化は年月とともに進行する不可逆的な変化である
退行性 （有害性）	老化によって生じるさまざまな身体の変化は有害に作用する

老化と病気の違いは，**進行性**の有無により区別されます。老化は年月とともに進行し，逆戻りできない不可逆的な変化であるのに対し，病気には，治療などにより改善するといった可逆性があります。

(2) 老年症候群

多くの高齢者にみられる徴候として，排尿障害や褥瘡，視力・聴力などの感覚障害，**摂食・嚥下困難**，低栄養による免疫機能の低下，骨関節の変形，精神機能の低下などがあります。これらはいずれも相互に関連し合って生じる高齢者特有の症状です。このことから，とくに高齢者は，個々の疾患だけを取り上げるのではなく，全身状態を総合的にとらえて指導や治療を行わなければなりません。

このような観点から普及してきた考え方として，生理機能の低下から起こる高齢者に特有のさまざまな身体的・精神的な症状や疾患，障害を**老年症候群**といいます。

(3) 廃用症候群

廃用症候群とは，寝たきりで体を動かす機会が少なくなったために生じる心身の機能低下をいい，老年症候群の原因の一つともなっています。

よくみられる身体的症状は，関節の拘縮，筋力低下，骨粗鬆症，起立性低血圧，息切れ，食欲不振，排尿障害，深部静脈血栓症，褥瘡，便秘などです。また，精神的症状には，意欲の減退，うつ傾向，認知症などがあります。高齢者は一度身体面で機能が低下すると，その回復に長い時間がかかるため，廃用症候群には予防が大変重要です。

■加齢に伴うさまざまな現象

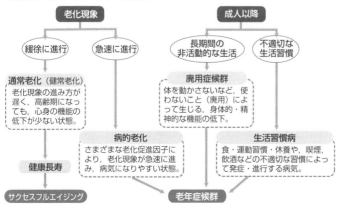

プラスワン
褥瘡は，体の骨ばった部分に長時間継続して圧力が加わり血液の循環障害を起こしたために，組織が壊死することによって生じる。皮膚が薄くなり傷つきやすくなっている，皮脂の分泌量が減少している，傷が治りにくくなっている，痛みを感じる能力が鈍くなっている，などにより生じやすい。

プラスワン
廃用症候群は，社会交流からの途絶，寝たきりの固定化にもつながる。

用語
深部静脈血栓症
大腿・下腿の奥にある静脈に血の塊が生じる疾患。

❸ 高齢者の心理と精神的特性

 流動性知能は20歳代にピークを迎えて徐々に低下するのに対し，結晶性知能は60歳頃まで上昇する。

（1）高齢者の心理

　老年期は，知的機能，身体機能，社会的役割，配偶者や兄弟，友人など，失うものが多い**喪失の年代**といわれます。

　この年代には，孤独感や死への不安，意欲低下といった状態に陥りやすくなります。しかし，こうした喪失体験を克服し，死への恐怖さえも受容して，最期までいきいきとした人生を過ごす人もたくさんいます。

（2）加齢に伴う精神機能の変化

　加齢に伴い，生理機能だけでなく記憶・知能といった精神機能にも低下するものがあります。

① 記憶力…**短期記憶**を**長期記憶**にする能力，情報を整理して脳内に貯蔵する能力など，取り込んだ新しい情報を一定時間にわたって情報を保持する能力は加齢とともに衰える。高齢者は，情報を把握して登録する，転送された内容を整理して貯蔵する，長期間貯蔵した内容を検索して取り出す，という記憶にかかわる働きはいずれも低下傾向を示す。

② 知能…認知，記憶，推理，判断などさまざまな能力の統合により周囲の環境に対処しようとする知的能力（総合的能力）には，流動性知能と結晶性知能とがある。**流動性知能**は20歳代にピークを迎え，以降は個人差があるものの徐々に低下する。**結晶性知能**は60歳頃まで上昇し，生涯維持し続けることも可能とされる。

③ 思考・注意…高齢者は連想反応が主観的になり，自己中心的で情緒的，願望的な思考傾向や，複雑な課題に対する注意機能や抑制機能の低下などが認められる。頑固や愚痴っぽいといった性格傾向が高齢者に生

用語

短期記憶

即時記憶ともいう。短時間だけ情報を保存する記憶のこと。

用語

長期記憶

繰り返し思い出すことにより短期記憶が転送され，貯蔵された記憶をいう。長期記憶は，近似記憶（数分から数日前の記憶。時間の経過とともに忘却）と遠隔記憶（数か月，数年単位の過去の記憶）に分類される。

プラスワン

大量に新しい情報を与えて一定時間後に想起させるテストを行うと，想起能力は30歳代から10歳ごとに，ほぼ直線的に低下する。

用語

流動性知能

先天的な素質であり，変化する課題や新しい環境に適応する能力。

用語

結晶性知能

学習や経験によって蓄積された知識の積み重ねによってはぐくまれ，賢さや知恵の源となる能力。その人の活動水準と学習時間によって達成度が決まる。

じやすくなるのは，このためである。

■健忘と老年期の認知症との鑑別法

項目	健忘	老年期の認知症
新しい記憶が苦手，もの忘れ	ある	ある
日常生活をするうえでの周囲の状況の判断力	正常で支障なし	異常で支障あり
人格	保たれる	崩れる
もの忘れの状態	部分的	すべてを忘れる
注意により訂正が可能か	可能	不可能

 障害の種類

> 障害を持った時期により，先天的障害と後天的障害（中途障害）に大別される。

（1）先天的障害

胎児期および周産期に生じた障害のことで，染色体異常によるダウン症候群など原因を特定できるものと原因不明のものがあります。代謝異常や薬害など母体からの影響で生じることもあります。障害が顕在化する時期もさまざまで，例えば，骨形成不全では胎児の段階で何らかの障害が現れますが，二分脊椎では，胎児の段階では気付かれにくく，その後の成長過程で障害が顕在化してきます。また，脳性麻痺では時期にかかわらず，さまざまな原因により障害が現れてきます。そのほか，障害が生じる原因を持って生まれても，出生時には認められず成長過程で発育遅滞などから障害が顕在化，重度化する場合があります。

（2）後天的障害

出生時には障害やその原因となる疾患を持っておらず，その後の人生の中で生じる障害で**中途障害**ともいいます。原因は，突発的な事故，脳梗塞や心筋梗塞などの後遺症，関節リウマチ，パーキンソン病や，進行性の疾患によるものなどさまざまです。後天的障害は，すべての人のライフステージのどの段階においても生じる可能性があります。

プラスワン

健忘は，加齢による生理的なもの忘れ，頭部外傷，電気ショック，高熱，代謝異常などにより一時的に生じるもの忘れで，新たな記憶を忘れる点が認知症と似ている。しかし，場所や時間の認識は正確で，人格が保たれている点で異なる。また，物忘れの誤りを指摘されたときは訂正可能である点も，他人から指摘されても訂正できず，忘れていることを自覚しないままつくり話をする認知症とは異なる。

用語

周産期
妊娠満22週から出生後満7日未満の期間。

用語

二分脊椎
生まれつき脊椎の癒合が不完全で，一部開いたままの状態にあること。脊椎の形成不全により，さまざまな神経障害を生じる。顕在性のものと潜在性のものとがある。

医療／1章

先天的障害，後天的障害のいずれにおいても成長発達段階で障害が生じると，その後の成長に影響が出ます。ただし，成長発達が障害の影響で止まることはなく，一人ひとりが独自の発達を遂げ，障害によってはその後健常児のレベルに追いつく子もいます。

用語

二次的障害

罹患した疾患や障害にみられる症状によって二次的に引き起こされる障害。

用語

障害受容

病気や事故で中途障害を負った人が，障害によって生じた新しい状況を客観的に受け止めることができる心理的状態のこと。その過程においては，多くの心の葛藤が繰り返される。

❺ 障害時期による特性

 成長発達段階における障害では，適切なサポートを受け，成長発達を促し，二次的障害を防止し，社会参加の機会を拡大することが大切。

（1）成長発達段階における障害

生後より幼児期，学童期を経て成人に至るまでの成長発達段階で障害が起こると，それが身体的または知的・精神的側面のどちらか一方に生じたものでも，双方に影響が出てきます。一過性であっても，障害の回復にかかった時間や時期によって，心身の発達に影響を残すことがあります。

この時期の障害では，常に適切なサポートを受け，成長発達を促して**二次的障害**を防止しながら，**社会参加**の機会を拡大することが大切です。

（2）成人期以降の障害

成人期以降は，障害を受けた場合の**適応**と適応の制限が大きな問題となります。突発的な事故や病気の後遺症として障害が残った場合などは，行動が制限されることへの喪失感を強く抱きがちです。しかし，原因の追求に執着しすぎると，自分の置かれた状況を正しく認識したり，残された能力や回復の可能性，利用可能な環境資源に目を向けたりする余裕を持てなくなります。また，周囲の目や行動の制限に伴う閉塞感，人の手を借りなければならないことへの遠慮，そうした気持ちを理解してもらえないことなどから生じる孤立感などが，問題をさらに難しくする可能性もあります。

こうした状況を打開するためには，早期からその時々に応じたサポートが必要です。**社会参加**の機会を確保し継続することは，障害を補いながらの自己実現や社会的役割を果たすことを可能にし，心身の回復や二次的障害の予防にもつながります。また，自発性を高めるためにも，**ADLの自立**へ向けた援助が欠かせません。

（3）障害の受容

障害受容の過程は一人ひとり異なりますが，おおむね次のような道筋をたどるとされています。

① 障害を持ったことへのショック期

② リハビリテーションによる回復への期待期

③ 回復が望めないことを認識し，否認，葛藤，混乱，苦悩する時期

④ 現実の生活の中で適応への努力を始める時期

⑤ 現状との折り合いをつけ，いまの暮らしをより快適に意義のあるものにしようとする障害受容の時期

福祉住環境コーディネーターには，障害受容の難しさを理解したうえで，障害者を「一人の生活者」とする視点を持って，**地域**において主体的な生活を維持できるように援助する姿勢が求められます。

> 自己概念の形成以後に障害を持つと，本人は自分の状態を受け止めようとしても，家族がその気持ちを受け入れなかったり，障害を認めたくない家族の気持ちを本人が察してかたくなになり，現実の生活に目を向けないことがあります。これらは，在宅復帰に向けた環境整備の支障となる可能性があります。

医療／1章

⑥ リハビリテーションの経過

 リハビリテーションの段階には，急性期・回復期・生活期がある。

（1）リハビリテーション段階

■リハビリテーション段階

	本人・家族	医療的なサポート
急性期～回復期	完治を強く信じている。 冷静に予後を見通せない場合がある。 退院後の生活をイメージしにくい。	疾患の完治，あるいは疾患の影響や障害を極力最小限に抑えることを目指す。
回復期	医療機関から自宅，あるいは新たな生活の場へと環境が変化する。 回復が目に見えず，焦りや不安を抱える。	引き続き疾患の完治，あるいは障害の影響をできるだけ小さくすることを目指す。
回復期から生活期にかけて	冷静に将来の見通しを立て，生活のイメージを持つことができてくる。 個人や環境因子の影響により，活動や社会参加レベルでの障害，日常生活上および社会生活上のさまざまな困難が顕在化。	予後の見通しがはっきりしてくる。 必要に応じて経過観察や定期的なチェックを行い，二次的障害や廃用症候群などにも注意する。

リハビリテーションがどの段階にあるかによって，本人や家族の置かれる状況は変化していきます。このため，障害者の心身の特性は，障害を持った時点からの経過と，その後の推移に大きな影響を受けます。

（2）心身の機能障害による制限

障害者の心身の機能は常に固定されたものではありません。リハビリテーションの生活期以降もあらゆる要因（障害の重複・重度化，日内・季節変動，二次的障害など）の影響を受けて変化する可能性があり，それに伴って**活動・参加の能力**も変化します。この変化に応じて，自立支援にも柔軟な対応が求められます。

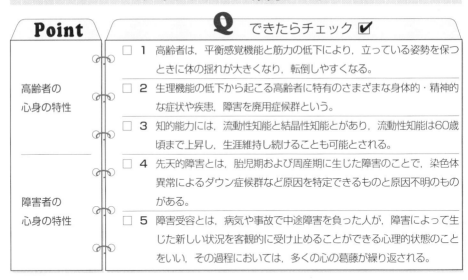

プラスワン

肢体不自由，視覚障害，聴覚障害，内部障害などのうち，2つ以上の障害を有するものを重複障害という。

チャレンジ！　確認テスト

Point	**Q** できたらチェック ☑
高齢者の心身の特性	☐ **1** 高齢者は，平衡感覚機能と筋力の低下により，立っている姿勢を保つときに体の揺れが大きくなり，転倒しやすくなる。
	☐ **2** 生理機能の低下から起こる高齢者に特有のさまざまな身体的・精神的な症状や疾患，障害を廃用症候群という。
	☐ **3** 知的能力には，流動性知能と結晶性知能とがあり，流動性知能は60歳頃まで上昇し，生涯維持し続けることも可能とされる。
障害者の心身の特性	☐ **4** 先天的障害とは，胎児期および周産期に生じた障害のことで，染色体異常によるダウン症候群など原因を特定できるものと原因不明のものがある。
	☐ **5** 障害受容とは，病気や事故で中途障害を負った人が，障害によって生じた新しい状況を客観的に受け止めることができる心理的状態のことをいい，その過程においては，多くの心の葛藤が繰り返される。

A 解答 1.○／**2.**× 廃用症候群ではなく老年症候群。／**3.**× 流動性知能は20歳代にピークを迎え，以降は個人差があるものの徐々に低下する。／**4.**○／**5.**○

C
重要度

学習のねらい 心身機能が低下すると，病気にかかるリスクが非常に高くなります。高齢化に伴い，高齢者医療費の増加が指摘されていますが，現状はどうなのでしょうか。また，高齢者にみられる疾患にはどのような特徴があるのでしょうか。

① 高齢者医療の現状

65歳以上の1人あたりの年間平均医療費は，75万円を超えている。

　高齢者がいかに多くの病気に悩まされているか，次のような統計から推し量ることができます。

　わが国の60歳以上の高齢者のうち，59.2％が「ほぼ毎日」から「月に1回くらい」医療サービスを受けていると報告されています（「高齢者の生活と意識に関する国際比較調査」2020〔令和2〕年度，内閣府）。

　また，年齢別の国民1人あたりの年間平均医療費では，0～14歳が16.4万円，15～44歳が12.6万円，45～64歳が28.6万円であるのに対し，65歳以上は75.4万円（うち75歳以上は93.1万円）となっています（「国民医療費の概況」2019〔令和元〕年度，厚生労働省）。

② 高齢者に多い疾患

高齢者が要介護となる原因は，認知症，脳血管疾患（障害），高齢による衰弱，骨折・転倒，関節疾患，心疾患の順に多い。

（1）要介護・死亡の原因

　高齢者が要介護となる原因として最も多いのは，認知症です。以下，脳血管疾患（障害），高齢による衰弱，骨折・

転倒，関節疾患，心疾患の順になっています。これらの疾患の多くは，不適切な生活習慣の積み重ね，加齢による身体機能の働きの低下などが静かに潜行して発病します。

　また，高齢者の死亡原因では，悪性新生物（がん），心疾患（高血圧性を除く），老衰，脳血管疾患（障害），肺炎が上位を占めています。

■高齢者の要介護の原因

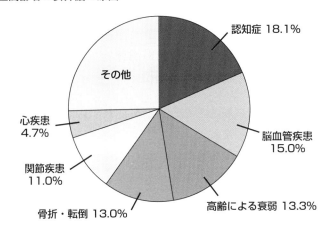

＊内閣府「高齢社会白書」（2021年）をもとに作成

■高齢者の死亡原因

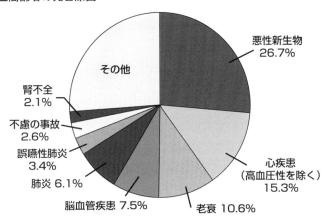

＊厚生労働省「人口動態統計」（2020年）をもとに作成

（2）疾患への対策・対応

　元気高齢者であっても，虚弱高齢者であっても，自治体などが実施する特定健康診査（基本的な健診）やその他の検診，介護予防事業の生活機能評価などを積極的に受けて，病的状態の**早期発見**に努め，**未病対策**をとることが大切です。

　治療が長引き，身体機能が低下しがちな高齢患者や要介護高齢者へは，①**身体活動**，②**栄養摂取**，③**睡眠**の３要素を中心として対応していくことが大切です。また，どこでどのように暮らすかという**住環境**によって，医療や生活の内容がある程度定まっているという点で，住環境はそれら以上に重要であるといえます。

元気高齢者は高齢者全体の80%以上を，虚弱高齢者は約10%を占めるといわれています。

チャレンジ！　確認テスト

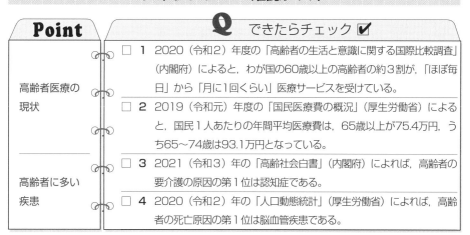

Point	Q　できたらチェック ☑
高齢者医療の現状	□ 1　2020（令和2）年度の「高齢者の生活と意識に関する国際比較調査」（内閣府）によると，わが国の60歳以上の高齢者の約3割が，「ほぼ毎日」から「月に1回くらい」医療サービスを受けている。
	□ 2　2019（令和元）年度の「国民医療費の概況」（厚生労働省）によると，国民1人あたりの年間平均医療費は，65歳以上が75.4万円，うち65〜74歳は93.1万円となっている。
高齢者に多い疾患	□ 3　2021（令和3）年の「高齢社会白書」（内閣府）によれば，高齢者の要介護の原因の第1位は認知症である。
	□ 4　2020（令和2）年の「人口動態統計」（厚生労働省）によれば，高齢者の死亡原因の第1位は脳血管疾患である。

A 解答　**1.**× 60歳以上の高齢者の約3割ではなく，約6割。／**2.**× 65〜74歳ではなく，75歳以上が93.1万円。／**3.**○／**4.**× 脳血管疾患ではなく悪性新生物。

レッスン
17
脳血管障害（脳卒中）

A
重要度

学習のねらい 脳血管障害では後遺症として麻痺や歩行困難などの障害が残りやすく，合併症も大きな問題です。ここでは，脳血管障害の疾患の特徴と，脳血管障害の人に適した住環境整備について考えます。

❶ 脳血管障害の現状

 脳血管障害による死亡率は低下しているが，脳血管障害に伴う要介護高齢者は多い。

　脳血管障害は，1950年代初頭からおよそ30年間，わが国の死因別死亡率の第1位を占めていましたが，最近では，悪性新生物，心疾患，老衰に次いで**第4位**となっています。これは，救命処置と治療薬が進歩したおかげで，死亡者数，発症者数ともに低下したことによります。その一方で，医療の進歩で助かる人も増えているため，脳血管障害は依然として多くの要介護者を生んでいます。

❷ 脳血管障害の特徴

 脳血管障害には，クモ膜下出血，脳出血，脳梗塞の3つに大きく分けられる。

（1）脳血管障害の分類

　脳血管障害は，脳内の血管が詰まったり破れたりすることで，脳神経が損傷される病気です。脳血管障害は，次の3つに大別されます。

　①　クモ膜下出血…脳の血管の分岐点にできた動脈瘤が破裂して，脳を包むクモ膜と軟膜の間のクモ膜下腔に出血する。

　②　脳出血…高血圧が主な原因。脳の細い血管がもろく

脳血管障害で最も多いのは脳梗塞で，全体の70～80%を占めます。

 用語

動脈瘤
動脈壁の一部がこぶ状に膨れ上がった状態をいう。

なり，破れて出血する。

③　**脳梗塞**…**血栓**（血の塊）が血管内に詰まることによ
り，その先の脳細胞に酸素が送られず，脳組織に壊死
を生じる病態。アテローム血栓性脳梗塞，ラクナ梗塞，
脳塞栓の３つのタイプがある。

■脳血管障害の分類

クモ膜下出血	脳出血	脳梗塞

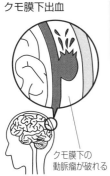

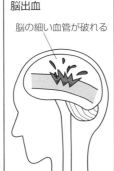
脳の細い血管が破れる

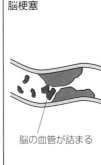
脳の血管が詰まる

クモ膜下の
動脈瘤が破れる

用語

アテローム血栓性脳梗塞
脳内の比較的太い血管
がアテローム（粥状の
脂肪）によってふさが
れる。

用語

ラクナ梗塞
動脈硬化や血栓が詰ま
ったりして，脳内の奥
深くにある細い血管が
ふさがれる。

用語

脳塞栓
心臓や首にできた血栓
が流れて脳内の血管が
詰まる。

医療／2章

（2）脳血管障害の症状

　クモ膜下出血は，突然の激しい頭痛に襲われるのが特徴
です。脳出血や脳梗塞は，損傷部位によって症状が異なり
ます。例えば，**前頭葉**に障害を生じると，認知能力が低下
したり，話し方がたどたどしくなったり，筋肉が思うよう
に動かせなくなったりします。**後頭葉**に障害を生じると，
視力が低下したり，失明したりします。脳血管障害で多い
症状は**片麻痺**です。片麻痺とは，身体の左右いずれかの半
身の麻痺で，脳の病変部位とは反対側に起こります。また，
手足がしびれたり，感覚が鈍くなる**感覚障害**や，意識がもう
ろうとなったり反応が鈍くなる**意識障害**も多くみられます。

（3）脳血管障害の治療

　クモ膜下出血の治療は，破れた血管を外からクリッピン
グしたり，あるいは血管内部から閉じたりする手術が行わ
れます。脳出血の治療は，**降圧薬**で血圧を下げたり，**抗浮
腫薬**で脳のむくみを防ぐ薬物療法を行うとともに，一部で
は血腫を除去する手術療法も検討されます。脳梗塞の治療

は，血流を再開させるための**血栓溶解療法**，有害な活性酸素の働きを抑える**脳保護療法**，**抗脳浮腫療法**などの薬物療法が行われます。

③ 脳血管障害のリハビリテーション

 脳血管障害の経過は，一般的に急性期，回復期，生活期に分けられる。

（1）急性期

多くの場合，脳血管障害が発症して2〜4週間を指します。手術や薬物療法とリハビリテーション医療が中心となります。

この時期は，以前には絶対安静を保ちつつ病状の改善を図る治療法が優先されていましたが，最近では，廃用症候群などの予防と**日常生活動作（ADL）**の自立を目標に，できるだけ早期にリハビリテーション医療を開始します。

（2）回復期

病状が安定した時期で，多くは**回復期リハビリテーション病棟**を有する病院に転院し，本格的なリハビリテーション医療が行われます。

福祉住環境整備が必要となる場合には，福祉住環境コーディネーターや理学療法士（PT），作業療法士（OT），医療ソーシャルワーカー（MSW），介護支援専門員（ケアマネジャー），住宅改造施工業者などが連携し，住環境に関する評価を行います。改造案を検討し，そのうえで必要に応じて施工し，その終了に合わせて**外泊訓練**を行い，退院につなげます。

（3）生活期

自宅や施設へ退院後，身体の働きを維持し，新しい生活をつくっていく時期を指します。脳血管障害による麻痺，加齢などによる心身機能の低下などにも対応しつつ，対象者とその家族を支援します。

用語

回復期リハビリテーション病棟

脳血管疾患または大腿骨近位部骨折等の患者に対して，ADLの能力向上による寝たきりの防止と家庭復帰を目的としたリハビリテーションプログラムを集中的に行うための病棟。

■リハビリテーションの主な内容（脳血管障害の場合）

急性期	・**看護師**，理学療法士，作業療法士によって行われる。 ・関節をよい状態に保ち（良肢位保持），関節可動域（ROM）訓練を行って**拘縮**を予防する。 ・体位変換で床ずれ（褥瘡）を防止する。 ・離床のための起き上がり・座位訓練。 ・ADLの自立に向けた整容動作訓練。 ・食物や飲み物を飲み込めるようにする嚥下訓練。
回復期	・看護師，理学療法士，作業療法士，**言語聴覚士**（ST）の連携のもと実施され，適宜，医療ソーシャルワーカー，介護支援専門員，福祉住環境コーディネーターなどもかかわる。 ①理学療法 ・起き上がり，移乗動作の訓練。 ・平行棒やつえ，下肢装具などを使った歩行訓練。 ②作業療法 ・麻痺側上肢機能訓練や片手動作訓練。 ・排泄や入浴などのADL訓練。 ・失語など言語障害を改善するための言語訓練。
生活期	・介護施設での通所リハビリテーション（デイケア），通所介護（デイサービス），または訪問リハビリテーションなどで，家族，理学療法士，作業療法士，介護福祉士，介護支援専門員などと共に行われる。 ・急性期と回復期のリハビリテーションで身に付けた身体・精神機能の低下を防ぐ訓練。 ・退院後の家庭生活で生じた問題への対応。

用語

拘縮
関節が硬くなり，可動域が制限されること。

医療／2章

④ 脳血管障害と住環境整備

 脳血管障害者の住環境整備は対象者の移動レベルを，屋外歩行，屋内歩行，車いす，寝たきりの4つのレベルに分けて検討する。

　脳の障害部位や発症時の年齢などで生活上の不便・不自由さが異なります。その人に合った福祉住環境を整備するためには，自立して行えるADLを把握することが大切です。

（1）屋外歩行レベル

　つえや下肢装具などを使用すれば1人で屋外を歩くことができ，移動におけるADLは，ほぼ自立している状態です。

　両手を使う細かい動作を必要とする日常活動では，例えば容器の蓋の開閉，靴ひもを結ぶなどに不自由さがあります。

　生活におけるくふうとしては，片手で代償できる環境をつくることです。具体的には，上肢の麻痺の程度に応じ，麻痺した上肢でつまむなどの動作の際に補助できるよう配慮・くふうすることがポイントです。また，洋式の生活様式のほうが生活しやすい人が多いですが，下肢の麻痺のレベルによっては畳での生活も可能ですので，必ずしもベッドを導入する必要はありません。福祉住環境整備では，多くは**手すりの設置や式台の設置**など簡易なものとなります。

（2）屋内歩行レベル

　家の中でなら，壁や手すりにつかまりながら伝い歩きをしたり，人に支えられて歩行したりすることができます。筋力を必要とする立ち座り動作や，階段の昇降は困難です。

　ADLが自立していて**外出時のみ介助**を必要とする人から，**ADLの一部介助**を必要とする人までが対象となります。下肢の麻痺で筋力が弱まってバランスがとりづらく，更衣・排泄・入浴動作については一部介助か見守りが必要になる場合があります。

　生活におけるくふうとしては，起き上がり・移動動作の不自由さを解消することがポイントです。そのためには，**できるだけ1階で生活**することが望まれます。生活様式では，テーブルやいす，ベッドの使用など，洋式への変更が必要です。福祉住環境整備では，階段，玄関の上がりがまち，縁側での上り下りに手すりやつかまる所を設置することが望まれます。

（3）車いすレベル

　屋内の移動にも車いすを利用するレベルです。下肢の筋力が低下するため，立ちっぱなしの状態や立ち上がる動作

👆プラスワン

屋外歩行レベルでは，下肢装具の装着で歩行が可能な人もいる。その場合，下肢装具を外したときの浴槽内での移動や浴槽への出入り，立ち座りなどの姿勢変換が困難になる。

が難しく，起き上がりや移乗動作に介助量が多くなります。なお，ベッドの端に腰掛ける**端座位**が可能であるため，自立または介助によって車いすに移乗して住居内を移動できます。

　車いすの使用により，立っている場合よりスペースが必要になる，対象物への接近が制限される，車いすに座ることで上方および下方への手の到達領域が制限される，段差や階段など**上下方向の移動が制限**される，といった不便・不自由さが生じます。ADLの介助は，排泄動作ではズボンの上げ下げ，入浴動作では全介助が必要となる場合が大半です。

　生活上では，車輪の幅を狭いものにするなど，車いすそのものをコンパクトにするくふうが必要です。福祉住環境整備では，**特殊寝台**（介護用ベッド）やリフトの導入を検討する必要があります。また，玄関などの上がりがまちの段差解消には，**簡易スロープ**を設置します。

（4）寝たきりレベル

　起き上がったり，自力で姿勢を保って座っていることが困難で，**日常生活のほとんどに介助が必要**です。

　ベッドでの生活が主体になります。**寝返りができない**ことも多く，介助者の心身の負担が増します。

　食事は自力摂取が困難な場合もあり，何らかの介助が必要になります。また，排尿・排便障害による失禁が多く，定期的なおむつ交換が必要です。ポータブルトイレが利用できる場合は，便座への移乗動作を介助し，便座での座位姿勢を支える必要があります。

　生活上では，福祉用具の利用が有効となります。**電動の特殊寝台**を導入したり，車いすやポータブルトイレへの移乗の際にリフトを活用すると介助者の負担が軽減されます。また，通所介護や緊急入院時のために，ストレッチャーで玄関を出入りすることも考えられるので，**スロープや段差解消機**を設置する必要があります。

プラスワン

車いすのアームサポートが跳ね上げ式や取り外し式，フットサポートが取り外し式だと移乗する際，じゃまにならない。

医療／2章

車いすそのものをコンパクトにするくふうには，車輪の幅が狭いものを選ぶ，ハンドリムを健側だけに付けるといったことがあります。

チャレンジ！　確認テスト

Point	Q できたらチェック ☑
脳血管障害の現状	☐ 1　脳血管障害は，救命処置と治療薬の進歩により死亡率，発症者数がともに低下し，脳血管障害による要介護者数も減少している。
脳血管障害の特徴	☐ 2　脳血管障害は，クモ膜下出血，脳出血，脳梗塞の3つに大別され，そのうち脳出血の割合が最も多い。
	☐ 3　脳出血は，脳の細い血管がもろくなり，破れて出血するもので，高血圧が主な原因である。
	☐ 4　脳梗塞は，突然の激しい頭痛に襲われるのが特徴である。
	☐ 5　脳出血は損傷部位によって症状が異なり，後頭葉に障害を生じると，視力が低下したり，失明したりする。
	☐ 6　クモ膜下出血の治療は，破れた血管を外からクリッピングしたり，あるいは血管内部から閉じたりする手術が行われる。
脳血管障害のリハビリテーション	☐ 7　急性期とは，多くの場合，脳血管障害が発症して2〜4週間を指し，手術や薬物療法とリハビリテーション医療が中心となる。
	☐ 8　病状が安定した回復期では，廃用症候群などの予防と日常生活動作（ADL）の自立を目標に，関節可動域訓練や整容動作訓練などが行われる。
脳血管障害と住環境整備	☐ 9　屋内歩行レベルでは，起き上がり・移動動作の不自由さを解消するため，できるだけ1階で生活することが望ましい。
	☐ 10　車いすレベルでは，車いすそのものをコンパクトにしたり，特殊寝台（介護用ベッド）やリフトの導入を検討したりする必要がある。

A 解答　1.× 医療の進歩で助かる人も増えているため，脳血管障害は依然として多くの要介護者を生んでいる。／2.× 脳出血ではなく脳梗塞。／3.○／4.× 脳梗塞ではなく，クモ膜下出血の特徴である。／5.○／6.○／7.○／8.× 記述は急性期に行われるリハビリテーションの内容である。／9.○／10.○

関節リウマチ

学習のねらい 症状が徐々に悪化していく関節リウマチは，関節の痛みと変形を主症状とする疾患です。進行すると関節の可動域が制限され，日常生活に支障をきたすので，関節に負担をかけない環境づくりと道具のくふうがポイントになります。

❶ 関節リウマチの現状

 男女比は1人：2.5〜4人の割合で，圧倒的に女性が多い。

　関節リウマチの患者は，日本には60万〜100万人いると推定されています。どの年代でも発症しますが，最も多いのは30〜50歳代です。男性1人に対して女性2.5〜4人の割合で，圧倒的に女性に多くみられます。

❷ 関節リウマチの特徴

 代表的な症状は，関節の腫れや痛みなどの炎症，朝のこわばりである。

（1）関節リウマチの原因

　骨と骨の接合部である関節は，滑膜という組織につなぎ目を覆うようにして包まれています。関節リウマチは，この滑膜が免疫の異常によって攻撃を受け，あちこちの関節が腫れて痛むなどの炎症を起こす自己免疫疾患です。

　このような免疫システムに異常が起こる要因は，まだ明らかになっていませんが，体質，ウイルス，生活環境，ストレス，出産など多くの要因が絡んで発症すると考えられています。

（2）関節リウマチの症状

　症状は，関節の腫れや痛み，朝のこわばりなどで，まず

用語

滑膜
関節内を覆い，関節液の産生などをしている膜。

用語

自己免疫疾患
本来なら外部から侵入してきた異物を攻撃するはずの抗体が，誤って自分の体内の細胞，組織，器官などを異物として攻撃してしまうために起こる疾患。

手足の指などの小さな関節から生じやすく，次第に肘や肩，膝，股関節などの大きな関節に広がっていきます。また，多くは同じ部位の関節に**左右対称に発症**します。慢性化して進行すると，徐々に関節の軟骨や骨などが破壊されていき，やがて軟骨は完全になくなり，骨と骨がくっついて，**関節変形**が始まります。この段階になると痛みが強まり，**関節**を動かしにくくなります。関節症状のほか，疲労感や微熱，食欲不振や貧血などの**全身症状**も現れます。

（3）関節リウマチの治療

関節リウマチの多くは，初期に急速に進行し，その後は徐々に進行します。そのため治療は進行を抑えること，痛みをとること，関節の機能を保つことが目標になります。症状や進行具合に応じて，**薬物療法**や**手術**，**リハビリテーション**などを組み合わせて行います。

薬物療法では，免疫の異常に働きかける生物学的製剤，**抗リウマチ薬**，痛みをやわらげる**非ステロイド抗炎症薬**や**ステロイド薬**が用いられます。

薬物療法で効果が認められなかったり，日常生活に支障が生じている場合は手術が検討されます。主な手術療法としては，**滑膜切除術**や**人工関節置換術**などがあります。

（4）関節リウマチのリハビリテーション

関節リウマチが進行すると，炎症が持続するようになり，痛みや腫れ，骨の変形などによって**関節の可動域**が制限されます。こうなると，筋力低下も加わって歩行や日常生活に支障をきたすようになってきます。

そのため，免疫の調整および炎症を抑える治療と合わせて，ある程度炎症や痛みが治まったら，リハビリテーションにより体を動かすことも大切です。関節可動域を保ち，筋力低下を防止するために，理学療法士や作業療法士によって個人にあったプログラムで実施されますが，それを生活にも取り入れて繰り返し実行することが望まれます。

■上肢・手指の機能改善に向けての自主訓練の例

① 肩関節を外側に動かす運動
（外転）

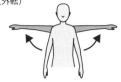

② 肩関節を曲げたり伸ばしたりする運動
（肩の屈曲・伸展）

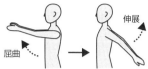

伸展

屈曲

③ ボール握り運動

④ 手指を橈側に動かす運動

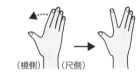

（橈側）　（尺側）

❸ 関節リウマチと住環境整備

関節リウマチは，発病してから長い経過をたどることが多く，関節に無理な負担がかからない動作や生活のくふうが不可欠である。

（1）生活上の不便・不自由

　関節可動域の制限，痛みや筋力低下，手指の変形などによって，買い物や調理，食事，衣服の着脱，洗髪や洗身などの入浴動作など，日常生活上のさまざまな場面で不便・不自由さを伴います。

　とくに，下肢の関節に体重がかかる移動動作では，わずかな段差などでも痛み，すり足で歩きがちになるため，屋内外の小さな凹凸などでもつまずきやすくなります。また，排泄動作においても，便座からの立ち上がりが非常に困難となります。

（2）住環境への配慮

　関節にかかる衝撃や重力を軽減し，症状を悪化させない住環境整備が必要です。住宅改修では，段差の解消や手すりの設置などで関節への負担を軽くします。また，暖房設備，日当たりなど室内環境への配慮や，リーチャーなどの自助具を積極的に利用するようにします。

痛みなどを我慢して作業や動作を続けると，疲労が蓄積して症状の悪化を招くおそれがあるので避けましょう。

寒さや高い湿度は，関節の痛みを悪化させる原因となる。

リーチャー
➡ P387

電子レンジを活用すると，調理時間や手間が省けますね。

　女性に多い疾患であるため，**育児や家事がしやすい環境**を心がけることも重要です。例えば，台所の整備では，いすに座って調理する，調理用具や材料は手の届く範囲にまとめる，手指関節の負担を軽減する軽い鍋やまな板，小さめの包丁を利用するなど，動作や作業が楽に行えるようくふうします。

　関節リウマチの場合，住環境整備の基本として次のようなものがあげられます。

① 　段差をなくす。

② 　いすなどの座面をやや高めに設定する。

③ 　つかまりやすい手すりをつける。

④ 　水栓やドアノブを操作しやすいものにする。

■**生活を便利にする自助具の例**

ドレッシングエイド
関節可動域の制限や手指の巧緻性を補う。
主として衣類の
着脱時に使用。

長柄ブラシ
柄を長くした整髪用のブラシ。
上肢の関節可動域に制限がある場合に使用。

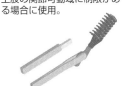

ソックスエイド
股関節の可動域に制限がある場合に使用する。操作する手指や肩には，ある程度の筋力や関節可動域が必要。

ボタンエイド
指の変形や筋力低下によって，手指の細かな動きが困難な人が使用。ボタンのかけ外しを片手で行える。

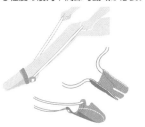

住環境では，そのほかどこを改善していけばよいのでしょう？

関節可動域の制限や筋力低下に対して，換気扇のスイッチや水栓金具などの設備，キャビネットの収納棚などを手の届く範囲に配置するなどの配慮が大切です。

医療／2章

チャレンジ！　確認テスト

Point	Q　できたらチェック ☑
関節リウマチの現状	☐ 1　関節リウマチは，30〜50歳代で発症しやすく，圧倒的に男性に多くみられる。
関節リウマチの特徴	☐ 2　関節リウマチは，関節内を覆っている滑膜が免疫の異常によって攻撃を受け，全身の関節が腫れて痛むなどの炎症を起こす自己免疫疾患である。
	☐ 3　関節リウマチの症状は，まず手足の指などの小さな関節から生じやすく，次第に肘や肩，膝，股関節などの大きな関節に広がっていき，多くは体の片側に発症する。
	☐ 4　関節リウマチの治療では，まず抗リウマチ薬やステロイド薬などの薬物療法が行われ，それでも効果が認められなかったり，日常生活に支障が生じたりしている場合は手術が検討される。
関節リウマチのリハビリテーション	☐ 5　関節リウマチのリハビリテーションでは，上肢や手指の機能を改善するため，肩関節を外側に動かしたり，曲げたり伸ばしたりする運動や，ボール握り運動，手指を橈側に動かす運動などが行われる。
関節リウマチと住環境整備	☐ 6　関節リウマチでは，寒さは関節の痛みを悪化させる原因となるので，暖房設備や日当たりなど室内環境への配慮が必要である。

A 解答　1.× 男女比は1：2.5〜4の割合で，圧倒的に女性に多い。／2.○／3.× 多くは同じ部位の関節に左右対称に発症する。／4.○／5.○／6.○

認知症

学習のねらい 認知症の症状の中心は記憶障害です。判断力が低下し，日常生活や社会生活が思うようにできなくなるため，介護上の問題が多くなります。ここでは，その特性を理解し，安全対策や問題行動に対応する住環境整備について学びましょう。

❶ 認知症の現状

 要介護・要支援認定者の半数以上が，日常生活自立度Ⅱ以上の認知症高齢者である。

プラスワン
「認知症施策推進総合戦略（新オレンジプラン）」では，2025（令和7）年には認知症の人が約700万人前後になり，65歳以上に対する割合も約5人に1人に上昇すると推計している。

MCIの定義については，次のページで説明しています。

厚生労働省「認知症高齢者数について」（2012〔平成24〕年）によると，2010（平成22）年9月における要介護（要支援）認定者数498万人のうち280万人が，認知症高齢者の日常生活自立度Ⅱ以上の認知症を有しているとみられています。

また，「認知症有病率等調査について」（2013〔平成25〕年）によると，2010年における65歳以上の15％，数にして**439万人**が認知症（日常生活自立度Ⅰを含む）を有し，軽度認知障害（MCI）も13％（380万人）に上ると推計されています。

なお，65歳未満の年齢で発症した認知症を**若年性認知症**といいますが，その患者数は全国で約3万7,800人いるものと推計されています（2009〔平成21〕年）。

人口の高齢化に伴い，認知症患者はますます増加するとみられ，その対策が緊急の課題となっています。

❷ 認知症の特徴

 認知症の症状には中核症状と周辺症状があり，進行度によって現れ方が異なる。

（1）認知症の分類

　認知症とは，一旦，正常の水準まで達していた知的機能（記憶，認識，判断，学習能力など）が，脳神経細胞の減少・機能低下などにより，持続的に低下し，日常生活や社会生活に支障をきたすようになった状態をいいます。

　認知症では，原因疾患の約3分の2をアルツハイマー型認知症が占め，次いで脳血管性認知症，レビー小体型認知症（レビー小体病）の順になっています。そのほか，脳の病気や外傷による認知症，感染症による認知症，内分泌・代謝性疾患による認知症などがあります。記憶障害が存在しても，社会生活に支障を生じず，認知症の定義に当てはまる段階ではない状態を**軽度認知障害（MCI）**と呼びます。

（2）認知症の原因

　アルツハイマー型認知症の患者の脳組織内では，神経細胞が著しく減少する，老人斑と呼ばれる変性蛋白の沈着がみられるといった変化が起こっています。しかし，なぜそのようなことが起こるかは分かっておらず，**原因は不明**とされています。

　レビー小体型認知症では，パーキンソン病の病変にみられるレビー小体と呼ばれる物質が脳組織にみられます。

　脳血管性認知症は，脳出血や脳梗塞などの脳血管疾患に伴って発症します。

（3）認知症の症状

　記憶障害や見当識障害，判断力・抽象的な思考力の低下，失語・失認・失行，**実行機能障害**などが中核症状です。周辺症状（BPSD）には，せん妄，妄想・幻覚，不潔行為，徘徊，異食，抑うつ状態，攻撃的言動や行為などがあります。

（4）認知症の治療

　多くの認知症には，効果的な根治療法はありません。そのため，進行を遅らせたり，症状を軽減する治療が行われます。認知症の治療は，**薬物療法**，**非薬物療法**，**介護**が基本となります。

プラスワン

脳の病気や外傷による認知症の原因疾患は，慢性硬膜下血腫や脳腫瘍，正常圧水頭症，ピック病など。感染症による認知症の原因疾患はクロイツフェルト・ヤコブ病やAIDS，内分泌・代謝性疾患による認知症の原因疾患は，甲状腺機能低下症や低血糖などである。なお，慢性硬膜下血腫や正常圧水頭症，甲状腺機能低下症などに伴う認知症は，原因疾患の治療により治ることが多い。

用語

中核症状

記憶障害や実行機能障害などの症状。さまざまな原因による認知症に共通の症状としてみられる。

用語

周辺症状

中核症状を背景に，体調・心理・環境などが複雑に絡み合って二次的に生じる症状。症状がほとんどみられないケースもある。最近では，行動・心理症状（BPSD）といわれる。

医療／2章

回想法

認知症高齢者は新しい
ことを覚えるのが苦手
であっても，昔，習い
覚えたことや昔のでき
ごとは記憶にとどめて
いることが多いという
特徴を活用し，昔の思
い出を振り返らせるこ
とで認知症高齢者に自
信と誇りを与えようと
いうもの。

　薬物療法の目的は，認知症の進行を抑える薬と周辺症状を軽減する薬に大別されます。前者には，アルツハイマー型認知症に用いられる**塩酸ドネペジル，メマンチン，ガランタミン，リバスチグミン**があります。後者は，周辺症状に対して処方される抗精神病薬や抗うつ剤などです。

　非薬物療法としては，脳を活性化させるリハビリテーションが行われます。リハビリテーションに用いられるアクティビティ・プログラムには**回想法**をはじめとして，音楽活動や書道，ゲームや茶話会，演劇やダンスなど，さまざまなものがあります。

■認知症の中核症状と周辺症状

	症状	例
中核症状	記憶障害	物事を記憶するのが苦手になる。とくに新しいことを覚えることが困難になる。
	実行機能障害	今までできていた動作ができなくなったり，見落としたりする。計画を立てたり，手順を考えたりすることが難しくなる。
	判断力低下	自分が置かれた状況を的確に判断することや，筋道を立てて考えることができなくなる。
	抽象思考の低下	抽象的なことが考えられなくなる。
	見当識障害	時間や日付，場所，人物などが分からなくなる。
	失語	物の名前が分からなくなる。
	失行	動作を組み合わせて行う行動ができなくなる。
	失認	夫や妻など，知っているはずの人や物を認知できなくなる。
周辺症状	せん妄	意識が混乱した状態。
	妄想・幻覚	「物を盗られた」「家の中に誰かがいる」などという。
	不潔行為	トイレ以外の場所に放尿する，便をいじったり食べたりする。
	徘徊	どこへともなく歩き回る。
	異食	食べ物以外の物を食べる。
	抑うつ状態	意欲がない，以前は興味があった物に無関心になる。
	攻撃的言動・行為	ささいなことで暴言を吐いたり，暴力をふるったりする。
	焦燥	イライラして落ち着かない。
	外出して迷子	外出して家に帰る道が分からなくなる。
	多動・興奮	急に騒ぎだしたりする。
	不眠	夜眠れず，日中うとうとする。
	介護に対する抵抗	介護者が入浴に連れて行こうとするのを嫌がる。

❸ 認知症の生活上の問題点と住環境整備

目標を持ち，生活を活性化することで症状が改善する。

(1) 生活上の不便・不自由

　日常生活上の不便や不自由は，初期では買い物や調理，掃除，洗濯など**手段的日常生活動作（IADL）**において目立ちますが，進行するにつれて排泄，入浴，食事といったADLにまで拡大していきます。

　精神症状や問題行動を伴う頃になると，事態はさらに深刻です。これらは本人の生活を脅かすだけでなく，家族など周囲の人との**人間関係を悪化**させます。また，判断力の低下は，転倒，ガス漏れ，やけど，食中毒，外傷といった**事故やトラブルを起こすリスク要因**となります。

(2) 生活上の配慮

　本人を取り巻く環境を整えることで自立性が高まり，生活が活性化されます。介護には次のような視点が必要です。

① 　個性を尊重した対応…問題行動は本人なりの理由や生活歴の背景があるため，その人の生き方を理解する。

② 　意思や考え方を尊重…本人が感情や意思を表現できる場合は極力尊重する。判断能力が十分でなくなったときには，成年後見制度の利用についても検討する。

③ 　規則的な生活リズムを整える…昼夜が逆転すると不眠や夜間不穏をもたらすため，起床，食事，運動，就寝などの日課を規則的にする。

④ 　生活の活性化…できることはなるべく本人が行う。

⑤ 　周辺症状への適切な対応…間違った行動をしても否定・訂正せずに話を合わせ，自尊心を傷つけない。

⑥ 　家族を精神的に支援する…デイサービス，ショートステイの利用を勧めるなど介護者の負担軽減を図る。

⑦ 　環境の変化を避ける…少しの変化で混乱する場合もあるので，できるだけ住環境は変えないようにする。

毎日の生活の中で知的刺激を与える環境は，認知症の予防や進行防止に有効です。時計，カレンダー，季節感のある花や食べ物を用意して見当識を刺激したり，絵や写真を飾って視覚を刺激したりするとよいでしょう。

プラスワン

住宅内では，やけど，ガス漏れ，食中毒，外傷などの危険性があるため，火の不始末や危険物（薬，洗剤，刃物など）の管理に注意する。

用語

成年後見制度
認知症や知的障害などで判断能力が不十分になった時に，財産管理や生活していくうえで必要な行為，契約をサポートする制度。

用語

夜間不穏
騒ぐなどしてなかなか眠らないこと。

医療／2章

認知症高齢者はトイレを探しあぐねて，トイレ以外の場所で排泄することがあります。トイレに，便所，お手洗い，厠などの表示を付けたり，経路を矢印で示す，トイレまでの経路とトイレ内を明るくするなどの住環境整備で対応するとよいでしょう。また，別の場所をトイレと思い込んでいる場合は，トイレ代わりの容器を放尿場所に置くなどします。

どうしても変える必要がある場合は，徐々に行う。

⑧　きめ細かい健康管理…本人は体調の変化を伝えることが難しくなるため，きめ細かい観察が必要となる。

（3）住環境の配慮

　生活上の安全を確保するために，目が行き届きやすい環境づくりや，転倒防止など住宅内で起こる危険に配慮します。また，周辺症状には次のような対応を検討します。

①　徘徊…強制的に規制せず，安全な範囲で見守る姿勢が基本。迷子札や認知症老人徘徊感知機器も利用する。

②　失禁・不潔行為…清掃や片づけがしやすい床材にする，汚物を流せる洗い場（汚物流し）を設置する。

③　火の不始末…ホームスプリンクラーを設置する。

④　破壊・いたずら…貴重品を流されないよう，排水口に網を取り付ける，危険物は手の届かない場所に収納する，安全ガラスの窓にする。

⑤　幻覚・混乱…誘発防止のため，壁や床は無地にし，家具の配置は変えない。

チャレンジ！　確認テスト

Point	**Q** できたらチェック ☑
認知症の特徴	□ 1 周辺症状は，中核症状を背景に，体調・心理・環境などが複雑に絡み合って二次的に生じる症状をいい，最近では，行動・心理症状（BPSD）といわれる。
認知症と住環境整備	□ 2 起床，食事，運動，就寝などの日課は本人のペースに合わせることで自立性が高まり，生活が活性化される。
	□ 3 周辺症状がみられる場合，幻覚や混乱を誘発するおそれがあるため，壁や床は無地にし，家具の配置は変えない。

A 解答 1.○／2.× 昼夜が逆転すると不眠や夜間不穏をもたらすため，規則的な生活リズムを整える。／3.○

パーキンソン病

学習のねらい　パーキンソン病は神経性の難病で，歩行障害やバランス能力の低下が特徴的です。進行性で，身体状態には日内変動があるため，きめ細かなフォローアップが必要になります。パーキンソン病の特徴と住環境との関連を押さえましょう。

① パーキンソン病の特徴

主症状は運動障害で，振戦，筋固縮，無動・寡動，姿勢反射障害・歩行障害をパーキンソン病の四徴という。

　パーキンソン病は，手足の震えや筋肉のこわばりを症状とする神経難病の一つで，慢性的に進行します。症状が重くなるにつれて次第に運動量が低下し，廃用性の筋萎縮により寝たきりになることもあります。

（1）パーキンソン病の原因

　パーキンソン病の症状は，中脳の黒質の神経細胞が死滅し，神経伝達物質のドパミン（ドーパミン）が減少して大脳にある線条体へ十分に届かなくなるために生じます。

　黒質は手足を動かす随意運動に関係しています。神経細胞は，加齢によって誰でも少しずつ減少していきますが，パーキンソン病では普通よりも若いうちから減り始め，ドパミンの分泌量も少なくなります。そのため運動に関する指令が手足にうまく届かず，震えなどの症状が現れます。

（2）パーキンソン病の症状

　次のような運動障害が主な症状として起こり，これをパーキンソン病の四徴といいます。

　　① 　振戦…手足が小刻みに震える。片方の上肢から発症することが多く，その後，発症した側の下肢，反対側の上肢，下肢へと進むことが多い。

用語

ドパミン
筋肉が働きすぎないように調節している脳内の神経伝達物質の一つ。中脳の黒質という部分で産生される。

パーキンソン病は高齢になるほど発症しやすくなることから，発症に加齢も関係していると考えられています。

② 　**筋固縮**…筋肉がこわばり体をうまく動かせなくなる。

③ 　**無動・寡動**…動きがゆっくりになる。まばたきの回数が減って表情が乏しくなる（仮面様顔貌^{がんぼう}）。

④ 　**姿勢反射障害・歩行障害**…姿勢反射障害とは体が傾いたときに反射的に姿勢を立て直すことができず，転びやすくなる症状。歩行障害はすくみ足，小刻み歩行，すり足歩行，前方突進歩行など。

自律神経症状（便秘，立ちくらみなど），嚥下障害，精神症状（うつ，認知障害など）が現れることもあります。

（3）パーキンソン病の治療

パーキンソン病の治療は，症状の軽減，運動機能の改善により日常生活を送りやすくするために行われますが，長期間の有効性を維持できません。

治療の中心は，ドパミンを補充して症状の軽快を図る薬物療法です。脳の血管を通過して，脳内に入るとドパミンに変わる**L-DOPA**（L-ドーパ〔レボドパ〕）と，線条体のドパミンを受け取る受容体に結合してドパミンのように働く**ドパミンアゴニスト**という薬が用いられています。

② パーキンソン病のリハビリテーション

進行を遅らせるには，H-Y（ホーン-ヤール）の重症度分類のステージに照らしたリハビリテーションを行うことが重要である。

運動機能を維持し日常生活を活発にするために，治療と並行してリハビリテーションを行います。

（1）重症度分類

パーキンソン病では，重症度に応じた目標を立ててリハビリテーションを行います。

重症度の判断には，一般に**Hoehn-Yahr**（ホーン-ヤール，H-Y）による**重症度分類**が用いられます。この分類は治療方針の目安にもなっています。

用語

すくみ足

歩こうとしても最初の一歩がなかなか出せないという歩行障害。

用語

小刻み歩行

小さな歩幅で歩く歩行障害。

用語

すり足歩行

踵を地面から離さずに歩く歩行障害。

用語

前方突進歩行

歩き出すとペースが速くなり止まらなくなる歩行障害。

2つのことを同時に行うことが難しく，これも大きな障害となります。例えば，交通機関を利用したときに歩きながら定期券を出せないなどの不便さがあります。

■ホーン-ヤールによる重症度分類

ステージ I	●身体の片側にのみ障害がみられる ●軽微な機能低下	
ステージ II	●身体の両側に振戦・筋固縮・寡動から無動が現れている ●姿勢の変化が明確に ●日常生活がやや不便 ●平衡障害はない	
ステージ III	●姿勢反射障害の初期徴候 ●身体機能は軽度から中等度に低下する ●日常生活で介護を必要としない	
ステージ IV	●病状が進行して重症な機能障害 ●歩行や起立保持には介助を必要としない ●一部の日常生活で介助を要する	
ステージ V	●臥床状態となる ●全面的な介助が必要	

プラスワン

ステージⅢでは，仕事によっては労働も可能である。

中・高齢期に発症の多いパーキンソン病では，老老介護が多いため，介護者の心身の健康にも配慮することが重要です。介護者が自分の時間を確保できるよう，介護保険制度のサービスを利用するなどして，気分転換を図るとよいでしょう。

(2) リハビリテーション

　進行を遅らせるためには，病気と症状を正しく理解し，重症度のステージに合わせたリハビリテーションを行うことが重要です。

医療／2章

すくみ足現象が出そうな場合，その場で足踏みをして，頭の中でだけでも「イチ，二」と号令をかけて振り出すようにすると，歩きやすくなります。

① ステージⅠ～Ⅲ度…**動作能力の維持・向上**が目的となる。一歩の歩幅を広げて容易に止まれるように練習する，意識して腕を振りながら歩く，転倒に気をつけながら方向転換する，など。すくみ足に対しては，目印になる物を置いたり，視聴覚のリズムを利用したりする。

② ステージⅢ～Ⅳ度…無動・寡動や姿勢反射障害に対して，姿勢バランスの訓練によりADL能力の維持を図る。

③ ステージⅤ度…関節拘縮や低活動から生じる**廃用症候群**（廃用性筋萎縮など）の予防，寝たきり防止，嚥下障害への対応，など。

(3) 生活上の配慮・くふう

パーキンソン病では，症状の程度が変動する特性（**日内変動・週内変動**）があるため，その時々の状況をよく観察して介護の要・不要を判断することが重要です。本人が日常生活上の行為を継続できるようにするためのポイントは次のとおりです。

① 医療スタッフの選択…治療法が年々進化し，近年ではリハビリテーションと薬物療法を行うことで症状の進行を遅らせ，QOLを維持した生活を送ることも可能。そのためには，信頼のおける医療スタッフを選択し，治療も含めた生活スタイルをくふうしていくことが必要。

② 廃用症候群の予防…日常生活においてストレッチや運動を継続的に行うなど，積極的に体を動かすことで，運動機能の維持を図る。また，閉じこもりにならないよう外出の機会をできるだけ増やす。転倒のおそれがある場合は，誰かが外出に付き添う。

③ 各種制度の活用…パーキンソン病は中高年に好発することから，老老介護になりやすい。介護保険制度や医療費助成制度を積極的に活用し，介護者や経済面での負担を軽減させることが重要。

❸ パーキンソン病と住環境整備

姿勢反射障害により体のバランスがとりにくく，方向転換や段差の昇降が苦手である。

(1) 生活上の不便・不自由

パーキンソン病の症状は，ADLにさまざまな影響を及ぼします。本人が病気の特性をしっかり理解することと，家族や介護者の協力が不可欠です。

① 歩行・立位…歩行，階段の昇降，ベッドやいすからの立ち上がりが遅くなる。方向転換が困難で，つまずきや転倒が起こりやすい。

② コミュニケーション…字が小さく，書くのも遅くなる。表情が乏しく，話すスピードも一定ではないため，他者とコミュニケーションを取りにくくなる。

③ 日常生活上…食事や更衣，排泄，入浴，整容などの動作が遅くなる。

④ 社会生活上…公共交通機関を利用する際に，歩きながら定期券やICカードを準備するなど，複数の動作を同時に行いにくくなる。

(2) 住環境への配慮

体を楽に安全に動かせるように，福祉住環境を整備したり福祉用具を利用したりします。日用品についても，ホーン-ヤールステージに応じた選択やくふうが必要です。

■住環境整備の方法

段差	小刻み歩行などの歩行障害により，わずかな段差でも転倒の危険につながるため，**手すりの設置や段差の解消**は基本。段差の解消ができない場合は，床の色を変更，テープを貼るなどして区切りの目印とする。
階段	**階段昇降は危険**であるため，生活空間は同一階にまとめる。できれば1階にするのが望ましく，水回りや寝室，居間などを隣接させて歩行距離を短くする。

パーキンソン病のような進行性疾患の患者を在宅で支援するには，その時々の状態とともに予後を見据えた住環境整備が必要となります。

医療／2章

🖐**プラスワン**

すくみ足がある場合は，足の振り出しを促すために，廊下や台所，部屋の出入り口などの床に20～30cm間隔でカラーテープなどの目印を付けたり，バーを目印にしてまたぐことで歩き始める介助バー付きのつえを使用したりすると，第一歩を出しやすくなる。

症状としては，歩幅が徐々に狭くなって止まらなくなってしまう"前方突進歩行"もあるので，細かく配慮しないと危ないですね。

部屋・家具の配置	前方突進歩行，小刻み歩行，すくみ足などがあり，体の**ひねり**や**方向転換**が極めて難しいため，直角に曲がるような部屋の間取りや家具の配置は避け，手すりを設置して安全性を確保する。
浴室	照明を明るくする。必要な箇所に**手すり**を設置し，シャワーチェア，滑り止めマットなどを用意する。換気扇を使用して浴室内の温度と湿度を下げる。
トイレ	照明を明るくする。バランス保持のため，**便器の両側に手すり**を設置し，足の位置を示す目印を床に付ける。
起居動作	ベッドから起き上がりづらいため，ベッドに柵や手すりを取り付ける。背上げ機能付きベッドも有効。
食事	体幹が前屈し，体が左右いずれかに傾きやすいため，肘掛けの付いたいすなどを用意し，良い姿勢を保持する。巧緻動作が低下するため，**自助具**を活用する。

チャレンジ！ 確認テスト

Point	**Q** できたらチェック ☑
パーキンソン病のリハビリテーション	□ 1 ホーン‐ヤールによる重症度分類におけるステージⅣでは，歩行や起立保持には介助を必要としないが，一部の日常生活で介助を要する。
パーキンソン病と住環境整備	□ 2 小刻み歩行などの歩行障害により，わずかな段差でも転倒の危険につながるため，手すりの設置や段差の解消が基本となるが，段差を解消できない場合は，床の色を変更，テープを貼るなどして区切りの目印とする。
	□ 3 体のバランス保持のため，トイレでは便器の片側に手すりを設置し，足の位置を示す目印を床に付ける。

A 解答 1.○／2.○／3.× 片側ではなく，両側に手すりを設置する。

レッスン 21 心筋梗塞と廃用症候群

A
重要度

学習のねらい 代表的な生活習慣病の一つである心筋梗塞は，生命を脅かす病気です。ここでは，その特徴と住環境整備について取り上げます。また，心身に病的な変化や機能低下をきたす廃用症候群において，住環境整備が果たす役割を学びます。

1 心筋梗塞が起こる仕組み

> 心筋梗塞とは，冠動脈が詰まり，心筋の組織が壊死する病気。

心臓の大きさは握りこぶし程度で，心筋が1日におよそ10万回収縮して，毎分約5リットルの血液を全身に送っています。

(1) 冠動脈

心筋が収縮を続けるためには多くの酸素や栄養が必要です。これらは冠動脈を通して心臓に供給されています。

心臓は握りこぶし大の大きさで，これに冠がかぶさったように走っている動脈が冠動脈です。心臓の右側を下る右冠動脈と，左側を下る左冠動脈の2本があり，細かく枝分かれして心筋全体に血液を行き渡らせています。

「心筋」は，心臓を構成する筋肉で，自分の意志では動かすことのできない不随意筋です。

■心臓をめぐる冠動脈

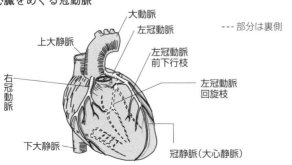

2本の冠動脈はいずれも大動脈の付け根のところから出

ていますが，左冠動脈はすぐに，心臓の後壁に回る回旋枝<ruby>回旋枝<rt>かいせんし</rt></ruby>と前壁を下る<ruby>前下行枝<rt>ぜんかこうし</rt></ruby>の二手に分かれます。

（2）虚血性心疾患

冠動脈が詰まったり狭くなったりして，心筋に血液を供給できなくなる状態を**虚血性心疾患**といいます。その代表的なものが狭心症と心筋梗塞です。

① **狭心症**…冠動脈が狭くなった状態で過度な運動などのストレスが加わると，心筋が**一時的に血流不足**となって強い痛みを伴い発作を起こす。

② **心筋梗塞**…血栓が形成されて冠動脈が完全に詰まると，血液がその先に行かなくなり**心筋が壊死**する。壊死した組織は再生せず，残った部分で血液の循環を担うことになる。多くの場合，胸部に激痛が生じる。

狭心症の場合は，血流の減少や途絶えが一時的なものなので，心筋が壊死するまでには至りません。

❷ 心筋梗塞の治療とリハビリテーション

カテーテルで冠動脈を拡大する治療には，バルーン療法とステント療法がある。

（1）心筋梗塞の治療

心筋梗塞では通常，**血栓を溶かす薬**をカテーテルで冠動脈に注入する治療や冠動脈を拡大する治療，あるいは**バイパス手術**が行われます。

① カテーテルで冠動脈を拡大する治療…**バルーン療法**と**ステント療法**が基本。バルーン療法は，冠動脈に細長いバルーン（風船）を付けたカテーテルを挿入し，<ruby>狭窄部<rt>きょうさく</rt></ruby>で膨らませて，血管の内腔を拡げる治療法。ステント療法は，**ステント（コイル状の金属）**をバルーンにかぶせて，ステントを付けたカテーテルを冠動脈に挿入し，狭窄部をバルーンで膨らませた後に，ステントを留置し，バルーンカテーテルを抜く治療法。

② バイパス手術…胃や胸，腕の動脈を使用し，狭窄部を越えて大動脈と冠動脈をつなぐバイパス（う回路）

をつくって，血液の新しい通り道を形成する治療法。多くの冠動脈が詰まっている場合に行う。

(2) 心筋梗塞のリハビリテーション

急性心筋梗塞の症状が安定してくると，リハビリテーション医療が開始されます。リハビリテーション医療は，時間の経過により，急性期，回復期，生活期に分けられます。

治療後の再発防止には，原因となる動脈硬化の進行を抑えることが第一です。薬物療法を行うとともに，青魚や野菜を中心とした低コレステロール食をとり，塩分を控えることを心がけます。さらに，毎日の生活にややきつめの運動を取り入れるようにします。また，禁煙，アルコールを控え，ストレスの少ない生活を送ることも大切です。

❸ 心筋梗塞と住環境整備

> 住環境整備では，心臓に負担をかけずに適度な運動強度を保つこと，温度差を解消することを心がける。

(1) 生活上の不便・不自由

心臓には通常，予備機能があり，運動強度の変化に応じて働きを変化させていますが，心筋梗塞では，その予備機能が低下してしまいます。それだけに，運動強度が高くなりすぎて心臓に負担がかからないように注意する必要があります。

一方で，再発を気にするあまり運動を全くしなくなると，心臓の機能を低下させ状態の悪化につながる可能性があるため，適度に体を動かすことが大切です。

(2) 住環境への配慮

福祉住環境でとくに気をつけたいのは，次の2点です。

① 運動強度の調節…階段昇降は運動強度が高いため，手すりを設置し階段昇降動作の負担を軽減させるようくふうする。トイレは洋式にして排便姿勢を楽にする。

プラスワン

回復期リハビリテーションでは，運動療法が中心となる。その場合の運動強度は，低すぎると効果が思うように出ず，高すぎると危険性が増す。このため，心肺運動負荷試験などを行って運動強度を設定することが非常に重要である。

医療/2章

プラスワン

日常生活では，次のような動作・行為は避けたほうがよい。

・乳幼児を抱いての入浴，熱い湯の入浴，長湯など
・動きまわる子どもや孫の世話
・ストレスのかかる仕事
・排便時のいきみ，便秘
・重い荷物を持ち上げるなどの仕事
・夜間頻尿がある人のトイレ使用

② 温度差の解消…冷暖房機器を設置して洗面・脱衣室，浴室，トイレなどを含めた住宅全体の温度を均一にするよう心がける。夜間にトイレに行く習慣がある場合は，夜間の廊下など暖房に関しても配慮する。

❹ 廃用症候群の特徴

 過度の安静による二次的障害として，さまざまな心身機能に病的な症状や病気が現れる。これを廃用症候群という。

（1）廃用症候群の症状

臥床状態が長期間続いたり，ギプスで関節を長期間固定しているなど，体を使わない状態が続くと，**二次的障害**として心身の機能に病的な症状や病気が現れます。この症状や病気を**廃用症候群**といいます。

過度の安静により，筋力が低下したり筋肉や骨が脆弱になるほか，全身にさまざまな症状が現れます。

① 筋・骨格…骨への負荷が少なくなると，骨量が減少し，**骨粗鬆症**を発症する。関節を動かさないでいると**拘縮**が始まる。筋肉は使わないでいると筋繊維が細くなって萎縮が生じ，筋力・筋耐久性が低下する（**廃用性筋萎縮**）。

② 皮膚…触る，押すといった機械的刺激や，熱い，冷たいといった熱刺激にさらされないと，皮膚は徐々に薄く傷つきやすくなり，**褥瘡**が生じやすくなる。

③ 心臓・血管…心臓の機能低下は起立時の頻脈や**起立性低血圧**を生じさせる。大腿の奥などにある静脈に血栓ができると（深部静脈血栓症），これが肺の血管を詰まらせ肺塞栓を起こすことがある。

④ 肺・消化器…肺機能の衰えは痰を出す力を弱める。消化・吸収機能が低下し，食欲不振や便秘になる。

⑤ 泌尿器…寝たきりでの排尿は残尿が多く，細菌が繁

プラスワン

脳血管障害による片麻痺が生じた人の患側の踵の骨密度は，健側に比べて男女とも10%以上低く，また健側の下肢にも骨密度の低下がみられる。これらの結果は，廃用症候群によって骨が脆弱化したことを意味している。

用語

骨粗鬆症
カルシウムが骨に沈着せず，骨量が減って骨萎縮が起こり，骨がスカスカになった状態。

拘縮
➡ P139

用語

起立性低血圧
長期間寝ていたために血圧の調節機能が低下し，立ち上がった時に脳貧血を起こす状態をいう。

殖しやすいため膀胱炎になりやすい。頻尿や尿失禁を
招く。

⑥　脳・神経…脳を使わない状態が続くと，精神活動性
の低下やうつ傾向を招く。

■廃用症候群における廃用症状

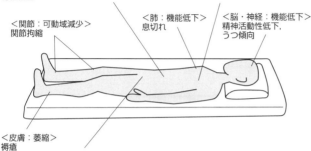

<骨：萎縮>
骨粗鬆症

<消化器：消化機能低下，
蠕動運動低下>食欲不振，便秘

<心臓：機能低下>
起立性低血圧，頻脈

<関節：可動域減少>
関節拘縮

<肺：機能低下>
息切れ

<脳・神経：機能低下>
精神活動性低下，
うつ傾向

<皮膚：萎縮>
褥瘡

<膀胱：排尿機能低下>
排尿障害，膀胱炎

<静脈：血栓形成>
下肢静脈血栓症，肺塞栓

<筋肉：萎縮>
筋力・耐久性低下

（2）廃用症候群の治療

　廃用症候群が進むと，多くは回復が不十分となります。
そのため，進行させないこと，**予防**に努めることが何より
も重要です。

　廃用症候群の予防の基本は，体を頻繁に動かすこと，過
度の安静臥床を避けることです。そのほか，個別の症状に
対してリハビリテーションや必要な治療を行います。

　骨粗鬆症については，骨量を増加するための薬物療法に
よる治療とともに，運動療法や食事療法，日光浴によって
予防することも重要です。静脈の血栓を予防するには，凝
血を予防する薬が用いられます。

⑤ 廃用症候群のリハビリテーション

 できるだけ早期から座位訓練や寝返り，起き上
がりの訓練を始める。

　廃用症候群の予防には，早期離床，早期歩行，生活全般

日光浴を行うことで，
ビタミンDの増加やカ
ルシウムの吸収を高め
ることができるんです
よね。

医療／2章

の活性化が重要です。

　急性期を脱して全身状態が安定してきたら過度に安静を保つのではなく，適切な姿勢（肢位）をとり，**体位変換を行い**，関節拘縮や褥瘡の予防に努めます。寝たきりであっても自力で体位変換できるよう練習することは有用です。

　廃用症候群が進むと回復しにくいため，できるだけ早期から座位や寝返り，起き上がりの訓練を始め，立ち上がりや立位，歩行の訓練へと移行します。その際，特殊寝台やリクライニング式車いすを利用して少しずつ体を起こすことで，起立性低血圧を防ぐことができます。

　また，関節拘縮を予防するには，**関節可動域（ROM）訓練**が欠かせません。ADL訓練は筋力増強や関節可動域の維持改善，自立による介助量の軽減にもつながります。

⑥ 廃用症候群と住環境整備

🔑 原因疾患と二次的障害の内容を理解したうえで住環境を整備する。

（1）生活上の不便・不自由

　廃用症候群における生活上の不便・不自由は，廃用症候群で生じた症状や病気により異なるため，**原因疾患および二次的障害の内容を理解したうえで生活に配慮する必要が**あります。関節拘縮，筋萎縮，起立性低血圧がある場合は，歩く，立つ，座るなどの基本的な動作にも大きく影響し，移動や排泄，入浴などの日常生活全般に不自由が伴います。

　① 　起居…下肢の筋力低下や股・膝関節の屈曲，拘縮，尖足により，座る，立つなどの動作が多い日常生活ほど介助量が増大。全身に関節拘縮や筋萎縮を起こすと自力で寝返りを打てなくなる。また，失禁のある場合は褥瘡ができやすい。

　② 　移動…股関節を曲げにくい屈曲制限が生じると，座った姿勢を保てず，車いすやいすに安定して座れない。

③ 排泄…便器への移乗や着衣の上げ下げができない，
　排便・排尿後，座ったまま陰部を拭きづらい，など。
　股関節の屈曲制限から便座に安定して座れなくなり，
　おむつの使用による全介助になることがある。

(2) 住環境の配慮

　本人の心身機能のわずかな変化にも対応できるように環
境調整をくふうします。また，本人の居室については，家
族内での孤立や社会的孤立を深めないように，家族の集ま
りやすいリビングの近くにする必要があります。行動範囲
の拡大は，生活全般の活性化にもつながるので，まずは日
常生活動作が本来の場所で行えるように福祉住環境を整備
することが望まれます。また，介護者の介助量軽減策を考
えることも大切です。それには，福祉用具や住宅改修によ
る物理的な環境整備が役立ちます。

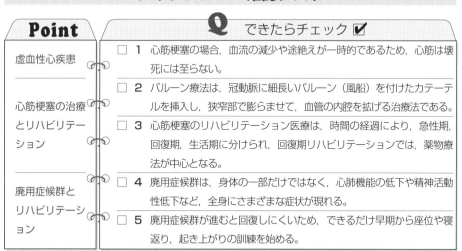

チャレンジ！　確認テスト

Point	Q できたらチェック ☑
虚血性心疾患	□ 1　心筋梗塞の場合，血流の減少や途絶えが一時的であるため，心筋は壊死には至らない。
心筋梗塞の治療とリハビリテーション	□ 2　バルーン療法は，冠動脈に細長いバルーン（風船）を付けたカテーテルを挿入し，狭窄部で膨らませて，血管の内腔を拡げる治療法である。
	□ 3　心筋梗塞のリハビリテーション医療は，時間の経過により，急性期，回復期，生活期に分けられ，回復期リハビリテーションでは，薬物療法が中心となる。
廃用症候群とリハビリテーション	□ 4　廃用症候群は，身体の一部だけではなく，心肺機能の低下や精神活動性低下など，全身にさまざまな症状が現れる。
	□ 5　廃用症候群が進むと回復しにくいため，できるだけ早期から座位や寝返り，起き上がりの訓練を始める。

A 解答 1.× 心筋梗塞ではなく狭心症の場合である。／2.○／3.× 薬物療法ではなく運動療法。／4.○／5.○

医療／2章

レッスン 22 糖尿病と骨折

A 重要度

学習のねらい 糖尿病は合併症が多く，ときには失明や下肢の切断につながります。骨折は，加齢に伴う機能低下により治りにくいため，寝たきりの原因では上位です。ここでは，それぞれの症状や痛みに配慮した住環境整備について学習します。

❶ 糖尿病の現状

 2016年の調査では，約2,000万人が糖尿病有病者またはその予備群と推定されている。

2016（平成28）年の国民健康・栄養調査によると，糖尿病が強く疑われる者は約1,000万人，糖尿病の可能性を否定できない者は約1,000万人です。これらを合計した約2,000万人が，糖尿病有病者またはその予備群であると推定されています。

❷ 糖尿病の特徴

 糖尿病は大きく1型と2型とに分けられ，日本人の場合，約95％が2型糖尿病である。

（1）糖尿病の分類

糖尿病は1型と2型に大別され，日本人の場合，2型糖尿病が全体の約95％を占めます。

① 1型糖尿病…インスリンを分泌する膵臓の細胞が破壊されて機能を失い，インスリンの分泌量が絶対的に不足するタイプ。

② 2型糖尿病…膵臓からインスリンが分泌されるものの，必要量よりも少なかったり，分泌のタイミングが遅れたり，インスリンの作用が不十分なことにより生じるタイプ。

（2）糖尿病の原因

　体内で糖質から消化・分解されたブドウ糖は，肝臓から全身に送り出されます。そのため，食事をすると一時的に血液中の糖（血糖）の濃度が高まります。

　糖は膵臓で分泌されるインスリンの働きによって必要な分だけ細胞内に取り込まれ，これによって血糖が下がります。ところが，インスリンが十分に作用しない状態では，細胞内にブドウ糖を取り込む能力が低下して血糖値は高いままとなります。この状態が続くのが糖尿病です。

　1型糖尿病は発症の要因がインスリンの働きに依存していますが，2型糖尿病は**不適切な生活習慣**から生じる**栄養バランスの崩れ**や**運動不足**によって生じます。

（3）糖尿病の症状

　初期には無自覚であることが多く，やがて**口渇**（のどの渇き），**多飲，多尿，体重減少**などの自覚症状が現れます。さらに，高血糖状態が長い年月続くと，**3大合併症**（下の①～③）などさまざまな合併症が起こってきます。また，**動脈硬化**が進むため，心筋梗塞や脳血管障害，閉塞性動脈硬化症のリスクが高まります。

　① **糖尿病網膜症**…眼球の奥の網膜にある細かい血管が障害され，出血によって極度の視力低下が生じ，**失明**することもある。

　② **糖尿病神経障害**…感覚神経障害では，外的刺激がないのにしびれや冷えを感じたり，逆に，痛みや熱さ・冷たさ，触感などを感じにくくなったりする。自律神経障害では，発汗異常やインポテンツなどの症状が起こる。筋力低下や筋肉萎縮などを招く運動神経障害がみられる。

　③ **糖尿病腎症**…腎臓の血管が傷つき，**血液のろ過機能が低下**する。進行すると**腎不全**となり，人工透析や腎臓移植などが必要になる。

プラスワン

内臓脂肪症候群（メタボリックシンドローム）

内臓脂肪型肥満に，高血糖，脂質異常，高血圧のうち2つ以上が重なる場合をいう。この病態が起こる仕組みには，インスリンの感受性が深くかかわっている。血液中の余分な糖は内臓脂肪に蓄えられるからである。

プラスワン

動脈硬化で血管が詰まり，組織が破壊されて壊死する。そこから感染などを起こして悪化した状態が壊疽である。下肢に閉塞性動脈硬化症が生じると，壊疽により下肢切断に至ることもある。

用語

自律神経

消化・吸収や心臓の拍動，排尿などを無意識にコントロールする神経。

医療／2章

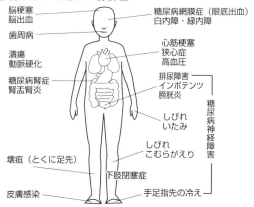

■糖尿病によって起こる合併症

脳梗塞
脳出血

歯周病

潰瘍
動脈硬化

糖尿病腎症
腎盂腎炎

糖尿病網膜症（眼底出血）
白内障・緑内障

心筋梗塞
狭心症
高血圧

排尿障害
インポテンツ
膀胱炎

しびれ
いたみ

糖尿病神経障害

壊疽（とくに足先）

下肢閉塞症

皮膚感染

しびれ
こむらがえり

手足指先の冷え

（4）糖尿病の治療

1型糖尿病では，インスリンを注射してその不足を補います。この治療は，基本的に生涯続けなければなりません。

2型糖尿病では，食事療法や運動療法により生活習慣を改善するとともに，薬物療法で**血糖値をコントロール**します。

❸ 糖尿病のリハビリテーション

 糖尿病のリハビリテーションは，運動療法が中心となる。

糖尿病のリハビリテーションは，**運動療法**が中心となります。運動を行うと，筋肉などの細胞におけるブドウ糖の利用効率がよくなって，必要なインスリン分泌量を減少させると同時にインスリンの効果を高めます。運動療法の原則は，①全身の筋肉を動かす運動をする，②毎日同じ運動を行う，③食後1〜2時間後に行う，です。

感覚神経障害が重度になると，足底・足指の潰瘍などの糖尿病性足病変が生じ，足指切断から下肢切断に至る場合もあります。これらの予防には毎日のフットケアが不可欠です。糖尿病が進行して閉塞性動脈硬化症などになり下肢

を切断した場合，義肢を装着しても結局寝たきりになってしまうケースが多いため，手術直後から義足を使って立位・歩行訓練を行うことが重要です。

④ 糖尿病と住環境整備

 転倒による傷や，やけどを防ぐ住環境整備が必要となる。

(1) 生活上の不便・不自由

　糖尿病自体で痛みや機能障害は生じませんが，血糖コントロールの悪化により合併症が起こると，さまざまな不便・不自由が生じます。例えば，糖尿病腎症が進行すると，週3回程度医療機関に通うなどして人工透析を受けなければならず，時間や生活が制約されます。また，日常生活では，糖尿病神経障害による足の筋力低下やしびれ，視力障害などからつまずきや転倒が多くなり，感覚麻痺からやけどや傷をつくりやすくなります。

(2) 住環境の配慮

　合併症の進行状態に合わせて住環境を整備します。

■状態別住環境の整備

糖尿病網膜症	・物が見えにくくなった場合は，部屋全体を明るくするとともに局所照明を使用し，常に明るさを確保する。 ・ガスの火が見えにくくなるため，ガス調理器具を電磁調理器等に変更する。 ・段差の認識が困難になるため，生活における動線上の段差を解消する。
糖尿病神経障害	・足の傷や転倒を防ぐため，じゅうたんではなく，フローリングにする。 ・玄関・階段，浴室，トイレなどに手すりを設置する。 ・体を支えられるように手すりや家具を配置する。 ・低温やけどになりやすいストーブやあんかなどの局所暖房は避け，部屋全体を暖める。 ・温度調節が安全・確実で，操作しやすい給湯器を選ぶ。

医療／2章

（👆）プラスワン

糖尿病では，食事量の少なさ，食事のタイミングの遅れ，薬の効きすぎなどが原因で低血糖になり，発汗や動悸，手足の震えなどが起こる。それに備えるため，あめなどの糖分をすぐ口にできるよう用意しておく。

（👆）プラスワン

下肢切断で義足を使う場合は，滑りにくい床材，階段に手すり，靴を脱ぎ履きするための玄関のいす，段差の解消などの住環境整備が必要となる。

⑤ 骨折の現状

高齢者に多くみられるのは脊椎椎体圧迫骨折，大腿骨近位部骨折，橈骨・尺骨遠位端骨折，上腕骨外科頸骨折などである。

高齢者では，骨折の頻度は男性よりも女性に多くみられます。とくに骨粗鬆症がある場合には，尻もちをついたり，つまずいて手をついたりという程度の衝撃でも骨折を起こすことがあります。

なかでも高齢者に多くみられるのが，縁側から落ちたり，軽い尻もちをついたときなどに生じる**脊椎椎体圧迫骨折**，転倒などで起こる**大腿骨近位部骨折**，転倒時に手をついたときに生じる橈骨・尺骨遠位端骨折，肘をついたときに生じる上腕骨外科頸骨折などです。

■高齢者に生じやすい骨折

脊椎椎体圧迫骨折
尻もちなどで脊椎の椎体に起こる

椎体
椎間板

上腕骨外科頸骨折
転んで肘をついたとき，腕の付け根に起こる

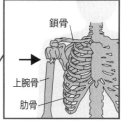

鎖骨
上腕骨
肋骨

橈骨・尺骨遠位端骨折
手のひらをついて倒れたとき，手首に起こる

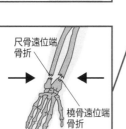

尺骨遠位端骨折
橈骨遠位端骨折

大腿骨近位部骨折
転んで膝をつき太ももに負担がかかって起こる

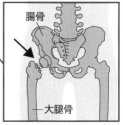

腸骨
大腿骨

⑥ 骨折の特徴

 骨折は，構造上，骨の連続性が断たれた状態を
いい，原因による分類，病状による分類，折れ
方による分類がある。

　骨が折れたりひびが入ったりして，構造上，骨の連続性
が断たれた状態を骨折といいます。

（1）骨折の分類

　骨折は，原因，病状，折れ方によって以下のように分類
されます。

★原因による分類
　① **外傷性骨折**…骨に外部から強い力が一度に加わった
　　ときに生じるもの。
　② **病的骨折**…骨粗鬆症やがんなどの病変があるために
　　骨がもろくなり，わずかな外力でも骨折が生じるもの。
　③ **疲労骨折**…同じ場所に繰り返して外力が加わり，少
　　しずつ骨にひびが入ることで生じるもの。スポーツ選
　　手などにみられる。

★病状による分類
　① **皮下骨折**（単純骨折）…骨折した部分の皮膚に損傷
　　がないもの。
　② **開放骨折**（複雑骨折）…骨折した骨の端が皮膚を破
　　って空気に触れているもの。皮膚や筋肉に傷があり，
　　骨が皮膚を破って外に飛び出しているため，感染のリ
　　スクが高い。

★折れ方による分類
　① **完全骨折**…骨の連続性が完全に断たれる骨折。
　② **不全骨折**…一部に連続性が保たれる骨折。

（2）骨折の症状

　骨折すると痛みが生じ，皮下出血や変形，異常な可動性
がみられます。
　また，骨としての支持の働きが低下するといった機能障

医療／2章

🤚**プラスワン**

開放骨折は皮膚が損傷
しているため，骨髄炎
などを合併しやすい。
また，周辺の皮膚・血
管・神経・筋肉・臓器
などが損傷され，とき
には骨髄からの脂肪の
塊が血管内に入って脳
や肺の血管を詰まらせ
る脂肪塞栓などの重篤
な合併症を生じること
もある。

害が起こります。

（3）骨折の治療

骨折の治療の目標は，できるだけ早く良好に骨をつなぎ合わせ，手足の機能障害を残さないことです。

① 　整復…骨折部を引っ張ったり押したりして整復する**徒手整復**と，手や足を引っ張って整復しながら固定の目的をかなえる**牽引療法**がある。

② 　その他の固定法…ギプスを巻いたり副子を当てたりして骨折部を外部から固定する**外固定術**と，手術で骨折部を直接整復し，金属の釘やプレートなどで固定する**内固定術**がある。

③ 　リハビリテーション…長期臥床によって廃用症候群が発生しやすいので，早期に離床し，関節可動域訓練や筋力強化訓練，歩行訓練などを開始する。

副子
棒や板など，骨折部分を動かさないように固定する支持物のこと。添え木。医療用のものに石膏やグラスファイバーでできたものがある。

❼ 骨折と住環境整備

骨折の住環境整備の配慮は，転倒予防が重要となる。

（1）生活上の不便・不自由

骨折をすると，その種類によってさまざまな生活上の不便・不自由が生じてきます。

① 　脊椎椎体圧迫骨折…丸くなった腰背部を立ち上がらせようとして腰背筋が常に働くため，長時間座っていたり，立っていたりすると腰痛が起きやすくなる。

② 　大腿骨近位部骨折…骨頭を取り去って人工の骨頭に置き換える**人工骨頭置換術**が行われたり，金属で骨折部を固定したりするため，歩行能力が低下しがちになる。

③ 　橈骨・尺骨遠位端骨折…骨片を整復後，ギプス包帯による固定が行われることが多いため，日常生活において両手動作が不便・不自由になる。

④ 　上腕骨外科頸骨折…手術での固定あるいは徒手整復

人工骨頭置換術の場合，股関節を深く曲げたり足を内側に向ける動作をしたりすると，人工骨頭が脱臼しやすくなるので注意が必要です。

してギプス固定が行われるため，その間，入浴や更衣，両手動作に支障が出る。

（2）住環境の配慮

高齢者の骨折はほとんどが転倒によるものですから，**転倒を予防する住環境を整えます**。

① 室内では，床から，新聞や座布団，電気製品のコード，じゅうたんのめくれなど，つまずきそうなものを排除し，室内のあらゆる**段差の解消**に努める。

② トイレや浴室などに**手すり**を設置する。浴槽の出入り時など床から立ち上がったり，片足立ちをしたりする場所には，手すりやつかまりやすい台などを設置する。

③ 多くの高齢者では，ベッド生活が望ましい。介助が必要な場合や，認知症高齢者には，ベッド脇にポータブルトイレを設置するなどして**移動の距離を短くする**ことで，転倒のリスクが軽減できる。

④ 上肢骨折の場合は，治癒すれば日常生活上の支障は少ないが，大腿骨近位部骨折の場合は，日常生活上に支障が生じやすいので，PT（理学療法士）から退院時の移動能力についての情報を得ておく。具体的には，患側の股関節・膝関節の可動域制限の有無や程度，筋力，疼痛の有無，歩行能力，歩行補助具使用の有無，患側の片足立ち能力などのほか，人工骨頭置換術後では脱臼しやすい体位を確認する。

⑤ 視力低下や暗順応の低下がある場合は，居室からトイレまでの動線などに足もと灯を設置する。

段差などのほか，暗さ，まぶしさ，寒さなども高齢者が転倒する原因になります。

医療／2章

チャレンジ！　確認テスト

Point	Q　できたらチェック ☑
	☐ 1　糖尿病は1型と2型に大別され，日本人の場合，1型糖尿病が全体の約95%を占めている。
糖尿病の特徴	☐ 2　2型糖尿病は，不適切な生活習慣から生じる栄養バランスの崩れや運動不足によって生じるため，食事療法や運動療法により生活習慣を改善するとともに，薬物療法で血糖値をコントロールする必要がある。
	☐ 3　糖尿病では，初期から口渇，多飲，多尿，体重減少などの自覚症状が現れる。
	☐ 4　糖尿病網膜症は，眼球の奥の網膜にある細かい血管が障害され，出血によって極度の視力低下が生じるが，失明することはない。
糖尿病のリハビリテーション	☐ 5　糖尿病神経障害による感覚神経障害が重度になると，足底・足指の潰瘍などの糖尿病性足病変が生じ，足指切断から下肢切断に至る場合もあり，これらの予防には毎日のフットケアが欠かせない。
糖尿病と住環境整備	☐ 6　糖尿病網膜症が生じるとガスの火が見えにくくなるため，ガス調理器具を電磁調理器等に変更する。
骨折の現状	☐ 7　大腿骨近位部骨折は，軽い尻もちをついたときなどに生じる骨折である。
骨折の特徴	☐ 8　骨折にはさまざまな種類があるが，スポーツ選手などが同じ動作を繰り返して少しずつ骨にひびが入ることで生じるものを外傷性骨折という。
	☐ 9　開放骨折は，皮膚が損傷しているため，感染のリスクが高く，骨髄炎などを合併しやすい。
骨折と住環境整備	☐ 10　大腿骨近位部骨折は，骨頭を取り去って人工の骨頭に置き換える人工骨頭置換術が行われたり，金属で骨折部を固定したりするため，歩行能力が低下しがちになり，日常生活にも支障が生じやすい。

A　解答 1.× 2型糖尿病が全体の約95%を占めている。／2.○／3.× 初期は無自覚であることが多い。／4.× 失明することもある。／5.○／6.○／7.× 大腿骨近位部骨折ではなく，脊椎椎体圧迫骨折である。／8.× 記述は疲労骨折の説明である。／9.○／10.○

レッスン 23

肢体不自由（1）

B 重要度

学習のねらい 上肢や下肢あるいは体幹の運動機能の回復が将来的に見込めず，日常生活に不自由をきたしている状態を肢体不自由といいます。原因の多くは，脳や脊髄など中枢神経系の障害です。ここでは，代表的な進行性疾患について学習します。

① 筋ジストロフィー

 デュシェンヌ型筋ジストロフィーは，1～3歳頃の男児に多く発症する。

　運動機能が徐々に障害されていく**進行性疾患**では，疾患を原因とする肢体不自由の中でも，とくに福祉住環境整備が求められます。そのうちの一つである**筋ジストロフィー**は，筋肉細胞が壊れ，筋萎縮，筋力低下が進行する遺伝性の病気です。

　いくつかの病型がありますが，最も発症頻度の高いデュシェンヌ型筋ジストロフィーについてみていきます。

（1）症状

　デュシェンヌ型筋ジストロフィーは，1～3歳頃の男児に多く発症します。多くの場合，走るのが遅い，転びやすい，階段の昇降がしにくいといった初発症状で気付かれます。

　小学校入学前後になると，**動揺性歩行**がみられ，小学校低学年から中学年にはそれが著しくなるほか，**登攀性起立**も多くみられるようになります。小学校中学年から高学年には，歩行能力はさらに低下，中学生になる頃には，独力で歩行することは困難となり，**車いす**が必要になります。筋萎縮は肋間筋や横隔膜などの呼吸筋にも及び，**呼吸機能障害**も現れてきます。また，骨の発達も不良で骨折しやすくなります。

身体障害者手帳を所持している肢体不自由者は約193万人で，身体障害者全体の半数近くを占めています。

用語

動揺性歩行
腹を前方に突き出して腰を大きく揺らすように歩く特有の歩行。

用語

登攀性起立
症状が進行して立ち上がりが困難になる頃にみられる起立時の動作。床などから立ち上がるときに，四つ這いの姿勢から手足を伸ばして臀部を高く上げ，次いで膝や太ももに手を当てて支えにしながら両手で上体を押し上げるように立ち上がる。

中学校入学以降は，筋力低下はさらに進行し，座位の保持も困難になります。また，呼吸機能障害が進行し，多くは**人工呼吸器**が必要になります。そのほか，心肺機能の障害による合併症の頻度が増大し，生命の危険にさらされやすくなっていきます。

(2) 治療・リハビリテーション

　根本的な治療法はなく，筋力低下や関節拘縮を防ぐためのリハビリテーションが中心となります。リハビリテーションは，運動機能を維持するためにも重要です。足関節や股関節などのストレッチを行う習慣をつけます。

　また，進行とともに呼吸筋が弱まり，肺機能障害は急速に悪化します。呼吸不全や肺炎などを防ぐために，本人には発声訓練，腹式呼吸訓練，介護者には，呼吸介助法または抵抗呼吸訓練，体位排痰療法などの**呼吸運動訓練プログラム**が行われます。

(3) 筋ジストロフィーと住環境整備

　脊柱の変形や拘縮，体幹の筋力低下のために歩行困難，車いす使用，ついには寝たきりへと進行するに従い，ADLが低下していきます。

　筋ジストロフィーでは，進行度を考慮した住環境整備が必要です。

■用語

抵抗呼吸訓練
仰向けに寝た状態で患者に深呼吸をしてもらい呼気に合わせて介護者が両手で胸郭を包み込むように圧迫する。

■進行度別の住環境への配慮

	進行度	住環境整備
小学校入学前後	下肢の筋力低下 動揺性歩行	階段やスロープへ手すりを設置 階段や段差をできるだけなくす
小学校低学年〜中学年	顕著な動揺性歩行 登攀性起立	床面の段差解消 浴室に移乗台かバスボードを設置 トイレの便座を高くする
小学校中学年〜高学年	歩行能力の低下 長下肢装具の使用	手すりの設置 車いすの使用 トイレに介助用のスペースを確保 浴槽の出入りにリフト設置も検討

中学校以降	体幹の筋力低下 呼吸機能障害の進行	介助用車いす，電動車いすの使用
		便器や浴槽への出入り用にリフトの設置を検討
		ハイアンドロー（高さ調節）機能付き特殊寝台の使用を検討
		入浴サービスの利用を検討
		室内の温度，湿度など室内環境の配慮

医療／3章

運動機能障害に関しては，変形を矯正したり歩行能力の再獲得ができるように装具療法や自助具の活用をします。また，脊柱などの変形には整形外科的手術も検討します。ほかに，感染症を防ぐために，適度の湿度を保ち誤嚥に気をつけます。転倒による事故にも注意が必要です。

❷ 脊髄小脳変性症

 脊髄小脳変性症の症状は，両下肢・体幹の運動失調による歩行中のふらつきで始まる。

運動をスムーズに行うための調節をする小脳や脳幹，脊髄に病変がある病気を総称して**脊髄小脳変性症**といいます。脊髄を侵すもの，小脳を侵すものなど，さまざまな種類があります。

（1）症状

一直線に歩けずに体が左右にふらついて千鳥足になる，手の細かな動作をしにくいなどの運動失調が少しずつ現れます。やがて，**失調性構音障害**や上肢の運動失調などの症状もみられるようになり，発症後2〜5年の間には固縮・無動などのパーキンソン病に似た症状が加わります。

多くの場合，進行とともに構音障害や嚥下困難がみられ，排尿困難や尿失禁などの排尿障害，起立性低血圧といった**自律神経症状**や**腱反射亢進**が現れます。さらに，身体機能の障害に伴い，不安や焦燥感が強くなり，抑うつ状態に陥ることもあります。なお，日常生活が移動能力によって規

脊髄小脳変性症の発症率は10万人に対して5〜10人と推定され，日本では約40％が遺伝性，残りの約60％は原因不明です。

用語

失調性構音障害

話し方が遅くなる，発音が不明瞭になる，ろれつが回らないといった症状。

プラスワン

腱反射が亢進すると，字がうまく書けない，体の一部の筋肉が勝手に動くなどの症状が現れる。

定されやすいことから，移動能力に視点をおいて重症度が
分類されています。

■脊髄小脳変性症の重症度分類

重症度	細分類	説明
stage Ⅰ 歩行自立期	屋外歩行自立	手すりを使用せずに階段昇降，駆け足ができる。屋外歩行もほぼ安定。
	屋内歩行自立	階段昇降などは不安定。平地歩行はほぼ安定している。
stage Ⅱ 伝い歩き期	随時伝い歩き	独歩は可能だが，要所要所ではつかまるものが必要。
	常時伝い歩き	独歩はほとんどできず，歩行時は主に伝い歩き。
stage Ⅲ 車いす期	手膝這い移動	独歩は全くできない。手膝這い，または車いす自立。
	座位でのずり移動	座位でのずり移動などでどうにか移動できるものの，実用度は低い。
stage Ⅳ 移動不能期	座位保持可	移動できないが，両手をついた状態で座位は保持できる。
	座位保持不可	自力では座位を保つことができない，寝たきりの状態。

(2) 治療・リハビリテーション

　根本的な治療法はなく，余病と合併症を防ぐための対症
療法が行われます。起立性低血圧や排尿障害に対しては薬
物療法が用いられます。

　病気の進行を遅らせ，また転倒などによる悪化を防ぐた
めには，残存能力を最大限に引き出すリハビリテーション
が欠かせません。その内容は，**運動失調**に対しては左右に
足を開いて歩く訓練，**言語障害**に対してはゆっくりしゃべ
る練習などです。手が震えて動作がうまくできないため，
肘を机に固定して作業をするといった訓練も行われます。

(3) 生活上の不便・不自由

　日常生活では，歩行がふらついたり，手がうまく使えな
かったり，話すときに舌がもつれてうまくコミュニケーシ

ョンがとれないなどの不自由が生じます。

（4）脊髄小脳変性症と福祉住環境

　移動の能力に合わせて生活指導や福祉住環境整備を行います。例えば，歩行不安定期には外出の機会となる社会資源を上手に活用します。伝い歩きは，横歩き，両側壁伝い歩きなど在宅で必要な方法を指導します。この時期の住環境整備としては，トイレや浴室の改造，夜間の尿器使用，車いすの使用開始などが必要になります。

❸ 筋萎縮性側索硬化症（ALS）

筋萎縮性側索硬化症（ALS）は，筋肉を動かす命令を伝える神経細胞の運動ニューロンが変性し，筋肉が萎縮していく疾患である。

（1）症状

　はじめのうちは肘から先の筋肉がやせたり，手指に力が入らなくなったりします。筋力の低下は腕や肩にも広がり，やがて下半身にも症状が現れ，足が細くなったり両足に麻痺が起こったりして歩行が困難になります。

　さらに，舌が萎縮したり，のどの筋肉に障害が起こり，むせやすくなるなどの嚥下障害や**構音障害**が起こります。呼吸筋が麻痺し，自力で呼吸できなくなる場合もあります。

（2）治療・リハビリテーション

　根治できる薬はありませんが，進行を遅らせる薬が用いられます。

　筋力低下や関節拘縮，廃用症候群を防ぐには**ストレッチ**や歩行訓練が役立ちます。肩関節の亜脱臼や疼痛に対しては，**アームスリング**（上肢の補助装具）の装着が有効です。

（3）生活上の不便・不自由

　嚥下障害に対しては，飲み込みやすく，むせにくい食物をとれるように配慮します。経口摂取できなくなった場合には，**経管栄養**による栄養摂取が必要になります。

多くは40歳代以降に発症し，患者数は10万人あたり2〜3人で，男性が女性より1.5〜2倍多く認められます。

なお，以前は，入院生活を送るしかありませんでしたが，近年はQOLの観点から，在宅で療養する人も増えています。このため，本人や家族に対する心理的支援，介助・介護支援，医療支援，さらに経済的支援などの体制を整備することが求められています。

(4) ALSと住環境整備

症状の進行が速いため，近い将来にADLが全介助となることを想定して住環境整備を行います。

① 進行の初期

病気に対する不安や治療に関心が向き，ADLが比較的自立していることもあいまって，住環境にまで気が回らない時期です。

② 進行の中期

中期では，以後の症状進行も考慮した慎重な検討が必要です。

○ 上肢の筋力低下…自助具，上肢装具，軽い力で利用できる福祉用具を活用して，低下した筋力を補う。上肢の筋力が衰えている場合には，手すりでは転倒の危険を回避できないこともあるため，壁や家具などで体を支えるようにして転倒防止を図る。

○ 下肢の筋力低下…下肢装具装着，手すりの設置，段差の解消などで歩行機能を補う。ベッド，いす，便器などを高めにし，立ち上がり動作を容易にする。

○ コミュニケーション障害…ワープロ，パソコン，**携帯用会話補助装置**などを導入する。

③ 進行の後期

全身の筋萎縮が進み，座位を保つことも頭部・頸部を支えることも困難になるため，ヘッドサポート付きのリクライニング式の車いすを利用します。移乗にはリフトなどを導入します。介助が増えるため，スペー

スなど介助のしやすさを考慮することも重要です。

■場所別の住環境整備

寝室	・ベッド生活が長くなるため，介護しやすいハイアンドロー機能付きの特殊寝台にする。 ・ベッドの周囲は，吸引器，人工呼吸器などを置けるように広いスペースをとる。 ・吸引器や人工呼吸器を扱った後に手指を消毒するために，手洗い器や手指消毒薬を近くに置く。 ・人工呼吸器を装着すると会話がしにくくなるため，環境制御装置などの機器を用いたコミュニケーションを検討する。
浴室	・入浴は寝たままの姿勢で行うのが楽。 ・浴室はできれば寝室に隣接させる。 ・シャワー浴に限る場合は，洗い場にストレッチャーが出入りできるスペースを確保し，暖房設備を整える。
トイレ	・排泄はベッドや車いすの上で行うことになるが，排泄機能は失われないので失禁の心配はない。 ・排泄物を処理するために汚物流しや水栓金具を取り付ける。

用語

環境制御装置
呼気やまばたきなど体のわずかな動きで家電製品の操作や，戸の開閉など複数の機能を制御・作動できる装置。

プラスワン
浴室が家族と共用の場合は，浴室出入り用のリフトの設置や，浴槽の大きさ，体を浴槽の中で洗う際の介助姿勢と浴槽の高さなどを検討する必要がある。

チャレンジ！ 確認テスト

Point | **Q** できたらチェック☑

筋ジストロフィー	□ 1 筋ジストロフィーにはいくつかの病型があるが，最も発症頻度の高いデュシェンヌ型は，1～3歳頃の女児に多く発症し，多くの場合，走るのが遅い，転びやすいといった初発症状で気付かれる。
脊髄小脳変性症	□ 2 脊髄小脳変性症では，進行とともに構音障害や嚥下困難がみられ，排尿障害や起立性低血圧などの自律神経症状，腱反射亢進が現れることが多い。
筋萎縮性側索硬化症（ALS）	□ 3 筋萎縮性側索硬化症（ALS）は，筋肉を動かす命令を伝える神経細胞の運動ニューロンが変性し，筋肉が萎縮していく疾患で，多くは40歳代以降に発症する。

解答 1.× 女児ではなく男児に多く発症する。／2.○／3.○

肢体不自由（2）

学習のねらい 非進行性疾患による肢体不自由では，障害そのものが進行することはありませんが，筋肉の衰えなどから合併症や二次的障害による状態悪化のおそれがあります。障害の種類や程度に応じた介護や住環境整備が必要です。

❶ 脊髄損傷

脊髄の障害を受けた部位より下の機能が働かなくなる。

脊髄損傷とは，交通事故や転倒・転落，スポーツ外傷などにより中枢神経である脊髄が損傷を受けた状態をいい，脊髄の神経が傷害されたり圧迫された状態で起こります。

（1）脊髄の構造

脊柱（背骨）は，脊椎と呼ばれる骨（椎骨）が積み重ってできています。脊椎は前方の円柱形の**椎体**と後方の**椎弓**からなります。水平面で見ると，椎体と椎弓の間には**椎孔**という孔があり，これが縦に連なって脊柱管を形成しています。**脊髄**はこの脊柱管を通る神経の束で，脊髄からは脊椎の間を神経線維の太い束が出たり入ったりしています。

（2）症状

脊髄損傷は，脊椎の骨折や脱臼によってずれた骨，椎間板，靱帯などに脊髄が圧迫・挫滅した状態，あるいは脊柱管狭窄症などの疾患によって脊髄が圧迫された状態で生じます。運動機能，知覚機能，自律神経が障害を受けて麻痺などが起こり，さらに障害を受けた髄節だけでなく，それよりも下の髄節が支配していた機能にも異常をきたします。大脳からの命令が障害を受けた髄節のところで断たれたり，不完全にしか伝わらなくなるため，症状は損傷を受

プラスワン

脊髄損傷を引き起こす原因としては交通事故と高い場所からの転落が多い。スポーツによる外傷では，水泳やラグビー，スキーによるものが多い。

プラスワン

脊髄は，延髄の下から頸髄（C_1〜C_8），胸髄（T_1〜T_{12}），腰髄（L_1〜L_5），仙髄（S_1〜S_5），尾髄（C_0）がある。

用語

脊柱管狭窄症

生まれつき脊柱管が狭いうえに，加齢に伴う脊椎の変化が加わり発症することが多い。痛みやしびれが生じて長い距離を歩けないといった症状が現れる。

■脊髄の構造と脊椎の断面

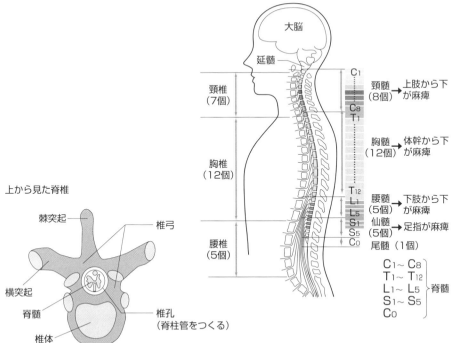

上から見た脊椎

棘突起
椎弓
横突起
脊髄
椎孔
（脊柱管をつくる）
椎体

大脳
延髄

頸椎
（7個）

胸椎
（12個）

腰椎
（5個）

C₁

C₈
T₁

頸髄
（8個）→上肢から下
が麻痺

T₁₂
L₁
L₅
S₁
S₅
C₀

胸髄
（12個）→体幹から下
が麻痺

腰髄
（5個）→下肢から下
が麻痺

仙髄
（5個）→足指が麻痺

尾髄（1個）

C₁～C₈
T₁～T₁₂
L₁～L₅
S₁～S₅
C₀
｝脊髄

医療／3章

けた部位によって異なります。神経麻痺を伴った急性期には，発熱，呼吸困難が起こり，肺炎や尿路感染を併発することもあります。慢性期では，褥瘡や関節拘縮，筋肉の萎縮などの**合併症**に注意が必要です。麻痺は，脊髄損傷の程度によって，完全麻痺と不全麻痺に分けられます。

① **完全麻痺**…損傷した神経から下へは脳からの命令が全く伝わらず，運動機能・感覚機能が完全に失われた状態。

② **不全麻痺**…運動機能・感覚機能がいくらか残っている状態。

（3）治療・リハビリテーション

一生を左右するほどの重い障害なので，早期に専門医の診断を受け，X線で骨折のタイプや脊髄への圧迫の有無や程度などを正確に把握しなければなりません。そして，脱

🔵プラスワン

例えば第4髄節（C₄）が障害されると，第3髄節（C₃）までの機能は残存される。その残された機能で発揮できる能力が残存能力である。

用語

圧迫骨折

左右から骨を押しつぶ
すような力が働いて生
じる骨折。

用語

粉砕骨折

骨が多くの骨片に粉砕
される骨折。

臼骨折が不安定な場合は脊椎固定術を行い，**圧迫骨折**や**粉砕骨折**などの比較的安定した骨折の場合は，8〜12週間コルセットで脊椎を固定します。状態の許す限り，早期からベッドサイドでの関節可動域訓練，呼吸訓練などの**肺理学療法**といったリハビリテーションを行い，残存能力の保持と筋力の維持・増強に努めます。さらに福祉用具の使用や住宅改造を行うとともに，残存能力に応じた**ADLの自立**を目指し，自宅や職場へ戻るための準備を始めて，できるだけ早く社会復帰できる状況をつくります。

脊髄損傷においてリハビリテーションは大変重要です。しかし，損傷レベルによって到達可能なADLは限られてしまうということも知っておきましょう。

■脊髄の損傷レベルとADL（完全損傷の場合）

	損傷レベル	運動機能の状態	到達可能なADL	移乗・移動方法	必要な自助具・福祉用具
頸髄	C_1-C_3	呼吸障害がある 四肢麻痺がある 首を動かせる	全介助 呼吸，唇，舌，顎の動きを利用したスイッチ操作	特殊電動車いす	人工呼吸器 特殊電動車いす 環境制御装置 特殊寝台
	C_4	自発呼吸できる 肩甲骨を上げられる	全介助 口に棒をくわえてする動作（パソコン操作，ページめくりなど）	特殊電動車いす	特殊電動車いす ヘッドポインター 環境制御装置 特殊寝台
	C_5	肩と肘，前腕の一部を動かせる	手を使う動作以外のほどんどのADLは要介助 上肢装具（スプリント）付きの自助具で食事や書字，ひげそりなどが可能	平地ではハンドリムをくふうした車いすの駆動が可能	電動車いす ハンドリムをくふうした車いす 車いす用滑り止め手袋 上肢装具付きの自助具 環境制御装置 特殊寝台 リフト

頸髄	C₆	肩の力は不完全 肘は曲がるが伸ばせない 手首を上げる力は弱い わずかにプッシュアップが可能	ADLは中等度〜一部介助（住環境のきめ細かい設定が必要） 自助具を使い，食事や書字，ひげそりなどが可能 上半身の更衣が可能 ベッド柵やロープなどを使えば，起き上がりや寝返りが可能	平地ではハンドリムをくふうした実用的な車いすの駆動が可能 一部の人はベッドと車いすの移乗（前後方向）や改造自動車の運転が可能	ハンドリムをくふうした車いす 屋外用電動車いす 自助具（食事，書字，ひげそり，更衣，入浴用など） バスボード 特殊寝台 リフト
	C₇	手関節までの動きがほぼ完全 手首の屈伸が可能 プッシュアップが可能	ADLは一部介助〜ほぼ自立（住環境のきめ細かい設定が必要） 自助具なしで食事が可能 整容と更衣は自立 起き上がりや寝返りが可能	標準形車いすベッドと車いすの移乗が可能（横方向） 便器と車いすの移乗が可能 改造自動車の運転が可能	車いす バスボード 入浴用自助具
	C₈-T₁	上肢機能が完全	車いすでのADLが自立	車いすで段差を乗り越えられる 改造自動車の運転，車いすの積載が可能	車いす 入浴用自助具
胸髄	T₂-T₆	体幹バランスが一部安定	簡単な家事動作が自立		車いす
	T₇-L₂	体幹バランスがほぼ安定 骨盤帯の挙上が可能	福祉住環境整備により，家事や仕事が可能 スポーツも可能	実用的には車いすだが，装具と松葉づえを用いての歩行が可能	車いす
腰髄	L₃-L₄	体幹安定 下肢が一部動く	ADLがすべて自立	短下肢装具とつえで歩行可能	短下肢装具 つえ
仙髄	L₅-S₃	足関節の動きが不完全	ADLがすべて自立	歩行自立	

医療／3章

（4）脊髄損傷と住環境整備

　残存能力を活かすとともに，年齢や性別，生活歴を考慮して生活上の配慮やくふう，福祉住環境整備を行います。高位頸髄損傷（C_4・C_5髄節が残存）では，プッシュアップができず，ベッドから車いす，浴槽への出入りなどの際の移乗動作が自立では困難なため，天井走行式リフトや床走行式リフトなどの福祉用具を積極的に活用します。

　胸髄損傷では，両上肢は正常に動きますが，移動は車いす使用となります。プッシュアップ力が強い場合は，ベッドから車いす，床から車いすへの移乗は可能ですが，**プッシュアップ力は個人差が大きいので**，高齢者や女性など筋力が弱い場合は，ベッドや便座，浴室の洗い場の高さを車いすの座面の高さと同じにする，などの配慮が必要です。

　腰髄損傷では，両上肢と体幹筋は正常なので，高いADL能力があります。手すりにつかまって立ち上がったり，床から自力で車いすに乗ったりすることができる場合が多いので，本人のADL能力を十分に把握して，必要最低限の整備にとどめます。

■障害に応じた対応

感覚障害	・ベッドやテーブルの脚部など体をぶつける可能性のある場所にクッション材を取り付ける。 ・台などの角は面取りをして丸みをもたせる。 ・最低1時間に1回はプッシュアップや，体を側方に傾ける体幹側屈などで座位姿勢を変え，坐骨にかかる圧力を軽減する。電動車いすの場合，45度程度リクライニングするのもよい。 ・車いす利用の際にはクッションを使う。 ・やけど防止のため，温度調節機能の付いた給湯器やサーモスタット付き水栓金具などを設置する。 ・皮膚を清潔に保ち褥瘡を防ぐ。1日1回は皮膚を観察する。
膀胱機能障害 直腸機能障害	・トイレは寝室や居間の近くに配置する。 ・イレウス（腸閉塞）の発生に注意し，緩下剤，坐薬，浣腸などを併用して便秘を防ぎ，規則正しい排便習慣をつける。 ・排便に長時間要する場合は，空調や冷暖房設備，クッション性のある便座を用いる。

---

② 脳性麻痺

胎生期から新生児期の脳障害が原因で，運動機能に異常をきたす。

　胎生期から新生児期（生後 4 週間以内）までの間に脳に非進行性の病変が生じたことにより，運動機能に異常をきたす疾患を**脳性麻痺**といいます。

（1）症状

　一般に新生児期から乳児期の後半までに生じる姿勢異常や運動機能の発達の遅れなどから発覚します。基本的には**運動機能の障害**ですが，重度の**知的障害**や視覚・聴覚・構音障害を合併するケースが多く，脳性麻痺が軽くても重い知的障害があれば日常生活に著しく支障をきたします。

■運動障害の種類と動作時の特徴

痙直型	筋の緊張が亢進し，手足が突っ張り動きにくくなる。痙直発作や，関節が一定の角度で固定されやすいために関節拘縮もしばしば起こる。 例）赤ちゃんの手を取って引き起こそうとすると頭が極端に反り返り，そのまま立ってしまう。
不随意運動型（アテトーゼ型〔ジスキネティック型〕脳性麻痺）	筋の緊張状態が不随意に高まったり低下したりする。 例）物を取ろうとしたとき，手足が不随意運動を起こしてしまい，手を伸ばして思ったとおりに取ることができない。
失調型	バランスを保ちにくく，ふらふらした状態になる。 例）縄跳びや自転車乗りがうまくできない。

■麻痺の分類

単肢麻痺	四肢のうち，一肢に麻痺が起こること。
対麻痺	上肢に麻痺がなく両下肢が麻痺すること。
片麻痺	左右片側に麻痺が起こること。

（2）治療・リハビリテーション

　根治は望めず，症状のコントロールを主目的に，治療をできるだけ早く開始するほうが効果的とされています。治療の基本は**機能訓練・指導**で，運動機能，ADL，社会適応

脳性麻痺は2歳までに現れる，永続的，しかし変化しうる運動および姿勢の異常です。

医療／3章

（プラスワン）

脳性麻痺の原因には，①妊娠中の胎内感染，脳形成障害，胎盤機能不全など，②出産時の新生児仮死，頭蓋内出血，胎盤剥離など，③出産後の頭部外傷，髄膜炎，脳炎などがある。

など生活全般に及びます。状態によって，関節拘縮に対する手術療法，呼吸器感染症や自律神経障害に対する薬物治療も必要です。

　脳性麻痺は運動機能が未完成な段階で障害された状態であるため，リハビリテーションの目的も機能回復ではなく，未熟な状態から発達を促すことにあります。一般の子どもの発達過程に準じて，首のすわり，寝返り，座位保持，手膝這い保持と手膝這い移動，立位保持・起立，と順を追って段階的に訓練を進めていきます。また，食事や排泄，歯磨きなどのADL訓練，発声・発語をスムーズにする言語訓練なども並行して行います。

（3）脳性麻痺と住環境整備

　脳性麻痺は障害が乳児期から生涯と長期にわたるため，時期に応じて適切な福祉住環境を整える必要があります。

　①　幼児期

　　　だっこされて移動する乳児期を過ぎると，はいはい，お座りなどの運動発達を促すために床や畳上での生活が多くなり，一方で，通園や通院など外出の機会が頻繁になります。そのため，屋内や出入口の段差解消が必要です。また，体重が重くなった時点で，抱え上げる，車いすに乗せるといった垂直方向の移動の介助を支援するリフトなど，福祉用具の導入も検討します。このほか，床はフローリングにする，アプローチにスロープを設けるなど，**移動・移乗や外出のしやすい環境整備が必要です。**

　②　学齢期

　　　車いすによる学校生活が多くなります。住宅内では，座位移動・車いす移動のどちらを中心にするか，生活場面によってどのように使い分けるかを決め，その方針に沿って住環境整備を進めます。車いす移動が中心であれば，床をフローリングにし，段差を解消します。座位移動を中心にする場合は，水平移動した平面を確

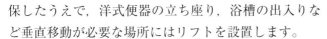

保したうえで，洋式便器の立ち座り，浴槽の出入りな
ど垂直移動が必要な場所にはリフトを設置します。

③ 青年期

自立意識が高まり，家事を担当するようになるなど，
さまざまな変化が起こります。これまで介助してきた
両親の高齢化や兄弟姉妹の独立などから家族構成も変
わってきます。したがって，本人の将来的な生活像の
見通しを立てたうえで，家族の介助負担を軽減するた
めの配慮も必要です。

④ 中高年期

加齢に伴って**身体機能が低下**し，二次的障害が生じ
やすくなります。それまで歩行できていた人もつえや
車いすなど新たな福祉用具が必要になることがあり，
それに応じた住環境整備を行います。

❸ 切断

切断者の多くは残存能力を生かし，義肢使用で
ADLは自立する。先天性奇形の場合は，義肢使用
よりも残存能力を利用してADLの自立を図る。

疾患や外傷，先天性奇形などが原因で，四肢の一部あ
いは全部が切り離された状態を切断といい，関節部分で切
り離された状態を離断と呼びます。

部位別に見ると，上肢切断では指切断が全体の82％，前
腕切断が8％，上腕切断が6％となっています。下肢切断
では下腿切断が50％，大腿切断が37％，サイム（足首）切
断・足部切断（足の一部を切断）が6％となっています。

（1）治療・リハビリテーション

切断範囲を最小限にし，できる限り長く四肢を残すのが
原則です。切断後は，ギプス包帯による**断端の管理**が行わ
れます。

リハビリテーションは，医師，PT，OT，義肢装具士，

切断の原因は，上肢切
断では業務上の事故や
交通事故などによる外
傷性が大半を占め，下
肢切断では糖尿病や動
脈硬化症などによる末
梢循環障害（壊死）が
60％以上を占める。
ほかに，悪性腫瘍・骨
肉腫，先天性奇形，神
経性疾患などがある。

看護師，医療ソーシャルワーカー（MSW）など，各専門職による**チームアプローチ**が行われます。切断レベルに合わせた義肢を製作し装着訓練をしたりADL訓練など行い，退院となります。退院後は切断者の社会復帰をいかに支援していくかが大切です。

（2）切断と住環境整備

　住環境においては，切断部位ごとの不自由をフォローし，体力を補いながらADLの自立を図れるように，移動能力に応じて，きめ細やかな対応が必要です。

■切断レベル

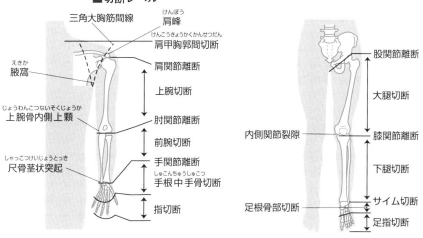

■離断・切断の場合の住環境の配慮

	生活上の状況	住環境の配慮
片側股関節離断	一般的に，股義足を装着。腰椎を前に曲げることで義肢を振り出し，股，膝，足の継ぎ手をコントロールする。体力を要するため，高齢者や女性は松葉づえやＴ字型つえを併用することが多い。室内で義足を脱ぐ場合は，両松葉づえか車いすを利用する。	敷居などの段差を解消。ノブや把手を扱いやすいものに換える。玄関・廊下・トイレ・浴室などに手すりを設置し滑りにくい材質にする。玄関や浴室の洗い場にいすを設置する。床材を車いすが走行しやすい表面の堅い材質に替える。

両側大腿切断	大腿骨の下1/3程度を切断するため，義足歩行も可能だが，多くの場合車いすでの移動となる。 自宅では義足を外し，上肢を使って座位移動したり，切断者用車いすを使用する場合が多い。	車いす対応の住環境整備。 義足を着脱，収納する場所を設ける。 トイレは両側に手すりを設置。 浴室は片側股関節離断と同様。 玄関の段差を解消する。アプローチ部分は，傾斜角1/12以下の勾配の緩いスロープや段差解消機を設置する。
片側大腿切断・膝関節離断	ソケットがついた大腿義足が主流だが，着脱が難しいため，入浴後やくつろいでいる時，就寝前など，義足を脱いだ後は，装着せず，両松葉づえで移動する場合が多い。 階段は，手すりを使い昇降することができる。上りは健足から上り，義足をそろえる。下りは義足を下ろし，健足をそろえる。	義足装着時と着けないときのADLを包括的にフォローする住環境整備。 床材を滑りにくいものに替え，手すりを設置する。 敷居などの段差を解消。 階段の段鼻は足が引っかかりにくい形状にする。 浴室には，手すりを設置し，浴槽に座って移動できるように移乗台やバスボードを設置。 水栓やシャワー栓はいすに座って届く位置に設置。 トイレは，手すりを両側に設置。 玄関は片側股関節離断と同様。
下腿切断	義足の着脱は容易にできる。	浴室は，手すりや腰掛け台を設置し，滑りにくい床材に替える。 義足の装着用に，玄関ほか各生活空間にいすを設置。
サイム切断・足部切断	ともに義足を装着しなくても室内を歩くことは可能。 距腿関節（脛と足首の間の足関節部分）で切断されたサイム切断には，サイム義足（くるぶし切断に適応する義足）を使用する。 足の一部が切断された足部切断は足袋型義足を使用する。	浴室には，手すりを設置し，滑りにくい床材に替える。 居室などは，クッション性のあるカーペット敷きなどとして，足部への衝撃をやわらげる。

用語

ソケット

切断部の断端と義肢の接合に使う。体重を支持し，懸垂機能，装着感を高める。

医療／3章

	上肢切断用の義手は，生活や仕事を考慮して選ぶ。両側上肢切断の場合は，能動義手が不可欠で，少なくとも一方の上肢に機能を持たせることが必要。片側だけの場合は，健側の上肢のみでADLが可能なことが多い。	片側上肢切断の場合，トイレでは，健側上肢に合わせてトイレットペーパーの位置を変える。戸には，義手の手先具で開閉可能なレバーハンドルを設置する。操作しやすいよう，電灯のスイッチを大きなものにする。頻繁に使用するスイッチは，義手を挙上せずに届く低い位置に置く。
上肢切断		

チャレンジ！　確認テスト

Point	**Q** できたらチェック ☑
脊髄損傷	☐ 1 脊髄損傷とは，交通事故や転倒・転落，スポーツ外傷などにより中枢神経である脊髄が損傷を受けた状態をいい，障害を受けた部位より下の機能が働かなくなる。
	☐ 2 脊髄損傷レベルがC_1〜C_3の場合，呼吸障害や四肢麻痺がある状態で，日常生活において全介助を必要とする。
	☐ 3 高位頸髄損傷（C_5髄節が残存）では，手関節までの動きがほぼ完全で，手首の屈伸やプッシュアップが可能となるため，便器と車いすの移乗ができるようになる。
	☐ 4 脊髄損傷では感覚障害が生じるため，ベッドやテーブルの脚部など体をぶつける可能性のある場所にはクッション材を取り付けたり，台などの角は面取りをして丸みをもたせたりして，体が傷つかないような配慮が必要である。
脳性麻痺	☐ 5 脳性麻痺は，胎生期から新生児期（生後4週間以内）までの間に生じた脳障害により，運動機能に異常をきたす疾患のことで，重度の知的障害などを合併するケースはまれである。
切断	☐ 6 上肢切断の原因は，糖尿病や動脈硬化症などの生活習慣病が大半を占めている。

A 解答　1.○／2.○／3.× 記述はC_7髄節が残存している場合である。／4.○／5.× 重度の知的障害などを合併するケースが多い。／6.× 業務上の事故や交通事故などの外傷性のものが大半。

レッスン 25 内部障害

A 重要度

学習のねらい 医療機器を利用しながら在宅生活を送る高齢者等は，今後も増加することが予想されています。それに伴い，福祉住環境整備において各疾患の特徴や在宅医療機器を導入するにあたっての正しい知識が求められています。

① 内部障害とは

 対象者が抱える不安やストレスおよび医療機器の使用・装着への配慮が重要となる。

　内部障害とは，「身体障害者福祉法」に定められている身体障害のうち，「心臓機能障害」「腎臓機能障害」「呼吸器機能障害」「膀胱・直腸機能障害」「小腸機能障害」「ヒト免疫不全ウイルスによる免疫機能障害」「肝臓機能障害」の 7 つの障害をいいます。

　内部障害は外から見ただけでは分かりにくく，本人が抱える不安やストレスに対する周囲の理解と援助が求められます。また，医療機器を必要とする人については，その管理や住環境整備への配慮がとくに重要です。

② 心臓機能障害

 心筋梗塞などの虚血性心疾患や心筋症などにより，血液循環の役割を果たす心臓の機能が低下した状態を心臓機能障害という。

（1）治療・リハビリテーション

　心臓の機能障害は，動悸や息切れ，疲れやすいなどの症状を引き起こします。心臓の機能がさらに低下すると，チアノーゼ（顔色が悪く，四肢の末梢が紫色になる状態）や，顔や四肢の浮腫などがみられます。

厚生労働省が実施した「平成28年生活のしづらさなどに関する調査」（2016年）によると，身体障害者手帳を所持する内部障害者は124.1万人となっています。最も多いのは，心臓機能障害の73万人です。

 プラスワン

心臓機能障害は，先天性の心臓病の場合を除き，多くは運動不足，肥満，喫煙，ストレス，食生活の偏りなどの生活習慣や加齢が引き金となって発症する。

🔰 プラスワン

心臓機能障害では、「重い荷物を持って急に立ち上がらない」「心臓より上に手を上げて作業しない」など、心臓に負荷をかけないように常に配慮する。

心臓機能障害の治療は、**包括的心臓リハビリテーション**が広く行われています。これは、医師や看護師、PT、栄養士、薬剤師など多職種が連携して、社会復帰および再発予防を目的とするものです。また、本人にとって無理のない日常生活を送るためには、ADLに必要な**酸素消費量**を知っておくことが大切です。

■生活活動および運動に必要な酸素消費量（運動強度の単位…METs）

METs	生活活動の例	運動の例
1.8	立位（会話，電話，読書），皿洗い	
2.2	子どもと遊ぶ（座位，軽度）	
2.3	ガーデニング（コンテナを使用する），動物の世話，ピアノの演奏	ストレッチング，全身を使ったテレビゲーム（バランス運動，ヨガ）
2.5	植物への水やり，子どもの世話など	ヨガ，ビリヤード
2.8	ゆっくりした歩行（53m/分），子ども・動物と遊ぶ（立位，軽度）	座って行うラジオ体操
3.0	普通歩行，電動アシスト付き自転車に乗る，子どもの世話（立位），台所の手伝いなど	ボウリング，バレーボール，社交ダンス（ワルツ，サンバ，タンゴ），太極拳など
3.3	カーペット掃き，フロア掃き，掃除機など	
3.5	歩行（75〜85m/分），楽に自転車に乗る（8.9km/時），階段を下りる，軽い荷物運び，車の荷物の積み下ろし，荷づくりなど	自転車エルゴメーター（30〜50ワット），自体重を使った軽い筋力トレーニング（軽・中等度），体操（家で，軽・中等度）など
4.0	自転車で通勤する（16km/時未満），階段をゆっくり上る，動物と遊ぶ（中強度）など	卓球，パワーヨガ，ラジオ体操第1
4.3	やや速歩（93m/分），苗木の植栽，農作業（家畜に餌を与える）	ゴルフ（クラブを担いで運ぶ）
4.5	耕作，家の修繕	テニス（ダブルス），水中歩行（中等度）など
5.0	かなり速歩（107m/分），動物と活発に遊ぶ	野球，ソフトボール，サーフィン，バレエ（モダン，ジャズ）
5.5	シャベルで土や泥をすくう	バドミントン
5.8	子どもと活発に遊ぶ，家具等の移動・運搬	
6.0	スコップで雪かきをする	ゆっくりとしたジョギング，バスケットボール，水泳（のんびり泳ぐ）など
7.8	農作業（干し草をまとめる，納屋の掃除）	
8.0	重い荷物を運搬する	サイクリング（約20km/時）
8.3	荷物を上の階へ運ぶ	ランニング（134m/分），ラグビーなど
8.8	階段を速く上る	

資料：厚生労働省「健康づくりのための身体活動基準2013」を一部改変

（2）在宅療法と医療機器

重度の不整脈などの場合は，電気刺激を人工的に心筋に伝えるペースメーカーが用いられます。ペースメーカーの植え込みによる日常生活の大幅な制限はありませんが，IH式電気炊飯器などの電磁家電製品，盗難防止装置，電気自動車の充電器，電気のこぎり・ドリルなどに近付くと，**電磁波**による誤作動を起こす可能性が指摘されています。

❸ 呼吸器機能障害

 呼吸器機能障害は，換気，通気性の維持・気道の浄化，肺胞におけるガス交換という呼吸器の3つの機能のいずれかに障害を生じたもの。

肺胞におけるガス交換機能が障害されると，呼吸不全になります。この呼吸不全が続くと**慢性呼吸不全**になります。

慢性呼吸不全のような状態を引き起こす疾患として，**慢性閉塞性肺疾患（COPD）**や肺結核後遺症，間質性肺炎，肺がんなどがあります。COPDは喫煙などにより，気管支や肺胞に炎症が起こり，慢性的に息切れが起こります。

（1）治療・リハビリテーション

慢性呼吸不全では，酸素の不足を補うために酸素吸入を行わなければなりません。これについては，1985（昭和60）年に**在宅酸素療法（HOT）**が医療保険の適用となり，在宅での酸素吸入が可能になっています。

COPDや間質性肺炎など呼吸機能の改善が難しい疾患では，病気をコントロールしながら社会生活に復帰するためのリハビリテーションが重要です。とくにCOPDを対象とした治療プログラムとして，**包括的呼吸リハビリテーション**が実践されています。また，COPD以外にも気管支喘息や間質性肺炎なども呼吸リハビリテーションが行われます。

（2）在宅療法と医療機器

慢性呼吸不全で安定した状態にある人には，**在宅酸素療**

プラスワン

呼吸器機能障害の原因となる基礎疾患は，肺結核後遺症に代わり，今後はCOPDが主体となると予想されている。ほかに間質性肺炎や肺がん，気管支喘息なども原因となる。

医療／3章

法が行われます。在宅酸素療法に用いられる酸素吸入装置には,**液体酸素装置**や**酸素濃縮装置**,あるいは外出時に使用する**携帯用酸素ボンベ**があります。

また,筋萎縮性側索硬化症や筋ジストロフィーなどの神経・筋疾患には**在宅人工呼吸療法(HMV)**が行われます。在宅人工呼吸療法には,気管切開を介する**気管切開人工呼吸療法**と,気管切開を行わずにマスクを使用して行う**マスク式人工呼吸療法**があります。

④ 腎臓機能障害

腎臓機能障害とは,血液から老廃物をろ過する腎臓の機能が低下し,生体の恒常性を維持できなくなった状態をいう。

(1) 原因

腎臓の機能低下が急速に生じた場合を急性腎不全,数か月から数年かけて機能不全に陥るものを**慢性腎不全**といいます。慢性腎不全は回復は見込めず,末期腎不全(尿毒症)に至るもので,日常生活にも大きく影響します。

腎臓機能障害には,急性腎炎など腎臓そのものの異常が原因の場合と,**糖尿病**や痛風,膠原病などの全身性疾患から二次的に起こる場合があります。

(2) 治療

腎臓疾患は糸球体濾過値をもとに,正常値の30%以下が慢性腎不全,10%以下が尿毒症と診断されます。腎臓機能の低下が進み,食事療法や薬物療法などでは体液を一定に保てなくなった場合には**透析療法**が行われます。

① 血液透析

対象者の腕の血管から血液を体外に出し,透析器で老廃物などを取り除いて,きれいになった血液を再び体内に戻す方法です。通常は週3回医療機関に通い,1回に4～5時間ほど要するもので,在宅で行う際に

は適応についての慎重な判断と本人および家族の教育・訓練，さらに十分な支援体制が必要となります。

② 腹膜透析

腹部の臓器を包んでいる腹膜を透析器の代わりに濾過装置として使う方法で，標準的に行われているのは**連続携行式腹膜透析（CAPD）**です。腹腔内に腹膜灌流用カテーテルを埋め込み留置し透析液を注入すると，同じ濃度になろうとする力が働いて，血液中の老廃物が腹膜を通過して透析液側に移ります。

（3）在宅療法と医療機器

CAPDで透析液を貯留している間は，比較的自由に日常生活を行うことができます。ただし数時間ごとに，血液中の老廃物などが排出された透析液を廃液バッグに排出させ，新たな透析液が入っている透析液バッグから注液しなければなりません。

透析液バッグの交換は，本人または家族が行います。その際，透析液バッグとカテーテルの接続部分が外気に触れるため，感染に注意します。

■連続携行式腹膜透析（CAPD）

透析液バッグ
新しい透析液を
腹腔内に入れる

腹膜灌流用
カテーテル

腹腔内の
透析液
を出す

排液
バッグ

5〜6時間入れたままで
自由に行動できる

⑤ 膀胱・直腸機能障害

膀胱機能障害とは排尿機能が障害されている状態を，直腸機能障害とは排便機能が障害されている状態をいう。

（1）原因

膀胱・直腸機能障害を起こす疾患には，膀胱腫瘍，神経因性膀胱，クローン病，直腸がん，大腸がん，潰瘍性大腸

炎などがあげられます。

（2）治療・在宅療法と医療機器

膀胱・直腸機能障害では，疾患や症状に応じて薬物療法，手術療法，化学療法，放射線療法，**自己導尿**，**膀胱留置カテーテル**の挿入などが行われます。

手術で膀胱や直腸を切除あるいは摘出して排尿・排便が困難になったときは，腹部に人工的な排泄口を設けます。尿の排泄口は**尿路ストーマ**（人工膀胱），便の排泄口は**消化器ストーマ**（人工肛門）で，これらの保有者を**オストメイト**といいます。ストーマには排泄をコントロールする機能がなく，意思に関係なく排泄物が少しずつ排泄されてしまうため，ストーマのまわりにストーマ用パウチを装着して尿や便を受け止めます。

❻ 小腸機能障害

 小腸での栄養素の消化・吸収機能などが低下し，体に必要な栄養素が欠乏している状態を小腸機能障害という。

（1）原因

小腸機能障害を起こす疾患には，上腸間膜動脈閉塞症，小腸結核，小腸クローン病などがあります。がんなどにより小腸を広範囲に切除した場合にも小腸機能障害が生じます。

（2）治療・在宅療法と医療機器

小腸機能障害で発育障害や栄養障害がある場合は，口から食べる以外の方法で栄養を摂取する必要があります。

① **経管栄養法**（経腸栄養法）…消化管に直接挿入したチューブを介して栄養物を注入する方法。鼻からチューブを入れる**経鼻経管栄養**と，腹・腸壁に孔を開けて胃や空腸に直接チューブを入れる**胃瘻・空腸瘻**がある。

② **中心静脈栄養法**…主に鎖骨下にある中心静脈にカテーテルを刺し入れ，高カロリーの輸液を点滴で送り込

む方法。高い活動性を求める人には，皮下埋め込み式ポート（カテーテル）が用いられる。

❼ ヒト免疫不全ウイルスによる免疫機能障害

ヒト免疫不全ウイルス（HIV）の感染によって発症する免疫機能障害が後天性免疫不全症候群（AIDS）である。

（1）原因

HIVは一旦人の体内に入り込むと，免疫機構の中心的役割を担うヘルパーTリンパ球を破壊し始めます。このため抵抗力が弱まり，結果として免疫不全になります。

（2）治療・リハビリテーション

発症を抑えたり病気の進行を遅らせたりする抗HIV薬や，免疫不全に伴う日和見感染症の予防・治療が中心になります。HIV感染者は将来のAIDS発症や死，社会的立場に対する不安から抑うつ状態に陥りやすく，リハビリテーションの一環として精神的なサポートが不可欠です。

❽ 肝臓機能障害

何らかの原因で肝臓の機能が障害を受けて正常に働かなくなった状態を肝臓機能障害という。

（1）原因

肝臓は再生力の強い臓器なので，多くは肝臓機能障害になっても，治療により治癒，改善します。ただし，重症化すると，治療による改善は難しくなり，強い全身倦怠感や有痛性けいれんなどが生じ，日常生活に支障をきたします。肝臓機能障害を起こす疾患には，B型・C型ウイルス性肝炎，自己免疫性肝炎，アルコール性肝障害などがあり，これらの疾患が進行すると肝硬変，肝がんになる場合もあります。

用語

皮下埋め込み式ポート
体内にポートと呼ばれる器具を埋め込んで行う中心静脈栄養法。カテーテルの露出がなく，入浴やスポーツを自由に行え，生活の質の向上に有効である。

HIVに感染後，血液検査で抗体陽性になるのは6〜8週間後です。多くの場合，数年から十数年は，症状は現れず，この潜伏期を過ぎると免疫不全状態が生じます。

用語

日和見感染症
病原性がほとんどないか，あっても健康であれば発症しない程度の非常に弱い病原体であるにもかかわらず，宿主の抵抗力が弱っているために，病原性が発揮されて起こる感染症。

プラスワン
B型・C型肝炎ウイルスは血液を介して感染するため，血液が付着する可能性のある歯ブラシやかみそりなどの共有は避ける。

（2）治療・リハビリテーション

　B型・C型ウイルス性肝炎，自己免疫性肝炎に対しては，薬物療法が中心となります。アルコール性肝障害は禁酒することが基本となります。塩分摂取を控えた**食事療法**や，疲れない程度の適度な運動も取り入れます。

⑨ 内部障害と住環境整備

住環境整備では在宅医療機器の制約を考慮する。

　内部障害者の身体的・心理的な状況および家族の状況を理解するとともに，在宅で使用する医療機器が持つさまざまな**管理使用上の制約**を踏まえたうえで，福祉住環境を整備します。また，現在は医療機器を使用していなくても，障害が進行した場合，どのような機器が必要となるかを知ることも必要です。

■障害と福祉住環境整備の具体例

障害	具体的な福祉住環境整備
心臓機能障害	【ペースメーカー】 ・ペースメーカーを胸部に植え込む場合は，IH式電気炊飯器や電磁調理器，電気のこぎり・ドリルなどに近付くと誤作動を生じる場合があるため，これらの**機器の近くにとどまったり，近付いたりする姿勢をとらない**ようにする。また，これらの機器や家電製品の配置についても考慮する。
呼吸器機能障害	【生活上の不便・不自由】 ・前かがみになっての洗面，入浴時の洗体や洗髪，和式便器での排便は，腹圧の高まりと息みによって，血液中にどの程度の酸素が含まれているかを示す**経皮的酸素飽和度（SpO$_2$）の低下**をきたしやすい。和式便器から洋式便器への取り替えを検討する。 【在宅酸素療法】 ・複数の医療機器やその他の器材が置ける**広さを確保**する。 ・酸素吸入装置は，**火気から2m以上離れて**使用する。 ・酸素吸入装置に酸素濃縮装置を利用している場合は，加湿器が必要である。 ・酸素吸入装置と鼻カニューレをチューブでつなぐため，移動距離が長い場合に，チューブが長く引っかけやすい。壁にフックなどを取り付けて，**チューブを掛ける場所を確保**する。 【在宅人工呼吸療法】 ・在宅人工呼吸器を使用する場合には，ベッドを置いても必要な器材が収納できる場所を確保する。 【吸引器】 ・器材を**洗浄するスペースの確保**や流し台を設置するなどの配慮が必要である。

腎臓機能障害	**【血液透析】** ・機器およびその他の器材が置ける広さを確保する。また，水圧を確保できるように，**居室と水道や排水管との距離**に配慮する。 **【連続携行式腹膜透析（CAPD）】** ・空気中の細菌に注意するためにも，冷暖房の送風を一旦止める，窓を閉め，風が入らないようにすることなども大切である。住宅によっては，空気の流れが起こらない床暖房なども有効である。 ・透析液の入ったバッグを交換する際は，感染を避けるために**清潔な場所を確保**する。 ・透析中の異変に家族が気付くように，家族の目に触れやすい場所で実施する。
膀胱・直腸，小腸機能障害	**【自己導尿・膀胱留置カテーテル・ストーマ】** ・排泄物の臭気に対し**換気**を行う。 ・排泄物の処理と器具洗浄が必要となる。これらを専用に行う部屋がなく，トイレで行う場合は，処理に必要な装具などを置く**場所を確保**し，**洗浄ができるよう整備**しておく。 ・入浴の前後にストーマ用パウチやストーマの手当て，装着などがあるため，洗面・脱衣室などに**必要な器具を置く場所が必要**である。 **【経管栄養法・中心静脈栄養法】** ・使用中に部屋を移動する場合，**部屋の各所に栄養物や輸液バッグを掛けるフック**を取り付けておくと便利である。移動には，キャスタ・スタンドを利用し，移動しやすいように**居室と廊下との段差は解消**する。

医療／3章

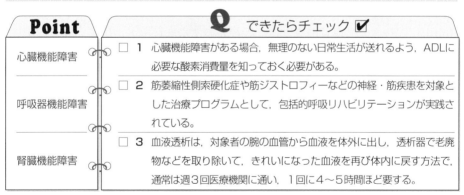

チャレンジ！　確認テスト

Point	できたらチェック ☑
心臓機能障害	□ 1　心臓機能障害がある場合，無理のない日常生活が送れるよう，ADLに必要な酸素消費量を知っておく必要がある。
呼吸器機能障害	□ 2　筋萎縮性側索硬化症や筋ジストロフィーなどの神経・筋疾患を対象とした治療プログラムとして，包括的呼吸リハビリテーションが実践されている。
腎臓機能障害	□ 3　血液透析は，対象者の腕の血管から血液を体外に出し，透析器で老廃物などを取り除いて，きれいになった血液を再び体内に戻す方法で，通常は週3回医療機関に通い，1回に4〜5時間ほど要する。

解答 1.○／2.× 包括的呼吸リハビリテーションは，COPDが対象。／3.○

レッスン 26 視覚障害

重要度 A

学習のねらい 視覚障害者が実生活においてどのような不便・不自由を感じているかを念頭におきながら，視覚障害の特徴，在宅介護における留意点，住環境整備のポイント，福祉用具などについて学びます。

① 視覚障害とは

身体障害者福祉法では，視覚障害認定基準として視力障害と視野障害の２つの機能レベルで重症度を分類している。

眼球から入った外界の映像情報は**網膜**に映し出され，電気信号に変換され視神経を通って**大脳後頭葉**の視覚中枢に伝えられ，連合野を介して視覚情報として認識されます。**視覚障害**とはこの経路のどこかに障害が生じるものです。

視覚障害は全盲と**ロービジョン**に大別されます。また，身体障害者福祉法では，認定基準として**視力障害**と**視野障害**の２つの機能レベルで重症度を分類しています。

厚生労働省が実施した「平成28年生活のしづらさなどに関する調査」（2016年）によると，身体障害者手帳を所持する視覚障害者は31万2,000人である。

WHOの定義では，「両眼に眼鏡を装用して視力測定を行い，0.05～0.3未満をロービジョン」としていますが，この定義に視野障害は入っていないのですね。

■眼の構造

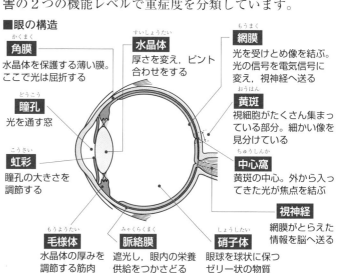

角膜（かくまく）
水晶体を保護する薄い膜。ここで光は屈折する

瞳孔（どうこう）
光を通す窓

虹彩（こうさい）
瞳孔の大きさを調節する

水晶体（すいしょうたい）
厚さを変え，ピント合わせをする

毛様体（もうようたい）
水晶体の厚みを調節する筋肉

脈絡膜（みゃくらくまく）
遮光し，眼内の栄養供給をつかさどる

硝子体（しょうしたい）
眼球を球状に保つゼリー状の物質

網膜（もうまく）
光を受けとめ像を結ぶ。光の信号を電気信号に変え，視神経へ送る

黄斑（おうはん）
視細胞がたくさん集まっている部分。細かい像を見分けている

中心窩（ちゅうしんか）
黄斑の中心。外から入ってきた光が焦点を結ぶ

視神経
網膜がとらえた情報を脳へ送る

② 原因疾患とリハビリテーション

 原因疾患には，網膜色素変性症，緑内障，糖尿病網膜症，加齢黄斑変性症などがある。

(1) 原因疾患

視覚障害の原因の主なものとして，**網膜色素変性症**，**緑内障**，**糖尿病網膜症**，**加齢黄斑変性症**があげられます。

① 網膜色素変性症

網膜に異常な色素沈着が起こる進行性の病気です。網膜にある視細胞のうち，暗い場所で機能する杆体細胞が早期に障害されるため，早くから**夜盲**の症状を訴えます。さらにもう一方の視細胞である錐体細胞も障害され，次第に視野が狭くなっていきます。原因がはっきりしておらず，根本的な治療法はありません。

② 緑内障

視神経が何らかの原因で障害され，視野狭窄をきたす病気です。眼球の内部の**眼圧の上昇**が原因の一つとされています。放置すると視神経の障害範囲が広がり，ついには視野がほとんど欠けて失明することもあります。**点眼薬**で眼圧をコントロールして進行を抑えることが治療の基本ですが，それが難しい場合は手術を行います。

③ 糖尿病網膜症

糖尿病によって網膜が障害される病気で，糖尿病の**3大合併症**の一つです。高血糖状態が続くと，網膜の毛細血管が傷み，血管壁が変性して閉塞したり壊れたりして視力が低下していきます。物がかすんで見えたり，視野にごみのようなものがちらついたりすることもあります。

④ 加齢黄斑変性症

加齢などによって，網膜に異常な老廃物がたまり，黄斑部が障害される病気です。視野の中心部が暗くぼ

用語

夜盲
網膜にある視細胞の機能に障害が生じて光覚（明暗）が弱くなったり，暗順応が弱くなったりする状態のこと。このため，夜になると視力が落ちてしまう。

プラスワン

糖尿病網膜症や加齢黄斑変性症では，症状の進行を抑えるためにレーザー治療が行われる。

ける中心暗点や視力低下，物がゆがんで見える変視症，色が分からなくなる色覚異常などが生じます。

（2）リハビリテーション

近年，障害者が日常生活を送るうえで視覚的な困難を感じたら，医療と並行して福祉サービスを行う**ロービジョンケア**という考え方が出てきています。

治療が成功してもQOLのレベルが元に戻らない場合や，完治する治療法のない疾患もあります。ロービジョンケアは，従来の医療に加えて補助具やさまざまなアイデアを駆使し，視覚障害者の生活という視点からQOLを高めることをいいます。

❸ 視力障害

 視力障害者は対象を識別する行為に不自由を感じる。

（1）視力

視力は，文字を読んだり，書いたりする時に使われる機能で，対象を識別できる限界値を示すものです。視力に障害があると，これらの行為に不自由を感じます。

自然に物を眺めたとき，光がきちんと網膜上に像を結ぶ状態が正視です。眼球の形状の違いによっては，**屈折異常**が起こります。なお，疾患によっては日や時間帯によって視力が変動します。

（2）不便・不自由に対するくふう

視力障害になると，文字を書いたり読んだりしにくくなるので，**拡大鏡（ルーペ）**があると重宝します。その際，視力障害者にとって必要最小限の倍率で，視野内にできるだけ多くの文字が入るものを選ぶようにします。

また，光を非常にまぶしく感じる<ruby>羞明<rt>しゅうめい</rt></ruby>があるため，視覚障害者は照明が直接眼に入ることを好みません。原因疾患や症状に合わせて照明を選ぶなどの配慮が必要です。

❹ 視野障害

視野とは，一点を注視した時に見える範囲であり，視野が欠けることを視野欠損という。視野欠損には，狭窄，暗点，半盲などがある。

（1）狭窄（視野の広さが狭くなる）

視野狭窄の中で，視野が周辺部からだんだん狭くなっていくものを**求心狭窄**といいます。周辺部が見えないため，普通の速度で視野に入ってくる人や物であっても，急に現れたように見えて，対応が遅れることがあります。また，多くのケースで，夜盲や順応障害を起こします。

歩行時には<ruby>白杖<rt>はくじょう</rt></ruby>が欠かせません。進行方向の路面の状態や階段の段差などを知ることができ，また自動車の運転手や歩行者など周囲の人に視覚障害者であることを知らせることで，注意を喚起することにもなります。

（2）暗点（部分的に見えないところが出現する）

視野の周辺部は見えるけれど，中心部が見えにくい状態を**中心暗点**といいます。視力に関係している網膜の中心部に障害を受けたときに起こるもので，中心暗点があると，急激な視力

■視野障害による物の見え方

正常

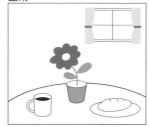

求心狭窄

中心暗点

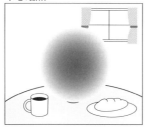

医療／3章

低下を招き，遠近感や立体感がなくなります。

中心暗点のある人にとって大切なことは，残った視野の中で感度のよい，使える網膜はどこかを早く見つけることです。このためには，中心窩以外の網膜で見る中心外視力を使う訓練（**中心外固視訓練**）が必要です。また，転倒防止のために階段や段差に注意を喚起するための表示を設けたり，白杖を使うようにします。文字を読み書きする時には，罫プレートを使うことも有効です。

(3) 半盲（視野の半分が欠ける）

半盲には，**同名半盲**と**異名半盲**の2種類があります。同名半盲は，視索，外側膝状体，視放線，大脳の後頭葉視覚中枢の障害により，両眼とも同じ側の視野が欠ける状態です。一方，両眼の耳側半分あるいは鼻側半分の視野が欠ける場合を異名半盲といいます。

■視野障害による物の見え方
左同名半盲

同名半盲では，半開きのドアにぶつかったり，欠損側に寄って歩いたりしやすいため，視野のある側に生活用品を置く，視野のある側から近付く，などの配慮をします。

❺ 視覚障害による問題点

順応，色覚，羞明，コントラストなどの問題がある。

視覚障害になると，順応，色覚，羞明，コントラストなどにおいて問題が生じることがあります。

① 順応…暗順応，明順応は，網膜にある錐体と杆体の2種類の視細胞がコントロールしているため，視細胞が原因の疾患では，早い段階で障害をきたす。上半分が暗く下半分が明るくなっているグラデーション付き

の遮光眼鏡をかけると，まぶしさが抑えられる。

② 色覚…視細胞の**錐体細胞**（青錐体，赤錐体，緑錐体）が関与しており，先天性色覚障害は，錐体細胞のいずれかに障害があるため，ある種の色を別の色として認識する。後天性色覚障害は，錐体細胞が多く存在する網膜の黄斑部の障害によるもの。すべての錐体細胞が障害されると，１色覚（旧：全色盲）となる。色の識別能力が残されている場合は，**視覚障害者用拡大読書器**を利用すると，カラー画像，白黒画像，白黒反転画像で鮮明に見ることができる。色の見え方は一人ひとり異なるため，路線図などは数字を付加する，太さを変えるなどくふうするとよい。

③ 羞明…水晶体や硝子体の混濁により眼に入る光が乱反射するために，普通の光でもまぶしく感じることをいい，代表的な疾患は白内障である。また，錐体機能不全や網膜色素変性症など錐体細胞と杆体細胞の関係がアンバランスになった場合にも生じる。太陽光が強く射し込む部屋では物がはっきり見えないために移動を躊躇することがあり，カーテンやブラインドで遮光し，照明も間接照明にするなどのくふうが必要。

④ **コントラスト（対比）**…色対比と輝度対比があり，視覚障害者は一般に，コントラストの感度の低下がみられる。床の段差には，周囲の床面とは色対比の大きい色テープなどを貼ると，段差を認識しやすくなる。

❻ 視覚障害と住環境整備

住環境整備では，安全を第一に考えることが大切です。

① 段差の解消…できるだけ解消し，段差が残るところはスロープにしたり，色対比を活用して，段差に気付きやすいようにする。また，階段には，段鼻部分に色を付けると安全性が高まる。間接照明を用いて階段を明るくすることも有効。

プラスワン

順応障害への対策として，建物の出入り口は屋外の明るさに合わせて明るくし，中に入るにつれて徐々に暗くすると，玄関に入って急に見えなくなって立ち止まることはなくなる。

用語

視覚障害者用拡大読書器

手紙や本などをスキャナや小型カメラで読み取り，テレビやパソコンの画面に拡大表示する機器。

プラスワン

遮光すると部屋全体が暗くなるため，いすの下に照明を置いて位置を示すなどのくふうをするとよい。

プラスワン

例えば，隣り合わせになる色が黄色とオレンジ色では見分けにくいが，黄色と黒なら容易に見分けられる（色対比）。また，黒地に白い文字ならはっきり読めるが，灰色の文字では読みにくい（輝度対比）。

プラスワン

色合いの違いを示した「色相環」で向かい合わせの関係にある2色を反対色（＝補色）という。赤と青緑，黄と青紫，青とだいだいなど。

② 色対比を活用…戸と把手を反対色に塗り分ける，鍵の位置や鍵穴も色対比を考慮する，危険な場所には周囲の床面と異なる色のテープを貼る，などのくふうで安全に配慮する。

③ その他のくふう…家具などの角を柔らかいもので覆う，室内は整理整頓する，不要なものは床に置かない，といった配慮も安全確保に不可欠である。

チャレンジ！ 確認テスト

Point	**Q** できたらチェック ☑
視覚障害の原因疾患とリハビリテーション	□ 1 網膜色素変性症は，網膜に異常な色素沈着が起こる進行性の病気で，進行すると夜盲の症状を訴える。
	□ 2 眼圧の上昇が原因の一つとされる緑内障は，視神経が障害され，視野狭窄をきたす病気で，放置すると視野の中心部が暗くぼける中心暗点や，物がゆがんで見える変視症などが生じることもある。
	□ 3 従来の医療に加えて補助具やさまざまなアイデアを駆使し，視覚障害者の生活という視点からQOLを高めることを，ロービジョンケアという。
視野障害	□ 4 同名半盲は，大脳の後頭葉視覚中枢などの障害により，両眼とも同じ側の視野が欠ける状態をいい，半開きのドアにぶつかったり，欠損側に寄って歩いたりしやすいため，視野のある側に生活用品を置く，視野のある側から近付く，などの配慮が必要である。
視覚障害による問題点	□ 5 水晶体や硝子体の混濁により眼に入る光が乱反射するために羞明を訴える視覚障害者に対しては，グラデーション付き遮光眼鏡を使用したり，建物の出入り口は屋外の明るさに合わせて明るくし，中に入るにつれて徐々に暗くしたりするとよい。

A 解答 1.× 夜盲の症状は早期から現れる。／2.× 放置すると視神経の障害範囲が広がり，失明することもある。／3.○／4.○／5.× カーテンやブラインドなどで遮光したり，間接照明にしたりする。

B
重要度

学習のねらい 聴覚言語障害は，コミュニケーションの障害であるといわれています。ここでは，聴覚言語障害の種類とその特徴についての正しい理解と，必要とされる住環境整備について考えます。

① 聴覚のしくみと聴覚障害

 耳から大脳に至るまでの経路のどこかに機能低下が生じると聴覚障害（難聴）が起こる。

　耳に入った空気の振動（音波）を音として知覚する感覚のことを聴覚といいます。

　その経路のどこかで機能低下が生じると，**聴覚障害**（難聴）が起こります。**伝音系**の異常が伝音難聴，**感音系**の異常が感音難聴，両方に原因があるものが混合難聴です。

　厚生労働省「平成28年生活のしづらさなどに関する調査」（2016年）によると，身体障害者手帳を所持する聴覚障害者は，65歳未満が6万人，65歳以上（年齢不詳を含む）が23万7,000人となっています。

■難聴の種類

種類	主な原因		聞こえ方
伝音難聴	外耳道閉鎖症，中耳炎	音	音が小さく聞こえる。大きな音は聞こえる。
		言葉	大きくすれば聞き取れる。
感音難聴	内耳から聴覚中枢までの機能低下	音	音がゆがんで聞こえる。
		言葉	はっきり聞き取れない。
混合難聴	慢性中耳炎と内耳の障害が合併	音	小さな音は聞き取れない。音がゆがんで聞こえる。
		言葉	大きくすると聞こえやすくなるが，はっきりと聞き取れないこともある。

🔑 **用語**

伝音系
聴覚の経路のうち，外から入ってきた音の振動を蝸牛に伝える経路。

🔑 **用語**

感音系
蝸牛で音を電気信号に変換して脳に伝え，認識する経路。

☝ **プラスワン**

伝音難聴は音を大きくすれば聞こえるので，補聴器による効果が大きい。感音難聴では音のゆがみが加わるので補聴器を使用しても聞き取れないことが多い。

■聴覚のしくみ

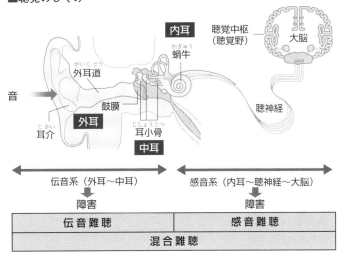

❷ 聴覚障害者と住環境整備

 聞こえには語音明瞭度やダイナミックレンジが関係する。

（1）聴覚障害者の聞こえ方

難聴がある人の聞こえ方は一人ひとり異なりますが，主に次の3つの特性があります。

①　音が聞こえにくい

音の聞こえの程度は聴力検査によって調べることができます。周波数の異なる音についてそれぞれ聞こえ始める最も小さな音（最小可聴値）を調べ，その結果を**オージオグラム**

■難聴の程度と平均聴力（WHO）

難聴の程度	平均聴力レベル＊
正常	25dB以下
軽度難聴	26～40dB
中等度難聴	41～60dB
高度難聴	61～80dB
重度難聴	81dB以上

＊よいほうの耳の500・1000・2000・4000Hzの聴力レベルの平均

という図で表します。平均的な最小可聴値は0dBです。この結果から，4分法といわれる方法で算出した平均

聴力レベルによって難聴の程度が分かります。

② 言葉を聞き取りにくい

音の聞こえの程度と言葉を聞き取る力は別の能力で，**語音明瞭度**が低下すると，言葉がうまく聞き取れません。相手の話す声が小さい，話す速度が速い，周囲の雑音が多い，残響時間が長いなどの状況では，聞き取りにくいことに注意が必要です。

また，感音難聴では，聞き取りやすい音声の大きさを超えると，耳に響いてかえって語音明瞭度が低下します。

③ 大きな音をうるさく感じる

難聴の人は，健常者に比べて**ダイナミックレンジ**が狭くなります。小さな音が聞こえにくいだけでなく，とくに感音難聴では，大きな音を不快に感じやすくなります。

(2) 生活上の配慮・くふう

聴覚障害者には，会話による**コミュニケーション**をとりづらい，音声や音による**情報**を十分に得られないという不便・不自由があり，これらに対する支援が重要です。

① コミュニケーション

聴覚障害者とのコミュニケーションでは，**視覚的手段**が積極的に活用されます。そのうえで，障害の程度や障害を受けた時期によって手段を使い分けます。例えば言葉の聞き分けが可能な場合は音声言語，聞き分けが難しい場合には視覚的手段を中心として，状況に応じて**手話**，**読話**，**筆談**などを併用します。

コミュニケーションには感情の交流といった側面もあるため，表情など非言語情報も重要な手段となります。

② 視覚（非音声情報）面の配慮

聴覚障害者にとって視覚的な情報は大切なので，できるだけ生活空間の中に見えない場所をなくすくふう

用語

語音明瞭度
言葉を聞き取る能力のこと。音の大きさを変えて最も多く聞き取れた時の語音明瞭度を最高語音明瞭度という。

用語

ダイナミックレンジ
聴覚で聞き取れ不快に感じない範囲のこと。

手話を習得しているろう者なら，手話でのコミュニケーションが一般的なんですね。

用語

屋内信号装置

電話のベルや玄関のチャイムなどの生活音を，光や振動で知らせる装置。

が必要です。このほか，**屋内信号装置**を設置する，リモコンや夜光のひもスイッチなどで必要時に照明を点灯できるようにする，危険を光や振動で知らせる火災報知器などを設置する，といった整備を行います。

③　音響面での配慮

雑音のある所，残響音のある場所では，目的の音や言葉を聞き取りにくかったり，大きな音が耳に響いて不快に聞こえたりします。そのため，会話時に窓を閉めて雑音を排除する，遮音性・吸音性の高い壁や床にして反響音や衝撃音が出ないようにする，といった配慮が必要です。

■障害時期による特徴

時期	障害・問題　（例）
乳幼児期など 言語習得期以前	音声言語の習得に障害が生じる。 発音の障害（構音障害）を起こすこともある。
言語習得期から 成人以降	心理的問題，家庭や地域社会・職場などのコミュニケーションに問題が生じる場合がある。
高齢期 （加齢性難聴） 〔老人性難聴〕	高い音域の聴力から低下する。 言葉を聞き取りづらくなり，聞き誤ったりする。 徐々に進行するため，本人も家族も気がつかないことが多い。 社会活動の楽しみが減少する。 孤立しがちになる。

❸ 言語障害

言語障害には，失語症，構音障害，音声障害などがある。

（1）言語のしくみ

プラスワン

言葉を話す過程では，脳からの命令が発声発語器官（肺，声帯，口腔，鼻腔など）に伝わり，発声発語器官が運動することによって言葉が発せられる。

人が言葉を話し，理解する過程には2つあります。1つは，話し手の脳の中で言葉を組み立て，言葉が発せられる過程です。もう1つは，聞き手の耳に伝わり，脳の中で言葉として理解される過程です。

この過程のどこかに障害が生じ，人とのコミュニケーションが困難になることを**言語障害**といいます。言語障害は，脳や声帯など障害を受けた場所によって，**失語症，構音障害，音声障害**などに分かれます。

■話すことの仕組み

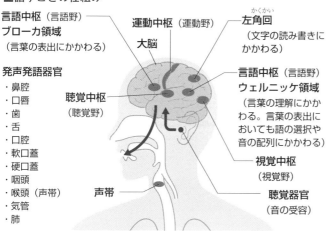

言語中枢（言語野）
ブローカ領域
（言葉の表出にかかわる）

発声発語器官
・鼻腔
・口唇
・歯
・舌
・口腔
・軟口蓋
・硬口蓋
・咽頭
・喉頭（声帯）
・気管
・肺

運動中枢（運動野）
大脳
聴覚中枢
（聴覚野）
声帯

左角回 _{かくかい}
（文字の読み書きにかかわる）

言語中枢（言語野）
ウェルニッケ領域
（言葉の理解にかかわる。言葉の表出においても語の選択や音の配列にかかわる）

視覚中枢
（視覚野）

聴覚器官
（音の受容）

（2）生活上の配慮・くふう

言語障害の症状や程度に合わせてコミュニケーション方法をくふうすることが大切です。

① 失語症
喚語困難_{かんご}や錯語_{さくご}，プロソディ（言葉の抑揚やリズム）の障害，音は聞き取れても意味が分からないなど，人によってさまざまな症状があり，話し方が流暢でなくなったり会話がくい違ったりします。

聞き手は，相手のペースに合わせる，表情や身振り，周りの状況などを手がかりに理解する，文字や絵でコミュニケーションを図るなどの配慮が必要です。話し手は，平易で短い表現で伝える，繰り返しゆっくり話す，大事なことはメモで伝えるなどの配慮をします。

② 構音障害・音声障害
これらは，発声や発音がうまくできないものの，言葉の組み立てや理解，読み書きに問題はありません。

用語
失語症
脳血管障害や頭部外傷などにより大脳言語野が損傷を受け，言葉を組み立てること，聞いて理解すること，または読み書きが困難になる言語障害。

用語
構音障害
発声発語器官の運動障害や脳性麻痺，形態異常，聴覚障害などによって，発声や発音ができない状態をいう。

用語
音声障害
声帯の異常や喉頭摘出などにより，声が出なかったり，声がかすれたりする障害。

用語
喚語困難
うまく言葉が出てこない，単語が思い出せないなどの症状。

用語
錯語
意図した言葉とは別の発音や単語が出る症状。

プラスワン
構音障害では，発音の置き換え（母さん→母たん）や，音のゆがみ（ツ→チュ，クなど）が生じる。

医療／3章

そのため、コミュニケーションには筆談や文字盤、**携帯用会話補助装置**などが有効です。視線や指さし、身振り、表情なども手がかりになります。音声障害では、**電気式人工喉頭**や**食道発声法**を試みるケースもあります。

また、会話の途中で相づちを入れる、言葉を先取りせずに話し終えるまで待つなどして、うまく話せないことが心理的負担にならないように配慮します。

(3) 福祉住環境整備

発語の不明瞭さや理解能力の低下による会話・コミュニケーションの困難を少しでも軽減するには、住環境でもさまざまなくふうが必要です。例えば、静かで落ち着いた環境を整えて言葉を聞き取りやすくする、家族と互いの動きや表情が分かるよう、コミュニケーションのとりやすい部屋のくふう、非常時の連絡方法を確保するための設備を整える、などが考えられます。

チャレンジ！　確認テスト

Point	Q　できたらチェック☑
聴覚障害	□ 1　伝音難聴は、内耳から聴覚中枢までの機能が低下することによって起こる難聴で、音がゆがんで聞こえたり、言葉がはっきり聞き取れなくなったりする。
聴覚障害者と住環境整備	□ 2　雑音や残響音のある場所では、目的の音や言葉を聞き取りにくかったり、大きな音が耳に響いて不快に聞こえたりするため、遮音性・吸音性の高い壁や床にする。
言語障害	□ 3　言葉の理解や語の選択、音の配列にかかわるのは、大脳のブローカ領域である。
	□ 4　構音障害は、発声や発音がうまくできないものの、言葉の組み立てや理解、読み書きに問題はないため、コミュニケーションには筆談や文字盤、携帯用会話補助装置などが有効である。

A 解答 1.× 伝音難聴ではなく感音難聴。／2.○／3.× ブローカ領域ではなくウェルニッケ領域。／4.○

認知・行動障害（1）

学習のねらい 認知や行動に関する障害として，ここでは高次脳機能障害，発達障害について学びます。外見からは分かりにくい部分が多いこともあり，その特性についての十分な理解が必要です。

① 高次脳機能障害

大脳の高度で複雑な精神活動を高次脳機能という。

（1）高次脳機能障害とは

　大脳がつかさどる機能のうち，注意，認知，記憶，思考，推論，学習，言語，行為などの高度で複雑な精神活動を高次脳機能といい，それが障害されることを**高次脳機能障害**と呼びます。原因として，脳血管障害，交通事故などによる外傷性脳損傷，低酸素脳症，脳炎，脳腫瘍などがあります。

（2）症状

　脳損傷の部位と広がりによってさまざまな症状があり，単独で現れる場合と複数が混在している場合があります。

① **注意障害**…１つのことに長時間集中できず，気が散りやすく，ミスばかりする。複数のことを同時にしようとすると混乱する。

② **記憶障害**…物の置き場所を忘れる，予定を覚えられないなど。重度の場合，現実にはない話（作話）をすることもある。

③ **遂行機能障害**…適切な目標を持ち，達成するための計画を立て段取りよく実行し，結果を評価して次の行動に生かすことが困難となる。

④ **社会的行動障害（行動と情緒の障害）**…感情が制御

プラスワン

高次脳機能障害の定義は，「記憶障害，注意障害，遂行機能障害，社会的行動障害などの認知障害を主たる要因として，日常生活及び社会生活への適応に困難を有する者」（「高次脳機能障害支援モデル事業報告書－平成13年度～平成15年度のまとめ－」国立身体障害者リハビリテーションセンター，2004より）とされている。

プラスワン

厚生労働省が実施した「平成28年生活のしづらさなどに関する調査」（2016年）によると，高次脳機能障害と診断された人は32万7,000人となっている。

できず，ささいなことで興奮したり突然笑い出したりする。また，無気力で自発性が低く自分の考えに固執する，欲求を我慢できないなど，TPOを意識しない行動をしがち。人間関係をうまく築けない。

⑤　**失語**…話す・聞く・書く・読むという言葉に関する機能の一部または全部が損なわれる。言葉による意思の疎通が困難になる。

⑥　**失行**…それまでできていた行為・動作がぎこちなくなったり，間違えたりする。例えば，歯磨きの仕方や衣服の脱ぎ着の手順が分からない，衣服の上下や表裏を間違えるなど。

⑦　**失認**…感覚機能には問題がないのに，対象物を認知・識別できない症状。

⑧　**半側空間無視**…脳損傷が生じた反対側の空間に注意を向けにくくなる。左半側空間無視が圧倒的に多く，歩行時，左側の壁などにぶつかる，曲がり角に気付かない，左側の食事だけを残すなどの症状がみられる。

⑨　**身体失認**…自分の体についての意識にゆがみが生じる。麻痺があっても自覚できない，自分の体が自分のものでないように感じる，麻痺があることを認めないなどの症状が生じる。

（3）高次脳機能障害と住環境整備

高次脳機能障害がもたらす生活上の困難は，症状や本人の性格，年齢，生活習慣などを考慮した適切な対応により軽減が可能です。

①　症状を補う代償方法…例えば，記憶力を補うためにメモをとる，タイマーで予定を知らせるなど。本人が使い慣れたもの，関心や興味のあるものを用いる。

②　単純化…できるだけ手順を決めて行動をパターン化する。必要のない物は部屋に置かない，置く場所や収納場所を定めるなど，行動パターンを単純化しておく。

③　慣れ親しんだ環境…新しい環境には適応しにくいた

め，できるだけ障害を受ける前の環境を保持する。

④　安全な環境…注意力が低下し，安全への配慮が散漫になりがちなので，転倒などの危険性が高まる。段差解消や手すりの設置などの転倒防止に配慮する。

❷ 発達障害

　発達障害は，脳の機能障害が主な原因とされている。

（1）発達障害とは

　発達障害は，「自閉症，アスペルガー症候群その他の広汎性発達障害，学習障害，注意欠陥多動性障害その他これに類する脳機能の障害であってその症状が通常低年齢において発現するものとして政令で定めるもの」（2005〔平成17〕年4月施行「発達障害者支援法」）と定義されています。

（2）自閉症

①　特徴

　　自閉症は，次の3つの障害を特徴とします。

自閉症の特徴的な障害

「社会性の能力の障害」…適切で相互的な社会的関係や対人関係を持つことができない。目を合わせることができない，人に対して興味を示さない，など。

「コミュニケーション能力の障害」…意思疎通を図ることが困難。相手の言葉をオウム返しにする，理解に乏しい，など。

「想像力の障害とそれに伴う行動の障害」…思考や行動の柔軟性の発達が未熟でこだわりが強い。応用がきかず，興味や関心が限定的で，1つのことや同じ状況を反復し続ける。

プラスワン

興奮症状がある場合は，刃物や花瓶，灰皿など，投げると危険な物は本人から遠ざけ，窓ガラスには割れにくい加工を施すなどの対応が必要となる。

プラスワン

厚生労働省が実施した「平成28年生活のしづらさなどに関する調査」（2016年）によると，発達障害と診断された人は48万1,000人となっている。

プラスワン

「発達障害者支援法」では，発達障害者とは「発達障害がある者であって発達障害及び社会的障壁により日常生活又は社会生活に制限を受けるもの」をいい，発達障害児とは「発達障害者のうち18歳未満のもの」をいうと定めている。

以前，自閉症は親の育て方に問題があるといわれていましたが，近年では脳の機能障害ととらえられています。

② 生活上の配慮・くふう

　　周囲の人は，自閉症の特徴や特異的な行動パターンを理解し，適切に対処する必要があります。服の着替えや買い物，外出などは言葉で指示するより，写真やイラストなど視覚情報を用いるほうが有効です。

　　運動機能に問題はありませんが，運動を概念化することが難しく，相手の動きをまねることが苦手なため，運動が得意ではありません。この場合は，手本を見せたり，体を支えたりして根気よく学習させていきます。

　　また，**感覚が過敏**であることが多く，ちょっとした音で耳をふさいだり，同じものばかり食べたり，汗で体がベタつくのを異常に嫌がったりします。慣れた感覚から少しずつ新しい感覚を体験させたり，適応反応を促すなど，徐々に学習していくことが大切です。

③ 住環境整備

　　新しい環境に不安を感じて住環境の変化に対応できないことがあるため，部屋の模様替えなどは様子を見ながら慎重に行います。そのほか，よじ登っても倒れないようにタンスや冷蔵庫，テレビなどをネジで留める，内側から鍵をかけてしまわないようドアは外側から開けられる鍵にする，換気扇にカバーをかける，トイレや浴室のドアは外側から開けられるものにする，飛び跳ねなどによる防音対策として床にクッションなどを敷く，などの対応が必要です。

(3) 注意欠陥多動性障害（ADHD）

　注意欠陥多動性障害（ADHD）は，「年齢あるいは発達に不釣り合いな注意力，及び／又は衝動性，多動性を特徴とする行動の障害で，社会的な活動や学業の機能に支障をきたすものである。また，7歳以前に現れ，その状態が継続し，中枢神経系に何らかの要因による機能不全があると推定される」（文部科学省「今後の特別支援教育の在り方について（最終報告）」2003〔平成15〕年3月より抜粋）

プラスワン

過敏すぎる感覚が，服や靴下を脱ぎたがる，粘土などを触るのを嫌がる，人の視線を避ける，部屋から突然に飛び出すといった，他者から理解されにくい行動につながる。

ドアの開閉に固執して，ドアを開けたり閉めたりする動作を何回も繰り返す時には，すきまテープなどを貼っておくとよいでしょう。

と定義されています。

① 特徴

注意欠陥多動性障害は，次の3つを基本的な特徴とします。

ADHDの基本的な特徴

「多動性」…じっとしていることができずに，不適切な状況で走り回ったりする。

「衝動性」…しばしば他人を妨害し，じゃまする（例えば，会話やゲームに干渉する），順番を待つことができない，質問の途中で答える。

「不注意」…集中力を持続できない。外からの刺激があると，すぐに気がそれる。

上記3つの出方の強さによって，**多動性－衝動性優勢型**，**不注意優勢型**，両方をあわせもった**混合型**の3タイプに分けられます。

② 生活上の配慮・くふうと住環境整備

本人の特性を理解し，**指示は単純かつ短めにする**，問題行動を叱るよりも誘発刺激を与えないなどの配慮をします。適切な行動がとれた時はその場で具体的にほめて，よい行動パターンを確立していきます。

多動性，不注意により家具や装飾品にぶつかったりつまずいたりして転倒する危険性があるため，床にクッションを敷く，家具の配置に気をつける，床に不要なものを置かない，また，衝動性により物を投げたり叩いたりすることがあるため，ガラスに飛散防止フィルムを貼る，などの対策が効果的です。

（4）学習障害（LD）

学習障害（LD）は，「基本的には全般的な知的発達に遅れはないが，聞く，話す，読む，書く，計算するまたは推

プラスワン

注意欠陥多動性障害の症状のうち，多動性や衝動性は成長するに従って減少するが，不注意については思春期や成人期を迎えても症状が持続するケースもある。

プラスワン

注意の散漫を避けるくふうとして，壁に飾るカレンダー，写真，絵画などは色や絵柄のシンプルなものを選ぶ，家電製品や通信機器から出る発信音などの音量を絞る，屋外の騒音対策として窓を二重にして防音する，などがある。

医療／3章

論する能力のうち特定のものの習得と使用に著しい困難を示すさまざまな状態を指すものである。学習障害は，その原因として，中枢神経系に何らかの機能障害があると推定されるが，視覚障害，聴覚障害，知的障害，情緒障害などの障害や，環境的な要因が直接の原因となるものではない」（文部省〔現：文部科学省〕「学習障害児に対する指導について（報告）」1999〔平成11〕年7月より抜粋）と定義されています。

① 特徴

聞く，話す，読む，書く，計算する，推論するなどのうち，特定の能力の習得が遅れる状態をいいます。ある能力では平均よりも知的レベルが高い場合もあり，できることとできないことの差が大きいため，周囲の理解が得られにくい面があります。

② 生活上の配慮・くふうと住環境整備

失敗体験から自信や意欲を失うなどの**二次的な問題**が起こりやすいため，本人のできる点や得意なことを見つけ，自信の回復を図ります。この際，言葉だけではなく症状に合わせて，直接手をそえて手や肘の動かし方を教える，絵や文字を活用して視覚的に見せる，拍子や笛などの音で聴覚に訴えるなどの援助が効果的です。

多くのケースで体のバランスが悪かったり，手先が不器用だったりするため，遊具を使ってバランス運動の向上を図ったり，両手を使った協調運動で手指を動かす訓練をします。また，できるだけ段差を解消するなど安全面に配慮した住環境整備も必要です。

視空間認知などに問題がある場合は，収納場所や棚や引き出しの中身が視覚的に分かるよう，絵や色でくふうします。そのほか，いすの引きずり音が大きいときにはその防音対策，調理では煙感知器や自動消火装置など防火対策も検討します。

チャレンジ！　確認テスト

Point	Q できたらチェック ☑
	□ 1 高次脳機能障害とは，大脳がつかさどる機能のうち，注意，認知，記憶，思考，推論，学習，言語，行為などの高度で複雑な精神活動の機能が，脳血管障害，交通事故などによる外傷性脳損傷，低酸素脳症，脳炎，脳腫瘍などによって障害された状態をいう。
	□ 2 高次脳機能障害では，1つのことに長時間集中できず，気が散りやすい，複数のことを同時にしようとすると混乱するなどの注意障害がみられる。
高次脳機能障害	□ 3 高次脳機能障害では，感覚機能が障害されることで，対象物を認知・識別できない失認がみられる。
	□ 4 高次脳機能障害では，脳損傷が生じた側の空間に注意を向けにくくなり，歩行時に患側の壁などにぶつかる，患側の食事だけを残すなどの半側空間無視がみられる。
	□ 5 高次脳機能障害は，自宅や職場など慣れ親しんだ場所よりも，初めての場所や新しい作業をするときに症状が現れやすいという特徴がある。
	□ 6 自閉症では，社会性の能力の障害，コミュニケーション能力の障害，想像力の障害とそれに伴う行動の障害が特徴的である。
	□ 7 自閉症の人に服の着替えや買い物，外出などを指示する場合，写真やイラストなどの視覚情報を用いるよりも，言葉ではっきり伝えるほうが有効である。
発達障害	□ 8 注意欠陥多動性障害でみられる多動性，衝動性，不注意の3つの基本的な特徴のうち，多動性，衝動性は成長するに従って減少する。
	□ 9 学習障害では，失敗体験から自信や意欲を失うなどの二次的な問題が起こりやすいため，本人のできる点や得意なことを見つけ，自信の回復を図る。

医療／3章

A 解答 1.○／2.○／3.× 感覚機能に問題はない。／4.× 脳損傷が生じた反対側の空間に注意を向けにくくなる。／5.○／6.○／7.× 言葉よりもイラストなどの視覚情報を用いるほうが有効。／8.○／9.○

認知・行動障害（2）

学習のねらい 認知や行動に関する障害として，ここでは知的障害，精神障害について学びます。それぞれの特徴を十分に理解したうえで，生活上の配慮やくふうを行うことが必要です。

① 知的障害

知的障害には，知的機能が明らかに平均よりも低い，適応技能に問題がある，18歳以前に発症という3つの特徴がある。

（1）知的障害の定義

　知的障害は，「知的機能の障害が発達期（概ね18歳まで）にあらわれ，日常生活に支障が生じているため，何らかの特別の援助を必要とする状態にあるもの」（厚生労働省「知的障害児（者）基礎調査結果の概要」，2000〔平成12〕年より抜粋）とされています。

（2）特徴

　知的障害には，①知的機能が明らかに平均よりも低い（おおむねIQ〔知能指数〕70以下），②意思伝達や自己管理などの適応技能に問題がある，③18歳以前に発症している，という3つの特徴があります。知的障害が認定されると，**療育手帳**（「愛の手帳」や「みどりの手帳」などの名称で呼ばれる）が自治体から交付され，各種料金の免除などが受けられます。

　知的障害の程度は，次の4段階に分けて考えられています。

■知的障害の程度による分類

知能の段階	知的レベル	自立の程度
軽度	小学校6年生程度	ADLは自立している。 新しい仕事や文化的な習慣などの習得には十分な訓練，練習が必要。
中度	小学校2年生程度	社会的慣習の認識は困難。運動機能の発達の遅れやADLの自立が不十分なことが多いので，日常生活や社会的生活で，かなりの援助が必要。 適切な支援・指導者があれば，地域での生活や単純な仕事は可能。
重度	小学校低学年の勉強で困難をきたす，言語能力が極めて限定される	小児期では会話が困難。 介助なしで自立的に日常生活を送ることは不可能。 長期間の練習・訓練によって，できるようになる行為も増える。
最重度	問いかけの言葉をほどんど理解できず，言語がほとんどない	合併症（てんかん発作，運動障害，神経症状など）や寝たきりが多い。 ほどんど動けないか，動けてもわずかで，生命を維持するにも介助を要する。

（3）原因

　原因疾患はさまざまで，**ダウン症候群**などの染色体異常，**先天性代謝異常**（フェニールケトン尿症など），出産前後の感染症（トキソプラズマ症など），周産期の早期分娩や胎位異常などの異常分娩，出生後の高熱の後遺症などがあげられますが，原因不明のケースも多くあります。

（4）生活上の配慮・くふうと住環境整備

　学習に時間はかかるものの，繰り返し練習すれば徐々にできるようになることが多いので，じっくり取り組むことが重要です。グループ活動を通して挨拶や礼儀作法や対人交流の練習をすることや，手本に従って社会的技能の開発や余暇活動に積極的に参加していくことなども有効です。

　一般に，知的障害児・者は姿勢筋緊張が低いため，同じ姿勢を保ったり，バランスをとったりするのが苦手です。

医療／3章

用語

ダウン症候群
染色体異常を原因とする知的障害の代表的な原因疾患。出生数1,000人に1人の割合とされる。起伏の少ない顔立ち，切れ上がった眼，短い指などの身体的特徴がある。先天性心疾患やてんかん，視力障害などの合併症を伴うことが多い。

座位の保持は可能ですが，動くことを嫌う傾向があるため，足底がしっかり床に着くように座位姿勢をくふうします。また，日課を順序立てて行うことが苦手なため，砂時計やタイムエイドなど時間経過を示し予定を伝えられる道具を活用すると効果的です。

　介助者が見えないと不安になるので，介助者は視界に入る場所にいるようにします。また，玄関とドアの壁のすき間や戸袋に指を入れて遊ぶことがあるので，指を挟まないようにドアストッパーなどを用いるとよいでしょう。電気コンセントをなめたり，物を差し込んだりする場合は，コンセントガードを取り付けて対応します。

 精神障害

> 精神障害は，外因性，内因性，心因性の３つに大別される。

（1）精神障害の定義
　精神障害者とは，「統合失調症，精神作用物質による急性中毒又はその依存症，知的障害，精神病質その他の精神疾患を有する者」と定義されています（精神保健及び精神障害者福祉に関する法律〔精神保健福祉法〕第５条）。

　また，障害者基本法では，精神障害があり「障害及び社会的障壁により継続的に日常生活又は社会生活に相当な制限を受ける状態にあるもの」として，**疾病と障害の両面**からとらえる必要性が示唆されています。

（2）分類
　精神障害は，身体の疾患がもととなって脳の機能が障害されて起こる「**外因性精神障害**」，原因は不明ですが，遺伝素因が関与して脳の機能が障害されていると考えられる「**内因性精神障害**」，心理的なストレスが原因となって生じる「**心因性精神障害**」に大別されます。

■精神障害の分類

要因	因子	原因	代表的疾患
外因性	脳の器質的障害	脳器質性精神障害：脳炎，脳腫瘍，肝臓病，バセドウ病，脳の外傷，など 症候性精神障害：アルコール，全身性の疾患，など	アルコール依存症
内因性	原因は未特定	遺伝素因が関与して脳の機能が障害されて起こると考えられている	統合失調症 躁うつ病
心因性	心理的要因	環境の変化，家族の死や破産などのストレス，心の葛藤	神経症 心因反応

（3）生活上の不便・不自由

　原因疾患，**薬物療法の副作用**や，長期入院による社会経験の不足，本人の特性などが複合的に重なり合って，生活上の不便・不自由が生じます。

　①　**作業遂行のしづらさ**…作業内容の理解に時間を要し，作業速度が遅くなる。緊張が継続し，疲労しやすく，集中の持続が難しい。日常生活技術（交通機関等の利用方法，服薬・金銭管理など）が十分に身に付いていないことが多い。

　②　**対人関係のしづらさ**…挨拶や会話が不得意。自閉的か過度に依存的であるため，対人場面で緊張が強く焦りやすい。他人の評価には敏感だが，他人への配慮が不十分。

　③　**場面への対応のしづらさ**…同じ失敗を何度も繰り返す。話や行動につながりがなく唐突。

（4）リハビリテーション

　精神障害者のリハビリテーションには，社会参加の場の獲得などを目的として，作業療法やレクリエーション療法，ソーシャルスキルズ・トレーニング（SST＝**生活技能訓練**）などがあります。

用語

ソーシャルスキルズ・トレーニング
対人関係において意思疎通を図る能力や，金銭および服薬などの自己管理の技能の改善を目的として，系統立てて行う学習訓練のこと。

（5）生活上の配慮・くふう

在宅生活を送る精神障害者の介護においては，①疾患の経過の時期，②ライフステージ，③生活環境の状況，④日常生活面での機能レベル，⑤疾患や障害の受容の程度，といった視点から障害を理解し，介護や住環境を考えます。

また，服薬管理などの日常生活の技術については，**ロールプレイング**（役割演技による行動学習法）などの手法を用いて学習すると効果があります。

（6）住環境整備

特別な住宅改修は必要なく，一般のバリアフリーの配慮で十分とされています。ただし，精神障害者は，幻聴がある人の場合，音に敏感になりやすい傾向があり，静かで落ち着いた環境の確保が必要です。また，地域住民との対人関係や，生活維持を目的とした訪問指導やホームヘルプサービス導入といった**サポート体制の整備**も重要です。

住宅セーフティネット
制度
➡ P93

自立生活援助
➡ P71

国や地方自治体は，住宅セーフティネット制度や障害者総合支援法に基づく自立生活援助などにおいて，精神障害者が円滑に住居を確保でき，安心して地域で暮らしていけるための支援を行っています。

■在宅精神障害者の介護に影響を及ぼす要因と目標・課題
①疾患の経過別

急性期	多様な陽性症状を示し，薬物療法が中心となる。自分自身の体験や行動が異常であると自己判断しにくい。安全感，安心感を与えることが中心的課題。
回復期	リハビリテーション活動を院内から外来へと進める。再発の防止が目標。
慢性期	陰性症状が主。障害を受け入れつつ，現実的社会資源の利用を促進。各種のリハビリテーションを実施。生活上の障害の軽減が目標。

②ライフステージの段階別

青年期	発病し，不安定な時期。疾患への医学的治療，リハビリテーション，社会参加（就職など）の開始が中心的課題。
壮年期	症状には個人差があり，経過は多様。社会参加の維持が目標。
老年期	症状は安定傾向に。心身機能の維持が課題。

③生活環境別

独居	生活の安定が疾患に影響を及ぼす。社会資源の積極的活用。第一の課題は，生活の維持。
施設居住	各施設の目標に沿った活動（就労など）を実施。主な課題は仲間との関係構築。
家族同居	家族との関係が疾患やリハビリテーションに影響。生活は維持しやすい。家族との関係も含めたアプローチ法を検討する。

④障害受容の可否別

できている	本人のQOLを高めるリハビリテーション目標に向けてアプローチを推進。活動・参加制限の改善のための具体策を実施。
できていない	現実への適応力がどの程度あるかを自分で確かめる場面を提供し，障害受容を促す。自助グループへの参加も有効。

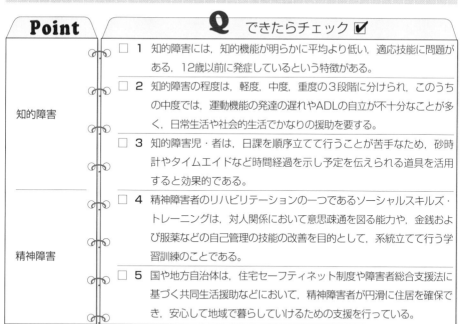

チャレンジ！　確認テスト

Point

Q　できたらチェック ☑

知的障害

□ 1 知的障害には，知的機能が明らかに平均より低い，適応技能に問題がある，12歳以前に発症しているという特徴がある。

□ 2 知的障害の程度は，軽度，中度，重度の3段階に分けられ，このうちの中度では，運動機能の発達の遅れやADLの自立が不十分なことが多く，日常生活や社会的生活でかなりの援助を要する。

□ 3 知的障害児・者は，日課を順序立てて行うことが苦手なため，砂時計やタイムエイドなど時間経過を示し予定を伝えられる道具を活用すると効果的である。

精神障害

□ 4 精神障害者のリハビリテーションの一つであるソーシャルスキルズ・トレーニングは，対人関係において意思疎通を図る能力や，金銭および服薬などの自己管理の技能の改善を目的として，系統立てて行う学習訓練のことである。

□ 5 国や地方自治体は，住宅セーフティネット制度や障害者総合支援法に基づく共同生活援助などにおいて，精神障害者が円滑に住居を確保でき，安心して地域で暮らしていけるための支援を行っている。

A 解答 1.× 12歳ではなく18歳。／2.× 軽度，中度，重度，最重度の4段階。／3.○／4.○／
5.× 共同生活援助ではなく自立生活援助。

建築

レッスン

30

段差の解消・床材の選択

A
重要度

学習のねらい 高齢者や障害者にとっては，わずかな段差も転倒の原因となるため，段差の解消は，福祉住環境整備の重要なポイントです。住宅の構造を理解したうえでの屋外・屋内の段差解消法や適切な床材の選択について学びます。

❶ 段差の場所と意味

（1）屋外の段差

建築基準法のため，多くの住宅では，屋外から屋内に入るまでに2～3段上がる必要がある。

「建築基準法」では，地面からの湿気を防止するため，1階居室の木造床面を，直下の地面から原則450mm以上高くするよう定められています。このため，ほとんどの住宅では，屋外に門扉から玄関までのアプローチ，玄関ポーチ，玄関戸の下枠の段差などが生じます。

身体機能が低下した高齢者や障害者の外出などの移動のためには，できる限り段差を解消する必要があります。近年は，玄関ドアなどの住宅部品や設備機器で性能の向上がみられており，設計者の配慮によって対応することができるようになってきました。

（2）屋内の段差

屋内の段差は，畳やフローリング，建具などによって生じる。

① **玄関の上がりがまち**…上がりがまちの段差は，玄関で靴を脱ぐという日本独特の生活習慣と，「建築基準法」により床面が地盤面より高くなるために生じる。

② **和洋室間の床**…和室床面が洋室や廊下床面より10～40mm程度高くなっているのは，畳の厚さと洋室床面

用語

アプローチ
門扉から玄関までの取り付け通路など，特定の場所までの移動動線のこと。

段差の解消は，介護保険制度における住宅改修項目になっています。

用語

上がりがまち
床の間や玄関の上がり口，縁側，廊下の先端部などに取り付ける化粧横木のこと。

の仕上げ材の厚さが異なるためである。

③　建具の敷居…洋室などに建具の下枠（くつずり）が
あるのは，内外の床仕上げの違いのためや，すきま風
防止のためである。

④　浴室の出入り口…出入り口の段差は，洗面・脱衣室
へ湯水が流れ出ないようにするためのくふうである。

 ## ❷ 段差解消の考え方

まず，段差解消の考え方としては，G.L.（地盤面）と1
階F.L.（床面レベル）の高低差を，屋外アプローチ部分の
階段や屋内の上がりがまちに，それぞれどれだけ振り分け
るか，です。例えば，上がりがまちに踏台を設けて，一つ
ひとつの段差を小さくする，また，アプローチにスロープ
を設けたら，その分上がりがまちの段差を低く抑えるとい
ったように，全体的な見方が必要です。

❸ 防湿土間コンクリート敷設での対応

F.L.を下げることで，段差を小さくすることが
できる。

防湿土間コンクリートやべた基礎など，床下部分に地面
から湿気を防ぐ対策を講じた場合は，1階居室の床高さを
450mm未満にできます。

 ## ❹ 和洋室間の床段差を解消

床段差の主な解消方法には，ミニスロープの設
置，床のかさ上げがある。

近年の住宅では，和室と，フローリングなどで仕上げた
廊下や洋室が混在しているのが通常です。畳に比べてフロ
ーリング材が薄いため，一般的に和室の床面は洋室の床面
より10〜40mm程度高くなっています。この段差が，高齢

用語

床束
木造建築に用いられる
短い柱のこと。

用語

根太
床板の下にあって，床
を支える横木のこと。

用語

大引
根太を支えるために，
水平に渡される部材の
こと。

プラスワン

ミニスロープの利用に
より身体が不安定にな
る。そのため，手すり
の設置についても検討
する。

ミニスロープは介護保
険制度における住宅改
修項目（段差の解消）
に該当し，広く一般に
使われています。

者や障害者のつまずきによる転倒事故の大きな原因です。

（1）ミニスロープを設置する

　和洋室の出入り口部分の建具下枠にミニスロープを設置
するのが，最も簡便な方法です。最近では，木製や樹脂製
のミニスロープが市販されています。

■ミニスロープの設置

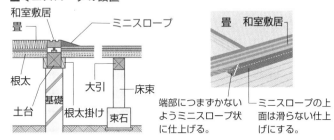

端部につまずかない
ようミニスロープ状
に仕上げる。

ミニスロープの上
面は滑らない仕上
げにする。

（2）床をかさ上げする

　既存の床仕上げの上に，高さ調節のための合板や木材な
どを設置してかさ上げし，その上に新たに床を敷いて和洋
室の段差を解消します。リフォームの場合などに，住宅を
改修して段差を解消する方法です。

■合板などのかさ上げによる段差の解消（重ね張り）

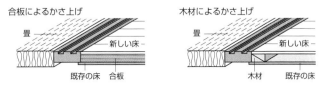

合板によるかさ上げ

木材によるかさ上げ

⑤ 建具の敷居段差を解消

建具の敷居や下枠の段差を解消するにはさまざ
まな方法がある。

（1）床面と敷居の段差解消

　廊下と洗面・脱衣室とで床仕上げ材が異なる場合，床
仕上げを分けるために建具敷居が用いられます。

建具敷居による段差を解消するには，敷居を埋め込むか，敷居を用いず，異なる仕上げの境目にへの字プレートを上からかぶせます。

■への字プレートの設置例

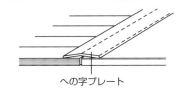

への字プレート

（2）引き戸の敷居周辺の段差を解消

引き戸の敷居段差の解消には，床面にフラットレールを取り付ける方法と，V溝レールを埋め込む方法があります。

フラットレールを取り付ける方法は，平坦な床面に板状のフラットレールを固定するだけで，工事は容易です。また，床板の上にレールを設置するので，誤差が生じにくいという利点もあります。

■フラットレールの設置

フラットレールを設置する場合は，床板の表面からレール厚さ分（5 mm弱）の緩やかな凸部があるので，生活するうえで支障がないか確認することが必要です。

V溝レールは，断面がV字型をした引き戸用レールで，金属製のものが一般的です。

床面にV溝レールを埋め込むには，主に2つの方法があります。

■V溝レールの埋め込み方法

床板に直接埋め込む

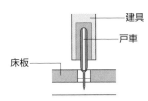

建具
戸車
床板

V溝レールを埋め込んだ部材を使用する

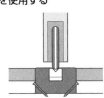

プラスワン

「住宅の品質確保の促進等に関する法律」（住宅品確法）第3条第1項の規定に基づく「日本住宅性能表示基準」の考え方では，5mm以下の段差については，「段差なし」として許容している。工事に入る前に，その点を説明して了解を得ておくことが望ましい。

① 床板に直接V溝レールを埋め込む方法…フローリングなどの床仕上げ材と接合部にすきまができやすいので，レールを堅固に固定するなど，施工に細かい配慮が必要。

② V溝レールをあらかじめ埋め込んだ部材を，引き戸の敷居に埋め込む方法…①の方法に比べて施工が簡単で，すきまもできにくい。ただし，①と同様に床下地への固定を堅固に行い，将来レールが浮かないように配慮することが必要となる。

（3）開き戸の下枠周辺の段差を解消

住宅の構造上，開き戸の下枠部分には段差ができやすいので，段差を解消してフラットにする，または段差がなるべく小さくなるように配慮します。

⑥ 構造による段差解消

一部の床面レベルが他の床面レベルと異なる部分を「スキップフロア」と呼び，階段が多くなります。階段昇降が難しい場合は，階段昇降機の設置の必要性が高くなります。

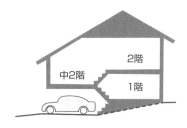

■スキップフロアの例

中2階
2階
1階

1階から2階へといった階の移動には，階段昇降機やホームエレベーターの利用も検討します。ただし，これらは介護保険制度の住宅改修項目には該当しません。

⑦ 床材の選択

段差の解消だけでなく，適切な床材の選択も重要。

（1）滑りにくさ

床材に問題があると，歩行や車いすでのスムーズな移動ができず，とくに，下肢機能が低下した高齢者は，歩行時の身体のバランス保持が難しく，足を滑らせる原因ともなります。

床材を選択するときには，300mm×300mm以上の大き

床材の変更に伴う下地補修や根太の補強も，付帯して必要な改修項目として，介護保険制度における住宅改修の範囲に含まれます。

いサンプルを入手し，靴や裸足，靴下履きなど，ふだんの使用状況に近く，最も滑りやすい状態で実際に確認してみます。

洗面・脱衣室やトイレなどの水回りには，耐水性から，塩化ビニルシートを採用する場合が多いですが，滑りにくさに加えて，表面の強さやクッション性にも配慮します。

（2）傷つきにくさ

自走用の車いすで移動した際に，車輪のゴム跡が床面に付く場合があります。こうしたゴム跡は取り除くことが難しいため，床材は，使用する車いすの車輪の色と床材の色とを比べ，目立ちにくい色を選択します。

屋内外で同じ車いすを使う場合，車輪に付いた砂ぼこりで屋内を汚したり，床材を傷つける例が多く見られます。とくに，フローリング材は，表面のつき板の厚さが0.3mm前後のものだと，下地まで傷つけてしまうおそれがあります。つき板の厚さは1mm以上あるものを選びます。

（3）加重への対応

電動車いすを使用する場合，使用者の体重と電動車いす自体の重量が床面に加わります。既存の住宅では，床下地を補強する改修工事が必要となる場合があります。大引や根太などの下地強度を設計当初から検討する必要があります。店舗などに使用する重歩行用の床材を使用すれば，傷が付きにくく，水濡れや重量物にも有効です。

用語

塩化ビニルシート
塩化ビニル樹脂を使った床仕上げ材のこと。シート状のもののほか，タイル状のものもある。発泡系のものはシートの表面下に空隙があるためクッション性に優れるが，表面仕上げの厚みがないと耐久性が劣ることがある。

用語

つき板
天然木を薄くスライスした板のことをいう。フローリング材では，表面につき板を張り付けているものが一般的。

建築／1章

チャレンジ！　確認テスト

Point	Q　できたらチェック ☑
建築基準法と段差	☐ 1 「建築基準法」では，地面からの湿気を防ぐため，1階居室の木造床面を，直下の地面から原則450mm以上高くするよう定められている。
	☐ 2 浴室の出入り口の段差は，洗面・脱衣室と浴室の床面の仕上げ材の厚さが異なるためである。
和洋室間の床段差解消	☐ 3 和室と洋室の床段差を解消する場合の最も簡便な方法として，出入り口部分の建具下枠にミニスロープを設置する方法がある。
	☐ 4 「住宅品確法」の規定に基づく「日本住宅性能表示基準」の考え方では，5mm以下の段差については，「段差なし」として許容している。
	☐ 5 合板などを設置して床をかさ上げする段差の解消方法は，住宅のリフォーム時などに用いられる。
建具の敷居段差解消	☐ 6 床仕上げを分けるために用いられた建具敷居による段差を解消するためには，ミニスロープを設置する。
	☐ 7 フラットレールは，床板の上にレールを設置するので，誤差が生じにくいという利点がある。
	☐ 8 床板に直接V溝レールを埋め込む方法は，フローリングなどの床仕上げ材と接合部にすきまができやすいので，レールを堅固に固定するなど，施工に細かい配慮が必要である。
構造による段差解消	☐ 9 自宅の階段を昇降することが困難な場合は，介護保険制度の住宅改修項目に該当する階段昇降機やホームエレベーターの利用を検討する。
床材の選択	☐ 10 床材を選択するときには，300mm×300mm以上の大きいサンプルを入手し，靴や裸足，靴下履きなど，ふだんの使用状況に近く，最も滑りやすい状態で実際に確認する。
	☐ 11 床材の変更に伴う下地補修や根太の補強は，介護保険制度における住宅改修の範囲には含まれない。
	☐ 12 屋内を自走用の車いすで移動する場合，床材は，使用する車いすの車輪の色と床材の色とを比べ，目立ちにくい色を選択する。

A 解答 1.○／2.✕ 浴室から洗面・脱衣室へ湯水が流れ出ないようにするため。／3.○／4.○／5.○／6.✕ ミニスロープではなく，への字プレートを上からかぶせる。／7.○／8.○／9.✕ 階段昇降機やホームエレベーターは介護保険制度の住宅改修項目に該当しない。／10.○／11.✕ 介護保険制度における住宅改修の範囲に含まれる。／12.○

学習のねらい 手すりの設置は，歩行や階段の移動，浴室・トイレでの移乗動作の補助として重要です。利用状況をよく理解したうえで，適切な手すりを選択・設置する必要があります。

1 手すりの種類と特徴

手すりは，目的別に大きく分けるとハンドレールとグラブバーの2種類がある。

(1) ハンドレール（hand rail）

体の位置を移動させるときに手を滑らせながら使用する手すりです。主に階段や廊下に用いられます。

(2) グラブバー（grab bar）

体の位置はそれほど移動させないが，移乗動作や立ち座りの動作のときに，しっかりとつかまって使用する手すりです。主にトイレや浴室に用いられます。

用語

移乗
別の物に乗り移ること。
例）車いすから便座に移乗する。

■使用場所による手すりの種類と使用方法

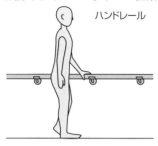
ハンドレール

グラブバー

2 手すりの形状

手すりの断面は円形のものが基本。利用方法を考慮して他の形状も検討する。

拘縮
⮕ P139

　例えば，関節リウマチなどで手指に拘縮があると，手すりに手や前腕を乗せて移動します。この場合，断面が円形ではなく表面を平坦にした手すりのほうが使い勝手がよくなります。

❸ 手すりの直径

 円形手すりの適切な直径は，ハンドレールとグラブバーで異なる。

（1）ハンドレールの場合
　階段や廊下の手すりは，手を滑らせながら使うため，太いほうが安定感があることから，直径は太めの32〜36mm程度とします。

（2）グラブバーの場合
　トイレや浴室などでの重心の上下移動や移乗用に使われる手すりは，しっかりと握ったときに親指と他の指先が軽く重なる程度が適切です。直径は細めの28〜32mm程度とします。

用途別に考えれば手すりのサイズの違いがしっかり覚えられそう。

❹ 手すりの材質

 手すりの材質は，設置場所に適したものを選択する。

（1）屋外の場合
　耐候性のある材質で感触もよい，**樹脂被覆製**の手すりなどが適しています。金属製の手すりは，冬に冷たく夏に熱く感じるので避けたほうがよいでしょう。

（2）屋内の場合
① **トイレや浴室**などの水回り…耐水性があり，濡れた手で握っても滑りにくい樹脂被覆製の手すりがよい。
② **廊下や階段**…使い勝手のほか，質感や意匠をインテリアに合わせるなどの配慮が必要となる。

福祉住環境整備の観点から考えると，手すりの材質は樹脂被覆製がよいといえます。

⑤ 手すりの端部の形状

 廊下や階段などで使う手すりの端部は，壁側に曲げ込んで納める。

手すりの端部にエンドキャップを取り付けるだけでは，体をぶつけたり，衣服の袖口を引っかけて転倒したりするなどの危険があり，望ましくありません。

■手すりの端部の形状

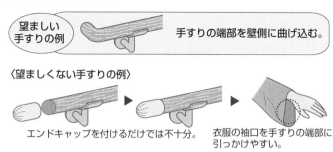

望ましい手すりの例　手すりの端部を壁側に曲げ込む。

〈望ましくない手すりの例〉

エンドキャップを付けるだけでは不十分。　衣服の袖口を手すりの端部に引っかけやすい。

⑥ 横手すりと縦手すり

 床面に対して水平に取り付ける横手すりと，垂直に取り付ける縦手すりとに大別される。

（1）横手すり

横手すりは，体の重心位置が平行に移動する廊下や階段で主に用いられます。また，車いす使用者が浴室でバスボードに移乗して浴槽に入るときも，つかまりやすいのは横手すりとされています。

① 設置の高さ…横手すりの高さは，一般的に，**手すりの上端を利用者の大腿骨大転子の高さ**（通常750〜800mm）に合わせるのがよいとされている。しかし，関節リウマチなどで手指に拘縮があって手すりをしっかり握ることができない場合は，主に身体バランスの安定を目的として，肘から先の前腕全体を手すりに軽く置く程度の高さに設置します。

用語

エンドキャップ
手すりの端部に付けて，けがをしないように保護するもの。一般的には，棒状・パイプ状のものなどの端部に，安全のために取り付けるもの全般をいう。

プラスワン
手すりの端部を壁側に曲げ込むことで，衣服を引っかかりにくくする。

建築／1章

横手すりの設置高さを検討する際は，本人と相談のうえ，理学療法士や作業療法士の評価をもとに，個別に適した高さを決めることが望ましいでしょう。

用語

大腿骨大転子
大腿骨近位部の外側にある著しい出っぱりのこと。

② 受け金具の取り付け…握った手を滑らせて使用する横手すりでは，手すりを下部から受ける金具で取り付ける。横から受ける金具では，滑らせた手が金具に当たり，握り替えをしなければならないためである。

（2）縦手すり

縦手すりは，体を上下に移動するトイレや浴室などで用いられます。横手すりと組み合わせて利用されるケースが多くみられます。

① 設置の高さ（縦手すりの下端）…縦手すりの下端は，横手すりと同様に，基本的に利用者の**大腿骨大転子の高さ（通常750～800mm）**に合わせる。

② 設置の高さ（縦手すりの上端）…縦手すりの上端は，利用者の肩の高さより100mm程度上方にするのが適切である。

❼ 手すりの取り付け方法

（1）せっこうボード使用の場合

せっこうボードを使用する場合は，手すりの受け材で下地を補強し，受け材に手すりを取り付けます。合板部分でネジをしっかり受けられるように，使用する木ネジに配慮します。

（2）壁下地の補強

手すりを取り付ける位置には，堅固な壁下地補強を行います。利用者の身体状況が変化して，使いやすい場所が変わっても対応できるように，あらかじめ広範囲にわたって補強します。

■手すりの取り付け

手すりの受け材

ネジ山が途中から始まる木ネジは肝心の下地部分でネジが噛まず，木ネジの利きが甘い場合がある。

せっこうボード

■壁下地の補強範囲

L型手すり 800mm×600mm(直径28～32mm)

位置を移動できるように広めの範囲で補強工事を行う

800mm

220～250mm

600mm

200～300mm

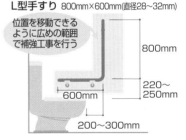

小規模の改修では，壁に補強板を固定し，手すりを取り付ける方法が採用されています。

用語

せっこうボード
主にせっこうを芯材として両面を厚紙で被覆し，板状に成形したもので，建築物の壁や天井の下地材として多く使われる。防火性や遮音性に優れるほか，温度，湿度の変化による伸縮やゆがみがほとんどないが，水分に弱い。

（3）在来工法（軸組構法）の場合

間柱は，手すり受け金具を木ネジで留めるのには適していない。

通常，手すり受け金具は3本の木ネジで留めるようになっていますが，一般的に間柱の幅は35～40mmしかないため，2本の木ネジしか留まらず，十分な支持力が得られません。したがって，手すり受け金具を間柱に取り付けることは避ける必要があります。

■間柱への手すりの取り付け

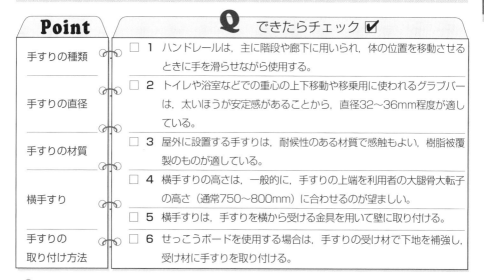

間柱　柱　間柱　柱

35～40mm

手すり受け金具が出てしまうので，木ネジが利きにくい。

用語

在来工法（軸組構法）
柱，梁などの軸組をつくり，建物を構成していく工法。日本の木構造の代表的な工法の一つ。

用語

間柱
壁下地を支持するために，主な柱と柱の間に配置する，断面の小さな補助柱のこと。

建築／1章

チャレンジ！　確認テスト

Point	Q　できたらチェック ☑
手すりの種類	□ 1 ハンドレールは，主に階段や廊下に用いられ，体の位置を移動させるときに手を滑らせながら使用する。
手すりの直径	□ 2 トイレや浴室などでの重心の上下移動や移乗用に使われるグラブバーは，太いほうが安定感があることから，直径32～36mm程度が適している。
手すりの材質	□ 3 屋外に設置する手すりは，耐候性のある材質で感触もよい，樹脂被覆製のものが適している。
横手すり	□ 4 横手すりの高さは，一般的に，手すりの上端を利用者の大腿骨大転子の高さ（通常750～800mm）に合わせるのが望ましい。
	□ 5 横手すりは，手すりを横から受ける金具を用いて壁に取り付ける。
手すりの取り付け方法	□ 6 せっこうボードを使用する場合は，手すりの受け材で下地を補強し，受け材に手すりを取り付ける。

解答 1.○／2.× しっかりと握ったときに親指と他の指先が軽く重なる程度が望ましく，直径は細めの28～32mm程度とする。／3.○／4.○／5.× 滑らせた手が金具に当たらないよう，手すりを下部から受ける金具で取り付ける。／6.○

生活スペースと建具

学習のねらい 既存住宅では，基本モジュールの関係から，介助動作などにスペースが足りない場合が多いため，構造を理解して改善する必要があります。高齢者や障害者が使いやすい建具の構造・有効幅員と合わせて理解しましょう。

用語

尺貫法
日本古来の単位。長さや質量，面積などを表す。メートル法が導入された現在では，公式には使われていないが，建材や建具の寸法など実生活面ではいまだに使用されている。

"芯－芯寸法" はよく出てくるので頭に入れておいてくださいね。

用語

幅員
幅のこと。

用語

内法寸法
芯と芯の間ではなく，2本の柱のそれぞれ内側面から内側面までの寸法のこと。

① モジュールと尺貫法

芯－芯寸法が910mm（3尺）の住宅を3尺モジュールの住宅という。

建築におけるモジュール（module）とは，設計の基準となる寸法のことです。日本の代表的な建築方式である在来工法では**尺貫法**をもとにしているため，住宅建材は6尺＝1間（約1,820mm）または3尺＝半間（910mm）を基準につくられています。また，柱や壁の中心を芯といい，この芯から芯までの距離を**芯－芯寸法**といい，柱や壁の芯－芯寸法が910mm（3尺）の住宅を3尺モジュールの住宅と呼びます。

在来工法で，柱に105mmの角柱，内壁材に厚さ12.5mmのせっこうボードが使用された大壁の場合，実際の生活スペースとして使える**有効幅員**（内法寸法）は，

「910mm－（105mm÷2＋12.5mm）×2＝780mm」

となります。

■尺貫法のモジュール

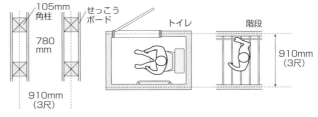

一方，プレハブ住宅を設計・施工する住宅メーカーでは，それぞれ約900〜1,200mmという独自のモジュールを持っている場合があるので，新築，改修前にはモジュールを確認することが大切です。

② スペースへの配慮の必要性

 背後から介助する者がいる場合，廊下を安全に移動するには1.5人分の有効幅員が必要。

　近年では3尺モジュールの住宅に対応した車いすなどの福祉用具がつくられていますが，それでもスムーズに移動するのは難しいようです。

　このような事柄を念頭においたうえで，スペースに対する配慮を検討します。ただし，**スペースに対する配慮は，介護保険制度における住宅改修項目には含まれていません。**

③ 必要なスペースを確保する方法

 スペースを確保する方法は「壁・柱を取り外す」あるいは「モジュールをずらす」。

（1）壁・柱を取り外す方法

　木造住宅には，構造的に見て軸組構法と枠組壁構法があり，それぞれの構法により，壁・柱の取り外しの考え方が異なります。

　軸組構法の住宅には，取り外すことができる壁・柱と，筋（すじ）かいなどが入っていて取り外すことのできない壁・柱があります。リフォーム計画を立てる前に，設計者や施工者に確認しておきます。また，上階部分の荷重を支えている壁や柱の移動や撤去は非常に難しい工事となります。工事に際しては，他の部分に補強工事が必要となる場合もあります。事前に設計者や施工者に見積もりを出してもらい，よく検討することが大切です。

プラスワン

3尺モジュールの住宅の廊下や階段，トイレなどの有効幅員は最大で780mmで，この寸法は自立歩行での移動や生活動作には問題ない。

建築／1章

プラスワン

壁・柱を取り外す方法は既存住宅の改修でしばしば行われ，部分的な増改築に適している。

用語

筋かい

柱や梁でつくった構造面に入れる斜め材のこと。地震力や風圧力に効果を発揮する。

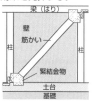

欧米のようにトイレと洗面・脱衣室をワンルーム化する場合には，プライバシーに留意する必要があります。

（2）モジュールをずらす方法

新築や大規模なリフォームを行うときに用います。

在来工法で建てられた住宅では，多くの場合，階段や廊下，トイレの柱や壁間の芯－芯寸法が910mm（3尺）と決まっており，有効幅員は最大でも780mmしかとれず，スペースが十分とはいえません。そこで，高齢者や障害者が使用する部屋と寝室やリビングルームを結ぶ動線にあたる部分が広くなるようにモジュールをずらし，車いすの通行や介助動作がしやすいスペースを確保します。

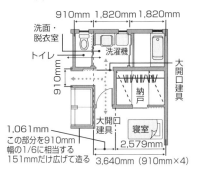

■モジュールをずらして通路幅を確保した例

④ 建具の種類と特徴

（1）引き戸

容易に開閉できる一方で，気密性を保つのが難しいことに注意する。

引き戸には片引き戸から4枚引き戸までがあり，用途によって使い分けます。高齢者や障害者に使用されるのは開口幅を大きくとれる3枚引き戸で，浴室や玄関によく用いられます。

① **引き違い戸**…右にも左にも開くことができる2枚以上の引き戸のこと。和室などに多く用いられる。

② **片引き戸**…1枚の引き戸を引いて開閉するもの。開閉時の体の移動が少なくてすむ。

③ **引き分け戸**…中央から左右に2枚引き戸を開けるこ

とで大きな開口部の有効幅員を確保できる。

④ **引き込み戸**…上枠に吊った戸をスライドさせて開閉する。戸の前出が少ないので体の移動が少なくてすむ。

(2) 開き戸

 開閉時に体があおられたり，急に開くと通行している人に衝突したりするという短所があるため，使用場所や開く方向などに留意する。

引き戸より狭いスペースに取り付けができ，高い気密性を保てるのが長所です。住宅の場合，開閉する扉が1枚のもの（片開き戸）が多く使われます。

① **片開き戸**…開閉時に体や腕など，大きな前後移動が必要となる。

② **両開き戸**…両方の戸を開けることで大きな幅の開口を確保できる。

③ **親子ドア**…普段は親扉（大きいほうの戸）を開閉して出入りしますが，荷物の出し入れなどの際には，子扉（小さいほうの戸）も開くことで，開口部の有効幅員を確保することができる。

(3) 折れ戸

 開閉時の体の移動が少ない一方，戸の折りたたみ厚さ分だけ開口部の有効幅員が狭くなる。

浴室など幅の狭い開口部にも取り付けることができますが，高齢者などにとっては開閉が容易とはいえません。

(4) アコーディオンドア

 簡易な間仕切りとして使用できるが，気密性が低い。

簡易な間仕切りとして使用できますが，気密性が低いため，福祉住環境整備の観点からすると，あまり好ましいとはいえません。

プラスワン

開き戸は限られた空間を有効に使うことができるが，福祉住環境整備の観点からは，好ましくない要素も多い。

片開き戸

両開き戸

親子ドア

建築／1章

折れ戸

⑤ 代表的な建具の構造

(1) 建具回りのスペース

　開き戸では，建具の把手側に300mm以上の袖壁を設ける
と開閉時に体をよけるスペースができます。車いす利用の
場合は450mm以上の袖壁があると開閉が容易です。

(2) 把手

　ノブの変更は比較的容易な工事で，例えば簡易用として，
ノブにゴム製のレバーハンドルを取り付けて使用する福祉
用具もあります。

① 　ノブ（握り玉）…開閉時に握る，回す，引く（押す）
　の３つの動作が必要なため，握力が弱い高齢者や障害
　者にとっては使用が困難な場合がある。

② 　レバーハンドル型…ノブに比べ形状が大きく扱いや
　すいため，最近は一般的になっている。レバーを下げ
　る，戸を押し引きするという２つの動作で済むので，
　高齢者や障害者も容易に使用できる。

③ 　プッシュ・プル式…押しても引いても開閉でき，握
　力が弱く手指の巧緻性が低下している人でも容易に使
　用できる。

④ 　彫り込み型…引き戸や襖，障子などに多用される。
　ただし，指先に力が入らない人には使用が難しい。

⑤ 　棒型…引き戸に取り付ける把手で，棒状でつかみや
　すく，力のない人でも開閉できる。しかし，戸を開け
　たときに引き残しができるため，開口部の有効幅員が
　多少狭まる。

(3) ドアクローザー

　ドアクローザーは開き戸に取り付けられる装置で，人に
よって開けられた扉を自動的に閉める働きをします。開き
戸の閉まる速度を調整でき，安全性を高めることができま
すが，扉の開閉時に多少強い力が必要です。

用語

把手

建具の開閉を容易にす
るために取り付ける。
取っ手とも書く。

昔はノブ（握り玉）が
一般的な把手だったん
ですって。

プラスワン

ノブに比べて大きく，
握り込まなくても使用
できるレバーハンドル
型が望ましい。

用語

引き残し

把手などが壁や戸袋に
当たり，戸が完全に開
ききらないで開口部に
残ってしまう部分のこ
と。

⑥ 建具の幅員の考え方

（1）戸枠の寸法

 3尺モジュールに基づく開き戸の廊下の内法寸法は，最大780mm，建具幅は枠の内法で700〜720mm程度で，有効幅員は700mm未満となる。

通常，建具はこの寸法に納まるようにつくられているため，建具幅は枠の内法で700〜720mm程度です。また，トイレや浴室の扉は600mm程度の幅員の狭い建具が多く用いられているため，新築の場合には，十分な幅員を確保できるようにすることが重要です。

■戸枠の寸法

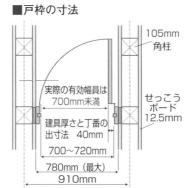

105mm
角柱

実際の有効幅員は
700mm未満

せっこう
ボード
12.5mm

建具厚さと丁番の
出寸法　40mm
700〜720mm
780mm（最大）
910mm

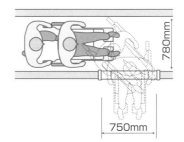

（2）廊下に面した建具の幅員を考える

有効幅員が780mmの廊下では，介助用車いすやシャワー用車いすが直角に曲がれるよう，開口部の有効幅員は750mm以上を確保します。この寸法を基本に車いすの寸法や操作能力を考慮して，必要な有効幅員を決定します。

また，自走用車いすで廊下から直角に曲がって部屋の出入り口を通行する場合にも，車いすの操作能力に留意が必要です（詳細はP278参照）。

■介助用車いすが通行可能な幅員
寸法

780mm

750mm

一般的な介助用車いすの寸法
全幅：530〜570mm　全長：890〜960mm

建築／1章

細かな操作が不得意など，車いすの操作能力によっては，左の図の寸法より，さらに大きな廊下の幅員，開口部の幅員が必要となります。

❼ 建具の取り外し

　一般住宅では，建具枠が狭いことから，幅員確保のために建具を取り外す場合は，衣服を引っかけることなどがないように，丁番も併せて取り外すことが必要です。

❽ 開き戸を取り替える

　開き戸の開閉は，体の前後移動が大きくなります。とくに車いすを使用する場合，前後に動かしながら開閉作業をする必要があり，高齢者や障害者にとって不便です。そのため，開き戸を引き戸や折れ戸などに取り替える工事を行うことがあります。

チャレンジ！　確認テスト

Point		Q できたらチェック ☑
尺貫法	□ 1	日本の代表的な建築方式である在来工法では尺貫法をもとにしているため，住宅建材は6尺または3尺を基準につくられている。
スペースの確保	□ 2	壁・柱を取り外す方法は，新築や大規模なリフォームに適している。
建具の種類	□ 3	引き戸は，容易に開閉でき，高い気密性を保てるので，福祉住環境整備の観点からすると，最も好ましいタイプである。
	□ 4	開き戸は，限られた空間を有効に使うことができ，高い気密性も保てるので，住宅では片開き戸が多く使われている。
建具の構造	□ 5	レバーハンドル型は，レバーを下げる，戸を押し引きするという2つの動作で済むので，高齢者や障害者も容易に使用できる。
建具の幅員	□ 6	有効幅員が780mmの廊下では，介助用車いすが直角に曲がれるよう，開口部の有効幅員は750mm以上を確保する。
建具の取り外し	□ 7	幅員確保のために建具を取り外す場合は，丁番を残して取り外すようにする。

A 解答　1.○／2.× 新築や大規模なリフォームではなく，部分的な増改築に適している。／3.× 気密性を保つのは困難。／4.○／5.○／6.○／7.× 丁番も併せて取り外す。

家具や収納とインテリア

学習のねらい 日常的に使用する家具や収納は，形状や配置によって生活のしやすさが大きく変わります。また，小物や色彩への配慮は，気分が変わり生活に活気をもたらします。それぞれの役割や特徴を理解して計画する必要があります。

❶ 家具の配置

必要な家具や小物類のサイズを確認し，移動や家事をしやすいよう家具の配置を考える。

　生活動線に無理はないか，通行幅員は十分に確保されているか，動線上につまずきの原因となるものが置かれていないか，などが留意するポイントです。

❷ 家具の選択

(1) いす

いすを選択する場合には，使用目的を明確にして，生活動作のしやすさを考慮する。

① 立ち座りのしやすさ
　(a) 座面の高さ・硬さ…腰掛けやすく立ち上がりやすい座面高さがよい。立ち座り時に足底面全体が床にしっかり着かないいすや，座面が低すぎるソファーなどは適していない。また，座面の硬さも重要。とくに座面の柔らかすぎるソファーなどでは立ち座りが難しいため，座位の保持に加えて立ち座り時のことも考えて座面の硬さを検討する。
　(b) いすの形状…背もたれが低いいすや大きく後方に傾いているいすは，立ち座り時に座位姿勢への移行が難しい。

➕プラスワン
動線のチェックには，平面図への記入が有効である。
➡ P326

近年，デザイン性に加えて機能性にも配慮したユニバーサルデザインの観点を持った家具も増えています。

（c）肘かけの有無…肘かけは，座位姿勢保持のほか，立ち上がる際にもよく用いる。立ち上がり時に手をかけやすいかどうかを検討するとともに，肘かけの先端が握りやすい形状のものを選ぶようにする。

（d）いすの安定性…キャスタ付きのものなど動きやすいいすの場合は，立ち座り時に不用意に動いてしまわないかを確認する。

② メンテナンス（修理・補修）のしやすさ

食事に用いるいすを選択する場合，メンテナンスのしやすさは重要なポイントとなります。食べこぼしなどで汚した際に，カバーを取り外せて洗濯できるいすが望ましいといえます。

(2) 机・テーブル

例えば，「いすの肘かけが机に当たって近付けない」といった不具合や，車いす使用時に机の天板が厚くてアームサポート（肘当て）が当たったり，机の脚が前輪やフットサポートに当たったりして近付けないなどの問題が起こらないように留意して選択します。

🔌 用語

フットサポート
車いすの足乗せ台のこと。

使う人が無理な姿勢をとらないで使用できる，というのがポイントですね。

❸ 収納への配慮

収納の使い勝手は，生活の利便性や安全性にも関連します。生活環境を整備するという視点においては，どの部屋に配置するか，適した形状や寸法などについて慎重に検討しなければなりません。

(1) 戸の形状

 扉の開閉動作や，そのためのスペースの確保に配慮する。

① 引き戸…体の動きなどから考えて，引き戸が最も望ましい。

② 折れ戸…戸の開閉時に体に前後の動きが必要ない点では便利だが，操作にコツが必要となる。

③ 開き戸…戸の開閉時に体の前後移動が大きくなるた
め，後方に十分なスペースが必要になる。

（2）奥行き

収納の奥行きが深い場合，収納の中に足を踏み入れて物
の出し入れを行いますが，戸の下枠部分の段差につまずく
可能性があります。奥行きの深い600mm以上の収納では，
下枠を設けないようにしましょう。

また，底面の仕上げは部屋の床と同じ仕上げとします。

（3）高さ

日常的に物を出し入れしやすい高さは，下方は**膝から上**，
上方は**肩より下**とされています。肩よりも高い所に収納を
設ける場合は，日常使用しない物を入れるようにします。
なお，この部分の物の出し入れは，介助者が行うようにし
ます。

④ インテリア計画

インテリア計画では快適さのほかに，閉じこもりがちに
ならないための配慮も必要です。例えば，寝室の出入り口
付近に大きな鏡を掛けることは，外出の際に身だしなみを
整え，人と会う心構えをつくったり，外出したい気持ちに
させるなど，よい意味での緊張感をもたらします。

⑤ 色彩計画

高齢者には落ち着いた色が適しているが，部屋
の一部に，明るく華やかな色彩をアクセントと
して取り入れる。

住宅全体をダークオーク（暗いこげ茶色）など暗い色彩
でまとめると，重苦しく変化の乏しい雰囲気になりがちな
ため，部屋の一部でも，明るい壁紙などをアクセントとし
て取り入れましょう。

プラスワン

高齢者は下肢機能が衰
えているため，膝より
も低い所では収納する
際にしゃがむのが困難
になる。また，腕の筋
力も低下しているた
め，肩よりも高い所で
はバランスを崩しやす
くなる。

建築／1章

色彩は，室内の雰囲気
や快適さなどを演出す
るほか，段差部分の色
を変えることで，つま
ずきや転倒などの事故
発生を防止する役割も
担っています。

251

（1）トイレや洗面・脱衣室の色彩

生活動作を快適な気分で行うためにも，部屋全体を明るい色調で仕上げます。設備や小物類も明るい色のものを使用するのがよいでしょう。洗面器や便器の色は，痰や便，尿の色を確認できるよう，白を基本とした色彩を選択しなければなりません。

（2）床の色彩

視力の低下した高齢者は，色彩の区別がつきにくく，床面の色や仕上げに変化があると，段差と見間違えることがあります。そのため，同一室内の床面の色彩や仕上げは，不用意に変えないようにします。

（3）賃貸住宅の場合

仕上げを容易に変更できない賃貸住宅の場合，絵画や小物，テーブルクロス，カーテンなどで色彩をくふうします。また，カーテンは薄いものと厚いもので二重にすると，外光の入り具合や室温度を調節できます。

⑥ 照明計画

高齢者の視機能の低下を考慮して照明計画を検討する。

住宅内でつまずいたり，物に衝突するような事故を防ぐためには，照明計画への配慮が必要です。また，視機能の低下を本人が自覚していない場合があるので，実際に暗がりを見てもらって，本人や家族とともに確認しましょう。

（1）照明の設置

日照が十分でない居室では，生活スペースに照度の高い照明器具を取り付けます。ただし，照明の光源が直接視界に入ると，刺激が強すぎるので避けましょう。

（2）照明の点灯

高齢者は廊下や階段などの照明を点灯するのを面倒に思い，薄暗いまま移動することがあります。センサーが周囲

照明を常時点灯しておくと費用もかかるし，光量によっては目の疲労にもつながりますね。

の明るさや人の気配を感知して自動的に作動する「明るさ感知式スイッチ」や「人感スイッチ」などの採用を検討します。

7 冷暖房への配慮

> 熱中症予防では，冷房設備や扇風機を使って室内温度を28度以下に保つようにする。

高齢者にとって，温度差は急激な血圧の上昇・低下をもたらし，虚血性心疾患や脳血管障害を引き起こすなど健康に大きく影響を及ぼします。そのため，冷暖房設備などを有効に活用し，室温への十分な配慮が必要です。

(1) 暖房方法

① 対流暖房

エアコンやファンヒーターなど，温風によって室内を暖める暖房方法です。短時間で暖まるのが利点ですが，天井と床面付近の温度差が大きくなります。そのため，取り付けの際に空気の流れを考慮したり，寝室ならばベッドに直接温風が当たらないように設置位置を検討したりする必要があります。

② 輻射暖房

床暖房やパネルヒーターなど，輻射熱（放射熱）で暖める暖房方法です。適切な室温となるまでには時間がかかりますが，空気の対流を起こさないため，ほこりもたちません。床暖房は，床から離れるほど温度の上昇が鈍くなりますが，床面の温度が高いので，室内温度が低くても暖かさを感じます。

一般的な床暖房は，電気式の面状発熱体による方式と，温水を床パネルや床下配管に通す方式があります。電動車いすの使用者に床パネル式を採用する場合は，重量があるので床暖房の耐久性を確認しておきます。

トイレや洗面・脱衣室に設置する場合は，床置き式

通常は，各室において冷暖房を行う個別式という方法が用いられています。一方，寒冷地では，住宅全体で暖房を行う中央式が多く用いられています。

建築／1章

🤚プラスワン

狭い部屋で対流暖房を用いると一方向から温風が当たり，体の一部分だけ暖めすぎることがある。感覚障害があると危険な場合もある。

や壁掛け式の小型のパネルヒーターが適しています。

（2）冷房方法

エアコンが最も一般的です。対流暖房の場合と同じように，ベッドに吹き出し口の冷風が直接当たらないように配慮します。また，同じ位置にあっても，冷房と暖房では吹き出す方向が違います。

冷風が直接当たらないようにベッドの位置をくふうしても，暖房では温風が当たってしまうケースがあります。暖房時と冷房時，両方の気流を確認して設置を検討します。

（3）熱中症対策

熱中症の半数近くは自宅内で発生しており，その対策も重要です。熱中症の予防では，十分な体調管理のうえで，喉が渇く前からこまめな水分の補給や，必要に応じて塩分の補給が大切です。さらに，冷房設備や扇風機を使って室内温度を28度以下に保つようにします。寝てすぐには28度以下であっても，日中の余熱の影響で深夜に室内温度が高くなるため，夜間でも冷房設備を使うようにします。

チャレンジ！ 確認テスト

Point	Q できたらチェック ✔
家具の選択	□ 1 いすを選ぶときは，腰掛けやすく立ち上がりやすい座面高さであるかどうかが重要であり，座面が柔らかくても立ち座りには影響しない。
収納への配慮	□ 2 開き戸は，戸の開閉時に体の前後移動が大きくなるため，後方に十分なスペースが必要になる。
	□ 3 日常的に物を出し入れしやすい高さは，下方は腰から上，上方は肩より下とされている。
冷暖房への配慮	□ 4 輻射暖房は，温風によって室内を暖める暖房方法で，短時間で室内が暖まるが，天井と床面付近の温度差が大きくなる。
	□ 5 高齢者は，知覚機能の低下により暑さを感じにくく，汗もかきにくいために自覚症状がないことから，熱中症を発症しやすい。

A 解答 1.× 座面の柔らかすぎるソファーなどでは立ち座りが難しくなる。／2.○／3.× 下方は膝から上。／4.× 輻射暖房ではなく対流暖房。／5.○

C

重要度

学習のねらい さまざまな緊急事態にも対応できるよう，あらかじめ対処を考えておくことは重要です。防犯や通報に必要な設備・機器では，インターネットやスマートフォンを活用したものも増えてきています。

1 火災の警報・消火設備

「消防法」により，すべての住宅に住宅用火災警報器を設置することが義務付けられている。

(1) 住宅用火災警報器

2004（平成16）年の「消防法」の改正により，すべての住宅に住宅用火災警報器を設置することが義務付けられています。

住宅内では，寝室および寝室がある階の**階段上部**（1階の階段は除く）に設置しなければなりません。また，住宅の状況によっては，その他の階段にも必要になる場合があります。自治体によっては，条例等で各居室や台所にも設置を義務付けていることがあります。

住宅用火災警報器には，煙や熱を感知すると，単独で大警報音を発するタイプと，連動設定しているすべての警報器が警報音を発するタイプがあります。

(2) ガス漏れ検知器（ガス警報器）

ガス漏れと一酸化炭素を検知すると，単体で警報音や音声で知らせる機器が一般的ですが，警報と同時にガス供給を遮断するものもあります。多くの関連法令により，住宅等での設置が推奨されています。

(3) 消火器・消火装置

① 消火器…据置型の消火器は，台所など火気を使用する場所の近くに常備する。小型の機器でも高齢者にと

プラスワン

聴覚障害者のために，光の点滅やバイブレーター機能などで火災の発生を知らせる補助警報装置がついた住宅用火災警報器もある。

プラスワン

空気より軽い都市ガス用の警報器はガス器具より上方に，空気より重いLPガス用のものは下方に設置する。

っては重くて持ち運びしにくい。最近では，片手で持
ち運べ，操作レバーが軽いタイプもある。

② 住宅用自動消火装置…室内温度の上昇により火災を
感知し，自動的に消火液を噴霧する。床置きと天井付
近の壁に設置する機器があり，住宅用火災警報器と一
緒に設置する。

❷ 通報装置

通報装置は，緊急時だけでなく，日常的な連絡
手段として使われるものもある。

（1）日常連絡機器

インターホンは，来訪者を知らせて会話できたり，室内
間の連絡に使用できたりする機器として多く使われていま
す。また，住宅内の各所にセンサーを取り付けて利用者の
安否確認を行うシステムや，インターネットに接続できる
カメラを通して遠隔地から室内を確認できるシステムもあ
ります。

（2）防犯設備

従来のインターホンにカメラ機能がついた機器が普及し
ています。来訪者を動画で撮影し，室内の受信機で表示し
ます。

外部からの侵入に対しては，窓の開閉やガラスの破砕に
反応する機器などが異常を検知し，室内の受信機が警報を
発します。

（3）緊急呼び出し

病院などのナースコールのように，利用者が部屋やベッ
ドのそばに設置した呼び出しボタンを押すことで，別の部
屋にいる家族と連絡を取れる機器があります。高齢者が常
に携帯できるよう，呼び出しボタンをペンダント型にした
機器もあります。

インターホンなどの通
信機器と住宅用火災警
報器等の警報機器をシ
ステムとして一体化さ
せることで，各部屋の
インターホンが警報受
信機として機能するよ
うになります。

❸ 通報方法

通報方法は，外出中の家族等や自治体，民間警備会社など，それぞれに対応した通報システムが整備されている。

　緊急事態を知らせる通報機器には，外出中の家族等や自治体，民間警備会社向けなどがあります。

■通報機器の種類と特徴

通報先	特徴
親戚・知人宅，外出中の家族等	緊急時には，指定した電話番号に緊急の内容を音声と文字で通知する。緊急時の対応について関係者間で話し合っておく必要がある。
自治体	利用者の住宅にセンサーと通報機器を設置し，利用者に無線発信機器を貸与する。緊急時には，本人への電話確認のほか，必要な場合は消防署などとともに救助活動を行う。
民間警備会社	通信システムを構築し，緊急通報があった場合には，テレビ電話などを使った安否や状況確認，契約者の住宅へ急行して対応する。また，定期的に安否確認を行い，結果を利用者の家族に報告する。

建築／1章

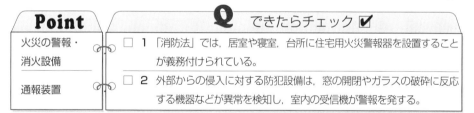

チャレンジ！　確認テスト

Point	Q できたらチェック ☑
火災の警報・消火設備 通報装置	□ 1 「消防法」では，居室や寝室，台所に住宅用火災警報器を設置することが義務付けられている。
	□ 2 外部からの侵入に対する防犯設備は，窓の開閉やガラスの破砕に反応する機器などが異常を検知し，室内の受信機が警報を発する。

A 解答 1.×「消防法」で設置が義務付けられているのは，寝室および寝室がある階の階段上部（1階の階段は除く）。／2.○

35 経費・メンテナンス

学習のねらい 高齢者や障害者は多くの場合，費用があまりかからないことを望んでいます。メンテナンスの必要性や，かかる経費はどのくらいで誰が負担するのか，などを明確にして，総合的に検討しましょう。

❶ 住宅改修と福祉用具の関係

身体状況や経費を含めたさまざまな条件を整理したうえで，住宅改修と，福祉用具の活用を連携させて行う。

■住宅改修と福祉用具の比較

	住宅改修	福祉用具
堅固性	壁面に取り付ける手すりは堅固に設置できる。	簡易手すりでは，取り付け方が不完全だと使用時にずれる。
適切な寸法の確保	各部分ごとに個別に設計し，身体状況にあった寸法を確保できる。	必要な寸法の市販品がない場合がある。
費用	小さな工事でも福祉用具の設置に比べ施工費が高い。	既製品であれば安価で手に入り，個人での設置が容易。
身体機能の変化への対応	身体機能が低下して全介助となった場合には，浴室でリフト類などの福祉用具を活用しなければ入浴動作ができないなど，住宅改修だけでは対応しきれない場合あり。	身体機能が大きく変化した場合など，福祉用具だけでは対応しきれないときは，住宅改修と連携する必要あり。

❷ 経費の確認と制度の活用

本人またはその家族が自己負担できる限度額を確認，誰が負担するかなどを明確にする。

プラスワン

ホームエレベーターなどの複雑な機構を持つ福祉用具の利用にあたっては，イニシャルコスト（機器を設置するために必要な工事費用など最初にかかる経費），メンテナンスコスト（月ごとまたは年ごとにかかる保守点検のための経費），ランニングコスト（電気代など日々の利用に必要となる経費）を考慮して，導入を検討する必要がある。

（1）住宅改修費の確認

工事を始めてから予想以上の経費がかかる場合があります。予算は多少の余裕をみて立てましょう。また，設計者や施工者に依頼して行う入念な事前現場確認により，リスクを軽減することができます。

（2）制度の活用

① **介護保険制度**…**住宅改修費**として，支給限度基準額（20万円）の原則9割を限度に，償還払いで支給される。自己負担は原則1割。

② **地方自治体や公的団体による住宅改修費助成制度**…これらの助成や融資制度は，自治体や団体ごとに条件が異なる。一般的には，世帯の収入に応じて助成金額が異なるので，確認が必要である。

❸ 経常的な維持経費

複雑な機器を使用する場合，コストを総合的に計算して，機器の採用を検討する。

ホームエレベーターや階段昇降機など，複雑な機構の福祉用具を使用する際には，販売店や代理店，メーカーとメンテナンス契約を結ぶ必要があります。また，万が一の故障の際にも日常生活には支障がないよう配慮しておきます。

利用者およびその家族が自己負担できる限度額を確認することも重要です。

プラスワン
65歳以上の一定以上所得者は自己負担2割．現役並み所得者は自己負担3割となる。

建築／1章

償還払い
➡ P45

用語

メンテナンス
建築物の性能や価値の低下を防ぐために行う手入れや点検のこと。「建築基準法」では，敷地や建築物，設備など常に法律に適合した状態にしておくことが義務付けられている。

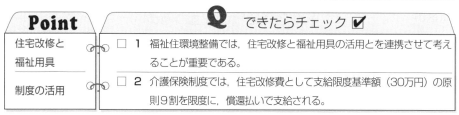

チャレンジ！ 確認テスト

Point		**Q** できたらチェック ☑
住宅改修と福祉用具		□ 1 福祉住環境整備では，住宅改修と福祉用具の活用とを連携させて考えることが重要である。
制度の活用		□ 2 介護保険制度では，住宅改修費として支給限度基準額（30万円）の原則9割を限度に，償還払いで支給される。

解答 1.○／2.× 30万円ではなく，20万円である。

レッスン 36

外出のための屋外整備

A
重要度

学習のねらい 閉じこもりがちになる高齢者や障害者が，充実した生活を送るためにも外出しやすい屋外整備は重要です。屋外にある段差を確認し，それぞれに適切に対応しましょう。

❶ 外出を妨げる段差

 外出を阻害する，道路と敷地，敷地と住宅にある段差を理解する。

① 「建築基準法」上必要な段差

床面が木造である場合は，最下階の床面は直下の地面から450mm以上の間隔を取り床下換気口を設けることが決められています。これは，床下の風通しをよくすることによって腐食を防ぐためです。これにより屋内と屋外の段差が生じます。

② 敷地と道路間の段差

道路のG.L.（地盤面）に比べ，敷地のG.L.が高かったり低かったりすることから段差が生じます。

③ 敷地条件による段差

敷地の一部が高かったり低かったりと，敷地自体が高低差を持っている場合があります。

❷ 敷地と道路間の段差への対応

 道路と敷地の境界線にあるL字溝を，スロープに変更して段差を解消する。

道路境界線と敷地の境界線には，多くの場合，L字溝が設置され，立ち上がり部分に段差があります。ここにスロープ化したコンクリートやゴム製のブロックなどを仮置き

プラスワン

床下換気口

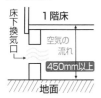

用語

L字溝

L型をしたコンクリート製の排水用製品，施設のこと。道路や通路などの両側または片側に設置し，降雨時の道路排水を目的に設置される。

して段差を解消する方法があります。

　また，アプローチを全面的に整備する場合や，車いす移動の自立を長期的に考える場合には，立ち上がり部分の高さが低いL字溝に変更する方法があります。この方法は，所定の手続き（切り下げのための申請）が必要となります。

❸ アプローチにおける段差への対応法

　アプローチの高低差には，階段や屋外スロープを設置して対応します。また，階段とスロープを併設する方法もありますが，これには十分なスペースが必要です。必要なスペースを敷地内にとれない場合は，段差解消機を設置する方法もあります。

(1) スロープの設置

　車いす使用者や，将来車いすの使用が予想される場合には，スロープの設置が適している。

① 　勾配と通路幅

　(a) 勾配…スロープ設置の際は，車いす使用者の上肢の機能や介助者の車いす操作能力の程度に配慮する。勾配は，できるだけ緩やかなほうがよいが，**一般的には1/12〜1/15を基本**とする。なお，1/12の勾配とは，1mの高さを上がるのに水平距離が12m必要なことをいう。

　　「建築基準法」では，G.L.（地盤面）から1階のF.L.（床面の高さ）までを450mm以上にするよう定めている。この高低差を解消する場合は，1/12の勾配では5,400mm，1/15の勾配では6,750mmの水平距離が必要である。

　　玄関ドアの前からスロープを始める場合は，玄関の出入り口前に1,500mm四方程度の水平面を設ける。また，スロープの設置距離が長くなり，折り返す場合，折り返し部分には1,500mm四方程度の水平

プラスワン
L字溝における段差の解消

L字溝の段差をスロープ化する。

用語
切り下げ
道路に面する敷地のG.L.を下げること。

プラスワン
段差解消機からの転落防止策としては，上部の乗り込み位置に柵を設置する方法が有効である。

プラスワン
据置式の段差解消機は，介護保険による福祉用具貸与の対象となる移動用リフトに含まれる。

プラスワン
2011（平成23）年の介護保険制度改正に伴い，2012（平成24）年度より，住宅改修費支給の対象となる「段差の解消」に通路等の傾斜の解消が，「その他各住宅改修に付帯して必要となる住宅改修」にスロープ設置に伴う転落や脱輪防止のための柵・立ち上がりの設置が追加された。

建築／2章

面（踊り場）を設ける。

（b）通路幅…スロープの通路幅は900mm以上を確保する。自走用車いすの場合は，余裕を持って1,000mm程度を確保。また，スロープの両側の縁に50mm以上の立ち上がりまたは柵を設けて，車いすの脱輪を防止する。

② 寝室の掃き出し窓へのスロープの設置

玄関周辺にスペースが十分にない場合などは，寝室の掃き出し窓にスロープで出入りする動線を確保する方法があります。このときも，スロープの上下には水平面（平坦部）を設けます。

パーキンソン病などでは，スロープが適さない場合もあるから，気をつけなくちゃ。

■屋外スロープの設置

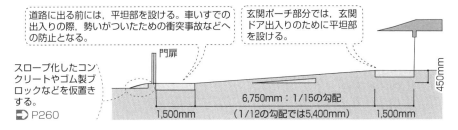

道路に出る前には，平坦部を設ける。車いすでの出入りの際，勢いがついたための衝突事故などへの防止となる。

玄関ポーチ部分では，玄関ドア出入りのために平坦部を設ける。

門扉

スロープ化したコンクリートやゴム製ブロックなどを仮置きする。
➡ P260

6,750mm：1/15の勾配

1,500mm （1/12の勾配では5,400mm） 1,500mm

450mm

（2）階段の設置

 階段は高低差が大きくても短い水平距離で設置できるが，緩やかな勾配にする。

アプローチに階段を設ける際には，蹴上げ寸法110〜160mm程度，踏面寸法300〜330mm程度が望ましいといえます。

安全を考慮し，段鼻部分は踏面と異なる色のものを用いて注意を促し，ノンスリップ加工のタイルとします。

関節リウマチ
➡ P143

階段の昇降時に痛みを伴いやすい関節リウマチ者の場合は，蹴上げ寸法を低く抑えるか，1/12〜1/15程度の勾配がとれるのであれば，スロープの設置を検討することが必要です。

④ アプローチの手すり

歩行が不安定な高齢者や障害者が，雨天や荷物を持った場合を考え，短いスロープや2～3段の階段でも手すりを取り付ける。

　手すりは，下りのときに利き手側で使用することを想定して取り付けます。しかし，より望ましいのは，両側に手すりを取り付けることです。

　① 　手すりの取り付け高さ

　　　手すりを取り付ける高さは，スロープは斜面床面から，階段は段鼻から測って750～800mmが目安となります。

　② 　手すりの太さ

　　　手すりの直径は32～36mmが標準です。

　③ 　手すりの素材

　　　樹脂被覆製など，握った際に感触のよいものを選ぶことが大切です。

■スロープ，階段設置の留意点まとめ

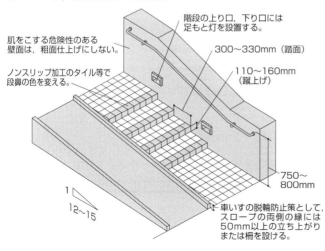

肌をこする危険性のある壁面は，粗面仕上げにしない。

ノンスリップ加工のタイル等で段鼻の色を変える。

階段の上り口，下り口には足もと灯を設置する。

300～330mm（踏面）

110～160mm（蹴上げ）

750～800mm

1／12～15

車いすの脱輪防止策として，スロープの両側の縁には50mm以上の立ち上がりまたは柵を設ける。

レッスン31と合わせて学習するとよく理解できるんじゃないかしら。

プラスワン

手すりの取り付け高さは，歩行方法や靴などの条件により屋内での手すり設置高さと若干異なる場合があるため，適切な高さを確認する必要がある。

建築／2章

片麻痺の場合は，健側（麻痺のないほう）に手すりが必要なので，両側あるいは中央に取り付ける場合もあります。

プラスワン

手すりは，階段の最上段から最下段まで連続させる。不連続となる場合（折り返し階段など）は，端部間を400mm以下とする。

❺ アプローチの仕上げと照明

（1）アプローチの仕上げ

つまずきやすい飛び石の使用を避ける。また，雨天時でも，表面が滑りにくい仕上げにする。

① 飛び石などの敷石は使用しない…加齢とともに爪先が上がりにくくなり，5mmを超える段差になると転倒する危険がある。また，アプローチが暗かったり，両手に荷物を持っていたりすると，段差が確認しにくくなるため，飛び石などは避ける。

② 石張りの仕上げは粗いものにする…雨や雪に濡れても滑りにくい仕上げにすることが重要である。石張りの場合は，表面を粗く仕上げ，濡れても滑りにくくする。

③ コンクリート平板などの「置き敷き」は避ける…「置き敷き」は，雨天時に地盤が緩むと平板ががたつくため，コンクリートなどで堅固に固定する。また，目地幅が大きいと，歩行テンポや歩幅を調節する必要が生じ，その負担が増すとともにつまずく危険も増す。

④ 壁，植え込みへの配慮…アプローチに面した壁は，手をついたり，体が触れてもけがをしないように滑らかな仕上げにする。また，アプローチに面した植え込みや植木鉢類は歩行を妨げないように剪定や整理に配慮する。

（2）アプローチの照明計画

つまずきや転倒を防止するため，アプローチには均一の明るさで照らせる十分な照明を配置する。

① 屋外灯の設置…アプローチから玄関までの距離が長い場合には，歩行者が安全に移動できるよう，屋外灯を設置する。

② 足もと灯の設置…転倒の危険性がある階段の上がり

アプローチのコンクリート平板

地面の上に直接置く「置き敷き」だと，降雨時などに地盤が緩み，平板ががたついて危険。

目地幅を大きくすると歩幅を整えて歩く必要が生じる。

目地幅は小さくし，つまずかないようにする。

歩行時にがたつかないように，コンクリートなどで堅固に固定する。

置き敷き

コンクリートの平板などを，アプローチ部分の地面の上に直接置く方法。

口と下がり口に，足もと灯を設置する。足もと灯はあくまで補助照明と考え，屋外灯も合わせて設置する。

③　**動線部分の明るさは均一**…照明の暗い部分を段差と間違える危険があるため，照明は角度や位置などを十分に考慮し，動線部分の明るさを均一にする。

④　**階段部分の照度**…高齢者への対応を考慮した屋外階段部分の照度は，JIS（「産業標準化法」に基づく国家規格）の推奨照度と同等以上が望ましい。

⑤　**照明機能をあわせもった防犯機器**…防犯目的の人感センサーでアプローチ部分の照明を確保できる。

⑥ 駐車スペースの整備

車いす利用者が自動車を利用する場合，敷地内の駐車スペースでは，屋外から駐車スペースまでの通路を整備します。

①　**運転席に乗車する場合**…運転席までの通路幅や，運転席のドアを全開できるスペースを確保する。

②　**駐車スペースの床面**…車いすからスムーズに乗降できるよう，駐車スペースの床面は平坦にする。

③　**電動車いすへの注意点**…電動車いすの保管場所を屋外にする際には，保管場所に屋外用コンセントを設置するか，バッテリーを取り外して屋内で充電するかを事前に決めておく。

プラスワン

JIS（日本産業規格）では，門・玄関，庭の通路についての推奨照度を5ルクスとし，表札や門標，押しボタン（インターホン），新聞（郵便）受けなどの付近については30ルクスとしている。なお，ルクス（lux）は国際単位系における照度の単位である。

建築／2章

JISは従来，「工業標準化法」に基づいて鉱工業品等の品質や性能等の基準を定めていましたが，2019（令和元）年7月より，データやサービス，経営管理等も標準化の対象となり，「産業標準化法」に基づく「JIS（日本産業規格）」に変わりました。

チャレンジ！　確認テスト

Point	Q　できたらチェック ☑
スロープの設置	☐ 1　屋外スロープの勾配は，一般的には1/12〜1/15が基本とされ，地面から１階の床面高さまでを450mmとすると，1/12の勾配では5,400mm，1/15の勾配では6,750mmの水平距離が必要である。
	☐ 2　屋外スロープを自走用車いすで移動する場合，通路幅は余裕を持って1,000mm程度を確保し，脱輪防止のためにスロープの両側の縁には，50mm以上の立ち上がりまたは柵を設ける。
階段の設置	☐ 3　アプローチに階段を設ける際には，蹴上げ寸法110〜160mm程度，踏面寸法300〜330mm程度が望ましい。
	☐ 4　安全を考慮し，階段の段鼻部分は踏面と異なる色のものを用いて注意を促し，ノンスリップ加工のタイルとする。
アプローチの手すり	☐ 5　手すりは両側に取り付けることが望ましいが，片側だけの場合は上りのときに利き手側で使用することを想定して設置する。
	☐ 6　手すりを取り付ける高さは，スロープは斜面床面から，階段は段鼻から測って750〜800mmが目安となる。
アプローチの仕上げと照明	☐ 7　通路を石張りにする場合は，倒れたときにけがをしないように表面を滑らかに仕上げる。
	☐ 8　アプローチから玄関までの距離が長い場合には，歩行者が安全に移動できるよう，足もと灯を設置する。
	☐ 9　高齢者への対応を考慮した屋外階段部分の照度は，JISの推奨照度と同等以上が望ましい。
駐車スペースの整備	☐ 10　車いす利用者が自動車の運転席に乗車する場合，運転席までの通路幅や，運転席のドアを全開できるスペースを確保し，駐車スペースの床面は車いすからスムーズに乗降できるよう平坦にする。

A 解答 1.○／2.○／3.○／4.○／5.× 下りのときの利き手側に設置する。／6.○／7.× 表面を粗く仕上げ，雨や雪に濡れても滑りにくくする。／8.× 足もと灯ではなく屋外灯。／9.○／10.○

<table>
<tr><td>レッスン
37</td><td>**玄 関**</td></tr>
</table>

A
重要度

学習のねらい 外出時に必ず通る玄関を，利用しやすいようにするには，利用者の身体状況をはじめ，さまざまな点に配慮が必要です。踏台やスロープ，手すりの設置などをよく理解したうえで，臨機応変に組み合わせて実行しましょう。

① 玄関ポーチと玄関土間の段差とその解消法

> 室内の温度を保ち，すきま風やほこり，雨水の浸入を防ぐため，玄関の土間部分は玄関ポーチより一段高くなっている。

安全に出入りするため，段差はできるだけ解消することが必要です。**高齢者等配慮対策等級 5** では，玄関戸の下枠（くつずり）と玄関ポーチの高低差は20mm以下，玄関戸の下枠と玄関土間の高低差は 5 mm以下と定められています。

■下枠段差のない玄関戸の設置例

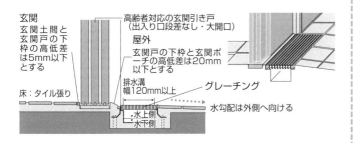

玄関
玄関土間と玄関戸の下枠の高低差は5mm以下とする

床：タイル張り

高齢者対応の玄関引き戸
（出入り口段差なし・大開口）

屋外
玄関戸の下枠と玄関ポーチの高低差は20mm以下とする

排水溝
幅120mm以上

グレーチング

水勾配は外側へ向ける

水上側
水下側

② 上がりがまち段差の解消法

段差の解消方法には，踏台やベンチ，スロープ，段差解消機などの設置があります。

古い住宅の上がりがまちは，段差寸法が300mm程度と，高齢者が昇降するのは困難です。また，比較的新しい住宅では180mm以下が一般的で，健常な高齢者であれば昇降は

👆**プラスワン**

玄関ポーチのスペースを考慮する場合は，車いすの種類により玄関戸を開閉する際の停止位置や向きが異なる点と介助スペースが必要になる点に配慮する。

📖**用語**

高齢者等配慮対策等級
「住宅品確法」に基づいて設けられた性能表示項目の一つ。1〜5の5段階で評価される。

📖**用語**

グレーチング
排水溝などに敷設する格子状，あるいはすのこ状の覆いのこと。

視覚障害者や視機能の低下した高齢者などは，段差を見分けられずに段差で転倒する危険がある。こうした事故を回避するために，上がりがまちはコントラストの大きい色彩の組み合わせを用いるくふうを施すのが適切である。

用語

踏台

玄関に段差解消のために設けた板敷きの部分。据え置きによる簡易な方法だけではなく，固定や造り付けにすることもできる。

さほど難しくありませんが，足腰が弱った高齢者や障害者などは昇降が容易にできないこともあります。玄関での移動をスムーズに行えるように，上がりがまち段差は臨機応変に解消する必要があります。

（1）踏台の設置

> 踏台による段差解消では，対象者の昇降動作を確認し，臨機応変に対応する。

　踏台の上で靴やスリッパを着脱するので，階段１段分より広めの，奥行き400mm以上にします。また，１段ずつ両足をそろえて昇降することを想定し，両足が台の上に同時に乗せられるよう幅500mm以上にします。踏台の高さは，上がりがまちの段差を等分にするように設置します。ただし，高さを等分にしても対象者が安全に昇降できない場合には，さらに段数を多くして各段の高さを低くします。

（2）ベンチの設置

> ベンチと上がりがまちの位置関係，ベンチの座面の高さと玄関ホール部分や土間部分の高さとの関係をよく確認する。

　ベンチを設置すると，一度ベンチに腰掛けてから，上がりがまちの段差を越えることができ，昇降動作の負担が軽くなります。また，ベンチ座面端部から200〜250mm程度の位置に縦手すりを取り付けると手すりをつかんで体を支えられるので，立ち上がりやすくなります。

（3）スロープの設置

> 玄関土間に十分なスペースがあり，上がりがまちが100mm程度までの小さな段差であれば，スロープ設置が適している。

　玄関土間に十分なスペースがない場合は，可動式（携帯式）のスロープがありますが，介助者による取り外しと，

用語

可動式（携帯式）スロープ

工事などで建物に直接据え付けず，持ち運びができる簡易なスロープ。

収納スペースが必要になります。

（4）段差解消機の設置

　上がりがまち段差が大きいときや，玄関土間のスペースが狭い場合は，段差解消機を用いて段差を解消します。

③ 玄関の手すり

（1）縦手すり

　上がりがまちの昇降の安全性を図るには，上がりがまち際の壁面の鉛直線上に縦手すりを取り付けることが基本となります。なお，踏台との併用はできません。

　手すりの位置は，下端が土間床面より750〜800mm程度，上端は玄関ホール床面に立ったときの肩の高さより100mm程度上方になるようにします。

（2）横手すり

　手すりは土間床面，あるいは玄関ホールの床面から測って，上端を利用者の大腿骨大転子の高さである750〜800mmに合わせる。

　踏台を置く場所や，握力が弱く，縦手すりがしっかりと握れない場合には，階段の手すりと同様に，手すりの高さを段鼻から測り，勾配に合わせて手すりを取り付けます。この場合，手すりの両端は床面に沿って水平に延長します。

　そのほか，横手すりを水平に上下２段に設置し，体を壁面に向けて両手で手すりを握りながら，横移動で昇降できるようにする方法もあります。

（3）下地補強

　手すりを取り付ける際の壁下地補強は，対象者の身体状況の変化にも対応できるよう，広範囲に行っておきます。

④ 適切な玄関戸の選び方

　高齢者や障害者にとって使いやすい玄関戸は，開閉がしやすい引き戸である。

用語

鉛直線
水平面に対して垂直方向の直線。

建築／2章

玄関の手すりは，利用者の動作をよく確認してから取り付けることが大切ですよ。

プラスワン
玄関にある靴入れなどの収納部分を手すり代わりに利用することもできる。この場合，収納をカウンター式にし，昇降の際に手がかけられるようにする。

プラスワン

玄関ドアには3枚引き
戸や子扉付きタイプ
で，有効幅1,200mm
（壁芯−芯距離1,365mm）
程度の製品もある。

把手
➡ P246

彫り込み式の把手は，
棒状の把手とは違い有
効幅員が狭くなること
はありません。しかし，
手や指に障害がある人
には利用しづらく，開
閉動作が困難です。

プラスワン

車いすのアームサポー
ト周りにリモコンを固
定しておくと，手元で
の簡単な操作でドアを
開閉することができ
る。

ドアクローザー
➡ P246

（1）玄関の扉の有効幅員

一般的な玄関戸の有効幅員は，700～750mm（壁芯−芯距離910mm）程度です。しかし，バリアフリー仕様の製品には有効幅員が800～850mm（壁芯−芯距離1,000mm）程度のものなどが増えています。また，**壁芯−芯距離1,820mmとした3枚引き戸タイプ**は，広い有効幅員（1,000mm以上）を確保できます。

（2）把手

扉の把手は，対象者の状態をよく考慮して選ぶことが大切です。**引き戸では，棒状の把手にすると手や指に障害がある人でも開閉が可能となります**が，戸を開いた際に，把手の引き残し分だけ有効幅員が狭くなります。

■引き戸の有効幅員（突出した形状の把手の場合）

（3）自動ドアへの取り替え

現在，引き戸，開き戸とも住宅用に適した自動ドアが市販されているほか，既製の玄関戸に電動の開閉機構のユニットを取り付けて自動ドア化することもできます。自動ドアの開閉方法にはスイッチやリモコン操作もあり，車いす利用者や上肢に障害がある自立歩行者でも，玄関の出入りがスムーズに行えます。

（4）施解錠・インターホン

テレビカメラ機能やドアロック操作機能が付いたインターホンは，来訪者を画像で確認でき，また，手元で解錠操作できるので便利です。

（5）ドアクローザーの調節

扉の開閉速度を調節するドアクローザーが付いている開き戸の場合，体の一部を挟み込まないように戸が閉じる速さの調節が必要です。

❺ 玄関土間とホールのスペース

（1）玄関土間

 車いすを使用する場合など，状況に応じて確保すべき有効幅員を覚える。

① 車いすを使用しないケース

つえ歩行や介助歩行者を想定する場合は，つえをつくスペースや介助者のスペースが必要になります。

（a）自立歩行の場合…**玄関戸の有効幅員は750mm（壁芯－芯距離910mm）程度，玄関土間部分の間口の有効幅員は1,200mm（壁芯－芯距離1,365mm）程度。**

（b）つえ歩行や介助歩行者が使用する場合…対象者に実際に動作をしてもらい，スペースの広さを決める。

② 車いすを使用するケース

車いす1台分のスペースと，対象者の歩行スペースや移乗スペース，介助スペースを考慮します。奥行きは，**標準的な車いす1台（全長1,100mm程度）に1,200mm以上の有効寸法を確保**する必要があります。

また，屋外用車いすを使用する場合は，介助スペースや移乗スペースを考慮し，玄関土間の間口は車いすの全幅に1,000mm程度加えた幅が必要です。したがって，**最低でも有効寸法1,650mm（壁芯－芯距離1,820mm）程度，可能であれば2,100mm（壁芯－芯距離2,275mm）程度**を確保します。これは，玄関土間で車いすを乗り換える際に車いす2台分を置けるスペースと，乗り換えを介助するスペースを考慮した場合や，上がりがまちを挟んで乗り換える場合も同様です。

（2）玄関ホール

 屋内外兼用か，介助者がいるかなど車いすの使用状況を考慮したスペースの確保が重要。

プラスワン

靴の着脱時に動作を補助するベンチや踏台を置く場合には，玄関土間の間口は有効寸法1,650mm（壁芯-芯距離1,820mm）程度が必要である。

プラスワン

全長1,100mm程度の標準的な車いす1台分に，余裕をとって1,200mm以上の有効幅員が必要となる。

車いすの使用に関係する各所の寸法はよく覚えておきましょう。

建築／2章

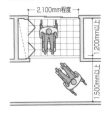
上がりがまちを挟んで車いすを乗り換える場合は，車いすの回転スペースとして，玄関ホールの奥行きは最低でも1,500mmを確保します。これは玄関ホールで車いすの乗り換えを行うケースでも同様です。

玄関ホールの間口は，ホールで車いすを乗り換えない場合や玄関土間で乗り換える場合であれば，車いすがスムーズに通行できる有効寸法1,200mm（壁芯－芯距離1,365mm）程度を確保するようにします。車いすを玄関ホールで保管する場合は，玄関ホールの間口は最低でも有効寸法1,650mm（壁芯－芯距離1,820mm）程度，可能であれば2,100mm（壁芯－芯距離2,275mm）程度を確保します。

チャレンジ！　確認テスト

Point	**Q** できたらチェック ☑
上がりがまち段差の解消法	□ 1　玄関の上がりがまちの段差を解消する場合，段差が100mm程度までで，玄関土間に十分なスペースがあれば，スロープの設置が適している。
玄関の手すり	□ 2　上がりがまちの昇降の安全性を図るには，上がりがまち際の壁面の鉛直線上に縦手すりを取り付け，さらに踏台を設置するとよい。
適切な玄関戸の選び方	□ 3　手や指に障害がある人の場合，引き戸の把手は，棒状よりも彫り込み式が望ましい。
玄関土間のスペース	□ 4　玄関土間の間口は，車いすの移乗や介助者のスペースを考慮すると，最低でも有効寸法1,650mm程度，できれば2,100mm程度を確保する。

A **解答** **1.**○／**2.**× 縦手すりと踏台の併用はできない。／**3.**× 彫り込み式の把手は利用しづらく，開閉動作が困難なので，棒状にする。／**4.**○

B
重要度

学習のねらい 廊下の通行幅員の確保は，日常生活上重要です。最大有効幅員が780mmの住宅でも通行には問題ありませんが，介助歩行や車いすの場合の十分な通行幅を考えて，適切な対処方法を学びましょう。

1 廊下の有効幅員

介助歩行や車いすで使用しやすい廊下の有効幅員を確保する。

廊下の幅員を広げるためには，柱を移動するなどの改修を検討します。しかし，柱を動かす場合は，移動後も耐震性能を持たせるために，周囲の柱や壁の補強を行う必要があり，大規模な工事となります。

(1) 伝い歩きの場合

廊下の有効幅員は750～780mm程度あれば問題ありません。しかし，安全に移動するには手すりの設置を検討する必要があります。

(2) 介助歩行の場合

介助歩行では，介助者が利用者を斜め後ろから支えて歩行することが多いので，**1.5人分の有効幅員が必要**となります。ただし，通常の通行幅員（750～780mm程度）があれば，最低限度の介助歩行は可能です。

(3) 車いすを使用する場合

車いすで廊下を直進するには，**車いすの全幅に100～150mm加えた有効幅員**があれば通行できます。ただし，廊下を直角に曲がるためには，通常の自走用の車いすの場合であれば，**最低でも850～900mmの有効幅員が必要**です。この場合，1,000mm以上の壁芯－芯距離が必要となりますので，新築や改築時に柱の移動を検討します。大規模な改

幅620～630mm程度の自走用車いす，幅530～570mm程度の介助用車いすともに，直進するだけならば，910mm（3尺）モジュールにおける有効幅員は780mm（最大）で通行に問題はない。

修ができない場合は，各部屋の開口幅員を広げて対応します。

（4）高齢者等配慮対策等級への考慮

「住宅の品質確保の促進等に関する法律」（住宅品確法）における「日本住宅性能表示基準」では，高齢者等配慮対策等級によって幅員の判断基準が定められています。

通路（廊下）では，5等級の場合は有効幅員850mm以上（柱等の箇所は800mm以上），4等級と3等級の場合は有効幅員780mm以上（柱等の箇所は750mm以上）です。

❷ 廊下の手すり

廊下の移動を安全にする手すりは，手すり上端を利用者の大腿骨大転子の高さに合わせる。通常は床面から750〜800mm程度になる。

手すりは直径32〜36mmにするのが一般的です。ただし，個人差があり，とくに円背，関節リウマチ，筋ジストロフィーなどの疾患では，障害の特性によって握り方が異なるので注意が必要です。

手すりはできるだけ連続するように取り付けます。ドアの開口部などでやむを得ず途切れる場合でも，手すり端部間の空き距離は900mm以内を目安に，最小限となるように配慮します。また，安全性の点から，手すり端部は壁面側に曲げ込むようにします。

❸ 廊下の仕上げ
（1）床仕上げ

床材は，滑りにくさ，弾力性，吸音性に配慮して選択する。

① 滑りにくさ…利用者が転倒しないよう，配慮した仕上げにする。

大腿骨大転子
➡ P239

🔖**用語**

円背
脊椎の圧迫，骨折により，背中が曲がり丸くなった状態。内臓に影響を与える。とくに胃腸障害が多い。

関節リウマチ
➡ P143

筋ジストロフィー
➡ P175

② **弾力性**…**弾力性**のある床材は，膝関節などの負担が軽減され，転倒してもけがを負いにくくなる。とくに，脳性麻痺者や高齢者の座位移動を考慮する際は，床面の**弾力性**に配慮し，温かい床材を選択する。

③ **吸音性**…つえ歩行を考慮する際は，つえが床面にぶつかる音を吸収するよう，**タイルカーペット**による仕上げが適切である。毛足の長いじゅうたんは，爪先を引っかけて転倒する危険がある。

(2) 壁仕上げ

「車いすあたり」の設置によって，車いすのフットサポートや駆動輪車軸で壁面が傷つくことを防ぐ。

室内の壁は，せっこうボードにビニルクロス類を張って仕上げるのが一般的ですが，せっこうボードは車いすなどの衝撃に弱いので，次の方法で破損を防止します。

① **木製の壁**…床面から900mm程度の高さまで木製で仕上げ，壁面などを保護する。

② **車いすあたり**…通常の**幅木**は60〜80mm程度だが，車

■「車いすあたり」としての幅木の設置

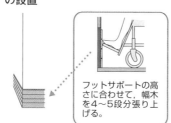

フットサポートの高さに合わせて，幅木を4〜5段分張り上げる。

いすを使用する場合は，フットサポートや駆動輪車軸より高くして壁面を保護する必要があるので，幅木を数枚張り上げて「車いすあたり」とする。高さは350mm程度にする。

壁の色は，床と同系色だと視機能が低下した高齢者には見分けがつきにくいので，コントラスト比の高い見分けやすい色を選ぶ配慮が必要です。

用語

タイルカーペット
500mm角程度の大きさにカーペット材を切断してタイル状に床に敷いたものの総称。

用語

幅木
床と接する壁の最下部に取り付ける化粧材のこと。スリッパや掃除機などが当たっても，汚れや損傷を受けたりしないように壁を保護する。

プラスワン

壁に幅木を採用し，床材を傷つきにくく掃除しやすい仕上げとする。

建築／2章

（4）照明

 高齢者が夜間にトイレへ行きやすいよう，廊下の足もと灯は照度50ルクス以上にする。

① **調光機能付きスイッチ**

　　高齢になると明るいところから暗がりに入った際，目が慣れる（暗順応）までに時間がかかります。そのため，高齢者に適度な明るさを供給できる，調光機能つきスイッチを備えたものが適切です。

② **明かり付きスイッチ**

　　暗がりでもスイッチを手探りすることのないように，明かり付きスイッチを設置します。

③ **足もと灯**

　　移動の際に，足もとが確認できるよう，寝室の出入り口からトイレまでの動線の要所に，照度50ルクス以上の足もと灯を補助照明として設置します。

④ 廊下から居室への出入り
（1）段差の解消

 廊下と居室の段差には，出入り口にミニスロープを設置し，利用者や介助者と共に安全性を検討する。

　ミニスロープは，多脚つえや歩行器などを用いて歩行する場合，姿勢が不安定になりやすく，ミニスロープの分だけ廊下の平坦部が少なくなり安全な歩行の妨げになりかねないため，十分な配慮が必要です。

① **車いす使用の場合**…ミニスロープでの段差解消が車いすの通行に適さない場合は，床面の高さを均一にそろえる工事を検討する必要がある。また，入浴の際にシャワー用車いすで浴室まで移動する場合，以下のことに注意する。

(a) 4輪ともキャスタ（自在輪）のシャワー用車いす
は，キャスタが回転してしまうため斜面の通行は困
難である。

(b) シャワー用車いすは，座面の弾力性が弱いことが
あるので段差通行時の振動が体に伝わりやすく，姿
勢の崩れや痛みを感じる原因になる。

(c) 脳血管障害による片麻痺者や関節リウマチの車い
す利用者は，床面に足部を下ろして車いすを操作す
ることが多いので，ミニスロープは足への負担が大
きくなり適さない。

② **床上移動の場合**…床上移動の利用者は，段差を解消
しないと移動時に下記のような不都合が生じるおそれ
がある。

(a) 手膝這いは，段差の昇降ができる場合もあるが，
段差の角で膝にけがを負うケースがある。

(b) 臀部を床面に下ろしたプッシュアップや座位姿勢
での移動は，臀部が段差の角に当たり，けがや褥瘡
の原因となる。

褥瘡
 P127

(c) 進行性疾患では，症状の進行とともに，臀部を持
ち上げて段差を昇降することが困難になる。また，
ミニスロープを用いても通行ができない時期があ
る。

（2）有効幅員の確保

在来工法の木造住宅では，開き戸の内法寸法は
700〜720mm程度となるため，車いすの通
行を考える場合は開口部の幅員を広げる。

① **介助用車いすの場合**…介助用車いすでは，介助者の
操作能力によって，必要となる出入り口の有効幅員が
異なる。とくに，高齢で虚弱化している介助者の場合，
狭いスペースでの車いすの操作は負担となるため，介
助者に適したスペースを確保する。

車いすは使用者や介助
者の操作能力によって
移動性能が大きく左右
されます。

通常の自走用車いすが廊下を直角に曲がるためには，廊下の有効幅員は，最低でも850〜900mm必要になる。

② **自走用車いすの場合**…有効幅員750〜780mmの廊下を直角に曲がって居室に出入りする場合，通行できる出入り口の有効幅員は850〜900mmが標準。しかし，次にあげるような状態・症状の場合は，車いすの操作能力を考慮して，出入り口を標準的な幅より広げることを検討する。あらかじめ対象者と必要な出入り口の有効幅員を測定し，必要な最低寸法を確認する。

・車いすの操作能力の低い高齢者
・車いすの小回りが難しい片麻痺者
・筋緊張が高く不随意運動を伴う脳性麻痺者
・半側空間無視などの高次脳機能障害者，ほか

③ **電動車いすの場合**…車種（四輪や六輪）や使用者の操作能力によって回転スペースが変わるため，廊下幅員や開口幅員は，個々に検討する必要がある。

チャレンジ！　確認テスト

Point

Q できたらチェック ☑

廊下の有効幅員

□ **1** 通常の自走用の車いすの場合，廊下を直角に曲がるためには，有効幅員は最低でも750〜780mm程度必要である。

廊下の手すり

□ **2** 手すりはできるだけ連続するように取り付けるが，ドアの開口部などでやむを得ず途切れる場合は，手すり端部間の空き距離は900mm以内を目安に，最小限となるように配慮する。

壁仕上げ

□ **3** 室内の壁は，せっこうボードにビニルクロス類を張って仕上げるのが一般的だが，車いすを使用する場合は，壁面を保護するために幅木を数枚張り上げて「車いすあたり」とする。

照明

□ **4** 移動の際に，足もとが確認できるよう，寝室の出入り口からトイレまでの動線の要所に，照度30ルクス以上の足もと灯を補助照明として設置する。

A 解答 1.× 有効幅員は最低でも850〜900mm（壁芯-芯距離で1,000mm以上）必要。／2.○／3.○／4.× 30ルクスではなく50ルクス以上。

B
重要度

学習のねらい 階段の利用は，最も危険度が高いため，十分に配慮する必要があります。形状や勾配などを理解した対処方法を学ぶとともに，手すりやノンスリップなどの安全対策も覚えましょう。

① 階段への配慮

階段の位置は，部屋の配置や出入り口を把握して検討する。

利用者の生活空間を1階にまとめ，階段を使用しないように寝室やトイレを配置するのが理想です。しかし，敷地の狭さや日当たりの良さから，1階以外に寝室を設ける場合，階段の配置には十分に配慮します。とくに，寝室とトイレの間に階段がある場合，夜中にトイレに行こうとして，トイレの出入り口と階段の下り口を間違えて転倒する危険もあります。

■階段と寝室，トイレの配置

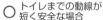

○ トイレまでの動線が短く安全な場合

寝室

× トイレまでの動線の途中に階段がある場合

寝室

② 階段の勾配

比較的容易で安全に昇降できるよう，勾配は，蹴上げ÷踏面≦6/7。蹴上げと踏面の寸法は550mm≦2R+T≦650mmにする。

"手すり"のレッスン31と並行学習すると，よく理解できます。

プラスワン

理想的な階段勾配は7/11とされているが，この勾配を確保するには，一般的な住宅の階高2,950mm程度に対し，4,000mm以上の水平投影距離が必要である。しかし，一般的な住宅で階段として確保できる水平投影距離は2,700mm程度であり，7/11勾配は現実的な数値とはいえない。

用語

段鼻

蹴上げと踏面が接した階段の踏面の先端部分のこと。

プラスワン

建築基準法では，住宅の階段の両側ないし片側に，手すりを取り付けるよう義務付けている。

階段の勾配は，蹴上げと踏面の寸法，つまり「階段勾配＝蹴上げ÷踏面」によって求められます。

「建築基準法」では住宅の階段は，蹴上げを230mm以下，踏面を150mm以上と規定していますが，この寸法は，高齢者や障害者にとって安全性が確保できるものではありません。

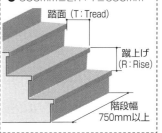

■「住宅品確法」(高齢者等配慮対策等級5，4)による階段寸法

安全に昇降できる寸法
● 勾配6/7以下
● 蹴込み板があり，蹴込み寸法30mm以下
● 550mm≦2R＋T≦650mm

踏面 (T：Tread)
蹴上げ (R：Rise)
階段幅 750mm以上

❸ 蹴込みへの配慮

階段を上がるときも，段鼻につまずく可能性があるので，蹴込み板を必ず設けます。ただし，蹴込み板が深いと足先を引っかけるおそれがあるため，蹴込み寸法は最大でも30mm以下となるようにします。

❹ 階段の手すり

(1) 手すりと階段の有効幅員の関係

「建築基準法施行令」第23条では，階段幅は750mm以上を確保することが定められていますが，壁からの突出が100mm以内の手すりは階段幅に影響がないとみなされ，100mmを超えた寸法分のみが階段幅として算出されます。

■階段幅の考え

100mm以内
手すりの突出が100mm以内の場合
階段幅

100mmまでは手すりがないものとして階段幅を考える。

100mm
手すりの突出が100mmを超える場合
階段幅

手すりの先端から100mmのところまでが階段幅となる。

（2）手すりの位置と形状

 　階段の片側に設置する手すりは，階段を下るときに，対象者の利き手側に設置する。

① **取り付け高さ**…手すりは階段の段鼻から測って，上端を対象者の大腿骨大転子の高さに合わせる。一般的には750〜800mm。

② **手すりは連続して設置**…階段の手すりはできるだけ連続させる。やむを得ず連続できない場合は，手すり端部間の空き距離は400mm以内とし，手すりから次の手すりへ同じ姿勢で自然に握り替えができるように配慮する。手すり端部は，壁面側に曲げ込んでおく。

③ **手すりの形状**…手すりの断面は円形とし，直径は32〜36mm程度とする。

④ **手すりの設置場所**…一般的な住宅では階段が狭いため，片側に手すりを設置する場合が多い。この場合は，下りのほうが転落などの危険性が高いので，階段を下るときに，手すりが利き手側にくるように配慮する。

⑤ 階段の形状

 　階段にはさまざまな形状があり，形状ごとの特徴を把握して安全対策をとる。

① **踊り場付き階段**…踊り場でひと休みができ，同時に安全に方向転換できる。万一，上方から転落しても，踊り場で止まるため大けがをする危険性は低くなる。

② **吹き寄せ階段**…従来の回り階段（180度均等6ツ割階段）では，180度が均等に分割されて，回り部分が中途半端な広さとなる。方向転換しながら昇降

踊り場付き階段

安全度… ◎

UP

踊り場 踊り場

🖐️プラスワン

従来の回り階段は，回り部分での転落事故の危険性が高いため，福祉住環境の視点からは，安全性が高いとはいえない。

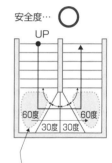
プラスワン

高齢者等配慮対策等級
5，4の対象者を考慮
する場合，階段の形状
には回り階段を用いな
いようにする。等級3
以下の場合は，回り階
段の使用も認められて
いる。

するため危険であるが，180度回
り部分を60度＋30度＋30度＋60度
の4つに割ると，60度の段で方向
転換し，30度の部分でまっすぐ進
めるため，転落の危険性が低い。

③ **踊り場＋3段折れ曲がり階段**…
180度を90度＋30度＋30度＋30度
の4つに割った階段。90度の踊り
場を下段に設けることで，30度3
段の折れ曲がり部分で転倒して
も，一気に階下まで落下せず踊り
場で止めることができる。

④ **直線階段**…同じテンポで昇降す
ることができ，体の方向転換が必
要ないのでスムーズに移動でき
る。しかし，転落した際，一気に
階下まで落下して大けがをする危
険性が高いという短所がある。

吹き寄せ階段

安全度… ◯

広い60度の段で，
方向転換を行う

踊り場＋3段折れ曲がり階段

安全度… △

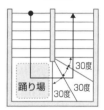

⑥ 仕上げと照明計画

（1）ノンスリップの取り付け

転落を防止するため，段鼻部分に薄型のノンス
リップを設置する。

安全に階段を昇降できるよう，踏面の段鼻部分にノンス
リップなどを取り付けます。

① **安全への配慮**…ノンスリップは利用者がつまずかな
いよう**薄型**のものを選ぶか，階段用のノンスリップカ
ーペットをしっかり取り付けるかする。ノンスリップ
を設置する際は，昇降時にずれて危険が生じないよう，
粘着力の強い両面テープで張って固定する。

② **使用感への配慮**…ショールームなどで製品ごとの使

用感を確認してから選ぶ。

（2）色彩

階段周辺は，壁，蹴上げ，踏面が同系色にならないように配慮します。コントラスト比が高いと階段が暗い場合も判別がつきやすくなります。また，踏面を段鼻部分やノンスリップと異なる色にしておくとよいでしょう。

（3）照明計画

照明は足もとに影ができないように階下と階上の２か所，できれば階段中央付近にも設置します。また，足もと灯を併用し，50ルクス以上の照度であることが高齢者にとって望ましいといえます。

プラスワン

JISでは階段の推奨照度を50ルクスとしている。

⑦ 階段の昇降が不可能な場合

 階段の昇降動作が困難な場合は，階段昇降機やホームエレベーターを利用する。

プラスワン

増改築時のホームエレベーター設置では，原則として建物外部にエレベーター棟を独立して建てることになる。

固定型（いす式）階段昇降機の設置には，階段の上下に十分なスペースが必要ですが，設置により通行幅員が狭くなるため，広い階段幅も必要となります。なお，ホームエレベーターは原則として，新築時に設置するようにします。

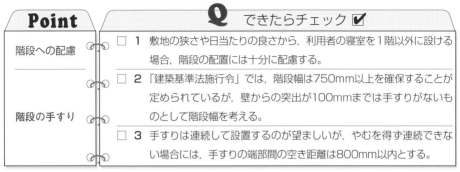

チャレンジ！ 確認テスト

Point	Q できたらチェック ✔
階段への配慮	□ 1 敷地の狭さや日当たりの良さから，利用者の寝室を1階以外に設ける場合，階段の配置には十分に配慮する。
階段の手すり	□ 2 「建築基準法施行令」では，階段幅は750mm以上を確保することが定められているが，壁からの突出が100mmまでは手すりがないものとして階段幅を考える。
	□ 3 手すりは連続して設置するのが望ましいが，やむを得ず連続できない場合には，手すりの端部間の空き距離は800mm以内とする。

 解答 1.○／2.○／3.× 800mmではなく400mm以内。

トイレ

学習のねらい 高齢者が頻繁に利用することが多いトイレは，一般的な住宅では狭いうえに必要な動作が多いため，トイレを利用しやすくすることは重要なポイントです。利用者の意見や身体状況に合わせた対策を学びましょう。

❶ トイレの住環境の重要性

 トイレの住環境整備では，まずは，寝室からトイレまでの動線を整備する。

夜間にトイレへ行く際に，暗がりを歩いてつまずいたりすることがないよう，まずは，寝室からトイレまでの動線を整備します。また，トイレの改修では，排泄はデリケートな問題なので，対象者の悩みや要望を，あせらずしっかりと聞き出す姿勢が大切です。

介護や福祉住環境の整備では，トイレは重要な場所です。話しづらい場合も考慮して，柔軟に根気よく向かい合いましょう。

❷ トイレの配置

 自立した排泄を促すため，寝室とトイレの距離をできるだけ短くして，移動を容易にする。

高齢者や障害者が住宅内でポータブルトイレやおむつを使用する理由の多くは，トイレまでの移動に問題があるからです。

（1）トイレの場所

寝室からトイレの出入り口までの距離がおおむね4mを超えると，高齢者は遠いと感じてしまいます。寝室とトイレを隣接させたり，寝室から直接トイレへ行けるように扉を設けたりするとよいでしょう。

（2）トイレの出入り口

① 建具の有効幅員…戸の有効幅員は，少なくとも800

〜850mm程度は確保する。

② 床面の段差…対象者がつまずかないように，出入り口の下枠とトイレ床面の段差をなくす。

③ トイレの戸…出入り口は，開閉動作が容易な**引き戸**が適切。もし，開き戸を取り付ける**場合**は**外開き**にする。

> 内開きだと，体をひねったりする動作が多くなってしまうからですね！

❸ トイレスペースへの配慮

 トイレの出入り口の幅や奥行きは，対象者の移動方法に対応したものとする。

>
> また，中で倒れてしまったときに救助が困難になることも理由です。

トイレスペースを広げるには，隣接した洗面・脱衣室とワンルーム化する，戸の有効幅員を広げるなどの方法があります。また，敷地に余裕がある場合は，外に拡張することもあります。

トイレの間口を広くした場合に，便器を中央に配置すると，介助スペースが十分にとれなかったり，壁の手すりまでの距離が遠くなったりします。この場合，便器を間口の左右どちらかにずらして設置して，近いほうの手すりの芯から便器の中心までを350mmにします。

(1) 自立歩行の場合

歩行が可能であり排泄動作が自立できている場合は，通常のトイレの寸法（間口750mm×奥行き1,200mm〔壁芯−芯距離：間口910mm×奥行き1,365mm〕）で問題ありません。しかし，立ち座り動作をゆったりと行うには，奥行き**有効幅員が1,650mm**（壁芯−芯距離1,820mm）程度あるのが理想です。

将来的な介助スペースを確保しておきたい場合は，トイレ内に手洗いカウンターを設けておき，必要になれば取り外して介助スペースを確保できるようにします。

(2) 介助が必要な場合

トイレ内での介助を考慮して，便器側方や前方に幅

便器をどちらに寄せるかは，手すりの位置にもかかわってくる。対象者とよく相談して決定する。

側方
前方，後方に対して，左右方向のこと。

建築／2章

500mm以上（高齢者等配慮対策等級で定められている）の介助スペースを確保します。また、トイレの寸法は、間口・奥行きともに1,350mm（壁芯-芯距離：間口・奥行きともに1,515mm）とします。ただし、間口を広く確保する場合には、便器のどちら側から介助するかを利用者や介助者と相談して、便器の位置などを決定します。

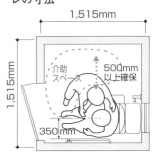
■介助スペースを確保したトイレの寸法
1,515mm
1,515mm
介助スペース
500mm以上確保
350mm

なお、便器の背後に洗浄タンクがないタンクレストイレに取り替えることで、介助スペースを広げる方法もあります。

（3）自走用車いす使用の場合

自走用車いすを使用している場合、便器へのアプローチの仕方によって必要な間口と奥行きは変わってきます。

① **側方アプローチ**…便器の側方や斜め前方から車いすを便器に近付けるもので、最も多いアプローチの仕方。標準的な広さは、**間口1,650mm×奥行き1,650mm**（壁芯-芯距離：間口・奥行きともに1,820mm）。

② **前方アプローチ**…便器の前方から車いすでトイレに入る場合は、便器の前方に一般的な自走用車いすの全長である1,100mmのスペースが必要となり、トイレの**奥行きは最低でも1,800mmを確保する必要がある**。

③ **横方向アプローチ**…車いすから便器への移乗を平行な位置で行う方法で、便器の側方に車いすのスペースとして800mm程度を確保する必要がある。また、出入り口と便器の位置については対象者とよく相談して細かいところまで詰めるのが望ましい。

（4）介助用車いす使用の場合

車いすと便器の移乗に介助が必要な場合は、介助者の位

タンクレストイレは、便器後部にタンクが付いていないので、標準的なものよりも奥行きが100mm程度短い。

側方アプローチの場合、車いすを出入り口から直進させて便器と直角に近い配置となるよう、あらかじめ出入り口の位置と便器の配置を考慮すると、トイレスペースが狭くてもアプローチ可能となります。

置を確認したうえで，車いすのスペースとは別に介助スペースを確保します。

　車いすと介助者用のスペースとして，**間口1,650mm×奥行き1,650mm**（壁芯－芯距離：間口・奥行きともに1,820mm）が必要です。

④ トイレの手すり

手すりの太さは，断面が直径28〜32mm程度の円形を基本とし，樹脂被覆製か木製のものを使用する。

　トイレの手すりには，立ち座り動作用の縦手すり，座位保持用の横手すり，双方の機能をあわせもつL型手すり，車いすでの移動や介助のためのスペースを効果的に確保できる可動式手すりなどがあります。

　手すりの取り付け位置は，標準的な手すりの取り付け方を参考に，対象者の移乗動作を考慮に入れながら本人と打ち合わせをし，決定します。材質は，金属製の手すりは感触が冷たいため，触感のよい木製あるいは樹脂被覆製のものが好ましいでしょう。

（1）縦手すり

　立ち座り動作を補助する縦手すりは，**便器の先端から250〜300mm程度前方の側面の壁**に取り付けるのが一般的です。

　また，縦手すりの上端は**利用者の肩の高さより100mm程度上方**まで，下端は横手すりの高さまでとし，**長さの目安は800mm程度**とします。

　縦手すりの適切な設置場所は，身体機能が低下するにつれて便器から離れ，かつ低い位置のほうが使いやすくなります。

（2）横手すり

　便器での座位保持用の横手すりは，通常，**便器の中心線**

建築／2章

から左右に350mm振り分けた左右対称の位置（手すりの芯－芯距離700mm）に，同じ高さで設置します。取り付け高さは，便座の高さから220〜250mm程度上方が一般的で，これは車いすのアームサポートの高さに相当します。

横手すりを両側に固定して取り付けると，車いすからの移乗や介助動作のじゃまになるため，壁側ではない片方の手すりは可動式にすると動作の自由度が増します。可動式手すりには壁面方向を軸に，水平方向と垂直方向に可動するものがあります。

(3) その他

① 座位姿勢が不安定で座位姿勢を長く保てない場合…便器の周囲に簡易に設置できる肘かけ状の便器用手すりを設置する。左右の手すりの芯－芯距離が600mm程度であり，壁面に取り付ける横手すりよりも体から近いところにあるので，安定した座位姿勢をとりやすい。背もたれを組み合わせると，より安定感が増す。また，前方や側方に体が傾きやすい場合は，介助者が本人の肩に手を添えたり，体の前方にもたれやすい形状の手すりを組み合わせたりすることで，座位姿勢が安定しやすくなる。ただし，簡易に設置できる肘かけ状の横手すりは短く，立ち上がるときに前傾姿勢がとりにくいため，縦手すりとの併用が基本である。

② 脳血管障害による片麻痺がある場合…バランスを崩したときに支持するため，介助者は患側に立つ。立ち上がりの際に本人が健側の上肢で壁に設置した縦手すりを握るため，便器と壁面，手すりの位置関係に配慮する必要がある。

用語

健側

健常な部分。麻痺側・患側の反対。

■手すりの取り付け例，配置例

L型手すり

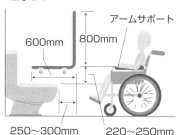

アームサポート

600mm
800mm
250～300mm
220～250mm

車いす使用の場合は，横手すりを
アームサポートの高さに合わせる。
直径は28～32mm程度。

縦手すり

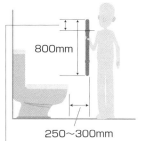

800mm
250～300mm

手すり上端は立位の利用者の
肩より100mm程度上方まで。

水平可動手すり

介助動作のじゃまにならない可動式の横手すり。

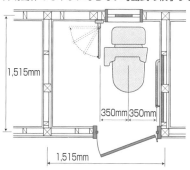

1,515mm
350mm 350mm
1,515mm

はね上げ式手すり

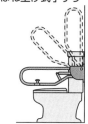

垂直方向に可動するはね
上げ式手すりは，トイレ
の側面にスペースがない
場合に有効である。

右片麻痺の場合

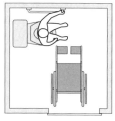

左片麻痺の場合

❺ 便器

（1）洋式便器の高さ

座位姿勢が安定するよう，便座面は踵や足底が床面に着く高さにする。車いす使用の場合は，車いす座面と高さを合わせる。

① **歩行可能な場合**…標準的な洋式便器の便座面高さは，370〜390mm程度である。排泄動作は，便器上で安定した座位姿勢を保つことが基本となる。座位姿勢を保ちにくい場合は，踵や足底が床面に着くように，便座面高さに配慮する。

② **車いす使用の場合**…立ち上がることなく車いすから便器に移乗する場合には，便座面高さは，車いす座面と高さを合わせることを基本とする。便座面高さよりも車いす座面のほうが高い場合は，便座を市販便器（座面高さが450mm程度）に交換する。一度立ち上がって移乗するときは，歩行が可能な場合の高さに設定する。ただし，座面高さを車いすの座面に合わせて高く設定すると踵が完全に浮いてしまうので避ける。

③ **関節リウマチや骨折などの場合**…関節リウマチや骨折などで股関節の動きの制限や，膝関節・股関節等の痛みを伴う場合は，便座面を高くすることがある。この場合は，床面に踵や足底が着きにくくなるので，手すりの設置など座位姿勢の安定を図ることが必要になる。

（2）便器の形状

車いすを使用する場合は，車いすが便座に十分近付けるように，便器前方下部がくびれているものや，壁から持ち出されたタイプを選択します。

温水洗浄便座は，標準的な便座よりも厚みがあるので，便座面高さも高くなります。

便器と便座を選ぶ前には，必ず対象者の踵や足底が床面に着くか，確認が必要ですね。

プラスワン

股関節の動きに制限や痛みを伴う場合は，下肢を屈曲させにくいので，便器をかさ上げし座面高さを高くするのがよい。

■車いすの使用に適した便器下部の形状

車いすがなるべく便器に近付けるように，便器の前方下部がくびれているものにする。

壁から持ち出されたタイプも，車いすで近付きやすい。

壁から持ち出されたタイプは，床の掃除がしやすいというメリットもあります。

⑥ 床仕上げ

🔑 **トイレの床は，掃除がしやすく，また滑りにくく弾力性のある仕上げに配慮する。**

トイレ内は汚れやすいため，ふき掃除がしやすい仕上げにします。

また，転倒事故を防ぐため，滑りにくく弾力性のある床材を選択します。塩化ビニルシートやリノリウム床にする場合は，水濡れしても滑りにくい製品を検討します。

⑦ 便器まわりの器具

（1）ペーパーホルダー

🔑 **ペーパーホルダーは，手すり使用のじゃまにならないように設置する。**

一般的には便座先端部分より100〜150mm程度前方で，便座面から250〜300mm程度上方に取り付けます。手すりの位置と重なる場合には，手すりを優先させます。その場合，ペーパーホルダーは手すりの使用やトイレットペーパーの交換に支障がないように配慮し，横手すりの上方または下方に取り付けます。

建築／2章

塩化ビニル
ポリ塩化ビニルなどからつくられる樹脂。上下水道用パイプや，床タイルなどに利用されている。

リノリウム
床材などに使われる建材の一種。住宅ではトイレをはじめとする水回りで使用されることが多い。

（2）汚物流し

> 汚物流しは，洗浄作業がしやすいように通常の洗面台より低い650mm程度の高さに取り付ける。

　車いすの場合，流しの下方が空いていると近付くのが容易です。設置するスペースがない場合は，便器に水栓ユニットを取り付ける方法もあります。

　汚物流しとともにシャワーがあると，オストメイト（人工肛門，人工膀胱造設者）の人が，パウチ（汚物処理パック）の中に溜まった排泄物の処理とパウチの洗浄を同時に行うことができます。

　汚物処理に関することは，非常にデリケートで難しい事柄なので，利用者や看護師，リハビリテーション関係者に詳しく話を聞き対応することが大切です。

（3）手洗い器

> 手すりなどの位置との関係で，適切な位置に手洗い器を取り付けられない場合は，壁に埋め込むか，またはトイレの外に洗面器を設置する。

　排泄後，便座に座ったまま手を洗えるように，小型の手洗い器を便器の前方横に取り付けます。ただし，トイレスペースが限られている場合には，壁に埋め込む製品を検討します。また，十分なスペースが取れない場合，トイレの外に幅450mm程度の洗面器を設置します。

（4）温水洗浄便座

> 温水洗浄便座は，臀部の清潔保持や清拭の手間の軽減に役立つ器具だが，下半身が麻痺している場合は位置の確認が必要になる。

　排泄後の臀部の清潔保持や清拭の手間が軽減できる温水洗浄便座は備えておきたい器具です。設置する場合，操作

スイッチの位置や形状を検討する必要があります。また，下半身に麻痺がある場合には，肛門や陰部に温水がうまく当たるか，位置をチェックします。

8 照明と換気

（1）照明

トイレ内の照明は，夜間の使用時に高齢者がまぶしさを感じないよう注意する。

プラスワン

JISが定めているトイレの推奨照度は，75ルクス。

　廊下や階段より明るい設定としますが，照度が高すぎると，夜間に暗い寝室や階段・廊下から移動してきた際に突然明るくなり，高齢者がまぶしさを感じることがあるので注意が必要です。また，明かり付きスイッチを採用し，暗がりで手探りしなくてもすむようにします。

（2）換気

　通常，住宅には24時間換気を行う設備があります。その設備が付いていない場合は，トイレに窓があっても換気装置を設置します。

9 暖房

冬場のトイレでは，暖房付き便座と室内暖房を併用する。

　冬場はパネルヒーターのような輻射暖房器を通電しておき，トイレ全体を常に暖かくしておくのが望ましいといえます。

　冬場の夜間などで，トイレと居室の温度差が激しいと，とくに高齢者はヒートショックを起こすおそれがあり，注意が必要です。

用語

ヒートショック
急激な温度変化によって血圧が急上昇・急低下し，虚血性心疾患や脳血管障害を引き起こすこと。

建築／2章

チャレンジ！　確認テスト

Point	**Q** できたらチェック ☑
トイレの配置	☐ **1** 寝室からトイレの出入り口までの距離がおおむね10mを超えると，高齢者は遠いと感じてしまう。
	☐ **2** トイレの戸は，開閉動作が容易な引き戸とし，有効幅員は少なくとも800〜850mm程度は確保する。
トイレスペースへの配慮	☐ **3** 介助が必要な場合のトイレの寸法は，間口750mm×奥行き1,200mm（壁芯－芯距離：間口910mm×奥行き1,365mm）とする。
	☐ **4** 自走用車いすを使用して便器に側方アプローチをする場合の標準的な広さは，間口1,650mm×奥行き1,650mm（壁芯－芯距離：間口・奥行きともに1,820mm）である。
トイレの手すり	☐ **5** 立ち座り動作を補助する縦手すりは，通常，便器の中心線から左右に350mm振り分けた左右対称の位置（手すりの芯－芯距離700mm）に，同じ高さで設置する。
	☐ **6** 座位姿勢が不安定で座位姿勢を長く保てない場合には，便器の周囲に簡易に設置できる肘かけ状の便器用手すりを設置すると，安定した座位姿勢をとりやすくなる。
便器	☐ **7** 立ち上がることなく車いすから便器に移乗する場合には，便座面よりも車いす座面のほうを高くすることを基本とする。
	☐ **8** 関節リウマチや骨折などで股関節の動きの制限や，膝関節・股関節等の痛みを伴う場合は，便座面を低くすることがある。
	☐ **9** 車いすを使用する場合の便器の形状は，車いすが便座に十分近付けるように，便器前方下部がくびれているものや，壁から持ち出されたタイプを選択する。
床仕上げ	☐ **10** 転倒事故を防ぐため，トイレの床は，滑りにくく弾力性のある床材を選択する。

A 解答 **1.**× 10mではなく4m。／**2.**○／**3.**× 間口・奥行きともに1,350mm（壁芯－芯距離：間口・奥行きともに1,515mm）とする。／**4.**○／**5.**× 縦手すりは，一般的に，便器の先端から250〜300mm程度前方の側面の壁に取り付ける。／**6.**○／**7.**× 便座面と車いす座面の高さを合わせる。／**8.**× 座面を高くすることがある。／**9.**○／**10.**○

294

レッスン 41 浴室

重要度 A

学習のねらい 入浴動作は，対象者の身体状態によって異なります。入浴および入浴介助のための福祉用具，介助を含めたスペースの確保，設備機器など，浴室全体に配慮して，安全で快適に利用するための対策を学びましょう。

❶ 浴室の環境

入浴動作は日常生活動作（ADL）の中でも最も難しい動作である。

ADL（日常生活動作）
➡ P20

入浴は，狭いスペースにもかかわらず，戸の開閉や浴室内の移動，体を洗う，水栓の開け閉めなど，さまざまな動作を行わなければなりません。また，水を使うので濡れて滑りやすい場所でもあります。転倒などの事故についても細心の注意と知識，配慮が必要です。

❷ 出入り口付近への配慮
（1）出入り口の建具と開口幅員

浴室の出入り口は，開閉しやすく出入りしやすいものにする。

① 建具

浴室の戸は，一般的に内開き戸が使われていますが，それでは洗い場で倒れた場合など外から戸が開きにくいことがあります。また，折れ戸だと開閉操作がしづらいこともあり，浴室の建具は**3枚引き戸が望ましい**といえます。

また，ガラス戸では，転倒した際などぶつかって割れると危険なので，強化ガラスやポリカーボネイト，アクリル系の製品と交換する必要があります。

内開き戸が一般的なのは，戸に付いたしずくが洗面・脱衣室側に垂れないようにするためです。

用語

ポリカーボネイト
さまざまな製品の材料として利用されている熱可塑性プラスチックの一種。

② 開口部の有効幅員

　　浴室出入り口の開口部の有効幅員は，高齢者等配慮対策等級の最高水準である等級5においても800mm以上とされており，これでは車いすや介助者の出入りは困難です。浴室開口部の取付寸法（柱芯−芯距離）を1,820mm程度確保できれば，1,000mm以上の有効幅員が得られる3枚引き戸が利用でき，車いすや介助者が容易に出入りすることが可能になります。

（2）出入り口の段差解消

出入り口の段差は，歩行の場合は，20mm以下，シャワー用車いす等を使用する場合は5mm以下にする。

　浴室の出入り口には，洗い場の床面からの湯水が洗面・脱衣室に流れ出ないように100〜150mm程度の段差が設けられる場合があり，これが高齢者や障害者の移動を阻害する原因となっています。高齢者等配慮対策等級では，歩行の場合の出入り口の段差は**20mm以下**，シャワー用車いす等を使用する場合は**5mm以下**にすると定められています。

① グレーチング（排水溝の溝蓋）の設置

　　洗い場の床面と洗面・脱衣室の床面が同じ高さになる工事を行い，段差を解消します。この場合，**出入り口の洗い場側または開口部下枠の下部に排水溝を設けて，その上にグレーチングを敷設します**。ただし，この排水溝は洗面・脱衣室へ湯水が流れ出さないための補助的なものなので，浴室床の水勾配は出入り口とは反対側に向けて設け，主排水口から排水します。

② ユニットバスへの交換

　　ユニットバスは，浴室出入り口に段差がなく，開口部の排水性能も優れ，洗面・脱衣室へ湯水が流れ出すこともありません。また，浴槽や水栓金具の高さを変更することができます。ただし，ユニットバスへの変

換には大がかりな工事が必要となります。

③ すのこの設置

　洗い場の床面に浴室内すのこを設置すれば，グレーチングの敷設などの工事をしないで，簡単に段差を解消できます。

　すのこを設置する場合は以下のことを考慮します。

(a) **すのこの床面からの浴槽縁の高さは，対象者が浴槽をまたぎやすいように，400〜450mm程度を目安とする。**

(b) **すのこの衛生管理が容易に行えるよう，すのこに手かけ部分を設け，小割りにして容易に取り外せるようにする。**

(c) **敷き詰めた際にがたつかないように，緩衝材として端部にゴムを張り付ける。**

❸ 浴室内のスペース

🔑 **対象者の身体状況や介助の有無，車いすの使用など，状態に応じた対処法が必要。**

① 自立歩行で入浴動作も自立している場合

　通常の浴室スペースである，間口1,600mm×奥行き1,200mm（壁芯−芯距離：間口1,820mm×奥行き1,365mm）程度あれば，入浴動作に支障はありません。しかし，将来的に介助が必要になることを見据えて，間口・奥行きともに1,600mm（壁芯−芯距離：間口・奥行きともに1,820mm）程度のスペースをとっておくのが望ましいでしょう。

■出入り口の正面に洗い場がある例

長所	壁面に手すりを取り付けることができ，対象者が歩行しやすい。
短所	開口部を広げることが困難である。

📖 **用語**

すのこ

水はけをよくするため，風呂場などに敷いて用いる，板や竹を少しずつ間をあけて並べ，横板に打ちつけたもの。

すのこを敷くと，床面から浴槽縁までの高さが低くなり，水栓金具と床面の間も狭くなるため，浴槽への出入り動作や水栓金具の使用状況を事前に検討することが必要です。

建築／2章

👍 **プラスワン**

高齢者等配慮対策等級の等級5，4の浴室では，内法寸法は短辺1,400mm以上で，面積2.5m²以上を基準としている。

長所	開口部が広いので，車いすなどでの出入り も容易である。
短所	洗い場で移動するとき，手すりを使った 歩行ができない。

② 介助が必要な場合

　　介助スペースを確保する必要があるので，間口・奥行きともに1,600mm（壁芯－芯距離：間口・奥行きともに1,820mm）もしくは間口1,800mm×奥行き1,400mm（壁芯－芯距離：間口2,020mm×奥行き1,620mm）程度の広さが適切です。また，2名で介助するなどの理由で，とくに洗い場を広くとりたい場合は，間口1,600mm×奥行き2,100mm（壁芯－芯距離：間口1,820mm×奥行き2,275mm）程度のスペースを確保することにより，移乗介助が容易になり，洗体の介助にもゆとりができます。

③ 車いすを使用する場合

　　車いすで浴室内に入り，入浴用いすに移乗する場合は，間口・奥行きともに1,600mm（壁芯－芯距離：間口・奥行きともに1,820mm）以上のスペースを確保し，出入り口の正面に浴槽があるレイアウトにします。入浴用車いすの場合も同様です。

④ 座位移動の場合

　（a）移乗台や洗体台を利用して車いすから移乗し，浴室内を座位で移動する場合，浴室内に移乗台や洗体台の設置スペースが必要となる。間口・奥行きともに1,600mm（壁芯－芯距離：間口・奥行きともに1,820mm）程度のスペースを確保する。

　（b）屋内を座位移動している場合，または洗面・脱衣室で車いすから降りて浴室まで座位移動する場合，浴室内の移動距離が短くなるように間口1,600mm×奥行き1,200mm（壁芯－芯距離：間口1,820mm×奥

プラスワン

座位移動では，褥瘡予防のため床面に直接座ることは避け，床面には浴室用マットを敷き詰める。

行き1,365mm）程度の広さが適していることがある。

④ 手すりの取り付け

浴室の手すりは対象者の動作の詳細をよく検討して取り付ける。

① 浴室内手すりの種類

目的別に分類すると，戸の開閉，出入り口の段差昇降，洗い場への移動，洗い場での立ち座り，浴槽への出入り，入浴姿勢の保持，浴槽内での立ち座り用が考えられます。

② 浴室内手すりの取り付けに関する留意点

浴槽への出入りを**立ちまたぎ**で行う場合は，**浴槽の縁の直上に縦手すりを設置**します。また，横手すりがあるとさらに体が安定します。

立位でまたぐ場合，浴槽縁にはめ込む浴槽用手すりを取り付ける方法があり，建築工事が不要で簡単に設置できます。しかし，浴槽縁にはめ込むだけなので，手すりに全体重をかけるとずれたり，座位によるまたぎ越しのじゃまになるため，注意が必要です。

③ 洗面・脱衣室側における手すりの設置

洗面・脱衣室側に，浴室出入り用の縦手すりを取り付けると，戸の開閉動作の安定性が高まり，出入り動作の利便性が向上します。

手すりは対象者の身体状況に応じた形状のものを必要な場所に設置することが大切です。

「立ちまたぎ」と「立位でまたぐ」は，同じ意味なのですね。

浴槽用手すり
➡ P382

■浴室内の手すり

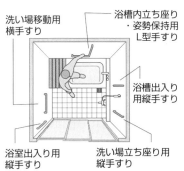

洗い場移動用横手すり
浴槽内立ち座り・姿勢保持用L型手すり
浴槽出入り用縦手すり
浴室出入り用縦手すり
洗い場立ち座り用縦手すり

用語

和式浴槽

深さがあり，膝を折って入る。水圧や出入りの難しさによる影響が心臓病や高血圧の人，高齢者などにはあまり好ましくないといわれる。

用語

洋式浴槽

浅く長い浴槽に寝た姿勢で入浴する。体に無理な圧迫はかけないが，滑りやすく立ち上がりにくい。

用語

和洋折衷式浴槽

和式と洋式の両方の長所をあわせもつ。肩までつかれ，適当に体を伸ばすこともできる。出入りもしやすい。

⑤ 浴槽

浴槽には和式浴槽，洋式浴槽，和洋折衷式浴槽の3つの種類がある。和洋折衷式浴槽が出入りしやすく，浴槽内での姿勢を保持しやすい。

(1) 浴槽の寸法

高齢者や障害者に適した浴槽（和洋折衷式浴槽）の大きさは，長さ（外形寸法）1,100〜1,300mm，横幅（外形寸法）700〜800mm，深さは500mm程度です。とくに長さについては，入ったときに足底が浴槽壁に届くことが重要です。届かない場合，体が湯に沈み込んで溺れることもあるためです。

(2) 浴槽の設置高さ

立位でのまたぎ越しや座位状態での浴槽の出入りを行う際は，洗い場の床面から浴槽縁までの高さを400〜450mm程度になるように埋め込むのが適切です。そうすることで，浴槽の底面と

■浴槽縁高さへの配慮

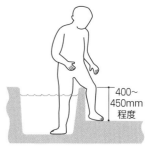

400〜450mm程度

洗い場の床面の高低差が50mm程度に抑えられ，浴槽の縁を挟んで両足が床面に着いた状態になり，またぐ動作が安定します。高低差が150mmを越える場合は，浴槽の設置高さの変更も検討します。

(3) 浴槽縁の幅

浴槽縁（エプロン部分）の幅が厚いと，またぎ越すときの動作が不安定になり危険なので，できるだけ薄くします。座位でまたぎ越す場合は，腰掛けやすいよう浴槽縁に腰掛ける部分のみを厚くし

■浴槽縁幅が厚い場合

て，その他の部分はなるべく薄くします。

（4）座位でまたぐ場合

　洗い場から浴槽へ移動する際に，浴槽を座位でまたぐ場合は，対象者の障害特徴や身体機能，また浴室のスペースを考慮して座位位置を検討します。座位位置としては，浴槽上，浴槽の長辺方向，洗い場側の３つが考えられます。

① 浴槽上

　　座位位置が浴槽上の場合はバスボードを使用します。浴槽上に座るので，浴槽奥の壁面に取り付けた浴槽内姿勢保持用の横手すりに手が届きやすく，またバスボードにあるグリップ状の手すりを握って姿勢を安定させることができるという利点があります。

　　しかし，バスボードは浴槽の出入りのたびに，浴槽に取り付けたり外したりする手間が必要となります。

② 浴槽の長辺方向

　　座位での浴槽出入りを，最も安定して行いやすいのが，移乗台を用い浴槽の長辺方向に座位位置を確保する方法です。しかし，和洋折衷式浴槽の場合，間口・奥行きともに1,600mm（壁芯−芯距離：間口・奥行きともに1,820mm）程度の浴室スペースが必要です。

③ 洗い場側

　　浴室のスペースに余裕がある場合は，移乗台を洗い場に設置して座位位置をつくることができます。しかし，座位位置が浴槽奥の壁から遠くなり，浴槽内の姿勢保持用手すりに手が届きにくく，また浴槽の底面に足が届きにくくなるという短所があります。

　　車いす使用者がシャワー用車いすを使用する場合，シャワー用車いすの座面高さと浴槽縁の高さを揃えると，座位のままで直接浴槽をまたぐことができます。

用語

バスボード
浴槽の上に簡易に敷設することで，浴槽の上で座位状態を保持することができる。バスボードを使用すると，狭い浴室（間口1,200mm×奥行き1,600mm程度）のスペース不足を補うこともできる。

建築／2章

プラスワン
移乗台は入浴用いすと兼用する場合が多い。

■浴槽を座位でまたぐ場合の座位位置

浴槽上の場合　　　　　浴槽の長辺方向の場合　　　　　洗い場側の場合

座位位置からは奥の手すりに届き
にくいので，手すりを追加する

（5）座位移動する車いす使用者への配慮

　対象者が車いすから座位移動で自立入浴できる場合は，移乗する際に必要な移乗台，浴槽縁，洗い場床面の高さを車いすの座面高さと揃えます。また，プッシュアップで移動する場合は，膝を伸ばした座位姿勢で脱衣と洗体を行えるスペースの確保が必要です。

　その他，浴室が対象者専用なのか，または家族と共用なのかによっても，整備する方法は異なります。

　①　対象者専用の場合

　　洗い場の床面全体をかさ上げし，車いすの座面高さと揃えます。褥瘡予防の入浴用マットを洗い場に敷き詰める場合は，入浴用マットの高さと揃えます。また，シャワーの湯が浴槽に流れ込まないように浴槽縁は洗い場よりも少し高くします。ただし，立ち上がりは滑らかに仕上げ，肌を傷つけないように配慮します。

　②　家族と共用の場合

　　洗い場の床面全体をかさ上げすると家族が使いづらくなります。このため，浴室スペースに余裕のある場合は，洗い場を部分的にかさ上げし，対象者用と家族用に分けるとよいでしょう。

用語

プッシュアップ
座位の姿勢で床などに両手をつき，腕の力で上体を持ち上げること。

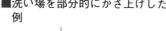

■プッシュアップの移動に必要な　■洗い場を部分的にかさ上げした
　スペース　　　　　　　　　　　　例

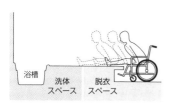

浴槽　洗体　脱衣
　　　スペース　スペース

洗体台

同居家族の出入り口
（立位で移動）

車いす移動
3枚引き戸を
開けて洗体台
に移乗

⑥ 水栓金具

> シャワー水栓には，温度調節ができるサーモス
> タット付きを用いる。

　介助入浴の場合は，**介助者用水栓の設置**を検討する必要
があります。また，シャワーヘッド部分でシャワーの吐
水・止水の操作ができるものは，介助者が手元で操作でき
て便利です。ほかに，高さをスライド調節できるシャワー
ヘッド掛けや，手すりと兼用できるバータイプもあります。

⑦ 洗面器置き台

　入浴用いすに座って床面の洗面器を取る動作は，極端な
前屈姿勢になるため，血圧が急激に上がったり，バランス
を崩して倒れたりする危険があります。そこで，床面より
高い位置に洗面器置き台を設置し，楽な姿勢で洗面器を使
えるようにします。

⑧ 照明・色彩への配慮

　JISは，浴室や洗面・脱衣室の全体について，推奨照度
を100ルクスと定めています。
　浴室は，**色彩やコントラスト比**によって，壁や床，浴槽
などを**明確に区別**します。とくに，床面と浴槽の色が同じ
場合，浴槽への出入り動作でつまずき，転倒するおそれが
あります。

建築／2章

❾ 換気・暖房

(1) 換気

浴室の換気扇には，**熱交換型換気扇**を用いるのが適切です。

(2) 暖房

室温の急激な変化による身体的負担を少なくするために，浴室や洗面・脱衣室にも暖房設備を設置します。

浴室まわりの暖房設備って，どんなタイプを選べばいいのでしょうか？

短時間しか使用しない浴室で，床暖房は非経済的ですね。効率的なものとしては，洗濯物の乾燥ができ換気機能が付いた浴室用暖房乾燥機などがありますよ。

チャレンジ！　確認テスト

Point	Q　できたらチェック ☑
浴室出入り口の有効幅員	☐ 1　浴室出入り口の開口部の有効幅員は，高齢者等配慮対策等級の最高水準である等級5で推奨されている800mm以上を確保できれば，車いすや介助者が容易に出入りすることが可能になる。
浴室出入り口の段差解消	☐ 2　浴室出入り口の段差は，歩行の場合は20mm以下，シャワー用車いす等を使用する場合は5mm以下にする。
浴室内のスペース	☐ 3　介助が必要な場合の浴室内のスペースは，間口1,600mm×奥行き1,200mm（壁芯−芯距離：間口1,820mm×奥行き1,365mm）程度の広さが適切である。

A 解答　1.× 有効幅員が800mm以上では車いすや介助者の出入りは困難なので，浴室開口部の取付寸法（柱芯−芯距離）を1,820mm程度確保する。／2.○／3.× 間口・奥行きともに1,600mm（壁芯−芯距離：間口・奥行きともに1,820mm）もしくは間口1,800mm×奥行き1,400mm（壁芯−芯距離：間口2,020mm×奥行き1,620mm）程度の広さが適切である。

42 洗面・脱衣室

B

> **学習のねらい** 洗顔や歯磨き，洗濯などに利用される洗面・脱衣室は一般的に狭いため，利用しやすくすることは重要です。また，浴室に隣合っているため濡れやすく，安全にも配慮する必要があります。

❶ 洗面・脱衣室の広さ

洗面・脱衣室は，対象者がいすに腰掛けながら洗面や着脱衣ができる広さをまず確保する。

一般的な洗面・脱衣室の有効スペースは，①〜②程度の大きさです。

① 間口1,200mm×奥行き1,650mm程度

（壁芯−芯距離：間口1,365mm×奥行き1,820mm）

② 間口・奥行きともに1,650mm程度

（壁芯−芯距離：間口・奥行きともに1,820mm）

また，介助者のスペースも確保するなど，高齢者や障害者が利用しやすい洗面・脱衣室とするためには，後者②の有効スペースが必要です。

また，洗面・脱衣室に置かれている，洗濯機などの設備機器や，洗面・入浴のための日用品なども確認して，必要なスペースを検討します。

■洗面・脱衣室のスペース

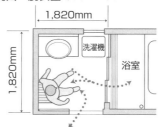

（1）車いすで使用する場合

車いすを使用する場合は，間口・奥行きともに1,650mm（壁芯−芯距離：間口・奥行きともに1,820mm）程度のスペースを基本に，車いすが方向転換できるような配慮が大切です。入浴中に車いすを置くためのスペースや，車いす

からベンチや移乗台に移乗する際に必要なスペース，介助が必要な場合は介助者のためのスペースなどを考慮して広さを検討します。

（2）広さが限られている場合

　洗面・脱衣室とトイレをワンルーム化することにより，スペースの有効活用を図ることができます。また，必要な着脱衣スペースの確保ができない場合には，寝室から浴室への移動方法や暖房に配慮したうえで，寝室での着脱衣を検討する必要もあります。

❷ 洗面・脱衣室の床仕上げ

床下地に耐水合板などを使用し，濡れても滑りにくい床仕上げにする。

　一般的に，洗面・脱衣室用の仕上げ材として用いられるのは，塩化ビニルシート，耐水性加工済みのフローリング材（複合フローリング材），Pタイル，リノリウム床です。

❸ 設備機器への配慮
（1）洗面カウンター

洗面カウンターは体重をかけても安全なように，しっかりと取り付ける。

　カウンター式の洗面台（**洗面カウンター**）には，車いす使用者が体を支えたり，片麻痺者などが寄りかかることで，片手で動作しやすくなるなどの利点があります。

　　①　洗面台と下部形状

　　　車いす使用者にとっては，洗面動作上の使い勝手のよさから，カウンター式の洗面台が適しており，一般に車いす対応の洗面カウンターが採用されています。車いす使用者の洗面カウンターは，取り付け高さを**床面から720～760mm程度**とします。

② 鏡

壁に取り付ける鏡は，いすに座った状態であっても，立位姿勢であっても，胸から上が映るように，**床面より800〜1,750mm程度の範囲をカバーできるもの**を設置します。鏡が傾くと，どの姿勢でも見づらく不適切となるため，設置の際は注意が必要です。

③ 水栓金具

水栓金具はシングルレバー混合水栓で，レバー部分が長い形状のものを選択すると，吐水や止水，水温調節などの操作が片手一本で可能です。また，車いす使用者や手指の機能が低下している場合には，水洗金具の操作レバーを洗面器の奥ではなく，横に取り付けたほうが使いやすくなります。

（2）洗濯機・乾燥機

ドラム型洗濯機は，洗濯槽内をのぞき込めて洗濯物も出し入れしやすいので，高齢者や車いす使用者にとって使いやすい。

洗濯機には，洗濯物の出し入れを上部の扉から行う縦型洗濯機と，正面の扉から行うドラム型洗濯機とがあります。縦型に比べてドラム型は，少し奥行き寸法が大きく，また扉が手前に開くので洗濯機前にスペースを必要としますが，**洗濯槽内をのぞき込めて洗濯物も出し入れしやすいの**で，高齢者や車いす使用者にとって使いやすいといえます。

乾燥機としても使える洗濯機もありますが，乾燥機能が付いていない場合は，別に乾燥機を設置することを検討します。ただし，設置場所は洗濯機の上部が多

■ドラム型洗濯機の例

洗濯機の下部に防水パンを設置する場合には，防水パンの厚み（100mm程度）を考慮する

用語

混合水栓
水と湯の給水栓が一緒になったもの。シングルレバーで操作できるものが一般的。

建築／2章

通常，洗濯機は防水パンの上に設置することになるので，全体的に100mm程度高くなることに注意します。

く，取り出し口の高さは床面から1,300mm前後となるので，車いす使用者や高齢者，上肢に障害のある人には使いづらくなります。

（3）収納

洗面・脱衣室では収納物が多く，そのための収納部も必要です。ふだん使わないものは吊り戸棚など高い場所に，歯ブラシやコップなど日常的に使うものは出し入れしやすい高さに収納できるようにします。

（4）照明

洗面台などに補助照明を設ける場合にはとくに，光源が正面にあるとまぶしく感じられるため，鏡の上か，左右の壁などに配置します。部屋全体の照度より洗面や化粧などでの必要照度のほうが高いため，洗面部分には，別途照明設備を備える必要があります。

（5）換気設備

浴室と隣接しているような場合でも，浴室の換気設備で兼用せずに，独立した換気設備を設けるようにします。

（6）暖房設備

衣服の着脱に時間がかかり，洗面・脱衣室と他室との室温に大きな差があると，急激な温度変化が体の負担になります。また，濡れた体に直接風が当たると，水分の蒸発により体が冷えてしまうので，暖房設備は温風を吹き出す対流暖房ではなく輻射暖房を使用するようにします。

プラスワン

JISが定める推奨照度。
・浴室，洗面・脱衣室の全体…100ルクス
・化粧，洗面，ひげそり…300ルクス

輻射暖房の例としてはパネルヒーターなどがあげられます。

チャレンジ！　確認テスト

Point	できたらチェック ☑
床仕上げ	□ 1　洗面・脱衣室では，床下地に耐水合板などを使用し，濡れても滑りにくい床仕上げにする。
暖房設備	□ 2　洗面・脱衣室の暖房設備は，温風を吹き出す対流暖房が適している。

A 解答　1.○／2.× パネルヒーターなどの輻射暖房のほうが適している。

レッスン 43 キッチン

B 重要度

学習のねらい 料理をすることは日常生活に活気を与えますが，使い勝手が悪いキッチンは利用者の負担になります。また，調理に火を使うため，調理器具や照明にも配慮して，安全なキッチンにしましょう。

① キッチンと食堂・居間との関係

 対面式キッチンは，調理しながら家族とコミュニケーションがとれ，居間や食堂にも目を配ることができる。

対面式キッチンは，調理しながら家族とコミュニケーションがとれ，居間や食堂にも目を配ることができるため，子どものいる家庭にも適しています。

キッチンと食堂の間をハッチやカウンターなどで適度に視線をさえぎると，来客時にキッチン内を見せずに調理の下準備や配膳を行うことができます。

② キッチンカウンター

キッチンカウンターの高さを調節し，いす座や車いすでも使用しやすいようにくふうする。

（1）高さの調節

通常のキッチンカウンターは，小柄な高齢者やいす座での調理には高すぎるため，台輪部分を切り詰めて高さを調節します。なお，いす座の場合は，シンク下部の収納部分の扉を取り外せば膝を入れるスペースが確保できます。

（2）車いす対応型キッチン

車いすでの調理には，通常のキッチンカウンターより低い740〜800mm程度を目安にし，アームサポートの高さや，

用語
ハッチ
キッチンと食堂などを仕切る壁に設けられた開口部のこと。

用語
台輪
キッチンカウンター下部の収納部分の下方にある高さ100mm程度の下枠。この部分が収納スペースになっていると，高さを調節できないこともある。

プラスワン
市販されている標準的なキッチンカウンターには，床面からの高さが800mm，850mmおよび900mmの3種類がある。

座ったときの膝の高さに注意して，実際に使用しやすい高さを測ってから決定します。

　シンクの下に膝や車いすを入れやすくするためには，シンクの深さを120〜150mm程度の浅いものに変更します。その際は，水はね防止のために水栓金具を泡沫水栓に交換します。水栓金具は，レバー部分が長く，楽に操作できるシングルレバーの混合水栓を選択します。

◯用語

泡沫水栓

水流に細かな泡を含ませて，水はねを少なくした水栓金具。

❸ キッチン内の配置

キッチンカウンターなどの配置には，無駄な動作をなくし，長時間の立位姿勢が強いられることのないよう配置するくふうが必要。

　下記は代表的かつよく使用されるキッチンの配置と特徴です。いずれも移動距離を短くして，作業効率のよい配置となるように平面計画を検討します。

■キッチンの配置と特徴

		平面図	形式
Ｉ型		コンロ 調理台 シンク 冷	コンロ，調理台，シンクを一直線上に配置
	特徴	動線が単純 小規模なキッチンでは移動距離が短い （規模が大きくなると，Ｌ型に比べて移動距離が長くなる）	
Ｌ型		コンロ 調理台 シンク 冷	コンロ，調理台，シンクをＬ字型に配置
	特徴	体の向きを変える必要があるが，移動距離が短い 車いすの移動特性に適し，アプローチしやすい 室形状が四角く，より広いスペースが必要	

④ 収納棚
(1) 設置位置

立位で使用する場合，収納棚の高さの上限は，物が取り出しやすいよう使用者の目線の高さ（1,400〜1,500mm程度）とする。

　いす座や車いす使用者の場合，キッチンカウンター上部の収納棚が使いやすいように，収納棚を壁面から前方に張り出して設置します。また，調理中に頭を収納棚にぶつけないよう，収納棚の奥行きは250mm以下にします。

(2) 使用上のくふう

かがんだ姿勢で物を取り出すのは，体に負担がかかるため，取り出しやすいくふうをする。

　低い位置の収納には，引き出し式（スライド式）の収納やキャスタ付きの移動収納などのくふうが必要です。
　調理を行いやすくするための福祉用具（自助具）も，多く市販されていますので，これらの利用も検討します。

⑤ コンロ
(1) 電気コンロ

電磁調理器（IHヒーター）と電気調理器は，五徳の突起がないため，鍋の滑らし移動やコンロの掃除がしやすいという特徴がある。

　① 電磁調理器（IHヒーター）…天板部は発熱しないが，鍋を下ろした直後の加熱部分は鍋からの余熱で熱いため，やけどに注意する。また，鍋底が丸いと，鍋底の頂点に熱が集中して火災の原因になる場合があるため，底が平らで天板に密着するものを選択する。最近では，さまざまな種類の鍋に対応した製品も市販されている。

キッチンカウンターの奥行きは650mm以上あるので，通常の収納棚では前傾姿勢をとる必要があり，いすなどに座ったままでは使いづらいわね。

調味料などは見えやすいよう，奥行きの浅い棚に収納しましょう。

建築／2章

用語
電磁調理器
電磁気を利用して鍋の底に渦電流をつくり，その電気抵抗によって鍋自体が発熱する仕組みのコンロ。天板はフラットで，五徳の突起がないため，鍋の滑らし移動やコンロの掃除が容易である。

② 電気調理器…天板の鍋を置く部分が発熱する。電磁調理器と同じく，五徳の突起がないため，鍋の滑らし移動や掃除は容易である。

(2) ガスコンロ

家庭用ガスコンロは，すべてのバーナーに「調理油過熱防止装置」と「立ち消え安全装置」の装着が義務付けられています。

なお，ガスコンロの火が衣服に燃え移る火災事故が多く発生しているので，調理の際は袖や裾がゆったりしている衣服は身につけないように注意します。

⑥ 換気設備と警報装置

 火の消し忘れによる事故を防ぐため，住宅用火災警報器やガス漏れ感知器を設置する。

換気扇のスイッチがレンジフードに付いていると，操作の際に不便です。手元で操作できるよう新しいスイッチを増設するか，リモコンで操作できる換気扇を選択します。

マンションなどでは構造上，「建築基準法」に基づいて24時間換気システムが設置されているところもあります。この場合は，電源を勝手に落とさないように配慮します。また，換気が十分に行えるように，換気口の前に家具などを置くのは避けます。

⑦ 食卓

 食卓のテーブルは，4人がけならば，最低でも幅1,200mm×奥行き700mm程度が必要。

車いすでは，さらに大きい幅1,500mm以上のテーブルを使用します。テーブルの脚はつえ先を引っかけたり，車いすの移動を妨げないよう，中央部の脚で天板を支えるタイプのものにすると，天板下のスペースに余裕ができます。

用語

五徳
鍋などを置いて火にかける，輪型の金具。

プラスワン
家庭用ガスコンロには，安全性向上のため「コンロ・グリル消し忘れ消火機能」も標準搭載した「Siセンサーコンロ」がある。

住宅用火災警報器
➡ P255

❽ 照明

JISによる推奨照度が300ルクスである食卓や
調理台，流し台には，別途照明が必要。

　JISが定める推奨照度は，食堂50ルクス，台所100ルクス
ですが，食卓や調理台，流し台などは300ルクスです。
　調理台には，手元を照らす照明を取り付けます。このと
き光源が直接目に入らないように配慮する必要がありま
す。

高齢者世帯では，ペン
ダント型照明器具の傘
の清掃がいき届かない
場合が多いので，天井
直付けのシーリングラ
イトを使用したほうが
よいですね。

チャレンジ！　確認テスト

建築／2章

Point	**Q** できたらチェック ☑
キッチンカウンター	□ 1　対面式キッチンは，調理しながら家族とコミュニケーションがとれ，居間や食堂にも目を配ることができるため，子どものいる家庭にも適している。
	□ 2　車いす対応型キッチンは，通常のキッチンカウンターより低い740〜800mm程度を目安にする。また，シンクの下に膝や車いすを入れやすいよう，シンクの深さは120〜150mm程度の浅いものに変更し，水栓金具を泡沫水栓に交換する。
キッチン内の配置	□ 3　I型キッチンは，コンロ，調理台，シンクを一直線上に配置するもので，車いすの移動特性に適し，アプローチしやすいのが特徴である。
コンロ	□ 4　電磁調理器（IHヒーター）の天板はフラットで発熱しないため，鍋を下ろした直後に触れても，やけどするおそれがない。
	□ 5　家庭用ガスコンロは，すべてのバーナーに「調理油過熱防止装置」と「立ち消え安全装置」の装着が義務付けられている。
換気設備	□ 6　「建築基準法」に基づいて24時間換気システムが設置されているマンションでは，電源を勝手に落とさないような配慮が必要である。

Ａ 解答　1.○／2.○／3.× 車いすの移動特性に適しているのは，L型キッチンである。／4.× 鍋を
下ろした直後の加熱部分は鍋からの余熱で熱いため，やけどに注意する。／5.○／6.○

B

学習のねらい 高齢者や障害者には，布団の上げ下ろしの必要が
ないベッドが適していますが，それだけでは使いやすい寝室と
はいえません。家具の配置や，照明・窓の位置など，配慮すべ
きポイントを学びましょう。

① 寝室の配置計画

家族と同居する場合に，コミュニケーションを
望むか，プライバシーを重視するか，人によっ
て異なる。

　2階建て以上の場合，上階の生活音が気になることがあ
るため，寝室の真上は納戸などを配置します。やむをえず
居室にする場合は，生活音を軽減する配慮が必要です。

　また，庭やテラスに面した場所を選ぶなど，日当たりや
外出のしやすさに配慮することも重要です。

（1）同居家族とのコミュニケーションを望む場合

　居間や団らんスペースに寝室を隣接させます。寝室の出
入り口は，開口有効幅1,600mm以上を確保し，建具は引き

分け戸とするとコミ
ュニケーションが図
りやすくなります。
音の漏れやすい襖の
使用は避けるなど，
遮音性についてもよ
く検討します。

■コミュニケーションがとりやすい例

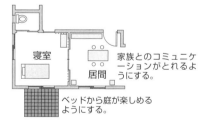

家族とのコミュニケ
ーションがとれるよ
うにする。

寝室

居間

ベッドから庭が楽しめる
ようにする。

（2）プライバシーを重視する場合

　できるかぎり寝室の独立性を保つことができるように，
配置を検討します。

📖用語

引き分け戸
2枚戸を1本の溝また
はレールに沿ってスラ
イドさせ，左右に引き
分けて開閉する戸。

② 寝具の設置

 車いすへの移乗などのために，寝室や居間の一角に畳スペースを設けるとよい。

（1）ベッドを使用する場合

少くとも，以下の広さを確保します。

・1人用寝室…6～8畳以上
・夫婦用寝室…8～12畳以上

車いすを使用する場合，1人用でも8畳以上が必要です。ただし，8畳程度ではベッドや収納棚などを置くと，車いすが移動できるスペースは最小限度しか確保できません。

（2）畳スペースを設置する場合

居室の一角に，2～3畳程度の畳スペースを設け，床面から400～450mm程度の高さに設置すると，腰を掛けたり車いすの移乗に利用できます。また，畳スペースの下部に，奥行き方向に200mm程度の空きスペースを設けておくと，車いすのフットサポートが入ります。

しかし，車いすの移動範囲が狭くなること，畳スペースからみた天井高が低くなることを考慮する必要があります。

③ 窓の位置と高さ

 窓は直接屋外と出入り可能な「掃き出し窓」とし，車いすで出入り可能なように，必要な広さを確保できるサッシを選択する。

車いすでの出入りには，屋内の床面と同じ高さのデッキやスロープを設けるなどのくふうが必要です。また，寝室で過ごす時間が長くなることを考えて，ベッドから屋外の景色を楽しめるように窓の位置と大きさを検討します。大きな窓の場合，冷暖房の効率が悪くなるため，**断熱性能の高い二重ガラス**を選ぶと，結露対策にもなり効果的です。

プラスワン

「住宅品確法」の高齢者等配慮対策等級5および4では，特定寝室の広さを12m^2（内法寸法）以上と定めている。

建築／2章

プラスワン

畳スペースは，介助者の就寝スペースとしても使用できる。

最近は，屋内外の段差が解消可能なバリアフリー対応サッシが市販されているので，取り入れてみたらどうかしら。

用語

二重ガラス

2枚のガラスを合わせて間に空気層をつくり，断熱性を高めたガラス。

床仕上げによっては，日光の反射でまぶしく感じるため，広範囲に用いる床材では，反射率の高いつやのある仕上げは避けます。

プラスワン

タイルカーペットには，抗菌・防汚処理されたものもある。なお，汚れた場合に交換できるよう，予備を用意しておくとよい。

プラスワン

読書や化粧をするには，500ルクスが必要である。

④ 床仕上げ

寝室の床面は，日光が反射しない仕上げのフローリング（板張り）や畳とし，座位移動の場合にはカーペット敷きやコルク床なども検討する。

コルク床は，断熱性が高く弾力性もあります。コルク材の厚さは3〜10mm程度でさまざまな製品が市販されていますが，できるだけ厚いものを選択します。

カーペット敷きの場合は，汚れた部分を取り外して洗濯できるタイルカーペットを使用します。汚れたり傷んだりしたらすぐ交換できるように予備を確保しましょう。

⑤ 照明

ベッドに仰臥した状態で，直接光源が目に入らないように配慮する。

（1）明るさ

JISによる寝室全体の推奨照度は20ルクスで，居間の50ルクスに比べてかなり暗くなっています。しかし，高齢者の移動などを考慮すると，50ルクス程度は必要です。

■ベッドの上の照明

① 間接照明により，光源が見えない。
② 照明の光源が直接見えてまぶしい。
③ シェードがついていて光源が直接見えない。
④ 位置により，直接光源が見えない。

（2）スイッチ

照明のスイッチは，出入り口の脇と枕もとの両方で操作可能なスイッチやリモコンスイッチがよいでしょう。

一般的なスイッチの設置高さは1,000〜1,100mmです。スイッチを使用者に適した高さとする場合は，施工業者に指示します。

　使いやすいスイッチ位置は，床面から800〜900mm（上肢に障害があり腕を高く上げられない場合）あるいは900〜1,000mm（車いす使用の場合）が目安です。使用者によっては，より低い位置のほうが使いやすい場合があります。ただし，床面から700mm以下に設置すると，かがむ必要がでてくるので，状況に応じて設置位置を決めます。

⑥ その他

（1）コンセント

　通常の取り付け位置は，床面から200mm程度です。しかし，頻繁に抜き差しする必要のあるコンセントの場合は，**床面から400mm程度の位置に設置する**など，用途に合わせた位置を検討します。

（2）緊急通報装置・火災警報器

　寝室には，設置が義務付けられている住宅用火災警報器のほか，緊急時に備えたインターホンやコールスイッチの設置も検討します。近年では，配線工事が不要で，手軽に使用できるタイプもあります。

プラスワン

コンセントを高い位置に設置した場合，ぶら下がったコードに体を引っかけてしまうおそれがある。こうした際には，安全を考慮して，コンセントに差し込むのではなく，磁石の力でコードとコンセントをつなぐマグネットキャッチ式コンセントを検討する。

建築／2章

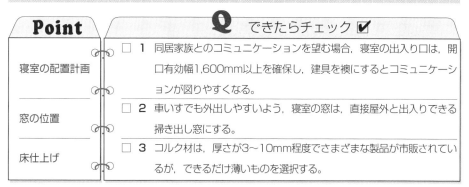

チャレンジ！　確認テスト

Point	**Q** できたらチェック ☑
寝室の配置計画	☐ 1 同居家族とのコミュニケーションを望む場合，寝室の出入り口は，開口有効幅1,600mm以上を確保し，建具を襖にするとコミュニケーションが図りやすくなる。
窓の位置	☐ 2 車いすでも外出しやすいよう，寝室の窓は，直接屋外と出入りできる掃き出し窓にする。
床仕上げ	☐ 3 コルク材は，厚さが3〜10mm程度でさまざまな製品が市販されているが，できるだけ薄いものを選択する。

A 解答 1.× 襖にすると音が漏れやすくなるので避ける。／2.○／3.× できるだけ厚いものを選択する。

レッスン 45 建築設計と施工の流れ

B

重要度

学習のねらい 福祉住環境整備では，住宅の新築やリフォームを行う場合もあります。設計者など関連職との連携や，本人や家族に説明して的確な指示をする必要があります。工事の基本的な知識，図面のルールを学びましょう。

① 建築設計と施工の流れ

基本設計は建築主と設計者の打ち合わせ，実施設計は設計者から施工者への指示が目的である。

【用語】

建築主
主に施工主のこと。建築士は建築主の委任を受け，代理者となって申請手続をすることができる。

各図面については，次のレッスン46で学習します。

計画方針

基本設計

実施設計

（1）計画方針

建築主の要求に基づいて，設計者が実現可能な計画を提示し，立てる基本構想です。

（2）基本設計

これから建てる，または改修する建物をどのようなものにするかについて，建築主と設計者の間で造り方，改修場所や改修方法などを確認するとともに，建築主のイメージを整理し，すり合わせを行います。これに基づき，設計者は計画建築物の全体概要を意匠的，技術的，法規的に画定し，建築主の要望を具体的にするための「基本設計図」をまとめます。この段階で設計者は，概算の工事費を算出します。

（3）実施設計

基本設計図に従い，詳細が詰められていない各部の寸法，形状，仕上げ材料，使用機材など，施工に必要な事項をすべて決定するとともに，予定の工事費についても詳細に積算を行い，実際の工事費と大きな差

が生じないように検討作業を行います。こうして細部まで決められて作図された工事用の図面を「**実施設計図**」といいます。

（4）確認申請

工事を着工する前に，建築主は，建築主事または指定確認検査機関へ，建築内容が法律に違反していないかどうかの確認を行わなくてはなりません。これを**建築確認**といいます。小規模の住宅改修など，工事の規模や内容によっては確認申請の必要がない場合もあります。

（5）工事契約

施工者と工事契約を結ぶ際には，契約書に実施設計図を添付するのが一般的で，この実施設計図が契約工事の内容を示す図面となるため重要です。契約が決まると，実施設計図には契約の証が記され「**契約図**」と呼ばれるようになります。

（6）施工

施工現場では，契約図をもとに現場作業に適した内容に描き直した「**施工図**」を用います。小規模の木造住宅などでは，施工図を作成しない場合もありますが，建物の規模が比較的大きな場合，施工図が現場で使われます。

（7）完了検査

建物が完成してから受ける検査を「**完了検査**」といいます。建築確認申請の内容のとおりに建てられているかが検査されます。

（8）竣工

すべての工事工程が完了した状態です。

確認申請
（申請不要）
工事契約
施工
完了検査
竣工

プラスワン

実施設計は，工事の実施や施工者による施工図作成に必要な設計内容を確定する作業である。

用語

建築主事
特定行政庁において，建築確認の事務を行う責任者。

用語

指定確認検査機関
建築確認を行う機関。国土交通大臣による指定と都道府県知事による指定とがある。

建築／3章

プラスワン

工事規模が小さい場合は，実施設計図を用いず，改修内容を指示する図面ですまされることがある。

❷ 設計図書の役割

建築には設計図を含め，必要書類を合わせた
「設計図書」がある。

① 現場説明に対する質問回答書
② 現場説明書
③ 特記仕様書
④ 図面（設計図）
⑤ 標準詳細図集（設計図の一部）
⑥ 標準仕様書（または共通仕様書）

このように，建築の必要書類は数多く，記載される内容
も複雑です。それぞれの書類で内容が食い違ったり，不都
合が生じる場合，通常，設計図書では①の現場説明に対す
る質問回答書を最も優先し，下になるほど優先度が低くな
ります。

❸ 図面の尺度

図面で用いる尺度には「推奨尺度」と「中間尺
度」がある。

これらは，図面ごとに適した縮尺を定めるもので，でき
る限り推奨尺度を使うように心がけます。

■縮尺の尺度

推奨尺度	1:2	1:5	1:10		
	1:20	1:50	1:100		
	1:200	1:500	1:1000		
	1:2000	1:5000	1:10000		
中間尺度	1:1.5	1:2.5	1:3	1:4	1:6
	1:15	1:25	1:30	1:40	1:60
	1:150	1:250	1:300	1:400	1:600
	1:1500	1:2500	1:3000	1:4000	1:6000

④ 線の種類と太さ

建築図面に用いられる線は，線種が３種類，太さが２または３種類あり，適宜使い分けて描かれる。

　建築の図面では，線の１本にまで意味があります。特徴と描かれ方の仕組みをよく理解しておくことが重要です。

■線の種類と太さ

線種	線	太さ	一般的な使い方
実線	▬▬	太い線	切断面の輪郭線
	───	中間の線	見えるものの外形線，出隅の線
	───	細い線	目地，ハッチング，表現を補足する線
			回転軌跡，寸法線，寸法補助線，引き出し線
破線	- - - - -	中間の線	隠れて見えないものを示す線（強調線）
			上または手前にあるものを示す線（強調線）
			予定の位置を示す線（強調線）
	- - - - -	細い線	隠れて見えないものを示す線
			上または手前にあるものを示す線
			予定の位置を示す線
一点鎖線	─・─・─	中間の線	敷地境界線，特別な指示の範囲を示す線
	─・─・─	細い線	基準線，中心線，断面位置を表す線

⑤ 平面図で使用される表示記号

正確に情報を伝えるために決まった解釈をする単純な図形をルール化して用いる。

　建物の要素を，ルールに則って単純化して描いたものを「表示記号」といいます。平面図で使用される表示記号には，開口部や床面を表す平面表示，材料構造などがあり，これらの記号には，基本的にJISが用いられます。

図面の種類や尺度，線の種類，表示記号などについては，日本産業規格（JIS）で規格が定められているんですね。

建築／3章

作図方法はおおむね現在のJISに沿っていますが，国際標準規格（ISO）との整合が図られる前の旧JISによる方法や，慣習的に使われている方法などが混在している傾向があります。

（1）開口部の表示記号

　開口部にはさまざまな形態があるため，それを図面で表すための表現も種類が多くあります。

■開口部の表示記号

出入り口一般	両開き扉	片開き扉	自由扉	回転扉
折りたたみ戸	伸縮間仕切り	引き違い戸	片引き戸	引き込み戸
雨戸	網戸	シャッター	窓一般	はめ殺し窓
上げ下げ窓	両開き窓	片開き窓	引き違い窓	格子付き窓
網窓	シャッター付き窓			

（2）床面を表す平面表示記号

　福祉住環境整備の視点では，床段差の表現方法が重要です。

■床面を表す平面表示記号

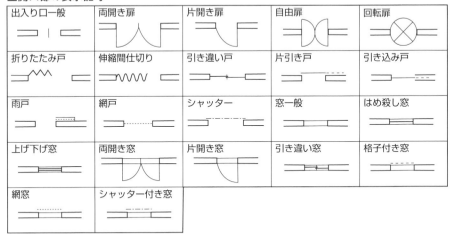

	表示記号	記号の意味	表示記号	記号の意味
省略仕上げ表記床		床および階段などの長さを省略する際に使用する記号	①	表示方法は，上りのみで表す①（JISの表記方法），上りと下りで表す②（慣例的に用いられる方法）がある。
傾斜床	（断面）sec.	矢印で床の傾斜方向を示す。sec.とはsectionの略で，断面を表す	② DN UP	【印の切断線の両側に段の表記がある場合は，平面を描いている階とその下階の階段の部分を示す。
床段差	50	床段差を表す記号で，数値を書き込む	③ DN	切断線の片側のみに段の表記がある場合は，上りまたは下りの階段が無い場合に用いられる（③）。
スロープ	1／10 sec. （断面）10 1	矢印はスロープの傾斜方向を示す。勾配は通常1／○などと，水平距離に対する高低差の比で表す		

322

（3）材料構造の表示記号

構造材や仕上げ材ごとに，表現方法が決められています。

■材料構造の表示記号

表示事項 ＼ 縮尺程度	縮尺1/100または1/200 程度の場合	縮尺1/20または1/50 程度の場合
壁一般	── ━━	── ▬
コンクリートおよび鉄筋コンクリート		
軽量壁一般		
普通ブロック壁軽量ブロック壁		
鉄骨	I	I
木材および木造壁	真壁造 管柱 片ふた柱 通柱 / 真壁造 管柱 片ふた柱 通柱 / 大壁造 管柱 間柱 通柱 / 柱を区別しない場合	化粧材 / 構造材 / 補助構造材

表示事項 ＼ 縮尺程度	縮尺1/100または1/200 程度の場合	縮尺1/20または1/50 程度の場合
地盤	───	
割りぐり		
砂利砂		
石材または擬石		
左官仕上げ		
畳		
吸音材・断熱材		材料名を記入する
板ガラス		───
その他の材料		輪郭を描いて材料名を記入する

建築／3章

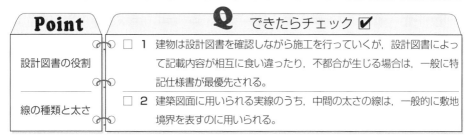

チャレンジ！ 確認テスト

Point	**Q できたらチェック ☑**
設計図書の役割	□ 1 建物は設計図書を確認しながら施工を行っていくが，設計図書によって記載内容が相互に食い違ったり，不都合が生じる場合は，一般に特記仕様書が最優先される。
線の種類と太さ	□ 2 建築図面に用いられる実線のうち，中間の太さの線は，一般的に敷地境界を表すのに用いられる。

A 解答 1.× 一般に，現場説明に対する質問回答書が最も優先される。／2.× 一般的に見えるものの外形線，出隅の線に用いられる。

学習のねらい 建築に必要な図面は，建物の規模に応じて数十枚になり，慣れていないと，必要な情報を探し出すのも困難です。図面の種類や全体構成を理解し，正しく読み解く力を養いましょう。

❶ 図面の種類

図面は，建築工事，電気設備工事，機械設備工事の分野別にまとめられる。

　屋外付帯部分の施工規模が大きい場合は，上記のほか，外構工事，植樹・植栽工事が加わり，電気設備工事と機械設備工事は，屋内・屋外の各設備工事に分類されます。

　建築工事については，構造図と意匠図で構成されます。また，電気設備工事と機械設備工事は，建物の規模や用途に応じて設備の内容が異なってきます。

（1）構造図

　建物の構造設計に関する図面の総称を**構造図**といいます。筋かいなどが示された**軸組図**は，木造住宅の強度に関係するため，注意して確認します。

（2）意匠図

　建物の形状や高さ，広さ，仕上げ材などが表示された図面を**意匠図**と呼びます。種類も多く，頻繁に確認する機会があります。

② 各種図面の読み方

(1) 配置図

 建物と敷地・道路の関係が示された図面。隣の敷地との境界線や道路の位置や幅，道路や隣地の主要な部分の高さが記されている。

　建物と敷地，道路との関係を示しています。敷地内における建物の位置や形状，道路の位置や幅員，方位などが分かります。

配置図で，1階平面図や屋根伏図を兼ねる場合もある。

■配置図

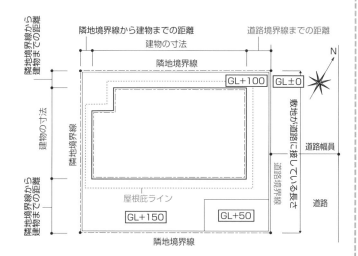

(2) 外構図

 敷地内の門扉や駐車スペース，門灯など周辺の状況に加えて，テラスなどの形状や仕上げ材料，植栽の位置や種類が記されている。

　敷地内に高低差がある場合，スロープの設置など屋外段差の解消を検討する際に非常に重要な図面となります。玄関前にスロープの設置スペースが確保できるか，配管移設の可否，増築スペースの有無などの判断材料となります。

段差解消機やスロープの設置に伴い地盤を掘削する場合，外構図で上水道・下水道配管やガス配管の埋設状況を確認する。

■外構図

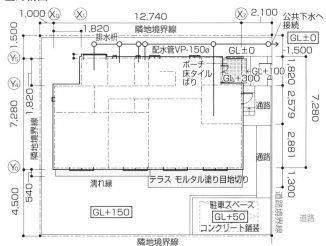

（3）平面図

 建物のすべての部分（プラン）を表現しており，全体像の把握に最も有効である。

■平面図

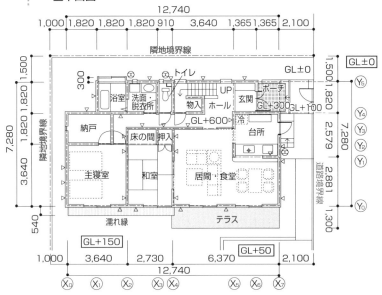

最も一般的な図面で，建物全体を窓の高さで水平に切り，壁などの切り口と床面を上から見下ろした姿で示しています。窓の位置より高い部分にあるものは，破線で表し，「上部：○○」と記されています。

平面図により床や壁，柱などの構造躯体の位置，間取り，窓や開口部，設備など建物の概略を把握し，建築主の要望や問題点を図面上で重ね合わせて，間仕切りや間取りの変更といった全体的なプランの検討を行います。

（4）断面図

建物を垂直方向に切って，切り口を横から見た図面。切断方向は東西方向と南北方向の2方向が一般的である。

全断面を 1：100 程度の縮尺で表現したものを断面図といいますが，1：50〜1：20 程度でより詳細に記載したものは，「矩計図」または「断面詳細図」と呼びます。

断面図では，天井走行式リフトや，ホームエレベーターを設置する場合などに，必要な天井高さがあるかどうかを確認できます。また，増築を検討する場合などに，断面図の屋根勾配を見て，どのくらいまでなら天井を高くできるかを確認できます。

プラスワン

平面図の全体または一部をより詳しく表現したものを「平面詳細図」と呼ぶ。

プラスワン

六角形などのように，矩形ではない平面の場合は，必要に応じた方向の断面が描かれる。

建築／3章

断面図には，建物全体の高さ，屋根の形状，天井高さ，窓の高さなどが示されます。

■断面図

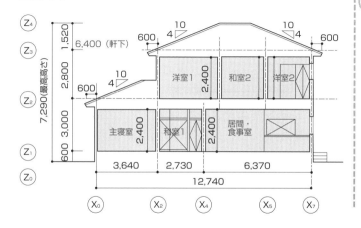

（5）立面図

 建物の外周を横から描く唯一の図面。外壁の撤去を検討する際は，筋かいの有無を確認できる。

プラスワン

立面図は，エントランス外部のスロープや階段など，とくに地面に接する部分について，他の図面では読み取りにくい要素を把握しやすい。

　建物の**外観**を横から見た姿を表しています。建物の外壁面の数だけ，立面図が描かれますが（通常，建物は4角形なので，**外壁面4面**），凹形平面のように，描ききれない部分がある形状の場合は，断面図を兼ねた立面図で見えない場所を表現します。

■立面図

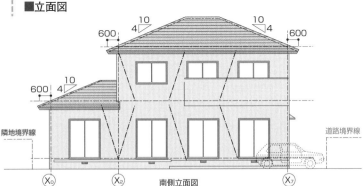

南側立面図

（6）天井伏図

 吊りフックの位置やその取り付け下地，照明器具，空調設備の位置，照明の位置や下がり壁の有無などを確認できる。

　建物の内部の天井面を上から見た状態を表します。室内から見上げるのではなく，床面に向かって上から透過した向きで天井の状態を示しています。

　照明位置の変更や天井走行式リフトの設置を検討する際，天井裏の下地や下がり壁の有無などを把握することができます。ただし，平面図と合わせて見ないと検討プランとの関係性を把握することはできません。

■天井伏図

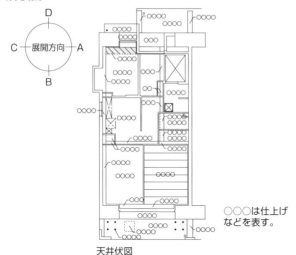

C─展開方向─A

○○○は仕上げ
などを表す。

天井伏図

（7）展開図

天井高さ，建具，造り付け家具のほか，室内の
壁仕上げや開口部，壁面に取り付ける部品や補
強下地の位置などを確認できる。

　各部屋の内観を横から見た壁面で示した図面で，平面図
またはキープランに記入されている展開図の向きを示す展
開記号（A〜Dなど）に従って，部屋の向きを確認します。

■展開図

展開図
各部屋の内観をA〜Dの4壁面に分けて示した図。
壁の仕上げ材や開口部の位置と形状などを把握できる。

手すり取付補強下地

手すり

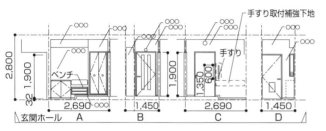

玄関ホール　A　　　B　　　C　　　D

○○○は仕上げなどを表す。

建築／3章

キープランは，建物の
ある部分が，全体のど
こに位置するのかを示
すための簡略化された
平面図のことですね。

プラスワン

展開図は，手すりの位
置や下地材，ドアや開
口部の変更，床材の変
更，床段差の解消，収
納，キッチンセットの
検討などに利用する。

壁の断面が記されてい
るため，断面図も兼ね
た展開断面図として使
用されることもありま
す。

（8）屋根伏図

建物の外観を上空から見た屋根の姿を示している。屋根のかかり方や勾配，屋根材などを把握できる。

　建物の**屋根**や**屋上**を真上から見た状況を表現しています。屋根伏図では最上階の屋根が描かれるため，２階建ての住宅の１階部分にある屋根は，２階平面図と一緒に記載されます。

　陸屋根（フラット屋根）あるいは傾斜がない部分があるときには，屋上を利用することがしばしばあります。その場合には，**屋上出入り口の段差処理方法**や**床面仕上げの防滑性**なども確認する必要があります。

■屋根伏図

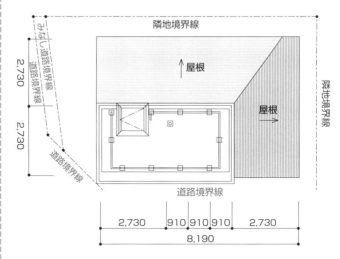

段差処理方法や防滑性は屋根伏図のみでは把握できない場合がありますので，矩計図や断面詳細図などと合わせて確認します。

（9）建具表

ドアや引き戸など，建物で使われるすべての建具をリストアップしたもの。建具の安全性や操作性の検討に使用する。

　主な内容は，建具形式（開閉形式，額，ガラリなどの有

用語

ガラリ
室内の通風を得ながら遮光や採光ができるように，ドアや窓などに設けた通気口のこと。開口部に細かく横板を渡して，外からの視線をさえぎる効果もある。「ルーバー」という場合もある。

無），寸法（幅，引き残し，操作具の設置高さなど），仕上げ（加工，材質など），ガラス（種類，断熱・防音性能など），付属金物（開閉操作具，防犯金具など）です。

（10）各部詳細図・部品図など

特殊な部分や共通部品（家具など）を図面にする場合は，詳細を各部詳細図・部品図などの別図で表現する。

例えば，玄関に特別なベンチを造作した場合，平面図や，断面図上への記入は外形を記入する程度にとどめ，ベンチの詳細は**各部詳細図**に描きます。また，ユニットバスなどの設備機器も，平面図や断面図上に記入する場合，**取合い**の確認のために外形を記入する程度にとどめます。

（11）各種設備図

各種設備は，電気設備図，給排水・衛生設備図，換気設備図，空気調和設備図など，さまざまな設備を分野ごとに分けて作成される。

用語

取合い
部材や部品同士が接し合う部分，または接し合う状態のこと。部材同士が接する部分では，矛盾が起こらないように，設計図上で確認する必要がある。

建築／3章

■主な各種設備

設備図の分野	設備図で確認する主な内容
電気設備図	・平面図に描かれる照明器具，スイッチ，コンセントなどの位置 ・照明器具図に示される器具メーカー名，品番，姿図 ・緊急通報装置がある場合は，各種操作ボタンの種類，位置，通報先など
給排水・衛生設備図	・平面図に描かれる給水・給湯個所，ガス栓の設置個所など ・器具表に示される水栓等器具メーカー名，品番から操作方法の確認など ・ガス漏れ警報設備などの有無，または設置方法など
換気設備図	・平面図に描かれる換気グリルの取り付け個所，平面的な位置など ・器具表に示されるメーカー名，品番から換気扇の運転騒音など
空気調和設備図	・平面図に描かれる吹き出し口やコントローラー等の取り付け個所，平面的な位置など ・器具表に示されるメーカー名，品番からコントローラーの操作性など

（12）構造図

プラスワン

筋かいの位置は，構造図のほか，平面図，立面図にも記されている。

🔑 構造図から，筋かいなどの位置を確認して，撤去できない壁について把握する。

　構造図は，軸組図や構造部材伏図などの建物の構造設計に関する図面の総称です。

　木造，鉄骨造，鉄筋コンクリート造など，構造の違いによって，それぞれ全く異なる構造図になります。隣室との一体化や出入り口の確保といった改修などのため，撤去できない壁の表示方法を把握しておきましょう。

■図面上の筋かい表示

平面図

平面図における筋かい表示例

平面図では筋かいの入っている位置が△で示される。

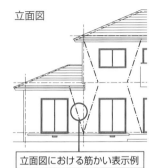

立面図

立面図における筋かい表示例

立面図では建物の外側から見た筋かいの入り方が一点鎖線で示される。

構造図（軸組図）

軸組図における筋かい表示例

土台，梁，桁，柱，間柱，筋かいなど，建物の骨組みが立体的に示される。

チャレンジ！　確認テスト

Point	**Q** できたらチェック ☑
図面の種類	☐ 1　図面は，建築工事，電気設備工事，機械設備工事の分野別にまとめられる。
	☐ 2　構造図は，建物の形状や高さ，広さ，仕上げ材などが表示された図面のことである。
	☐ 3　配置図は，建物と敷地・道路の関係が示された図面で，敷地内における建物の位置や形状，道路の位置や幅員，方位などが把握できる。
	☐ 4　天井走行式リフトの設置を考える際は，設置に必要な天井高さがあるか，また，増築を考える場合は屋根勾配から天井高さの制約などを配置図により検討する。
	☐ 5　敷地内に高低差がある場合，外構図は，スロープの設置など屋外段差の解消を検討する際に非常に重要な図面となる。
	☐ 6　段差解消機やスロープの設置に伴い地盤を掘削する場合，平面図で上水道・下水道配管やガス配管の埋設状況を確認する。
各種図面の読み方	☐ 7　平面図は，床や壁，柱などの構造躯体の位置，間取り，窓や開口部，設備など建物の概略を把握し，建築主の要望や問題点を図面上で重ね合わせて，間仕切りや間取りの変更といった全体的なプランの検討を行う。
	☐ 8　福祉住環境整備のために壁の撤去を考える際は，筋かいの位置を平面図，立面図，構造図から把握する。
	☐ 9　天井伏図は，建物の内部の天井面を上から見た状態を表した図面で，吊りフックの位置やその取り付け下地，照明器具，空調設備の位置のほか，屋根のかかり方や勾配，屋根材も把握できる。
	☐ 10　展開図は，各部屋の内観を横から見た壁面で示した図面で，手すりの位置や下地材，ドアや開口部の変更，床材の変更，床段差の解消，収納，キッチンセットの検討などに利用する。
	☐ 11　建具表は，ドアや引き戸など，建物で使われるすべての建具をリストアップしたもので，建具の安全性や操作性の検討に使用する。

建築／3章

A **解答**　1.○／2.× 記述は意匠図の説明である。／3.○／4.× 配置図ではなく断面図。／5.○／6.× 平面図ではなく外構図。／7.○／8.○／9.× 屋根のかかり方や勾配，屋根材は，天井伏図ではなく屋根伏図で把握する。／10.○／11.○

建築の基礎知識

学習のねらい 福祉住環境整備を実践するにあたっては，シックハウス対策や防火対策など，高齢者や障害者が安全に生活するための留意事項や，見積書についての知識なども必要です。これらについて，ひととおり目を通しておきましょう。

① 住環境整備への留意事項

高齢者や障害者が安全に生活するため，また必要な福祉用具などの設置を行うために建築物の構造面から留意すべき点がある。

（1）壁と耐震性の関係

部屋同士の行き来を含めた動線の合理化や日常生活の利便性向上のため，筋かいが設けられていない壁面への出入り口設置を検討する場合があります。そのときには，耐震性を損なわないように注意が必要です。地震の際には，身体能力が低下している高齢者や障害者が被害を受けやすいため，**福祉住環境性能の向上**と**耐震性の確保**とのバランスを心がけるべきなのです。

筋かいがあるかないかだけで，撤去できる壁かどうかを判断するのは，危険なんですね。

木造住宅の耐震性の確認については「木造住宅の耐震診断と補強方法」（一般財団法人日本建築防災協会）が判断基準になり，必要に応じ，木造住宅耐震診断士や耐震診断の知識を持つ建築士と連携して検討にあたります。

（2）シックハウス対策

室内でのシックハウスの主な原因は，内装材や使用されている接着剤などから有害な物質が発散して，滞留することです。福祉住環境整備に伴って内装も変える場合には，ホルムアルデヒドの発散量が少ない内装材や揮発性有機化合物（VOC）含有量が少ない接着剤を使用するか，またはこれらを含まない材料を使用するなどの配慮をします。ま

用語

揮発性有機化合物
健康に害を及ぼす化学物質。ホルムアルデヒド，トルエン，キシレンなどを指し，VOCと表される。

た，室内の空気が滞留しないような平面計画，窓の位置や換気設備の設置を行うなどのくふうが必要です。

　厚生労働省は，**シックハウス症候群**の原因となる13の化学物質について**室内濃度指針値**を設定しています。そのうち，ホルムアルデヒドとクロルピリホスについて「建築基準法」では，指針値以下になるよう対策がとられています。

　なお，ホルムアルデヒドの発散量は，日本産業規格（JIS）の認証または日本農林規格（JAS）の認定などを受けることで表示できる等級表示記号で確認できます。☆の数が目安となり，「F☆☆☆☆（エフ・フォースター）」と表示されるのは，最も発散量が少ない建築材料とされています。

（3）断熱対策

　断熱性能が十分でない住宅について，床材を換える，下地補強の工事を施すなど福祉住環境整備を行う際，断熱材の交換についても検討するのが望ましいでしょう。

　充填断熱工法，**外張り断熱工法**のいずれも適用できますが，構造耐力に影響することがあるので，建築士や構造についての専門家と連携して検討します。

（4）防火対策

　キッチンなど火気を使用する部屋について，2階建て以上の住宅の最上階以外の階には，「建築基準法」により**内装制限に係る規定**が設けられています。**不燃材料**または**準不燃材料**としなければならないため，可燃性の板張りなどは採用できません。

　キッチンと食事室が一体になっているダイニングキッチンでは部屋全体がこの内装制限を受けます。しかし，キッチンと食事室の間に天井から50cm以上の垂れ壁を設ける場合，キッチンだけに内装制限が適用されます。

■内装制限適用除外の例

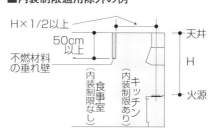

用語

シックハウス症候群
室内空気汚染から発症するすべての疾患で，中毒，アレルギー，化学物質過敏症を含む。中毒はその場所を離れれば早期に改善するが，アレルギー，化学物質過敏症ではその後長期に過敏反応が残る。

建築／3章

プラスワン

充填断熱工法は，外壁の内部や根太の間，屋根の垂木の間などに断熱材を充填する工法，外張り断熱工法は，躯体の外側を断熱材で覆う工法である。部位によって使い分けることもある。

用語

垂れ壁
天井から垂れ下がったような形で，途中までしかない壁。

(5) 共同住宅における留意事項

① 種類と特色

　所有形態では，賃貸，分譲，社宅などに分けられます。賃貸共同住宅および社宅は，建物全体の所有者が居住者とは異なるため，住戸（居住部分）を専用部分，廊下・階段・エレベーターなどは共用部分と称します。一方，分譲共同住宅（マンションなど）では，区分所有法の表現により専有部分と共用部分と称します。住戸部分を区分所有しているという考え方です。

　住戸までのアクセス方法では，**階段室型共同住宅と廊下型共同住宅**に分類され，これにエレベーターの有無での分類が加わります。とくに下肢の機能が低下している，あるいは障害がある人にとっては，居住するうえでの基本的な問題です。

② 賃貸共同住宅の住環境整備

　通常，賃貸共同住宅では専用部分に改修などを行った場合，その部分について**原状回復義務**が課せられます。改修計画を立てる場合には，原状回復を前提としての設置という視点が必要です。共用部分への対応については所有者によって異なります。公的賃貸住宅では，その供給元である地方公共団体などが「**高齢者の居住の安定確保に関する法律**」（高齢者住まい法）に基づき，高齢者への対応を促進している場合には，スロープの設置などが積極的に行われています。

　改修の必要がある場合には，その実態を住宅管理者に伝えるとともに，計画改修を待つか，転居するかの選択が必要になります。

③ 分譲共同住宅の住環境整備

　分譲共同住宅（マンションなど）では，建物の躯体や敷地は区分所有者全員の共有物です。また，共用部分はすべての区分所有者で共同管理を行うこととされています。**管理規約**には，建物の躯体や敷地およびそ

賃貸マンションでスロープが必要な場合でも，居住者が勝手に設置するわけにはいかないから，引っ越したほうがいい場合もあるんですね。

の他の共用部分の適正な管理のほか，**専有部分の修繕**についても盛り込まれており，専有部分の住環境整備を行う際には，共同生活の秩序を乱さないよう配慮が必要です。また，共用部分について，手すりの設置などの必要が生じた場合には，その必要性を住宅の管理組合の理事会に伝えて**共有物としての設置**を願いでます。

コンクリートの躯体に手すりなどを取り付ける場合などは，躯体が共有物であるため，管理規約または規約に基づく細則を確認する必要がある。

専有部分であっても，改修の際に気をつけなければならないことは？

"共同生活の秩序が守られる範囲"という目安があります。例えば，畳敷きの和室をフローリングに変更すれば，階下へ伝わる音の質が変わりますし，バスルームの位置を変更することによる影響などにも配慮しなければいけませんね。

❷ 見積もりの知識

見積もりは，一定の書式の範囲内で，知りたい方法で算出してもらうことが可能である。

（1）見積もりの種類

見積もりの基本は，単価がいくらの物を，どれだけの数量を使うため，その項目はいくらかかるかということが示されている書式です。工事の大小を問わず，見積もりをとることが望ましいでしょう。

金額が発生するのは，**材料代**と**工賃**です。項目単位で見積もる場合は**材工単価**（材料代と工賃を合わせた単価）に数量をかけて項目の金額を出して，複数の項目を合算します。材料代と工賃を別々に知りたい場合は，材料代の項目と工賃の項目を別々に算出して合算します。

Q&A

どの材料を使うか決定していないけれども，費用が気になるんですが。

まだ，詳細まで決められない段階で大まかな金額が知りたい場合，概算見積もりを出してもらいます。実際に使用する材料など細かいところまで決定したら，改めて精算見積もりを出してもらえばいいんですよ。

（2）見積書の書式とチェックポイント

一般に見積書は，次のような形式で作成されます。

① 　総工事費を表した表紙

② 　**工事費内訳書**…工事費科目ごとに費用を算出したもの。

③ 　**工事費内訳明細書**…工事費科目ごとの明細（材料や工賃の単価および数量）を表したもの。

見積書を見るときは，有効期限や含まれていない工事内容など**見積もり条件の確認**が最も重要です。

> 計画内容をしっかりと伝えたうえで，見積書の内容に漏れがないかチェックしましょう。

チャレンジ！　確認テスト

Point	**Q** できたらチェック ☑
シックハウス対策	□ 1　ホルムアルデヒドの発散量は，日本産業規格（JIS）の認証または日本農林規格（JAS）の認定などを受けることで表示できる等級表示記号で確認できる。最も発散量が少ないのは，「F☆☆☆」と表示された建築材料である。
防火対策	□ 2　キッチンと食事室が一体になっているダイニングキッチンでは，「建築基準法」により部屋全体が内装制限を受ける。

A 解答 1.× 最も発散量が少ないのは，「F☆☆☆☆（エフ・フォースター）」と表示される。／2.◯

福祉用具

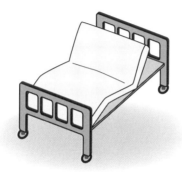

福祉用具とは何か

A

重要度

学習のねらい　福祉用具法が定める福祉用具の定義，介護保険制度において貸与や購入費の対象となる福祉用具の種類や内容，障害者総合支援法による補装具費支給のプロセスなどを理解しましょう。

❶ 福祉用具の定義と分類

福祉機器や補装具，自助具，日常生活用具，介護用補助用具などが福祉用具の範ちゅうとなる。

　福祉用具は，通常の生活を便利にする道具とは区別され，「福祉用具の研究開発及び普及の促進に関する法律」（福祉用具法）第2条において，「**心身の機能が低下し日常生活を営むのに支障のある老人又は心身障害者の日常生活上の便宜を図るための用具及びこれらの者の機能訓練のための用具並びに補装具をいう**」と定義されています。これにより，福祉機器や補装具，自助具，日常生活用具，介護用補助用具，機能回復訓練機器が福祉用具の範ちゅうとなり，福祉用具の範囲はより広いものとなりました。

❷ 介護保険制度と福祉用具
（1）対象種目と支給限度額

　介護保険制度は，利用者に効果のないものを支給するのを避けるため，対象となる福祉用具を細かく定めています。

　都道府県知事が指定した福祉用具貸与事業者や特定福祉用具販売事業者から，**厚生労働大臣が定めた福祉用具の貸与**を受けたり購入したりすると，原則として，その費用の9割が介護保険から支給されます（自己負担は1割）。

　購入した場合は，原則，**購入費の9割に相当する額が償還払い**で支給され，福祉用具購入費の支給額は，支給限度

用語

補装具と自助具

補装具は，体の欠損や機能の損傷を補う用具をいい，自助具は，日常生活をより便利に，より容易にできるようくふうされた用具である。

プラスワン

65歳以上の一定以上所得者の自己負担は2割（介護保険からの支給が8割），現役並み所得者の自己負担は3割（介護保険からの支給が7割）となる。

償還払い
➡ P45

基準額（1年度で10万円）の9割が上限となります。また，原則として同一年度で1種目につき1回しか利用できないため，必要性についての慎重な判断が必要です。

　貸与か購入費支給の対象かは，種目ごとに定められています。資源の有効活用等の観点から原則として貸与ですが，排泄や入浴にかかわる用具は，衛生や心理面などを考慮して購入とする，という考え方が基本となっています。

■貸与・購入費の対象になる福祉用具の種類（2022年度より）

種　目			種　目	
車いす	★	貸与	認知症老人徘徊感知機器　★	貸与
車いす付属品	★	貸与	移動用リフト(吊り具の部分を除く)★	貸与
特殊寝台	★	貸与	自動排泄処理装置　★★	貸与
特殊寝台付属品	★	貸与	腰掛便座	購入費
床ずれ防止用具	★	貸与	自動排泄処理装置の交換可能部品	購入費
体位変換器	★	貸与	入浴補助用具	購入費
手すり		貸与	簡易浴槽	購入費
スロープ		貸与	移動用リフトの吊り具	購入費
歩行器		貸与	排泄予測支援機器	購入費
歩行補助つえ		貸与		

★…軽度（要支援・要介護1）の場合は，原則対象となりません。
★★…要支援および要介護1〜3の場合は，原則対象となりません（尿のみを自動的に吸引する機能のものを除く）。

　なお，軽度者（要支援・要介護1）については，その状態像から利用が想定しにくいとされる種目（車いす，特殊寝台など）は，保険給付の対象外となっています。ただし，日常的に歩行が困難か日常生活範囲における移動の支援がとくに必要とされる場合は車いすが貸与対象となるなど，一定の条件に該当する者はこの限りではありません（給付には，医師の判断，ケアマネジメントでの判断，市町村の確認のすべての手続きが必要）。

　また，2018（平成30）年の制度改正では，貸与価格のばらつきの抑制と適正価格での貸与の確保を目的に，①国による全国平均貸与価格の公表，②福祉用具専門相談員に対

プラスワン
訪問介護や通所介護など他のサービスとは異なり，福祉用具の種目ごとの公定価格はなく，各事業者が価格を決定する。

プラスワン
厚生労働大臣が定める福祉用具の範囲で，貸与の対象か，購入費の対象かが定められている。
➡ P346

福祉用具貸与については，要支援・要介護度（7段階）別の支給限度基準額の範囲内で，他の在宅サービスと組み合わせて利用することができます（原則1割負担による現物給付）。

福祉用具専門相談員
➡ P113

プラスワン

従来，貸与価格の上限
設定等の見直しは1年
に1度であったが，制
度改正により2021
（令和3）年4月から
は，原則として3年に
1度の頻度で行うこと
とされた。

車いす
➡ P365

プラスワン

自走用標準型車いすに
は，自走用スポーツ形
と自走用特殊形のう
ち，要介護者等が日常
生活で専用目的とする
ものも含む。

プラスワン

電動車いすのうち，自
操用簡易形と介助用簡
易形は，車いす本体の
機構に応じて自走用標
準型車いすまたは介助
用標準型車いすに含ま
れる。

プラスワン

車いすや特殊寝台の
「付属品」は，本体が
貸与されたときに一体
で貸し出されるもので
ある。または後から追
加して貸し出してもら
うこともできる。付属
品だけを借りることは
できない。

特殊寝台
➡ P353

し，利用者に貸与の際の，貸与価格と全国平均貸与価格等
の説明および機能や価格帯の異なる複数商品の提示の義務
付け，③**貸与価格の上限設定**が実施されました。

(2) 貸与の対象となる福祉用具

① **車いす**（軽度者は原則給付対象外）

(a) 自走用標準型車いす…日本産業規格（JIS）T9201：
2006のうち，自走用標準形，自走用座位変換形とパ
ワーアシスト形に該当するものとこれに準ずるもの
（前輪が大径車輪で後輪がキャスタのものを含む）。

(b) 普通型電動車いす…日本産業規格（JIS）T9203：
2010のうち，自操用標準形，自操用ハンドル形，自
操用座位変換形に該当するものとこれに準ずるもの。

(c) 介助用標準型車いす…日本産業規格（JIS）T9201
：2006のうち，介助用標準形，介助用座位変換形，
介助用パワーアシスト形に該当するものならびに
T9203：2010のうち，介助用標準形に該当するもの，
およびこれらに準ずるもの（前輪が中径車輪以上で
後輪がキャスタのものを含む）。

② **車いす付属品**（軽度者は原則給付対象外）

クッションや電動補助装置などの**車いすと一体的に
使用されるもの**で，かつ以下のような車いすの利用効
果を増進させるものに限られます。

(a) クッションまたはパッド…車いすのシートや背も
たれに置いて使用できる形状のもの。

(b) 電動補助装置…自走用標準型車いす，または介助
用標準型車いすに装着して使う電動装置で，その動
力により，駆動力の全部または一部を補助するもの。

(c) テーブル…車いすに装着して使用できるもの。

(d) ブレーキ…車いすの速度を制御する機能を有する
もの，または車いすを固定する機能を有するもの。

③ **特殊寝台**（軽度者は原則給付対象外）

サイドレールが取り付けてあるものや取り付け可能

なもので，次の機能のいずれかを持つものが対象です。

（a）背部または脚部の傾斜角度が調整できる。

（b）床板の高さが無段階に調整できる。

④ **特殊寝台付属品**（軽度者は原則給付対象外）

　特殊寝台と一体で使用するものに限られます。例え
ば次のようなものが対象となります。

（a）サイドレール…取り付けが簡易で安全の確保に配
　　慮したもの。

（b）マットレス…特殊寝台の背部，または脚部の傾斜
　　角度の調整を妨げないよう，折れ曲がりが可能で柔
　　軟なもの。

（c）ベッド用手すり…起き上がり，立ち上がり，移乗
　　などを行うことを容易にするもの。

（d）介助用ベルト…利用者または介護者の身体に巻き
　　つけて使用し，起き上がり，立ち上がり，移乗等を
　　容易に介助できるもの。

⑤ **床ずれ防止用具**（軽度者は原則給付対象外）

　次のいずれかにあたるものに限られます。

（a）送風装置または空気圧調整装置を備えた空気マッ
　　ト…体圧を分散することにより，圧迫部位への圧力
　　を減らすもの。

（b）水などによって減圧による体圧分散効果を持つ**全
　　身用のマット**…水，エア，ゲル，シリコン，ウレタ
　　ンなどを使った全身用のマットで，体圧を分散する
　　ことにより，圧迫部位への圧力を減らすもの。

⑥ **体位変換器**（軽度者は原則給付対象外）

　空気パッド等を身体の下に挿入し，てこ，空気圧，
その他の動力を用いることで，仰臥位から側臥位また
は座位への体位変換を容易に行えるものをいいます。

⑦ **手すり**

　福祉用具としての手すりは，**工事が必要なものは含
まれません。**また，ベッド用手すりは除かれ，次のい

ただし，「入浴用介助
ベルト」は福祉用具貸
与ではなく，「入浴補
助用具」として福祉用
具購入費支給の対象と
なる。

用具／1章

体位の保持のみを目的
とするものは，「体位
変換器」の対象となら
ない。

手すり
➡ P237

343

プラスワン
ネジなどで居宅に取り
付ける簡易なものも工
事に含まれ，住宅改修
の給付対象となる。

スロープ
➡P261

歩行器・歩行車
➡P362，363

介護保険の種目では，
歩行車も歩行器に含ま
れます。

つえ
➡P358

リフト
➡P375

ずれかにあたるものに限られます。

(a) 床に置いて使うことで，転倒予防や移動または移
乗動作を助けるもの。

(b) 便器またはポータブルトイレを囲んで据え置くこ
とにより，座位の保持や立ち上がり動作または，移
乗動作をしやすくするもの。

⑧ スロープ

持ち運びが容易で，工事が不要なものに限ります。
個別の利用者のために改造したものは含まれません。
工事を伴う場合で，住宅改修の段差の解消に該当する
ものは，住宅改修としての給付対象になります。

⑨ 歩行器

歩行が困難な利用者の歩行機能を補う機能を持ち，
移動時に体重を支える構造を持つもので，次のいずれ
かにあたるものに限られます。

(a) 車輪のあるものは，体の前および左右を囲む把手
などがあるもの。

(b) 四脚のあるものは，上肢で保持して移動させるこ
とが可能なもの。

⑩ 歩行補助つえ

松葉づえ，カナディアン・クラッチ，ロフストラン
ド・クラッチ，プラットホームクラッチ，多点杖です。

⑪ 認知症老人徘徊感知機器（軽度者は原則給付対象外）
認知症である老人が屋外へ出ようとしたときなど
に，センサーで感知し，家族，隣人などへ通報します。

⑫ 移動用リフト（軽度者は原則給付対象外）
取り付けに住宅改修工事が不要なものに限ります。

(a) 床走行式…吊り具またはいすなどの台座で人を持
ち上げ，キャスタなどで床や階段などを移動し，目
的の場所に移動させるもの。

(b) 固定式…居室，浴室，浴槽などに固定設置し，そ
の機器の可動範囲内で吊り具またはいすなどの台座

を使用して人を持ち上げる，または持ち上げ移動させるもの。

 (c) 据置式…床または地面に置いてその機器の可動範囲内で吊り具またはいすなどの台座を使用して人を持ち上げる，または持ち上げ移動させるもの（エレベーターと固定型階段昇降機は除く）。

⑬ 自動排泄処理装置

 尿または便が自動的に吸引されるもので，尿や便の経路となる部分を分割できる構造を持ち，かつ，利用者または介護者が容易に使用できるものが対象です（交換可能部品および専用パッド，洗浄液など排泄のたび消費するものならびに専用パンツ，専用シーツなどの関連製品は除く）。

（3）購入費の対象となる福祉用具

次のいずれかにあたるものに限られます。

① 腰掛便座

 (a) 和式便器の上に置き腰掛式に変換するもの。

 (b) 洋式便器の上に置き高さを補うもの。

 (c) 電動式またはスプリング式で便座から立ち上がる際に補助できる機能を持っているもの。

 (d) 便座・バケツなどからなり，移動可能な便器（水洗機能を有するものを含む）。ただし，居室で利用可能なものに限る。

② 自動排泄処理装置の交換可能部品

 レシーバー，チューブ，タンクなどのうち，尿や便の経路となり，かつ，利用者または介護者が容易に交換できるものが対象です。

③ 入浴補助用具

 座位の保持，浴槽への出入りなど入浴を補助するための用具で，入浴用いす，浴槽用手すり，浴槽内いす，入浴台，浴室内すのこ，浴槽内すのこ，入浴用介助ベルトのいずれかにあたるものに限られます。

プラスワン
自動排泄処理装置（尿のみを自動的に吸引する機能のものを除く）は，要支援および要介護1〜3には原則給付対象外だが，排便と移乗のいずれでも全介助を要する場合は給付対象となる。

便座
⇒ P378

プラスワン
和式便器の上に置き腰掛式に変換するものには，腰掛式に変換する場合に高さを補うものも含まれる。

プラスワン
自動排泄処理装置と同様に，排泄のたび消費するものおよび関連製品は対象外となる。

入浴補助用具
⇒ P381

用具／1章

④　簡易浴槽

　　空気式または折りたたみ式などで容易に移動できる
もので，取水や排水のために工事を伴わないものが対
象です。

⑤　移動用リフトの吊り具の部分

　　体に適合するもので，移動用リフトに連結可能なも
のが対象となります。

⑥　排泄予測支援機器

　　膀胱内の状態を感知し，尿量を推定するもので，排
尿の機会を利用者または介護者に通知するものが対象
となります。

（4）厚生労働大臣による給付対象の考え方

　福祉用具のうち，厚生労働大臣が定めたものが介護保険
の給付対象となりますが，以下の考え方を踏まえて対象用
具が選定されています。

吊り具
⮕ P376

👆プラスワン
排泄予測支援機器は，
2022（令和4）年4
月から新規種目として
追加された。

■福祉用具の範囲

介護保険の給付対象となるもの	対象外の例
要介護者等の自立促進または介助者の負担軽減を図るもの	———
要介護者等でない者も使用する一般的な生活用品ではなく，介護のため新たな価値付けを有するもの	平ベッド
治療用等医療の観点からではなく，日常生活の場面で使用するもの	吸引器，吸入器
在宅で使用するもの	特殊浴槽
起居や移動などの基本的動作の支援を目的とするもので，身体の一部欠損あるいは低下した特定の機能の補完が主たる目的ではないもの	義手・義足，眼鏡
ある程度，経済的負担感があるため，給付対象とすることによって利用促進が図られるもの	一般的に低価格なもの
取り付けに住宅改修工事を伴わず，賃貸住宅の居住者でも利用に支障のないもの	天井取り付け型の天井走行式リフト

❸ 障害者総合支援法と福祉用具

🔑　障害者総合支援法における福祉用具として，補
装具と日常生活用具がある。

障害者総合支援法による福祉用具関連の給付は，**補装具費の支給**と**日常生活用具費の支給**に分かれます。

（1）補装具の種目

　補装具は，利用者の申請に基づき，補装具の購入，借受けまたは修理が必要と認められたとき，**市町村**がその費用を**補装具費**として利用者に支給するものです。補装具の対象種目は，身体障害者では，義肢，装具，座位保持装置，視覚障害者安全つえ，義眼，眼鏡，補聴器，人工内耳（人工内耳用音声信号処理装置修理のみ），車いす，電動車いす，歩行器，歩行補助つえ，重度障害者用意思伝達装置の13種目です。身体障害児は，これに座位保持いす，起立保持具，頭部保持具，排便補助具を加えた17種目になります。

　障害者の場合，高齢者よりも用具の利用期間が長いことが想定されるため，貸与ではなく**購入が原則**となります。借受けについては，それが適当な場合にのみ認められ，対象となる種目も，①義肢，装具，座位保持装置の完成用部品，②重度障害者用意思伝達装置の本体，③歩行器，④座位保持いすとなります。なお，借受けが適当とされるのは，身体の成長に伴い短期間で交換が必要な場合や障害の進行により短期間の利用が想定される場合，購入にあたって複数の補装具等の比較検討が必要な場合です。

（2）補装具費が支給されるプロセス

　支給を請求するときは，以下の手順で進めます。

① 障害者またはその保護者が，市町村へ補装具費の支給を**申請**します。

② 市町村が**更生相談所等（指定医療機関や保健所）**の意見をもとに支給を**決定**します（補装具の種目や金額を決定）。

③ 利用者は**補装具業者と契約**し，**購入，借受けまたは修理**を受けます。

④ 利用者は業者に購入等の費用を**全額支払**います。それと同時に，補装具費として**市町村に費用（利用者負**

障害者総合支援法の正式名称は「障害者の日常生活及び社会生活を総合的に支援するための法律」です。

プラスワン

車いす，電動車いす，歩行器，歩行補助つえは，介護保険で貸与される福祉用具にも含まれる。障害者であっても介護保険の受給者である場合，これらの種目は原則として介護保険による給付が優先される。ただし，身体状況に個別に対応することが必要とされる障害者については，補装具として給付することができる。

用具／1章

補装具にはそれぞれ予測される耐用年数が決められており，耐用年数の期間内に破損や故障をした場合には，原則として修理・調整して対応します。この期間内に買い換えた場合，原則として補装具費は支給されません。

担を除く）を請求します。

⑤　市町村は利用者の請求に応じて，補装具費を支給します。

（3）日常生活用具給付等事業

障害者総合支援法に基づく地域生活支援事業の一つとして規定される**日常生活用具給付等事業**の実施主体は**市町村**です。日常生活用具の対象種目は，要件，用途および形状が定められているのみで，具体的な品目や利用者負担については市町村が決定します。

日常生活用具給付等事業の対象となる種目については，厚生労働省告示（平成18年9月第529号など）により，次のように定められています。

■日常生活用具給付等事業の対象となる用具の種目と具体例

種　目	想定される給付品目（例）
介護・訓練支援用具	特殊寝台，特殊マット，特殊尿器，入浴担架，体位変換器，移動用リフト，訓練いす，訓練用ベッド　など
自立生活支援用具	入浴補助用具，便器，頭部保護帽，Ｔ字状・棒状のつえ，移動・移乗支援用具，特殊便器，火災警報機，自動消火器，電磁調理器，歩行時間延長信号機用小型送信機，聴覚障害者用屋内信号装置　など
在宅療養等支援用具	透析液加温器，ネブライザー（吸入器），電気式たん吸引器，酸素ボンベ運搬車，盲人用体重計，盲人用体温計（音声式）　など
情報・意思疎通支援用具	携帯用会話補助装置，情報・通信支援用具，点字ディスプレイ，点字器，点字タイプライター，視覚障害者用ポータブルレコーダー，視覚障害者用活字文書読上げ装置，視覚障害者用拡大読書器，盲人用時計，聴覚障害者用通信装置，聴覚障害者用情報受信装置，人工喉頭，福祉電話，ファックス，視覚障害者用ワードプロセッサー，点字図書　など
排泄管理支援用具	ストーマ装具，紙おむつ等，収尿器　など
居宅生活動作補助用具…障害者等の居宅生活動作等を円滑にする用具で，設置に小規模な住宅改修を伴うもの	

＊2006（平成18）年9月厚生労働省告示第529号などをもとに作成

日常生活用具給付等事業において給付または貸与の対象となるものが満たすべき要件とされているのは，次の3項

目です。

① 障害者等が安全かつ容易に使用でき，実用性が認められる。

② 障害者等の日常生活上の困難を改善し，自立を支援し，かつ社会参加を促進すると認められる。

③ 用具の製作，改良，開発にあたり，障害に関する専門的知識・技術を要し，かつ日常生活品として，一般に普及していない。

プラスワン

日常生活用具給付等事業の対象種目と介護保険から給付を受けられる福祉用具の種目が重複する場合は，介護保険から貸与や購入費の支給が行われる。

チャレンジ！　確認テスト

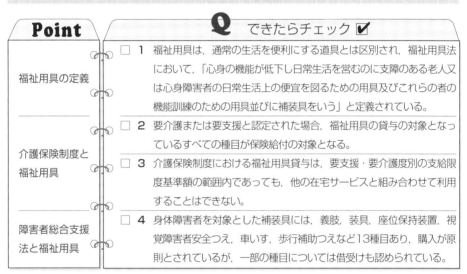

Point	Q できたらチェック ☑
福祉用具の定義	□ 1 福祉用具は，通常の生活を便利にする道具とは区別され，福祉用具法において，「心身の機能が低下し日常生活を営むのに支障のある老人又は心身障害者の日常生活上の便宜を図るための用具及びこれらの者の機能訓練のための用具並びに補装具をいう」と定義されている。
介護保険制度と福祉用具	□ 2 要介護または要支援と認定された場合，福祉用具の貸与の対象となっているすべての種目が保険給付の対象となる。 □ 3 介護保険制度における福祉用具貸与は，要支援・要介護度別の支給限度基準額の範囲内であっても，他の在宅サービスと組み合わせて利用することはできない。
障害者総合支援法と福祉用具	□ 4 身体障害者を対象とした補装具には，義肢，装具，座位保持装置，視覚障害者安全つえ，車いす，歩行補助つえなど13種目あり，購入が原則とされているが，一部の種目については借受けも認められている。

解答 1.○／2.× 軽度者（要支援・要介護1）については，その状態像から利用が想定しにくいとされる種目（車いす，特殊寝台など）は保険給付の対象外となる。／3.× 支給限度基準額の範囲内であれば，他の在宅サービスと組み合わせて利用することができる。／4.○

用具／1章

福祉用具の選択・適用

> **学習のねらい** さまざまな福祉用具の中から，対象者の条件に合った用具を選ぶことは，日常生活動作の自立度を向上させるためにも重要です。福祉用具支援のためのプロセスや，他職種との連携に注意しましょう。

① 福祉用具支援のための4つのプロセス

> 福祉用具支援とは，福祉用具で解決できる生活上の課題を見つけ，適切な福祉用具を提供することである。

福祉用具支援では，福祉用具の必要性の判断，種目の設定，機種の選定，確認・合意，適合調整・使用方法指導，モニタリングといった適切なプロセスを経ることが，利用者に最適な支援となります。このプロセスは，次の4つの段階に分けて考えることができます。

（1）プロセス①　必要性の判断

加齢や疾病によって生じる生活上の問題は，**利用者一人ひとりによって異なる**ため，身体状況や住環境，経済状況などを把握し，総合的に判断しなくてはなりません。とくに，住環境によっては必要な福祉用具を利用できないことも多いため，スペースや段差の有無など，住環境が福祉用具と適合しているかを把握します。

（2）プロセス②　目標設定，プランニング

福祉用具を活用するにあたっては，利用者本人の自立を支援するのか，介護者の負担を軽減するのかなど，目的を明確にするほか，使用頻度や期間も想定し，利用開始までの手順を含めた利用計画（**福祉用具サービス計画**）を立案することが大切です。なお，介護保険制度では，福祉用具貸与・販売事業者に対し，利用目標，機種と選定理由，関

支援者は，どのような福祉用具が製作・流通しているかといった「種目情報」，どのような機能を発揮するかといった「機能情報」を多く持っているほど，サービスの質を高めることができますね。

係者間で共有すべき情報等を記載した福祉用具サービス計画の作成と利用者および介護支援専門員への交付を義務付けています。作成するのは，**福祉用具専門相談員**です。

（3）プロセス③　実施，効果確認

福祉用具を実際に提供するにあたっては，福祉用具の基本機能や安全に使用するための注意点などを説明します。同時に，利用者が使いこなせるか，住環境が使用の妨げになっていないかなど，福祉用具が効果的に使用できるのかどうかを確認します。

（4）プロセス④　モニタリング

福祉用具の導入後，利用者の目標がどの程度実現されたか，事前の計画どおりに使用されているかなどを確認するのがモニタリングです。達成できなかった課題，新たな課題については，プロセス①に戻り，改めて検討します。

■福祉用具の支援プロセス

プロセス① 必要性の判断	生活上の課題の把握，分析
プロセス② 目標設定，プランニング	福祉用具利用計画の策定
プロセス③ 実施，効果確認	適合，使用方法の説明
プロセス④ モニタリング	福祉用具が計画どおり使用されているか確認

❷ 他職種との連携

高齢者は，少し体調を崩すだけで身体機能が急速に低下し，ともすれば寝たきりになってしまうこともあります。また，進行性の疾患では，病状の悪化とともに生活環境が変化します。そのため，利用者が現状で困っていることを解決するだけでなく，将来を見据え，生活の変化に対応した福祉用具を選択しなくてはなりません。

プラスワン

福祉用具サービス計画は，福祉用具販売のみである場合は，介護支援専門員への交付は義務付けられていない。

福祉用具専門相談員
⇒ P113

プラスワン

モニタリングは，福祉用具を保守・点検する機会でもある。

福祉用具の利用による生活の変化は，すぐに起こる場合もあれば，数週間後に予測以上の変化が起こる場合もあります。また，高齢者はかぜなどで体調を崩したことをきっかけに，生活機能が容易に低下することもあるので，注意が必要です。

用具／1章

そうした対応をするには，利用者の生活を支援するさまざまな専門職と連携をとり，利用者の解決すべき生活上の課題を共有することが不可欠です。とくに，福祉用具の利用計画を策定するときに，訪問介護や訪問リハビリテーションのスタッフなどから利用者の生活障害について情報を収集することは効果的です。また，福祉用具の使用状況に変化があった場合には，すぐに連絡をもらえるよう，専門職間で**信頼関係を構築**することが連携のポイントとなります。

チャレンジ！　確認テスト

Point	**Q** できたらチェック ☑
福祉用具支援のプロセス	□ 1　福祉用具支援では，福祉用具の必要性の判断，種目の設定，機種の選定，確認・合意，適合調整・使用方法指導，モニタリングといった適切なプロセスを経ることが，利用者に最適な支援となる。
	□ 2　福祉用具を活用するにあたっては，使用目的を明確にするほか，使用頻度や期間も想定し，利用開始までの手順を含めた福祉用具サービス計画を立案することが大切である。
	□ 3　福祉用具サービス計画は，福祉用具販売のみの場合でも，利用者および介護支援専門員への交付が義務付けられている。
	□ 4　福祉用具の利用による生活の変化がすぐに見られない場合には，速やかに利用の見直しをする。
他職種との連携	□ 5　福祉用具の利用はプライバシーにもかかわることなので，他職種との連携はなるべく避ける。
	□ 6　福祉用具の利用計画を策定するときは，訪問介護や訪問リハビリテーションのスタッフなどから利用者の生活障害について情報を収集する。

A 解答　1.○／2.○／3.×　福祉用具販売のみの場合は，介護支援専門員への交付は義務付けられていない。／4.×　福祉用具の利用による生活の変化は，すぐに起こる場合もあれば，数週間後に予測以上の変化が起こる場合もあるので，モニタリングの時機に注意する。／5.×　利用者の解決すべき生活上の課題を共有するため，さまざまな専門職と連携をとる。／6.○

レッスン 50 特殊寝台・付属品と体位変換器

重要度 A

1 特殊寝台（介護用ベッド）

特殊寝台は，利用者の起き上がりや立ち上がり，車いすへの乗り移り動作を補助する。

（1）特殊寝台の特徴

分割された床板の可動により，背部や脚部の傾斜角度を変化させ，利用者の起き上がりなどを補助する，または床板の昇降により利用者のベッドからの立ち上がり動作や車いすへの乗り移り動作を補助する機能を持つベッドのことです。

特殊寝台と付属品に関しては，セットで押さえておきましょう。

利用者だけでなく，介助者にとっても，背上げ機能により利用者の体を起こしたり，ベッドを高くしたりすることで，無理な姿勢から解放され，体を痛める危険が減るというメリットがあります。

背上げの際は，あらかじめベッドの曲がる部分に臀部が位置するよう移動しておくと，体が脚側下方にずれて腰部や背部が圧迫されるのを防ぐことができます。また，背上げの操作では，脚部を上げた後に背上げを行うなどして，体が下方にずれないようにします。

（2）設置にあたっての注意点

出入り口の位置，起き上がる方向など，利用者の生活動線を考慮してから配置します。また，設置にはスペースが必要です。とくに6畳以下の部屋では，動線を確保するために家具の配置換えも検討します。

ベッドの脚側に体がずれないよう，背上げと脚上げが連動する機能が付いている製品もあります。

■特殊寝台（介護用ベッド）の各部の名称

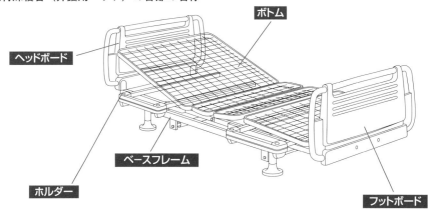

ボトム

ヘッドボード

ベースフレーム

ホルダー

フットボード

キャスタ
ベッドの脚に取り付けて移動しやすくするもの。キャスタ4輪に駐車ブレーキが付いているものと、2輪に駐車ブレーキが付いているものとがある。キャスタを使用するとベッドの最低高が高くなることがあるので、採用する場合には注意する。

 ❷ 特殊寝台付属品

特殊寝台付属品は特殊寝台と一体的に使用され、特殊寝台の利用効果の増進に資する福祉用具である。

(1) マットレス

特殊寝台の床上に置いて体を支える福祉用具なので、特殊寝台の背上げや脚上げの動きに対応した柔軟性が必要になります。ただし、好みの硬さは利用者各自によって異なることや、柔らかすぎると寝返りや起き上がりなどがしづらいことがあるため、最適なマットレスを選ぶには、これらを総合的に考えなくてはなりません。

身体機能が著しく低下している、感覚の障害があるなどの理由により床ずれ（褥瘡）への配慮が必要な利用者の場

合には，体圧分散効果の高い**床ずれ防止用具**の使用も検討
します。

(2) サイドレール

　利用者がベッドから転落
したり，寝具がずれ落ちた
りするのを防ぐために設置
される，格子状のレールで
す。多くは特殊寝台のフレ

■サイドレール

差し込み式

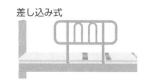

ーム（ホルダー）に差し込んで使用します。格子のすきま
や，サイドレール間のすきまに，頭，首，腕などを挟む事
故が起こることも想定されるので，利用者の**認知機能**を十
分に検討してから導入します。

(3) ベッド用手すり（グリップ）

　サイドレールと同様，特殊寝台のフレームに差し込んで
使用する手すりです。寝返り，起き上がり，立ち上がり，
車いすへの移乗動作を補助します。起き上がる方向は左右
どちらか，車いすへの移乗はしやすいかなどに配慮してか
ら取り付けます。

(4) ベッド用テーブル

　特殊寝台の上で使い，**食事や介助動作を補助する**ための
テーブル（作業台）です。主に2つのタイプがあります。

　① 　掛け渡し式

　　　サイドレールに掛け渡して使用するテーブルです。
　　必要なときだけ取り付けて使用します。スペースをと
　　らず，収納も容易です。

　② 　可動式

　　　キャスタ（自在輪）が付いた脚部を持ち，ベッド上
　　を囲うようにして使用します。位置を動かすことが容
　　易で使い勝手がよいものの，収納にはスペースが必要
　　です。

(5) 介助用ベルト

　ベッドからの立ち上がりや，車いすへの移乗などの介助

用語

床ずれ防止用具
ベッド上で体圧を分散
することで床ずれを防
止する機能を持つ福祉
用具。体の下に敷いて
使用する。圧切替マッ
トレスと静止型マット
レスがある。体圧分散
のために柔らかく，利
用者の起居動作が行い
にくくなるため，自立
的な動作を妨げないよ
うに注意して使用す
る。

サイドレールは，体重
を支えるよう設計され
たものではないので，
起き上がりや車いすへ
の移乗などの補助とし
て使用する場合には，
ベッド用手すり（グリ
ップ）を使用します。

用具／2章

プラスワン
入浴用介助ベルトは，
介護保険制度では福祉
用具貸与ではなく，「販
売」の対象となる。

を容易に行うためのベルトです。通常，利用者の腰部や臀部に装着し，介助者がベルトの介助用握りを使って動作を介助します。

❸ 体位変換器

体位変換器には，スライディングマット，スライディングボード，体位変換用クッション，起き上がり補助装置などがある。

体位の変換，保持，移動を容易に行うための用具で，スライディングマット，スライディングボード，体位変換用クッション，起き上がり補助装置などがあります。

(1) スライディングマット（体位変換用シーツ）

体とマットレスなどの間に敷いて体を滑らせ，体位の変換や体の移動を補助するための用具です。滑りやすい素材や構造をしていて，筒状のものが多くみられます。車いすへの移乗などに用いられます。

■スライディングマットの使用例

(2) スライディングボード（体位変換用ボード）

特殊寝台と車いすやポータブルトイレ間の移乗などに用いる用具です。下肢が弱って体を支えられない利用者が，座位姿勢のまま移乗する際に用いられます。プラスチック製の板状のものが多くみられます。

■スライディングボードの使用例

体を滑らせるようにして移乗する

車いすへの移乗では，車いすのアームサポートをデスクタイプにしたり，着脱できるようにすると便利です。

プラスワン

スライディングマットとスライディングボードはベッド上で使用されることが多いため，介護保険制度では特殊寝台付属品として貸与される。

移乗の介助では，利用者の臀部の下にボードを差し込み，腋の下と骨盤の上を支えて利用者をボード上で滑らせるようにします。臀部をボード上で滑らせるため，褥瘡がある場合には注意が必要です。

（3）体位変換用クッション

　背部や腰部などに差し込んで，体位の変換・保持を補助する用具です。形状はさまざまですが，利用者の体格や目的に合わせて選択する必要があります。利用者に褥瘡がある場合は，医師や看護師などに相談のうえで使用します。

（4）起き上がり補助装置

　床上に置き，起き上がりを補助する用具です。スイッチ操作により電動で背部が昇降します。筋疾患や脳性麻痺などで移動を座位移動や手足移動で行う場合や，特殊寝台を設置するスペースがない場合などに導入します。

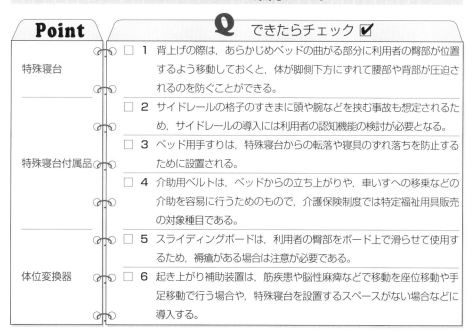

チャレンジ！ 確認テスト

Point	Q できたらチェック ☑
特殊寝台	□ 1 背上げの際は，あらかじめベッドの曲がる部分に利用者の臀部が位置するよう移動しておくと，体が脚側下方にずれて腰部や背部が圧迫されるのを防ぐことができる。
	□ 2 サイドレールの格子のすきまに頭や腕などを挟む事故も想定されるため，サイドレールの導入には利用者の認知機能の検討が必要となる。
特殊寝台付属品	□ 3 ベッド用手すりは，特殊寝台からの転落や寝具のずれ落ちを防止するために設置される。
	□ 4 介助用ベルトは，ベッドからの立ち上がりや，車いすへの移乗などの介助を容易に行うためのもので，介護保険制度では特定福祉用具販売の対象種目である。
	□ 5 スライディングボードは，利用者の臀部をボード上で滑らせて使用するため，褥瘡がある場合は注意が必要である。
体位変換器	□ 6 起き上がり補助装置は，筋疾患や脳性麻痺などで移動を座位移動や手足移動で行う場合や，特殊寝台を設置するスペースがない場合などに導入する。

用具／2章

A 解答 1.○／2.○／3.× ベッド用手すりではなくサイドレール。／4.× 特定福祉用具販売ではなく福祉用具貸与。／5.○／6.○

レッスン

51 つえ

A
重要度

学習のねらい 歩行補助つえは体のふらつきを支え，歩行を助ける補助用具です。利用者の歩行に対する不安や負担を減らし，自立への手助けをします。さまざまな形状と特徴があるので，適切なつえの選び方と使い方を学びましょう。

❶ つえの選び方と高さの目安

つえは歩行の能力や目的，体格などにより，個別の条件に合わせて選ぶ。

（1）つえの目的

歩行補助つえには，主に以下のような目的があります。

① 麻痺や痛みのある下肢にかかる荷重（体重）の免荷（完全免荷・部分免荷）。

② 歩行バランス，速度，耐久性の改善。

③ 利用者の心理的な支え。

つえの種類は，利用者にかかる負荷や，歩行能力に合わせて選択します。常時携帯するものなので，丈夫であることや，デザイン性に優れていることも重要なポイントです。

（2）つえの高さ

つえの高さは，以下のどちらかが適切といえます。

① つえを把持し，足先の斜め前方150mmの位置についたとき，肘が30度ほど軽く曲がった状態になるもの。

② ①の状態で握り部が大腿骨大転子にくる高さ。

つえの高さを調整するには，つえ先の滑り止めを外し支柱を切りそろえますが，長さを調整できるものもあります。

（3）つえを使った歩行動作（2動作歩行）

体重を十分に支えて，バランスを調整できるつえを選んだら，歩行の仕方をきちんとマスターする必要があります。

例えば，利用者に片麻痺がある場合に行う2動作歩行で

は，健側の手でつえの握り部を持ちます。それからつえを
前方へ振り出してつき，同時に体重を支えながら患側の足
を前方へ踏み出します。そして，健側の足を踏み出してそ
ろえます。

■2動作歩行

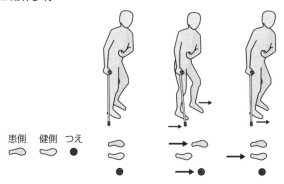

患側　健側　つえ

② つえの種類と特徴

つえは握り部，支柱，杖先部（先ゴム）で構成
される。

つえは，握り部，支柱，杖先部（先ゴム）で構成されて
おり，以下のような種類があります。

（1）T字型つえ

荷重しやすく，振り出しやすいよう，握り部が床面にほ
ぼ平行に支柱に取り付けられた，外観が「T」の形をした
つえです。脳血管障害による片麻痺がある人や，膝関節症
などによる下肢機能の低下がある高齢者などに広く用いら
れますが，介護保険制度の給付対象ではありません。

つえ（ステッキ）には，このほかC字型やL字型もあり
ますが，安定性や重さの観点から，T字型が最も普及して
います。

（2）多脚つえ（多点つえ）

脚部を複数（3～5本）に分岐させ，支持面を広くした

用具／2章

つえです。T字型つえよりも利用者への負荷が減り，支持性にも優れているので，歩行障害が重度な場合に適応します。ただし，床面の凹凸の影響を受けやすく，また，やや重いため，屋外での使用は制限されます。

（3）エルボークラッチ（ロフストランド・クラッチ）

握り手部分で軽度に屈曲した支柱と，前腕を支えるカフを備えたつえです。カフにより前腕が固定され，安定性が増すので，脳性麻痺や脊髄損傷などにより，T字型つえでは支持が困難な利用者に用いられます。

（4）プラットホームクラッチ

肘から手首までを乗せて体重を支える前腕受けを備えたつえです。関節リウマチにより手指や手関節の変形や痛みがある利用者に用いられます。ただし，やや重く，肩関節などに負担がかかるため，導入にあたっては十分な検討が必要です。

（5）松葉づえ

握り部分の上方に腋当てを備えたつえです。このつえを両側につくと一側下肢に荷重せずに歩行できます。腋当ての高さは，腋窩（えきか）よりも2～3cm下にくるように調整します。歩行時には脇をしめ，腋当てを挟むようにして体重を支え，痛みや麻痺が生じないように使用することが重要です。

エルボークラッチは，肘を軽く曲げた状態での加重と前腕の固定が効率よく得られるようになっています。

プラスワン

松葉づえは，骨折の後など患側に荷重ができない場合に用いられることが多い。

■つえ（ステッキ）

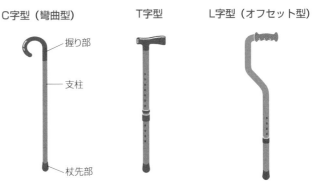

C字型（彎曲型）　　T字型　　L字型（オフセット型）

握り部

支柱

杖先部

多脚つえ（多点つえ）　　エルボークラッチ　　プラットホームクラッチ

カフ

チャレンジ！　確認テスト

Point	**Q** できたらチェック ☑
つえの選び方と高さ	□ **1** つえは，患側下肢にかかる荷重の免荷が目的であるため，デザイン性よりも丈夫であることが最優先される。
	□ **2** つえの位置は，つえを足先の斜め前方150mmの場所についたとき，肘が30度ほど軽く曲がった状態になるもの，またはこの状態で握り部が大腿骨大転子の高さにくるものが適切である。
	□ **3** T字型つえは，荷重しやすく，振り出しやすいよう，握り部が床面にほぼ平行に支柱に取り付けられたつえで，介護保険制度の給付対象である。
つえの種類と特徴	□ **4** 多脚つえは，T字型つえよりも利用者への負荷が減り，支持性にも優れたつえであるが，床面の凹凸の影響を受けやすく，また，やや重いため，屋外での使用は制限される。
	□ **5** エルボークラッチは，握り手部分で軽度に屈曲した支柱と，前腕を支えるカフを備えたつえで，関節リウマチにより手指や手関節の変形や痛みがある利用者に用いられる。
	□ **6** 松葉づえは，握り部分の上方に腋当てを備えたつえで，骨折の後など患側に荷重ができない場合に用いられることが多い。

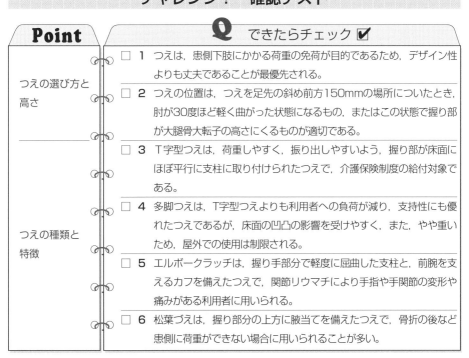

A 解答 **1**.✕ つえは常時携帯するものなので，丈夫であることに加え，デザイン性に優れていることも重要なポイントである。／**2**.○／**3**.✕ 介護保険制度の給付対象ではない。／**4**.○／**5**.✕ エルボークラッチは，脳性麻痺や脊髄損傷などにより，T字型つえでは支持が困難な利用者に用いられる。／**6**.○

用具／2章

学習のねらい 歩行器・歩行車とは，歩行支援を目的とし，歩行補助やつえ歩行の前の訓練などに使用されます。ここではその種類と特徴を学びます。なお，介護保険制度では「歩行器」に統一されています。

❶ 歩行器

 歩行器は，利用者がフレームの中に立ち，両側のパイプを握って操作する。

握り部（支持部），支柱フレーム，脚部からなり，脚部に車輪がないものをいいます。利用者がフレームの中に立って，両側のパイプを握り操作するもので，以下のようなものがあります。

（1）固定型歩行器

フレームは固定されていて，丈夫な握り部が付いています。歩行するときは，握り部をしっかりと握って，歩行器を両手で持ち上げ，前方に振り出すように体の前に置きます。次にフレームで体を支えながら足を交互に前に出します。交互型歩行器より在宅で導入しやすく，住宅内でつえの代用として使われる場合もあります。

■固定型歩行器

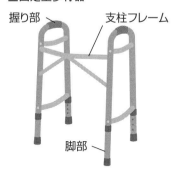

握り部　支柱フレーム

脚部

持ち上げやすいよう軽量化されていますが，握力が低下していたり，肩や肘の支持力や動きに制限があると使いにくいため，**持ち上げることができる，持ち上げて前に出す際にバランスを崩さないこと**が適応の条件です。

（2）交互型歩行器

　左右のフレームが回転軸でつながっていて，フレームを斜めに変形させて進む歩行器です。固定型と違って，持ち上げる必要はありません。

　まず握り部をしっかりと握り，フレームの片方を前方に押し出すと，フレーム本体が斜めに変形します。フレームの片側に重心をかけ，他方の脚部を押し出して足を前に出す動作を左右交互に繰り返します。

■交互型歩行器

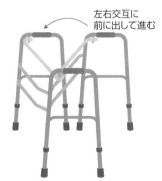

左右交互に前に出して進む

プラスワン

交互型歩行器は，平行棒内歩行の延長として歩行訓練用に使われることもある。

② 歩行車

 歩行車は歩行器より機動性に優れているが，前方に押しすぎて転倒する危険がある。

　脚部に車輪が装備された歩行支援用具です。車輪の数は，2輪，3輪，4輪，6輪のものがあります。

　両手で握り部を持って操作し，歩行器より機動性に優れていますが，**前方に押しすぎて転倒する危険がある**ので，導入にあたっては利用者の歩行能力を考慮します。

■二輪歩行車

前輪2脚に付いている車輪を転がして前進する。上肢への負担が少なく，軽い力で前方へ押し出せるが，車輪を使うため，段差の多い住宅内では使用困難となる。つえ歩行の前段階として用いられる。

新しい福祉用具として，ロボット技術（センサーで外界の状況などを感知・認識して動作する）を応用した電動アシスト歩行車が登場しています。登坂時の推進力補助，降坂時の自動制御，坂道横断時の片流れ防止とつまずきなどによる急発進防止の機能で，操作を容易にします。

用具／2章

■肘当て付き四輪歩行車（前腕支持歩行車）

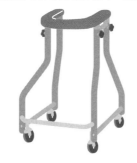

ほかの歩行車は両手で握り部を持って操作するが，このタイプは水平の肘当てが装備されており，前腕を乗せて移動する。

ほとんどの歩行器・歩行車が，高さ調整機能を備えています。握り部の高さは，大腿骨大転子までの距離，または握り部を把持したときの肘の角度が約30度屈曲する程度の長さを目安に，実際に操作して調整します。

👆プラスワン

シルバーカーは自立歩行が可能な高齢者等が対象であり，歩行が困難な者や介助が必要な者には不適である。なお，介護保険の給付対象となる「歩行器」には含まれない。

❸ シルバーカー

主に高齢者が，屋外での物品の運搬や歩行の補助を目的に使用します。ハンドル，フレーム，車輪，荷物を運ぶバッグなどで構成されます。座面があるので，疲れたときにいすとして使用することもできます。握り部は，肘の角度が45度程度になる高さが押しやすく，腰掛け部の高さは420mm前後となっています。

■シルバーカー

チャレンジ！　確認テスト

Point	❓ できたらチェック ☑
歩行器	☐ 1　歩行器は，つえと比べて，段差などにより操作が困難になる，方向転換にスペースが必要となるなどの理由から，とくに在宅では使用環境を確認して導入する。
歩行車	☐ 2　歩行車は，歩行器に比べて機動性・安全性に優れるため，利用者の歩行能力を考慮することなく導入できる。

 解答　1.○／2.× 前方に押しすぎて転倒する危険があるため，導入の際は歩行能力を考慮する。

レッスン 53 車いす

重要度 A

> **学習のねらい** 車いすは，疾患や障害により歩行が困難になった人のための，移動を補助する福祉用具です。対象者の状況や用途に応じてさまざまなタイプがあります。それぞれの機能と特徴を理解し，適切な選び方や活用法を把握しましょう。

1 車いすの分類と基本構造

> 車いすは，駆動方法によって手動と電動に大別される。

車いすは，歩けない人や長時間歩くことが困難な人が，座ったまま移動するための福祉用具です。

車いすの駆動方法が人力によるものを**手動車いす**，電動によるものを**電動車いす**といいます。単なる「移動をするための用具」ではなく，「移動できる座具」でもあるので，離床を促し，廃用症候群を防止する役割を果たすという点においても重要な福祉用具です。

自立支援の点から考えると，利用者が自発的に運動できない，住環境に問題があるなどの場合を除いては，**自力で駆動操作する車いす**の導入が望ましいといえます。また，座具でもあるので，利用者の体のサイズに合ったものを選択します。後輪の空気圧が減少するとブレーキ制御が不十分となり危険なので，定期的なメンテナンスが不可欠です。

(1) 車いすの基本構造

日本産業規格（JIS）の規格では，手動車いすは，身体支持部，駆動部，車輪，フレーム，付属品で構成されたもの，電動車いすは身体支持部，駆動部，制御部，充電部，車輪，フレーム，その他の部品および付属品からなるものとされています。

また，自走用（自操用）標準形車いすを例にとると，各

廃用症候群
 P162

プラスワン

車いすの導入にあたっては，身体機能への適合だけでなく，廊下幅や出入り口の開口幅員，介助や車いすの回転のためのスペースなど使用環境も十分に考慮する。

部の名称は次の図のようになっています。

■車いすの基本構造（例・自走用標準形車いす）

手押しハンドル（グリップ）
介助用の操作グリップ。高さの調整ができれば
介助者の負担を軽減することができる。

バックサポート（背もたれ）
安楽な姿勢がとれる。姿勢保持
の役目がある。

アームサポート（肘当て）
安楽な姿勢がとれる。移乗や立ち上がり
の際に支えとなるので，肘を無理なく曲
げた状態に調整するのが望ましい。着脱
式や跳ね上げ式だと移乗しやすい。

ハンドリム
手で握り駆動輪を操る。
幅を狭くするため，屋
内使用時には取り外す
こともできる。

シート（座面）
たわみが少なくしっかりしたも
のがよい。フットサポートを外
した状態で足裏が床に着く高さ
にする。

駆動輪
自走用では
22，24インチが
一般的。介助用で
は小径のものもあ
る。

クッション
褥瘡予防や座面の高さ
調節，座り心地の改善
などの目的で使用する。
使用時の「車いすの座
面高さ」はクッション
を含めた高さ。

車軸
位置は腕の長さや座
高，駆動姿勢，座位
のバランスなどで決
まる。

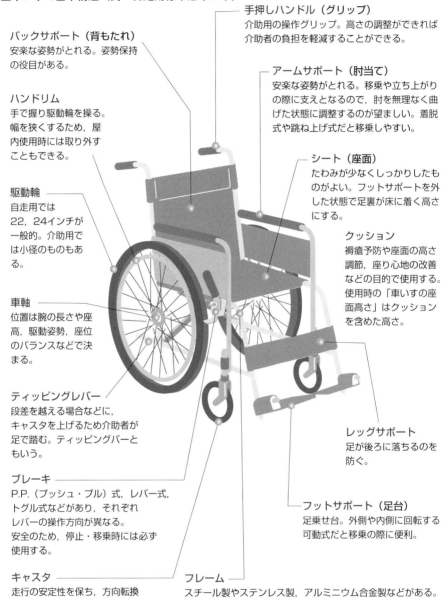

ティッピングレバー
段差を越える場合などに，
キャスタを上げるため介助者が
足で踏む。ティッピングバーと
もいう。

レッグサポート
足が後ろに落ちるのを
防ぐ。

ブレーキ
P.P.（プッシュ・プル）式，レバー式，
トグル式などがあり，それぞれ
レバーの操作方向が異なる。
安全のため，停止・移乗時には必ず
使用する。

フットサポート（足台）
足乗せ台。外側や内側に回転する
可動式だと移乗の際に便利。

キャスタ
走行の安定性を保ち，方向転換
を容易にする。

フレーム
スチール製やステンレス製，アルミニウム合金製などがある。
構造では，折りたためるXパイプ構造のものもある。

（2）車いすの寸法

　日本産業規格（JIS）は，車いすの形状と寸法を定めています。寸法については，下記のとおりです。

■車いすの寸法（単位：mm）

手動車いす	
全長	1,200以下
全幅	700以下
フットサポート高	50以上
全高※	1,200以下

電動車いす	
全長	（最大値）1,200
全幅	（最大値）700
全高※	（最大値）1,200

※ヘッドサポートを取り外し可能なタイプでは取り外し時の寸法

❷ 手動車いすの種類と機能

　手動車いすには，利用者本人が駆動する自走用（自操用），介護者が手押しハンドルを押して走行する介助用などがある。

（1）自走用（自操用）標準形車いす

　利用者が後輪（20〜24インチ程度）にあるハンドリムを操作して駆動する，標準的な車いすです。利用者が足で床を蹴って駆動することもあるため，下肢が地面につくようにシート（座面）を低くしたり，下腿後面にあるレッグサポートを外したりするなどの配慮が必要になります。

　導入にあたっては，座面の幅，フットサポート（足台）やアームサポート（肘当て）の高さなど，利用者の体の寸法に適合したものを選択します。また，乗り移りや車いすに乗ったままでの作業をしやすくするため，アームサポートやレッグサポートの形状にも配慮します。

（2）介助用標準形車いす

　介助者による操作と，狭い場所での利用に配慮された車いすです。ハンドリムがなく，後輪が14〜16インチと小型・軽量なことが特徴です。また，手押しハンドルには，介助者が使うためのブレーキが付いています。

　選択にあたっては，自走用車いすと同様，利用者の体に適合していることが重要になります。

プラスワン

車いすのブレーキには，レバーを前後いずれに倒してもブレーキがかかるP.P.式，レバーを引き，てこの原理を利用してブレーキをかけるレバー式，複数の軸があり，レバーを動かすことでジョイント部分が動いて車輪を押さえるトグル式などがある。

プラスワン

1インチは2.54cmである。

用具／2章

本文中の車いすは，介護保険制度上は，自走用標準型車いす，介助用標準型車いすという名称になっています。

(3) パワーアシスト形車いす

車いすを駆動・操作する力を動力（電動など）により補助する機能（パワーアシスト）が付いた車いすで，長い距離の移動，坂道や悪路において効果を発揮します。

(4) リクライニング式車いす

自走用または介助用車いすに，背もたれが後方へ45度あるいは90度傾斜したり，レッグサポートが上がるなどの機能を加えた，座位変換形車いすの一種です。起立性の低血圧やめまいのある人，座位姿勢の保持が不安定で車いす上で臥位をとる人などに有効です。

標準形車いすよりも大きくて重く，前後径が長くなるため，在宅での使用には十分なスペースを必要とします。

(5) ティルト＆リクライニング式車いす

座位変換形車いすの一種で，ティルト機構により，シートとバックサポートの角度を保ったまま，シート全体を後ろに調整できます。リクライニング機構と合わせて身体状態に合った角度に調整できる

■ティルト＆リクライニング式車いす

ため，座位姿勢を保持しやすくなります。とくに，筋緊張や筋弛緩の症状で座位保持が困難な利用者に有効です。

リクライニング式車いすと同様，標準形車いすに比べて取り回しが困難なため，選択する際は，使用環境や介護者の操作能力を重視する必要があります。

(6) 六輪車いす

後方に転倒しないよう，後方に後輪キャスタを取り付け，6輪にしています。狭い家屋での使用を前提に，前輪キャスタと後輪の距離を縮めることで回転半径を小さくしているため，小回りが利きます。とくに，クランク状の狭い廊下などでは非常に便利です。

パワーアシスト形車いすのうち，自走用ではハンドリムにかかる力を，介助用では手押しハンドル（グリップ）にかかる力を感知して，車いすの推進・停止を補助する機能が代表的である。

六輪車いす

六輪車いすは，乗り越えられる段差が2〜3cm程度に限られている点に注意が必要です。

③ 電動車いすの種類と機能

 電動車いすは，手動車いすの操作困難な人が効率的かつ安全な移動のために用いる。

　フレームにバッテリーと電動モーターを搭載した車いすです。手動車いすの操作ができなかったり，操作の耐久性がない場合に利用します。とくに標準形とハンドル形は手動車いすに比べて重たく，回転半径が大きいので，屋外での使用が一般的です。ただし，駐車スペースが十分にあったり，充電などのメンテナンスができたりといった環境にあることが，使用の条件となります。

(1) 標準形電動車いす

　ジョイスティックレバー，電源スイッチ，バッテリーの残量計，速度切り替えスイッチからなるコントロールボックスが肘当ての前方に装備されており，ジョイスティックレバーを進みたい方向に傾けるだけで，移動や停止，旋回が自在にできます。

■標準形電動車いす

(2) ハンドル形電動車いす（電動三輪・四輪車いす）

　前輪に直結したハンドルとハンドルに取り付けたアクセルレバーで操作する車いすです。ハンドルを手で操作して方向を，アクセルレバーでスピードを調整します。アクセルレバーを離すと，自然に制動がかかり停止します。標準形電動車いすに比べて前輪と後輪の距離が大きく，小回りが利きにくいので，屋外での使用に限定されます。

■電動三輪車いす

> **プラスワン**
> コントロールボックスは顎や足部でも操作できる位置に設置できるため，脳性麻痺，進行性筋ジストロフィー，頸髄損傷，関節リウマチなどにより，上肢機能に障害がある利用者に有効である。

> 標準形電動車いすはジョイスティックレバーを離すと，自然に制動がかかって停止します。なお，介護保険制度では，ハンドル形電動車いすとともに「普通型電動車いす」として，福祉用具貸与の対象となっています。

（3）簡易形電動車いす

　バッテリーや電動モーター，コントロールボックスからなるユニットを自走用標準形車いすに装着し，電動車いすとして利用できるようにしたものです。介助者用のコントロールボックスを装着することもできます。

　重量が軽く，手動と電動の切り替えも容易なので，汎用性の高い車いすといえます。

④ 車いす用クッション（車いす付属品）

座位の安定性や体圧分散効果などを検討し，適正な素材や形状を選定する。

　車いす用クッションは，座位姿勢の保持，安定性の向上，褥瘡の予防などを目的とした用具です。素材には，ウレタンフォーム，ゲル，エアなどがありますが，これらを複合的に構成したクッションもあります。また，臀部が前方にずれるなど座位姿勢の崩れを防止するため，形状を曲面にしたり，アンカーを付けたりしているものもあります。

　多数のエアセルが並んだエアクッションは，体の状態に合わせて空気圧を変えることができ，褥瘡の予防や疼痛の緩和に役立つ優れた体圧分散効果があります。ただし，空気圧の調整が不十分だと，逆効果にもなるので注意しましょう。

■エアクッション

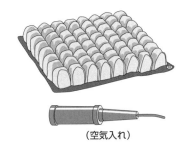

（空気入れ）

　また，ウレタンフォーム，ゲル入りパッド，カバーからなるウレタンフォーム＋ゲル入りパッドは，除圧効果や骨盤を正しい向きに安定させる座位保持機能に優れており，ウレタンとゲルが重層構造となっているものもあります。

プラスワン

車いすの座面は，通常スリングシートで，クッション性や姿勢の保持機能が低い。

用語

ゲル

こんにゃくのような半固形のゼリー状のもの。

用語

アンカー

クッションの後方よりも前方を厚くすることで，座骨が前方にずれないように付けた段差。

チャレンジ！　確認テスト

Point	Q できたらチェック ☑

車いすの分類と基本構造

☐ 1　車いすは，駆動方法によって手動と電動に大別され，それぞれの形状や寸法はメーカーが独自に定めている。

☐ 2　アームサポートは，移乗や立ち上がりの際に支えとなるので，肘を無理なく曲げた状態に調整するのが望ましい。

☐ 3　車いすのブレーキには，P.P.式，レバー式，トグル式などがあるが，それぞれレバーの操作方向は同じである。

手動車いすの種類と機能

☐ 4　自走用標準形車いすは，ハンドリムがなく，後輪が14〜16インチと小型・軽量なことが特徴である。

☐ 5　パワーアシスト形車いすは，車いすを駆動・操作する力を動力（電動など）により補助する機能（パワーアシスト）が付いた車いすで，長い距離の移動，坂道や悪路において効果を発揮する。

☐ 6　リクライニング式車いすは座位変換形車いすの一種で，起立性の低血圧やめまいのある人，座位姿勢の保持が不安定で車いす上で臥位をとる人などに有効である。

電動車いすの種類と機能

☐ 7　標準形電動車いすは，顎や足部でも操作できる位置にコントロールボックスを設置できるため，進行性筋ジストロフィー，頸髄損傷などにより，上肢機能に障害がある利用者にも有効である。

☐ 8　ハンドル形電動車いすは，前輪に直結したハンドルとハンドルに取り付けたアクセルレバーで操作する車いすで，介護保険制度の給付対象ではない。

☐ 9　簡易形電動車いすは，自走用標準形車いすに電動ユニットを装着し，電動車いすとして利用できるようにしたものである。重量も軽く，手動と電動の切り替えも容易なため，汎用性が高い。

車いす用クッション

☐ 10　車いす用クッションは，座位姿勢の保持，安定性の向上，褥瘡の予防などを目的とした用具で，素材には，ウレタンフォーム，ゲル，エアなどがある。

A 解答　1.× 車いすの形状や寸法は，日本産業規格（JIS）が定めている。／2.○／3.× それぞれレバーの操作方向は異なる。／4.× 記述は介助用標準形車いすの特徴である。／5.○／6.○／7.○／8.× 介護保険制度の福祉用具貸与の給付対象である。／9.○／10.○

用具／2章

B

重要度

> 学習のねらい 車いすなどの利用者にとって，段差は大きな障害となります。利用者の希望や身体機能に合わせて，スロープ，段差解消機，階段昇降機などを用いると，効果的な支援につながります。

❶ スロープ

段差の高さに対するスロープの長さは，車いすを自力で駆動する場合は高さの10倍程度，介助による駆動では6倍程度必要である。

スロープには，次のようなものがあります。
① レール状…車いすの左右の車輪の幅に合わせてレールを2本設置して使用する。
② 板状…縦または横の折り目を広げてフラットな板状にして設置して使用する。

段差の高さに対するスロープの長さは，利用者が車いすを自力で駆動する場合は高さの10倍程度，介助者が駆動する場合は6倍程度必要となります。

> レール状のスロープは，介助者がレールの間を車いすを押しながら昇降しなくてはならないので，導入が難しい場合もあります。

❷ 段差解消機

価格は高いものの，使い勝手の点では据置式や移動式よりも，設置式が優れている。

人や車いすを乗せたテーブルが垂直方向に昇降する機器です。スロープを設置するのが困難な場所で，庭の掃き出し窓や玄関の上がりがまちなどおおむね1m以内の段差を解消する際に有効です。駆動方法として手動と電動がありますが，主流となっているのは電動です。

主に，次のような種類があります。

① **据置式**…特別な工事などをせず，地面や床面に直接置くタイプ。

② **設置式**…ピット（溝）などをつくり，固定するタイプ。

③ **移動式**…車輪などが装備され，移動できるタイプ。

据置式や移動式は段差を完全には解消できず，数cm残ってしまいます。そのため，価格は高いものの，使い勝手の点では設置式が優れています。

❸ 階段昇降機

 階段昇降機（階段昇降装置）は階段を利用しての移動をスムーズにするものである。

階段昇降機（階段昇降装置）は，階段に固定設置する固定型と，設置工事の必要のない可搬型に大別されます。

（1）固定型階段昇降機

階段の踏面に取り付けたレールに沿って，いすが移動するタイプです。利用者が，いすの座面に乗り移ることができ，移動中に姿勢を保持できることが適応条件です。

直線階段だけでなく，曲がり階段にも設置できます。ただし，階段の幅や角度，踏面から天井までの高さによっては設置できないこともあります。また，車いすが乗るテーブルがレールに沿って階段を移動し，車いすごと昇降させるタイプもありますが，屋内では階段幅が足りないため，多くは屋外に設置されます。

（2）可搬型（自走式）階段昇降機

固定されていない階段昇降機で，車いすに装着して使用するものと，昇降機のいすに座り替えて移動するものとがあります。取り扱いを誤ると転落など大きな事故につながるため，介助者は十分に練習を行い，安全な操作のための指導を受ける必要があります。

取り扱いにはスペースが必要なため，ほとんどの場合，集合住宅の共用階段，庭から公道までなどの屋外階段で使

プラスワン
据置式

設置式

プラスワン
可搬型階段昇降機は，介護保険の福祉用具貸与の対象となっている（移動用リフトの床走行式リフトと車いす付属品のなかに位置付け）。

用具／2章

介護保険制度では，可搬型階段昇降機の操作者に対し，講習を受けた福祉用具専門相談員による指導の実施を義務付けています。

用されます。屋内の階段で使用することは困難です。

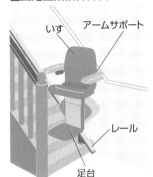

■固定型階段昇降機

いす　アームサポート

レール

足台

■可搬型（自走式）階段昇降機

チャレンジ！　確認テスト

Point	Q　できたらチェック ☑
スロープ	□ 1　段差の高さに対するスロープの長さは，利用者が車いすを自力駆動する場合で高さの10倍程度，介助者による駆動で6倍程度必要である。
段差解消機	□ 2　段差解消機には，据置式，設置式，移動式があるが，このうち価格は高いものの使い勝手が優れているのは据置式である。
階段昇降機	□ 3　固定型階段昇降機は，階段の踏面に取り付けたレールに沿って，いすが移動するタイプで，直線階段のみ設置できる。
階段昇降機	□ 4　可搬型階段昇降機は，取り扱いを誤ると転落など大きな事故につながるため，介護保険制度では，可搬型階段昇降機の操作者に対し，講習を受けた福祉住環境コーディネーターによる指導の実施を義務付けている。

A 解答　1.○／2.× 据置式ではなく設置式。／3.× 直線階段だけでなく，曲がり階段にも設置できる。／4.× 福祉住環境コーディネーターではなく福祉用具専門相談員。

55 リフト・吊り具

C
重要度

> **学習のねらい** 自力で移乗や移動ができない人を，ベッドから車いす，ポータブルトイレ，浴槽などへ移乗させる福祉用具がリフトです。最近はリフトを導入する家庭も増えてきたので，その仕組みや使い方を学習しましょう。

① リフトの種類

> リフトはさまざまな種類があり，使用目的，設置場所や方法などによって，導入を検討する。

　利用者の体を吊り上げ，移乗や移動を支援する機器です。床走行式，固定式（設置式），据置式，天井走行式に大別でき，吊り上げと吊り下げの動力はほとんどの機種が電動式です。

(1) 床走行式リフト

　利用者を吊り上げ，キャスタで移動しながら移乗動作を行います。固定式や据置式とは異なり，**任意の場所に移動**することができますが，キャスタが小さく，敷居などを乗り越える際に転倒するおそれがあるため，多くはベッドのある部屋でのみ使用されます。また，ベッドの下に架台が入らないと使用できない，使用していないときの収納場所を確保する必要があるなど，使用環境を確認することが重要です。

■床走行式リフト

架台

(2) 固定式（設置式）リフト

　居室や浴室，玄関などに設置し，**機器の可動範囲内で人を持ち上げます**。床や壁に固定するため，使用できる場所は限定されます。

プラスワン
固定式リフト

上がりがまちの壁にフレームを立てて設置した例。

（3）据置式リフト

レール走行式リフトの一種で，やぐら型の架台（フレーム）を組んで，レールに沿って移動させるリフトです。吊り上げと吊り下げの操作は電動で，水平移動は介助者が手で押して操作するものが主流です。主に，ベッドから車いすなどへの離床のために用いられます。取り付け工事が不要な場合が多く，容易に設置できることも特徴です。

（4）天井走行式リフト

天井に埋め込んだレールに沿って移動するリフトです。レールを延長すれば，部屋の間の移動も可能になります。ただし，レール設置には大がかりな工事が伴うため，導入の際は，工事期間や費用を考慮することが必要です。

② 吊り具

 利用者の身体状況や使用場面などによって，吊り具のタイプや素材を検討する。

吊り具は，リフトで体を懸吊する際に使用する福祉用具です。吊り具の装着には練習が必要で，とくに介助者の能力に配慮して使い方をしっかり指導することが大切です。

形状は，体を包み保持するシート状のもの，2本のベルトからなるものなどがあります。シート状の吊り具は，脚部の分離した型や，頭部の保持機能が付いた型などの種類があるので，利用者の身体状況や目的に応じて検討します。

 ■シート状のもの　　　　　　　　　　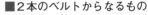 ■2本のベルトからなるもの

❸ リフトの位置の合わせ方

 安全で適切な利用のために，使用場所での移乗
先と身体との位置関係は慎重に配慮する。

　適切な場所に利用者を下ろすために，リフトの位置合わ
せには細かな調整が必要です。利用者の臀部の位置が基準
になります。設置後にベッドなどを移動すると位置がずれ
るため，注意が必要です。

① 洋式トイレの場合…便器の前端から約250mmの所
　　に臀部がくるように調整する。
② 浴槽の場合…背中が着く頭側の浴槽縁から約300〜
　　400mmの所に臀部が下りるように調整する。
③ ベッドの場合…マットレスの頭部端から約1,000mm
　　の所に臀部がくるようにする。

チャレンジ！　確認テスト

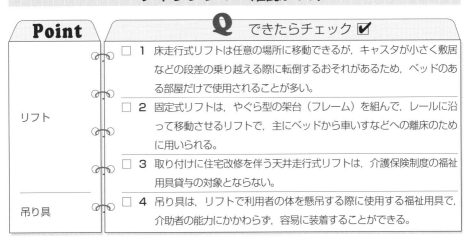

Point	❓ できたらチェック ☑
リフト	□ 1 床走行式リフトは任意の場所に移動できるが，キャスタが小さく敷居などの段差の乗り越える際に転倒するおそれがあるため，ベッドのある部屋だけで使用されることが多い。
	□ 2 固定式リフトは，やぐら型の架台（フレーム）を組んで，レールに沿って移動させるリフトで，主にベッドから車いすなどへの離床のために用いられる。
	□ 3 取り付けに住宅改修を伴う天井走行式リフトは，介護保険制度の福祉用具貸与の対象とならない。
吊り具	□ 4 吊り具は，リフトで利用者の体を懸吊する際に使用する福祉用具で，介助者の能力にかかわらず，容易に装着することができる。

🅰 **解答** 1.○／2.× 記述は据置式リフトの特徴である。／3.○／4.× 吊り具の装着には練習が必要で，とくに介助者の能力に配慮して使い方をしっかり指導することが大切。

便器・便座の種類

学習のねらい 排泄は，利用者の尊厳やプライバシーにかかわるため，可能な限り自立してできるよう援助することが大切です。排泄を支援する用具を適切に利用して，自立につなげるようにしましょう。

❶ 腰掛け便座

腰を掛けての排泄は，立ち座りや排泄の姿勢が容易なため，下肢の麻痺や筋力低下などがある高齢者や障害者に適している。

和式便器の上に載せて洋式便器に変換したり，洋式便器の上に載せて高さを補ったりして，便座への立ち座りを補助する福祉用具です。

（1）据置式便座

和式便器や両用便器の上に置いて洋式便器に変換する福祉用具です。和式便器は，排泄時のしゃがみ込みの際に膝や股関節を大きく曲げるため，下肢の機能が低下している高齢者や障害者には大きな負担となります。その不便さを解消するために，洋式便器風に使えるようにします。ただし，体の向きが和式便器のときとは180度逆になるので，トイレが狭いと立ち座りが困難になることもあります。

（2）補高便座

下肢の麻痺や筋力低下などにより，通常の洋式便器からの立ち座りが困難な場合があります。それを補助する福祉用具です。洋式便器の上に置いて補高し，立ち座りを容易にします。座ったときに姿勢が安定し，排泄動作が行いやすい高さのものを選びます。

（3）立ち上がり補助便座

洋式便器からの立ち座りを補助する機器です。通常の洋

式便器の高さでは立ち座りが困難な利用者を対象とし，スイッチ操作で便座を垂直方向または斜め前上方向に移動させます。導入には，トイレの配管が設置の妨げにならないか確認する必要があります。また，動力が電動式のタイプでは，電源の確保も必要となります。

（4）ポータブルトイレ

トイレまでの移動が困難な場合にベッドサイドなどで排泄するために用いる，尿や便を溜める容器を組み込んだいすです。肘かけや背もたれが付いていて，立ち座りや座位姿勢を安定させることができるものもあります。

ポータブルトイレを導入すると，トイレ以外で排泄することになり，利用者のプライバシーや自尊心が保護されにくくなります。そのため，トイレまで移動できない，排泄機能障害があってトイレに間に合わないなどの場合を除き，導入は控えます。夜間のみに限定するなど，時間帯でトイレとポータブルトイレを使い分ける方法もあります。

② トイレ用手すり

工事をすることなく簡易に設置できる手すりで，便器に挟んで固定したり，金具を壁に突っ張って固定したりして使用します。利用者の住居が借家で，住宅改修で手すりの設置ができない場合などに効果的です。

下肢の麻痺や筋力の低下，平衡機能障害のある利用者に有用ですが，体重のかけ方によっては外れてしまうこともあるので，安全に使用できるか確認が重要になります。

③ トイレ用車いす

4輪キャスタによって小回りが利く，介助用の車いすです。シート部分が便座になっていて，座ったままトイレに移動し，後方から洋式便器の上に乗り入れ排泄することができます。

キャスタ径が小さいため，敷居段差など数cmの段差でも

プラスワン
立ち上がり補助便座

高さや肘かけの位置を調整できるポータブルトイレなら，利用者の状態に合わせることができますね。

ポータブルトイレには，便利な水洗機能が付いたものもあります。

用具／2章

解消しておきます。また，導入する際には，便座とフレームがぶつからないように，便器の高さにも注意が必要です。

④ 収尿器

利用者がベッドから立ち上がることができなかったり，ポータブルトイレに乗り移るのが困難な場合に用います。受尿部，チューブ，蓄尿部（受尿容器）からなり，受尿部からチューブを通った尿が，蓄尿部に溜まります。

収尿器のうち，**自動排泄処理装置**は，センサーで尿や便を感知して真空方式で自動的に吸引する装置です。尿のみ採るタイプと，排尿と排便の両方に使用できるタイプがありますが，後者の場合，自力で動ける利用者が使用し続けると寝たきりとなり，廃用症候群が生じることもあるので注意が必要です。

プラスワン
尿のみ採るタイプは，安眠や失禁を防ぐことを目的に夜間のみ使用するなど，自立支援のために用いることもある。

チャレンジ！　確認テスト

Point	**Q** できたらチェック ☑
腰掛け便座	☐ 1 据置式便座は，和式便器や両用便器の上に置いて洋式便器に変換するものである。体の向きが和式便器のときと変わらず，トイレが狭くても問題なく使用できる。
	☐ 2 補高便座は，洋式便器からの立ち座りを補助する機器で，スイッチ操作で便座を垂直方向または斜め前上方向に移動させる。
トイレ用手すり	☐ 3 トイレ用手すりは，工事をすることなく簡易に設置できるため，利用者の住居が借家で，住宅改修で手すりの設置ができない場合などに効果的であるが，体重のかけ方によっては外れてしまうこともあるので，安全に使用できるか確認が重要になる。
収尿器	☐ 4 自動排泄処理装置は，センサーで尿や便を感知して真空方式で自動的に吸引する装置で，尿のみ採るタイプと，排尿と排便の両方に使用できるタイプがある。

A 解答 1.× 体の向きが和式便器のときとは180度逆になり，トイレが狭いと立ち座りが困難になる。／2.× 記述は立ち上がり補助便座の特徴である。／3.○／4.○

57 入浴を補助する用具

A
重要度

学習のねらい 浴室は家庭内での事故が多い場所の一つであり，安全に入浴を行うため，各動作に合わせたさまざまな用具が用意されています。これらの使用法をしっかりと把握し，適切な援助ができるようにしましょう。

① 入浴補助用具

入浴を補助する用具のことを，介護保険制度では「入浴補助用具」という。

(1) 入浴用いす

① 入浴用いすの特徴

一般に使用されているいすよりも座面が高くなっており，立ち座りや座位姿勢の保持を容易にし，洗体や洗髪動作を支援する福祉用具です。ほとんどが脚部に高さ調整機能を持っています。下肢に麻痺や筋力低下などがあり，立ち座りが困難な利用者に適応します。

背もたれやアームサポートが付いていると座位姿勢を保持しやすくなりますが，狭い浴室ではさらにスペースが狭められ，介助がしにくくなることもあります。

② 入浴用いすの種類

座面の形状が平らなタイプや両端が上向きにカーブしているタイプ，座面がU字にカットされたタイプ，ウレタンが敷かれクッション性をよくしたタイプなど，種類はさまざまです。

このうち，座面の形状が平らなタイプは，**入浴台としても使用できます**。また，座面がU字にカットされたタイプは，座位のまま肛門周囲を介助で洗えますが，利用者がカットされた座面でも座位を保持できることが必要です。

入浴は，体を清潔にするだけでなく，心身をリフレッシュするためにも大切です。

プラスワン
入浴用いす

浴槽用手すりは，立位
は保持できるものの，
平衡機能や筋力の低下
により，少し体重を支
えるのに手すりが必要
な場合に有効である。

(2) 浴槽用手すり

　浴槽縁を挟んで固定する手すりで，浴槽を立ちまたぎす
る際にバランスを保持するために用います。浴槽縁に固定
する部分と手すり部分により構成され，手すり部分が垂直
な**垂直グリップ型**，水平な**水平グリップ型**があります。

　挟んで固定するだけなので，体重を過度にかけると，ず
れたり外れたりする危険があります。また，浴槽の厚みや
素材によっては取り付けることができなかったり，狭い浴
室では介助の邪魔になったりするので注意が必要です。

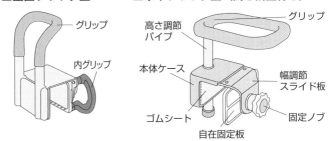

■垂直グリップ型　　■水平グリップ型（高さ調整付き）

(3) 浴槽内いす

　浴槽の中に置く台です。脚先に吸盤が付いたもので，浴
槽の底に吸着させて固定する**吸盤式**，浴槽の底に置いて使
用する**据置式**，浴槽の縁面に吊り下げる**浴槽縁式**がありま
す。浴槽内で姿勢を保持するいすとして使ったり，浴槽に
出入りする際の踏台として使ったりします。

　①　いすとして利用する場合

　　　股や膝関節などに痛みや可動制限域があって浴槽の
　　底に座れない利用者，片麻痺や筋力の低下などにより
　　床座位からは困難でもいす座位からの立ち上がりは可
　　能な利用者に有効です。ただし，いすの座面の高さだ
　　け浴槽が浅くなるので，肩まで湯に浸かることが難し
　　くなります。この場合は，シャワーでかけ湯をしたり，
　　湯に浸けたタオルを肩にかけるなどのくふうをしま
　　す。

② 踏台として利用する場合

筋力や平衡機能などが低下し，またぐ際に浴槽の底に足がつかない利用者に有効です。

(4) 入浴台

浴槽縁に台を掛けて設置し，座位姿勢で浴槽に出入りできるようにする福祉用具です。下肢に関節可動域制限や痛みなどがあり，立位時のバランスが不安定な利用者に有効です。ただし，十分に固定しないと，腰掛けた際に入浴台が外れて転倒する危険があります。

入浴台には，両縁を浴槽縁に掛ける**バスボード**や，一方の縁を浴槽縁に掛け，もう一方の縁を脚で支える**ベンチ型シャワーいす（ボード）**などがあります。

股関節可動域に制限がある場合は，上体を後方に倒した姿勢をとると，足が上がりやすく，浴槽をまたぎやすくなります。

■バスボード（取り外し式）

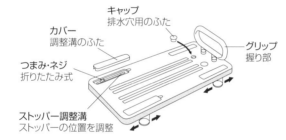

キャップ
排水穴用のふた

カバー
調整溝のふた

つまみ・ネジ
折りたたみ式

グリップ
握り部

ストッパー調整溝
ストッパーの位置を調整

用具／2章

(5) 浴室内すのこ

洗い場に設置して床を底上げし，浴室の床と脱衣室の床との段差を解消したり，浴槽縁の高さを低くするための福祉用具です。歩行が不安定な利用者や，車いすで浴室に移動する利用者に用います。

天板と脚部が一体となっているものと，分離できるものがあります。木や樹脂製の素材などを使って，洗い場の形状に合わせて作成します。

(6) 浴槽内すのこ

浴槽の中に設置し，浴槽の深さを調整する福祉用具です。洗い場と浴槽底の高低差を小さくすることで，浴槽縁をまたぎやすくします。また，浴槽での立ち座り動作を容易に

することもできます。

（7）入浴用介助ベルト

　入浴時の体の保持を目的に用いられる福祉用具です。ベルトには介助用のグリップ（握り）が付いており，介助者はこれを握って，浴室内での移動，浴槽の出入りなどの介助を行います。

❷ 入浴用リフト，吊り具，浴槽設置式リフト

浴槽内での立ち座りが困難だったり，自力移動できない場合は，入浴用リフトや吊り具，浴槽設置式リフトなどを使用する。

（1）入浴用リフト（固定式リフト）

　体を吊り上げて浴槽に出入りするためのリフトです。立位や座位保持が困難で，浴槽への移乗が一人の介助者では難しい場合に用いられます。床や壁に固定した支柱を軸に回旋し，洗い場と浴槽の上を移動します。

（2）吊り具

吊り具
➡ P376

　シート状の吊り具といす式の吊り具があります。

　シート状の吊り具は，入浴用にメッシュ状になっているものもあります。

　いす式の吊り具は，関節保護が必要だったり，座位のバランスが悪かったりする場合に多く用いられます。いす座位のまま浴槽に浸かることができますが，浴槽の深さや大きさによっては，肩まで浸かれない，いすが入らないなどの問題が生じることがあります。

（3）浴槽設置式リフト

　浴槽縁に設置し，浴槽内での立ち座りを補助する機器です。座面が下降しても機器のベース部分があるため肩まで浸かれない場合がある，浴槽の掃除がしにくくなるなどの問題に配慮する必要があります。

③ シャワー用車いす

　水回りで使うことを前提に設計された車いすです。シート部分に座面があり，4輪キャスタによって小回りが利くようになっています。浴室では，体を洗うためのいすとしても利用できます。

　キャスタ径が小さいので，導入にあたっては，浴室内外の段差を解消するようにします。

> シャワー用車いすは，浴室内の取り回しが可能かどうかにも注意が必要ですね。

チャレンジ！　確認テスト

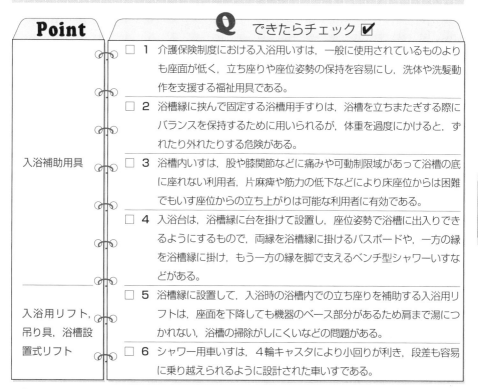

Point	Q できたらチェック ☑
入浴補助用具	□ 1 介護保険制度における入浴用いすは，一般に使用されているものよりも座面が低く，立ち座りや座位姿勢の保持を容易にし，洗体や洗髪動作を支援する福祉用具である。
	□ 2 浴槽縁に挟んで固定する浴槽用手すりは，浴槽を立ちまたぎする際にバランスを保持するために用いられるが，体重を過度にかけると，ずれたり外れたりする危険がある。
	□ 3 浴槽内いすは，股や膝関節などに痛みや可動制限域があって浴槽の底に座れない利用者，片麻痺や筋力の低下などにより床座位からは困難でもいす座位からの立ち上がりは可能な利用者に有効である。
	□ 4 入浴台は，浴槽縁に台を掛けて設置し，座位姿勢で浴槽に出入りできるようにするもので，両縁を浴槽縁に掛けるバスボードや，一方の縁を浴槽縁に掛け，もう一方の縁を脚で支えるベンチ型シャワーいすなどがある。
入浴用リフト，吊り具，浴槽設置式リフト	□ 5 浴槽縁に設置して，入浴時の浴槽内での立ち座りを補助する入浴用リフトは，座面を下降しても機器のベース部分があるため肩まで湯につかれない，浴槽の掃除がしにくいなどの問題がある。
	□ 6 シャワー用車いすは，4輪キャスタにより小回りが利き，段差も容易に乗り越えられるように設計された車いすである。

用具／2章

A 解答 1.× 入浴用いすの座面は，一般に使用されているものよりも高い。／2.○／3.○／4.○／5.× 入浴用リフトではなく浴槽設置式リフト。／6.× キャスタ径が小さいので，段差の解消が必要。

生活動作補助用具

学習のねらい　自助具は，日常の細かな動作を助けるための用具です。小さな道具ですが，日常生活の中では重要な役割を果たします。また，認知症老人徘徊感知機器，環境制御装置についても押さえておきましょう。

プラスワン

長柄ブラシ

固定式（台付）爪切り

ソックスエイド

ボタンエイド

❶ 自助具

 　自助具とは，利用者ができないことを自力でできるようにくふうされた道具である。

　自助具は，利用者ができないことを自力でできるようにくふうされた道具で，筋力や関節の動きの代替と補助，物の固定，姿勢の維持と補助などの機能を持っています。

（1）整容・更衣動作に関する自助具

① 　長柄ブラシ

　　柄の長い整髪用のブラシです。角度を調整できるものもあります。**肩や肘関節の痛みや可動域に制限がある場合**に使用します。

② 　固定式（台付）爪切り

　　爪切りを台に固定した道具で，手のひらや肘の操作で爪を切ることができます。**片麻痺者が片手で操作できる**ものもあります。

③ 　ソックスエイド

　　柄や把手の先端にかぶせたストッキングや靴下に足部を差し入れ，持ち手部分でたぐり寄せてはく道具です。前傾姿勢がとれない，肩や肘の関節の障害で足部に手が届かない場合などに使用します。

④ 　ボタンエイド

　　手指の動きに制限がある場合にボタンの掛け外しをするための道具です。ボタンを引っかける部分と柄か

らなります。握りにはさまざまな形状があるので，利用者に最も適したものを選びます。

⑤　ドレッシングエイド，リーチャー

長柄の先にフックが付いていて，物を引き寄せる道具です。衣服の着脱や，カーテンの開閉にも用います。

（2）保清・入浴動作に関する自助具

①　柄付きブラシ

ブラシに長柄が付いた道具です。上肢の関節の変形や痛みなどで，頭，首，背中，足部など洗いたいところに手が届かない場合に用います。

②　固定ブラシ

ブラシに付いた吸盤で，固定させて使います。浴室の壁に固定し，手や指，爪先を動かして洗うほか，流しでの手洗いや食器洗いにも利用できます。

③　ループ付きタオル

タオルの端にループを取り付けたもので，ループに腕を通して固定し，体を洗います。片麻痺のため片手では背中を洗えない，握力が弱ってタオルを握ることができないといった場合に用います。

（3）食事・家事動作に関する自助具

①　バネ箸

箸の手元が連結していて，ピンセットで扱うように食物をつかめる，つまみやすい箸です。手指の巧緻性が低下している場合に用いられるほか，利き手が使いにくくなったときに反対の手を使えるようにするための訓練にも使用されます。

②　太柄・曲がりスプーン（フォーク）

握力の弱い人でも握りやすい柄になっているスプーンやフォークです。柄が元のところで手前に曲がっているものは，手と口が離れていてもスプーンやフォークが届くようになっています。関節リウマチなどで，手を口に近付けることが困難な場合に用いられます。

ドレッシングエイド

リーチャー

バネ箸

太柄・曲がりスプーン（フォーク）

用具／2章

387

③　ボトルオープナー

　　びんなどのふたを開けるための道具です。手指の関節の痛みや筋力低下がある場合に用いられます。

④　滑り止めシート

　　食器の下に敷く，滑りにくい材質のシートです。食事のときに食器が固定できない場合に用います。

⑤　すくいやすい皿

　　スプーンで食物をすくいやすいよう，皿の縁を内側に湾曲させるなどのくふうがされた皿です。片手のみで食事をする場合に有用です。

❷ 認知症老人徘徊感知機器

　　認知症高齢者が屋外に出ようとしたときや，屋内のある地点を通過したときなどに，センサーで感知し，家族，隣人などに通報して注意を促す機器です。

❸ 環境制御装置

　　頸髄損傷などによる四肢の麻痺や筋力低下で，上下肢の運動機能に障害がある人が，残存機能を活用し，簡単なスイッチ操作により，特殊寝台やテレビ，室内照明，電話，パソコンなどを操作できる装置です。

プラスワン

環境制御装置のスイッチには，呼気・吸気スイッチ，まばたきを感知する光ファイバースイッチなどがある。

チャレンジ！　確認テスト

Point		Ｑ　できたらチェック ☑
自助具		☐　1　自助具とは，日常生活における利用者ができない細かな動作を自力でできるようにくふうされた道具のことである。
保清・入浴動作に関する自助具		☐　2　柄付きブラシは，片麻痺や握力の低下などで，頭，首，背中，足部など洗いたいところに手が届かない場合に用いられる。

Ａ 解答　1.○／2.× 上肢の関節の変形や痛みなどがある場合に用いられる。

聴覚・言語・視覚関連の用具

A
重要度

> **学習のねらい** 高齢者や障害者が安心して生活するためには，他者とのコミュニケーションや聴覚・視覚からの情報を得ることが欠かせません。ここでは，利用者の意思伝達や感覚の補助となる福祉用具について学びます。

① 聴覚・言語障害関連の用具

> 福祉用具の使用で，聴覚障害，失語症や構音障害などの言語障害を補助することができる。

聴覚・言語障害が生じると，音声や文字によるコミュニケーションが不自由になります。こうした利用者を援助するために，さまざまな福祉用具が用いられます。

（1）コミュニケーションのための主な用具

① 携帯用会話補助装置

合成音声や録音音声などによって，相手に言葉や意思を伝える小型の装置ですが，スマートフォンのアプリとして提供されているものもあります。構音障害などのため，発声発語が困難な人に用いられます。

導入にあたっては，機器の操作方法と身体機能が適合しているかまで確認する必要があります。そのため，作業療法士（OT）やリハビリテーションエンジニア（工学技師）などとの連携が重要になります。

② 補聴器

難聴によって低下した聴力を補うために用いられる補装具・医療機器です。ポケット型，耳かけ型，耳あな型などがあります。

音を電気的に増幅する超小型の拡声器なので，利用者の聞こえの特性

失語症
⇨ P213

構音障害
⇨ P213

プラスワン
難聴やろうなどで聞くことが不自由である人を聴覚障害者，失語症や構音障害などで発声発語が不自由である人を言語障害者という。

重度の両上下肢障害のある言語障害者には，自動でカーソルが移動する機能により，1つの入力スイッチで文字やメッセージを選ぶ重度障害者用意思伝達装置が使用されます。

■補聴器（耳かけ型）

プラスワン

補聴器で聞き取りやすいのは一対一の会話，近くからの音声，反響音のない静かな場所などである。逆に聞き取りづらいのは，話し手が複数いる会話，スピーカーの音声，遠くの音声，反響音の多い場所などである。

用語

Tモード

磁気誘導コイルなどで磁気信号により音声信号のみをとらえ，周りの雑音が入らず音声のみが聞こえる機能。

聴覚障害者向け放送とは，手話や字幕による番組をインターネットで配信する，認定NPO法人障害者放送通信機構による「目で聴くテレビ」のことです。

に合わせて，音を調整する**適合調整（フィッティング）**が大切です。

　ただし，一般的な補聴器で大きくできる音の範囲は200〜5,000Hz程度です。これは，言葉の聞き分けに必要な音の範囲を満たしてはいますが，正常な聞こえの範囲は20〜20,000Hzといわれているため，すべての音を補正できるわけではありません。また，音のゆがみや言葉の聞き分け能力の低下を補う効果も少ないことから，補聴器を使っても健常者と同じように聞こえるわけではありません。こうした補聴器の限界を補うため，次のようなものもあります。

(a) 音質やマイクの指向性の切り替えができるもの。

(b) Tモードが付いており，補聴器対応電話などに使用できるもの。

(c) テレビやラジオ，CDなどと直接接続できる外部入力端子やワイヤレス通信機能を持つもの。

③　補聴器対応電話

　補聴器を使用していても，電話の声は聞き取りづらく，ハウリング（ピーという音）が生じることもあります。これを解消するための機器が補聴器対応電話です。受話器に磁気誘導コイルが内蔵され，音声言語を磁気信号に変えて補聴器に伝えるものですが，補聴器にもTモードが内蔵されていなくてはなりません。

　このほか，聴覚障害者用の電話には，受話器に電話アダプタを取り付けるタイプや，ボリューム調節機能の付いたタイプ，伝音難聴者向けの**骨伝導式電話**などがあります。

④　聴覚障害者用情報受信装置

　聴覚障害者向け放送を受信したり，緊急災害放送の開始をフラッシュで知らせたりといった機能を持っています。

Q&A 骨伝導式電話とは，どんな電話なのでしょう？

通常，音を聞くときは鼓膜の振動を蝸牛と呼ばれる器官がとらえて音を認識します。一方，骨伝導は，頭蓋骨の一部に音の振動を与え，鼓膜を使わずに蝸牛に音を伝える方法です。この仕組みを応用した電話のことで，聴覚に障害があっても使用することができます。

（2）在宅生活での選択・使用方法

コミュニケーション用具は，障害の状況や程度に応じ，利用者に最適なものを選ぶ必要があります。そのためには，言語聴覚士（ST）と連携することが重要です。

① 会話によるコミュニケーション

コミュニケーションノートやシンボルサイン，文字盤，携帯用会話補助装置，重度障害者用意思伝達装置などが用いられます。声が出ない，声量が小さいといった場合には，人工喉頭や拡声器の使用も有効です。

② 電話によるコミュニケーション

受話器の音量を大きくできる電話や，補聴器対応電話が有効です。また，携帯電話やスマートフォン，パソコンなどのメールやコミュニケーションアプリによるコミュニケーションが頻繁に行われているほか，テレビ電話も利用されるようになってきています。

③ テレビ・ラジオの視聴

難聴が軽度であれば，音質のよいイヤホンやヘッドホン，外部スピーカーの使用などで対応できます。Tモードのある補聴器であれば，テレビ用ヒアリングループも利用できます。

難聴が重度の場合，字幕付き番組であれば，リモコンの字幕ボタンを操作して字幕を表示させます。

プラスワン

難聴が軽度の場合は，補聴器ではなく，伝声管（細長い管で，音声を伝えるためのもの）や集音器（アンプを内蔵した集音マイク）を利用する場合もある。

用具／2章

用語

テレビ用ヒアリングループ

テレビ音声を磁気信号に変えて発信し，補聴器で音声として受信するもの。

❷ 視覚障害関連の用具

視覚障害者が障害によって失われた能力を補い，自立した生活を送るための用具には，拡大鏡や遮光眼鏡，弱視眼鏡などがある。

（1）視覚障害を補うための主な用具

① 拡大鏡

近くで文字や絵を拡大して見るための用具です。手持ち式やクリップオン式ルーペなどがあります。

手持ち式は最も一般的なタイプで，凸レンズに持ち手が付いたルーペです。クリップオン式ルーペは，クリップで眼鏡に取り付けて使うルーペです。

② 遮光眼鏡

視覚障害によっては，通常よりも羞明（光がまぶしくて見えにくい状態）を感じることがあります。その原因となる波長の短い光をカットするために，黄色や赤系統の色を付けた眼鏡です。

③ 弱視眼鏡

小型の単眼鏡を装着した眼鏡です。近用眼鏡や拡大鏡を使っても見えにくい場合に用いられます。

④ 視覚障害者用拡大読書器

文字を拡大してモニターに表示する装置です。

⑤ 携帯電話

本来の電話以外にも，音声によるメールやウェブ機能を使った情報収集，カメラ機能を活用した文字の拡大など，さまざまな利用法があります。

⑥ 点字器

点字を書くための道具です。板（点字器）・点筆・定規からなります。

⑦ 盲人用安全杖（白杖）

道を歩くときに，一歩先の路面状態を知るために使用します。障害物や段差がないかを杖で確認しながら

プラスワン

クリップオン式ルーペ

弱視眼鏡

視覚障害者用拡大読書器

歩行できます。また，使用者が視覚障害者であることを，周囲に知らせる目的もあります。

⑧ 歩行時間延長信号機用小型送信機（音響案内装置）

歩行速度の遅い高齢者や視覚障害者のための小型送信機です。弱者感応式信号機のある横断歩道で，送信機から電波を発すると，信号機が青か赤かを知らせてきたり，青信号の時間を延長できたりします。

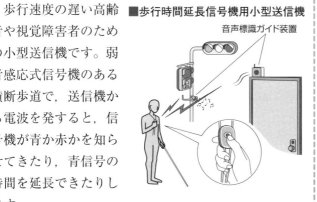

■歩行時間延長信号機用小型送信機

音声標識ガイド装置

左の図のように，集合住宅などで自宅の玄関に音声標識ガイド装置を取り付けて使うと，自宅の識別ができます。

⑨ コントラスト活用補助具

（a）調理用品や食器

視力の弱い人は，コントラストを認識する能力が低下します。例えば，白いご飯茶碗に白いご飯を盛りつけると，ご飯が盛りつけてあるかどうかが分かりません。そこで色の濃い茶碗を使います。**コントラスト活用補助具**は，このような色の対比効果を利用して，使いやすくした補助具です。

（b）読み書きの用具

中心暗点や視野狭窄がある人は，読書中に読んでいる行がどこなのかを見失いがちです。そこで，黒い紙を短冊状に切り抜いた罫プレート（タイポスコープ）を利用すると，読みたい部分以外は黒い紙で隠れ，光の反射も軽減されるので，読みやすくなります。

（2）視覚障害を補う用具の選び方

医師の指導のもと，利用者の残存視機能を活かしつつ，自立した生活ができる用具を選ぶことが重要になります。

近くのものを見たいときは近用眼鏡や拡大鏡を選びま

用具／2章

🔲**用語**

中心暗点と視野狭窄

中心暗点は視野の中心部が暗く，見えなくなる症状で，視野狭窄は，視野が縁のほうから，または不規則に欠けて狭くなる症状である。

➡ P205

す。利用者が補助用具の使用に抵抗があるときは，一般に使用されている眼鏡や拡大鏡を用います。この場合は，視力低下の程度によって，使用する補助具が異なってきます。

低視力者が遠方を見るときは単眼鏡を用いますが，処方される眼が完全矯正されていることが重要です。焦点調節機能を使わなくてもよいものもあるので，検討します。

チャレンジ！　確認テスト

Point	Q できたらチェック ☑
	☐ 1　携帯用会話補助装置は，合成音声や録音音声などによって，相手に言葉や意思を伝える小型の装置で，発声発語が困難な人に用いられる。
	☐ 2　補聴器を装用しても，話し手が複数いる会話や遠くの音声などは聞き取りにくく，健常な人と同じように聞こえるわけではない。
聴覚・言語障害関連の用具	☐ 3　聴覚障害者用の電話には，受話器に電話アダプタを取り付けるタイプや，ボリューム調節機能の付いたタイプ，感音難聴者向けの骨伝導式電話などがある。
	☐ 4　聴覚障害者用情報受信装置は，聴覚障害者向け放送を受信したり，緊急災害放送の開始をフラッシュで知らせたりといった機能を持っている。
	☐ 5　遮光眼鏡は，羞明の原因となる波長の長い光をカットするために，黄色や赤系統の色を付けた眼鏡をいう。
視覚障害関連の用具	☐ 6　盲人用安全杖（白杖）は，道を歩くときに，一歩先の路面状態を知るために使用する用具で，障害物や段差がないかを杖で確認しながら歩行できる。
	☐ 7　中心暗点や視野狭窄がある場合，読書中に読んでいる行を見失いがちなので，黒い紙を短冊状に切り抜いた罫プレート（タイポスコープ）を利用すると，読みたい部分以外は黒い紙で隠れ，光の反射も軽減されるので，読みやすくなる。

A 解答 1.○／2.○／3.× 骨伝導式電話は伝音難聴者向けである。／4.○／5.× 波長の短い光をカットする。／6.○／7.○

義肢と装具の役割

学習のねらい 四肢の一部を欠損した場合に使う用具を義肢（制度上は補装具ともいう）といい，義手と義足があります。障害のある部分を固定・保持・補助するものを装具といいます。義肢と装具の種類と選択について学びます。

① 義肢の種類と選び方

 義手には装飾用，作業用などがあり，義足には大腿義足，下腿義足などがある。

（1）義手の種類

① 装飾用義手

欠損した部位を補完し，見た目を補います。ものをつかむなどの機能的動作はできません。

② 能動義手

ものをつかむ・握るなど日常生活での動作性を目的とした義手です。義手を体に固定するベルト（ハーネス）にコントロールケーブルが接続されており，手先具を開閉して日常生活動作を行います。

③ 作業用義手

労働作業に向いた実用的な義手です。主に農業，林業など特定の作業を行う人に用いられます。

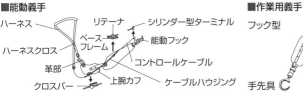

■能動義手
ハーネス／リテーナ／シリンダー型ターミナル／ベースフレーム／能動フック／ハーネスクロス／革部／コントロールケーブル／上腕カフ／ケーブルハウジング／クロスバー

■作業用義手
フック型／手先具

④ 電動義手（筋電義手）

切断端の筋活動を利用し，電動で動きます。筋力の低い人や全身状態が低い高齢者にも用いられます。

プラスワン
義肢，装具，眼鏡そのほかの福祉用具を合わせて制度上では「補装具」と呼ぶ。

義肢は，①断端を収納するソケット，②手先または足部，③①と②をつなげる支持部，の3つで構成されており，上肢切断に用いられる義手と，下肢切断に用いられる義足に大別されます。

用語

切断端
切断した部分の端のこと。義肢に触れる部分のことである。

プラスワン

義足装着の可否は，全
身状態，断端状況で決
定される。原則として，
健側下肢で片足立ちで
きるかどうかが，可否
の目安となる。

プラスワン

ソケットの種類により，
大腿義足には，バンド
で懸垂する差し込み式
や肌に密着させる吸着
式などがあり，下腿義
足には在来式やPTB
式などがある。

下腿義足は断端に荷重
がかかるので，こまめ
に断端のケアを行いま
す。

プラスワン

義肢の使用にあたって
は，切断端の包帯の巻
き方や正しい装着の訓
練が必要となる。

（2）義足の種類

① 大腿義足

大腿部での切断に用い
ます。膝の関節の代わり
をするのが膝継手で，固
定式と遊動式（関節が動
く）があります。遊動式
はコントロールが必要な
ため，リハビリ期間を設
けます。また，構造が複
雑なので，定期的にメン
テナンスをします。

② 下腿義足

下腿部での切断に用い
ます。歩行の際，股関節
や膝関節に影響が少ない
タイプを選びます。

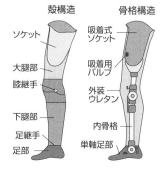

■大腿義足（吸着式）

■下腿義足（PTB式）

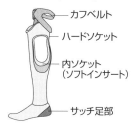

（3）義肢の選び方

義肢の選択にあたっては，利用者一人ひとりの体型や障
害の程度，切断端の状態・個所に合ったもの，さらには，
ライフスタイルからくるニーズにも配慮します。導入に際
しては，医師の処方のもとに義肢装具士が製作します。

❷ 装具の種類と選び方

装具は，四肢または体幹の機能が障害を受けた
場合に，固定・保持・補助，変形の予防や矯正
を目的として用いられる。

（1）装具の種類

装具には，医学的治療の手段として使われる治療用装具
と，障害等の症状固定後に日常生活動作等の向上のために
使われる更生用装具があります。

① 上肢装具

関節の安静や固定，変形の矯正，手指機能の補完などを目的とします。上肢機能の改善のために装着するので，装着期間や方法などについて医師や作業療法士（OT）などとの連携が必要になります。

② 体幹装具

体幹や頸部の支持固定，変形の矯正などを目的に，首から腰にかけての部位に装着します。腰痛の治療で多用されるのが，**軟性体幹装具（ダーメンコルセット）**です。体幹装具を装着すると可動域が制限されるので，座面の高いいすを用いるなどのくふうが必要です。

③ 下肢装具

股関節から足先にかけて装着します。変形の予防や矯正，立位の保持，歩行機能の改善などに役立ちます。膝下（下腿部）から足底にかけて装着する**短下肢装具**（短いタイプ）と大腿部（膝の上）から足底にかけて装着する**長下肢装具**（長いタイプ）に分かれます。

(2) 装具の選び方

同じ疾患でも利用者によって適した装具は異なるため，専門家に相談して選びます。治療用装具の場合は，医師の処方によって**義肢装具士**が製作します。

プラスワン

上肢装具には，手指関節や肘，肩などに装着するさまざまな種類がある。

体幹装具のうち，頸椎疾患用の頸椎装具を装着すると頸椎が固定され，視界が制限されるので，段差のある場所には手すりを設置し，安全性を確保します。

用具／2章

チャレンジ！ 確認テスト

Point	できたらチェック ☑
義肢の種類と選び方	□ 1 義足装着の可否は，全身状態，断端状況で決定されるが，目安となるのは，原則として健側下肢で片足立ちできるかどうかである。
装具の種類と選び方	□ 2 装具には，医学的治療の手段として使われる治療用装具と，障害等の症状固定後に日常生活動作等の向上のために使われる更生用装具があり，軟性体幹装具（ダーメンコルセット）は更生用装具として多用される。

解答 1.○／2.× 軟性体幹装具（ダーメンコルセット）は治療用装具として多用される。

出題傾向の分析と対策

● 各カテゴリーの出題ポイント・対策

《福祉 編》

■高齢者・障害者と福祉住環境整備（本書のレッスン1～4）

　福祉住環境コーディネーターの役割と機能を確認し，その必要性について理解します。

　また，「自立」をキーワードに，介護・介助のあり方や，リハビリテーションの意義などを学習します。とくに地域リハビリテーションや在宅介護，ケアマネジメントの意義と実践については，近年の注目すべきポイントです。

■高齢者を取り巻く社会状況（本書のレッスン5，6）

　少子高齢化はすでに一般的な話題となっていますが，わが国の実状を把握します。その中で整備されつつある介護保険制度の目的と仕組み，福祉住環境整備とのかかわりを学びます。

■障害者を取り巻く社会状況（本書のレッスン7，8）

　障害者の社会における立場と生活の状況，社会参加の可能性などを把握します。障害者総合支援法による制度面を中心に，障害者福祉施策の概要と地域社会における実施状況などを学びます。

■日本の福祉住環境（本書のレッスン9～11）

　高齢者・障害者に関する住宅施策の変遷，現在の体系から今後の課題までを学びます。また，わが国の住宅に関する問題点を理解し，改善点を探ります。

■福祉住環境整備の進め方（本書のレッスン12～14）

　ケアマネジメントの観点から，福祉住環境整備をどのようにとらえていくか，住宅改修をどのように提案・計画していくか，などをとらえていきます。具体的には，関連専門職との協働も含めて，実務的な進め方を学びます。とくに，相談支援については注目されており，考え方や実務の流れ，注意点などについても多く出題されています。原則から系統立てて理解することが必要です。

《医療 編》

■高齢者・障害者の特性（本書のレッスン15，16）

　高齢者・障害者の身体的・精神的特性としては，どのようなものがあるのか。それを理解することで，本人や家族が持つ住宅改修についてのニーズの把握・提案に活かします。

■高齢者に多い疾患（本書のレッスン17～22）

　脳血管障害やパーキンソン病，認知症などの症状と，それに対応する住環境整備の具体的な方法について学習します。疾患の特徴や生活上の問題点だけでなく，介護者の負担，同居家族の精神面なども考慮して住宅改修等を効果的に行う視点が大切です。

■障害をもたらす疾患（本書のレッスン23～29）

　進行性疾患や脊髄損傷について多く出題されています。脊髄損傷では，損傷レベル別の到達可能なADLと，それぞれのレベルに応じた場所別の住環境整備について，詳細な知識が求められます。

《建築 編》

■福祉住環境整備の基本技術（本書のレッスン30～35）

　段差解消の具体的な方法や手すりを設置する際の留意点，使いやすくするために必要なスペース・有効幅員などについてよく問われています。

■生活行為別福祉住環境整備の方法（本書のレッスン36～44）

　日常生活を送るうえで必要とされる住環境整備を，生活行為別にみていきます。一般論だけではなく，近年の傾向を加味した具体的な方法を学びます。

■福祉住環境整備の実践（本書のレッスン45～47）

　住環境整備を行うにあたって関連する法律や制度を学びます。また，施工の流れや，その工程や必要とされる図面の種類と用途などを学びます。住環境整備に関係してくる構造を表す記号や，その読み取り方なども大切です。

《福祉用具 編》

■福祉用具とは（本書のレッスン48，49）

「福祉用具法」による福祉用具の定義や介護保険制度の対象種目について学習します。また，利用者の条件に合った福祉用具支援のプロセスや他職種との連携はとくに重要ですから，確実に理解することが必要です。

■福祉用具の使い方（本書のレッスン50〜60）

車いすやリフト，段差解消機，排泄や入浴，就寝関連の福祉用具など，適用する場合の条件や使用方法・環境などに関する内容が多く出題されています。

また，福祉用具といってもさまざまな用途・種類があります。それぞれの特徴や使用方法を理解することが，それらの用具を採り入れやすい，また採り入れるための住環境整備を考える力につながります。

索 引

402

·· Memo ··

•• Memo ••

●法改正・正誤等の情報につきましては，下記「ユーキャンの本」ウェブサイト内
「追補（法改正・正誤）」をご覧ください。
https://www.u-can.co.jp/book/information

●本書の内容についてお気づきの点は
・「ユーキャンの本」ウェブサイト内「よくあるご質問」をご参照ください。
https://www.u-can.co.jp/book/faq
・郵送・FAXでのお問い合わせをご希望の方は，書名・発行年月日・お客様のお名前・
ご住所・FAX番号をお書き添えの上，下記までご連絡ください。
【郵送】 〒169-8682 東京都新宿北郵便局 郵便私書箱第2005号
ユーキャン学び出版 福祉住環境コーディネーター 資格書籍編集部
【FAX】 03-3350-7883
◎より詳しい解説や解答方法についてのお問い合わせ，他社の書籍の記載内容等に関
しては回答いたしかねます。
●お電話でのお問い合わせ・質問指導は行っておりません。

ユーキャンの福祉住環境コーディネーター2級 速習テキスト

2004年 3 月20日 初 版 第 1 刷発行	編 者	ユーキャン福祉住環境
2022年 7 月22日 第18版 第 1 刷発行		コーディネーター試験研究会
2023年 3 月 1 日 第18版 第 2 刷発行	発行者	品川泰一
2024年 2 月 1 日 第18版 第 3 刷発行	発行所	株式会社 ユーキャン学び出版
2024年11月 1 日 第18版 第 4 刷発行		〒151-0053

発行所　株式会社 ユーキャン学び出版
〒151-0053
東京都渋谷区代々木1-11-1
Tel 03-3378-1400

編 集　株式会社 東京コア
発売元　株式会社 自由国民社
〒171-0033
東京都豊島区高田3-10-11
Tel 03-6233-0781 （営業部）

印刷・製本　望月印刷株式会社